任乃强 ◎ 著

任乃强全集【第七卷】

周诗新诠（上）

主　编　任新建
副主编　何　洁

四川人民出版社

图书在版编目（CIP）数据

周诗新诠.上/任乃强著.—成都：四川人民出版社，2021.12
（任乃强全集；第七卷）
ISBN 978-7-220-12479-2

Ⅰ.①周… Ⅱ.①任… Ⅲ.①《诗经》—诗歌研究 Ⅳ.①I207.222

中国版本图书馆 CIP 数据核字（2021）第247602号

ZHOUSHI XINQUAN SHANG
周诗新诠（上）

任乃强 著

主　　编　　任新建
副 主 编　　何　洁

总 策 划	罗桑道吉
出 版 人	黄立新
组稿统筹	喻　磊
项目执行	邹　近　章　涛
责任编辑	邹　近　张立园
装帧设计	戴雨虹
封面画像	蒋骊霄
责任校对	林　泉
责任印制	祝　健
出版发行	四川人民出版社（成都三色路238号）
网　　址	http://www.scpph.com
E-mail	scrmcbs@sina.com
新浪微博	@四川人民出版社
微信公众号	四川人民出版社
发行部业务电话	（028）86361653　86361656
防盗版举报电话	（028）86361653
照　　排	四川胜翔数码印务设计有限公司
印　　刷	成都东江印务有限公司
成品尺寸	185mm×260mm
印　　张	19.5
字　　数	340千
版　　次	2021年12月第1版
印　　次	2021年12月第1次印刷
书　　号	ISBN 978-7-220-12479-2
定　　价	2500.00元（全十五卷）

■版权所有·侵权必究

本书若出现印装质量问题，请与我社发行部联系调换
电话：（028）86361656

总目录

[周诗新诠（上、下）]

第七卷　周诗新诠（上）

《诗》学源流序 …………………………………………………………（001）

卷一　绪　论 ……………………………………………………………（011）

卷二　周南　召南 ………………………………………………………（039）

卷三　十三国风 …………………………………………………………（105）

第八卷　周诗新诠（下）

卷四　小　雅 ……………………………………………………………（301）

卷五　大　雅 ……………………………………………………………（469）

卷六　三　颂 ……………………………………………………………（591）

目 录

[周诗新诠（上）]

《诗》学源流序 ……………………………………………………………（001）

卷一 绪 论

一、《诗经》产生的历史背景 ……………………………………………（013）
    （一）殷、周社会发展过程 …………………………………………（013）
    （二）周代社会阶级的发展变化 ……………………………………（018）
    （三）周代的教育制度 ………………………………………………（022）
    （四）周代的乐类 ……………………………………………………（024）
    （五）周代《诗》的分类和逸诗 ……………………………………（028）
二、《周诗新诠》解题 ……………………………………………………（034）

卷二 周南 召南

"二南"解题 ………………………………………………………………（041）
一、《周南》十一篇 ………………………………………………………（063）
    （一）关 雎 …………………………………………………………（064）
    （二）葛 覃 …………………………………………………………（067）
    （三）卷 耳 …………………………………………………………（070）
    （四）樛 木 …………………………………………………………（071）
    （五）螽 斯 …………………………………………………………（072）
    （六）桃 夭 …………………………………………………………（073）
    （七）兔 罝 …………………………………………………………（074）

（八）苤　苢 …………………………………………………………………… (077)

　　（九）汉　广 …………………………………………………………………… (078)

　　（十）汝　坟 …………………………………………………………………… (079)

　　（十一）麟之趾 ………………………………………………………………… (081)

　　《周南》小结 …………………………………………………………………… (082)

二、《召南》十四篇 ………………………………………………………………… (084)

　　（一）鹊　巢 …………………………………………………………………… (085)

　　（二）采　蘩 …………………………………………………………………… (086)

　　（三）草　虫 …………………………………………………………………… (087)

　　（四）采　蘋 …………………………………………………………………… (089)

　　（五）甘　棠 …………………………………………………………………… (090)

　　（六）行　露 …………………………………………………………………… (091)

　　（七）羔　羊 …………………………………………………………………… (094)

　　（八）殷其靁 …………………………………………………………………… (095)

　　（九）摽有梅 …………………………………………………………………… (096)

　　（十）小　星 …………………………………………………………………… (098)

　　（十一）江有汜 ………………………………………………………………… (099)

　　（十二）野有死麕 ……………………………………………………………… (100)

　　（十三）何彼襛矣 ……………………………………………………………… (101)

　　（十四）驺　虞 ………………………………………………………………… (102)

　　《召南》小结 …………………………………………………………………… (104)

卷三　十三国风

一、《邶风》十九篇 ………………………………………………………………… (107)

　　解　题 …………………………………………………………………………… (107)

　　（一）柏　舟 …………………………………………………………………… (108)

　　（二）绿　衣 …………………………………………………………………… (109)

　　（三）燕　燕 …………………………………………………………………… (110)

　　（四）日　月 …………………………………………………………………… (112)

　　（五）终　风 …………………………………………………………………… (113)

（六）击　鼓 …………………………………………………………（114）
　　（七）凯　风 …………………………………………………………（115）
　　（八）雄　雉 …………………………………………………………（117）
　　（九）匏有苦叶 ………………………………………………………（117）
　　（十）谷　风 …………………………………………………………（119）
　　（十一）式　微 ………………………………………………………（122）
　　（十二）旄　丘 ………………………………………………………（124）
　　（十三）简　兮 ………………………………………………………（126）
　　（十四）泉　水 ………………………………………………………（127）
　　（十五）北　门 ………………………………………………………（128）
　　（十六）北　风 ………………………………………………………（130）
　　（十七）静　女 ………………………………………………………（131）
　　（十八）新　台 ………………………………………………………（132）
　　（十九）二子乘舟 ……………………………………………………（134）
　　《邶风》小结 …………………………………………………………（134）
二、《鄘风》十篇 …………………………………………………………（136）
　　解　题 …………………………………………………………………（136）
　　（一）柏　舟 …………………………………………………………（136）
　　（二）墙有茨 …………………………………………………………（137）
　　（三）君子偕老 ………………………………………………………（138）
　　（四）桑　中 …………………………………………………………（140）
　　（五）鹑之奔奔 ………………………………………………………（141）
　　（六）定之方中 ………………………………………………………（142）
　　（七）蝃　蝀 …………………………………………………………（144）
　　（八）相　鼠 …………………………………………………………（145）
　　（九）干　旄 …………………………………………………………（146）
　　（十）载　驰 …………………………………………………………（147）
　　《鄘风》小结 …………………………………………………………（149）
三、《卫风》十篇 …………………………………………………………（150）
　　解　题 …………………………………………………………………（150）
　　（一）淇　奥 …………………………………………………………（150）

（二）考　槃 …………………………………………………………（152）

　　（三）硕　人 …………………………………………………………（153）

　　（四）氓 ………………………………………………………………（154）

　　（五）竹　竿 …………………………………………………………（157）

　　（六）芄　兰 …………………………………………………………（158）

　　（七）河　广 …………………………………………………………（158）

　　（八）伯　兮 …………………………………………………………（159）

　　（九）有　狐 …………………………………………………………（160）

　　（十）木　瓜 …………………………………………………………（161）

　《卫风》小结 ……………………………………………………………（162）

四、《王风》十篇 ……………………………………………………………（163）

　解　题 ……………………………………………………………………（163）

　　（一）黍　离 …………………………………………………………（163）

　　（二）君子于役 ………………………………………………………（165）

　　（三）君子阳阳 ………………………………………………………（166）

　　（四）扬之水 …………………………………………………………（166）

　　（五）中谷有蓷 ………………………………………………………（167）

　　（六）兔　爰 …………………………………………………………（168）

　　（七）葛　藟 …………………………………………………………（169）

　　（八）采　葛 …………………………………………………………（170）

　　（九）大　车 …………………………………………………………（171）

　　（十）丘中有麻 ………………………………………………………（172）

　《王风》小结 ……………………………………………………………（173）

五、《郑风》二十一篇 ………………………………………………………（174）

　解　题 ……………………………………………………………………（174）

　　（一）缁　衣 …………………………………………………………（174）

　　（二）将仲子 …………………………………………………………（175）

　　（三）叔于田 …………………………………………………………（177）

　　（四）大叔于田 ………………………………………………………（177）

　　（五）清　人 …………………………………………………………（178）

　　（六）羔　裘 …………………………………………………………（179）

（七）遵大路 …………………………………………………………（180）
　　（八）女曰鸡鸣 ………………………………………………………（181）
　　（九）有女同车 ………………………………………………………（182）
　　（十）山有扶苏 ………………………………………………………（182）
　　（十一）萚　兮 ………………………………………………………（183）
　　（十二）狡　童 ………………………………………………………（185）
　　（十三）褰　裳 ………………………………………………………（185）
　　（十四）丰 ……………………………………………………………（186）
　　（十五）东门之墠 ……………………………………………………（186）
　　（十六）风　雨 ………………………………………………………（187）
　　（十七）子　衿 ………………………………………………………（188）
　　（十八）扬之水 ………………………………………………………（188）
　　（十九）出其东门 ……………………………………………………（189）
　　（二十）野有蔓草 ……………………………………………………（190）
　　（二十一）溱　洧 ……………………………………………………（190）
　　《郑风》小结 …………………………………………………………（192）

六、《齐风》十一篇 ………………………………………………………（193）
　　解　题 …………………………………………………………………（193）
　　（一）鸡　鸣 …………………………………………………………（193）
　　（二）还 ………………………………………………………………（195）
　　（三）著 ………………………………………………………………（196）
　　（四）东方之日 ………………………………………………………（197）
　　（五）东方未明 ………………………………………………………（198）
　　（六）南　山 …………………………………………………………（199）
　　（七）甫　田 …………………………………………………………（200）
　　（八）卢　令 …………………………………………………………（201）
　　（九）敝　笱 …………………………………………………………（202）
　　（十）载　驱 …………………………………………………………（203）
　　（十一）猗　嗟 ………………………………………………………（204）
　　《齐风》小结 …………………………………………………………（205）

七、《魏风》七篇 (206)

    解 题 (206)

    （一）葛 屦 (206)

    （二）汾沮洳 (207)

    （三）园有桃 (209)

    （四）陟 岵 (210)

    （五）十亩之间 (211)

    （六）伐 檀 (211)

    （七）硕 鼠 (214)

    《魏风》小结 (215)

八、《唐风》十二篇 (216)

    解 题 (216)

    （一）蟋 蟀 (216)

    （二）山有枢 (218)

    （三）扬之水 (219)

    （四）椒 聊 (221)

    （五）绸 缪 (221)

    （六）杕 杜 (222)

    （七）羔 裘 (223)

    （八）鸨 羽 (224)

    （九）无 衣 (225)

    （十）有杕之杜 (225)

    （十一）葛 生 (226)

    （十二）采 苓 (227)

    《唐风》小结 (228)

九、《秦风》十篇 (229)

    解 题 (229)

    （一）车 邻 (229)

    （二）驷 驖 (230)

    （三）小 戎 (231)

    （四）蒹 葭 (235)

（五）终　南 …………………………………………………………（236）

　　（六）黄　鸟 …………………………………………………………（238）

　　（七）晨　风 …………………………………………………………（239）

　　（八）无　衣 …………………………………………………………（240）

　　（九）渭　阳 …………………………………………………………（241）

　　（十）权　舆 …………………………………………………………（242）

　　《秦风》小结 …………………………………………………………（243）

十、《陈风》十篇 …………………………………………………………（244）

　　解　题 …………………………………………………………………（244）

　　（一）宛　丘 …………………………………………………………（244）

　　（二）东门之枌 ………………………………………………………（245）

　　（三）衡　门 …………………………………………………………（248）

　　（四）东门之池 ………………………………………………………（249）

　　（五）东门之杨 ………………………………………………………（250）

　　（六）墓　门 …………………………………………………………（251）

　　（七）防有鹊巢 ………………………………………………………（252）

　　（八）月　出 …………………………………………………………（252）

　　（九）株　林 …………………………………………………………（253）

　　（十）泽　陂 …………………………………………………………（254）

　　《陈风》小结 …………………………………………………………（255）

十一、《桧风》四篇 ………………………………………………………（256）

　　解　题 …………………………………………………………………（256）

　　（一）羔　裘 …………………………………………………………（256）

　　（二）素　冠 …………………………………………………………（257）

　　（三）隰有苌楚 ………………………………………………………（259）

　　（四）匪　风 …………………………………………………………（259）

　　《桧风》小结 …………………………………………………………（260）

十二、《曹风》四篇 ………………………………………………………（261）

　　解　题 …………………………………………………………………（261）

　　（一）蜉　蝣 …………………………………………………………（261）

　　（二）候　人 …………………………………………………………（263）

(三) 鸤 鸠 ………………………………………………………… (265)

(四) 下 泉 ………………………………………………………… (266)

《曹风》小结 ……………………………………………………… (268)

十三、《豳风》七篇 ………………………………………………… (269)

解 题 ……………………………………………………………… (269)

(一) 七 月 ………………………………………………………… (270)

(二) 鸱 鸮 ………………………………………………………… (283)

(三) 东 山 ………………………………………………………… (285)

(四) 破 斧 ………………………………………………………… (289)

(五) 伐 柯 ………………………………………………………… (290)

(六) 九 罭 ………………………………………………………… (291)

(七) 狼 跋 ………………………………………………………… (293)

《豳风》小结 ……………………………………………………… (294)

附：论"十三国风"次第（代《国风》总结） ……………………… (294)

《诗》学源流序

任何民族，都各自有其创造的音乐和配合音乐歌唱的诗。这种诗，被称为"乐诗"。相应地，这种乐，被称为"诗乐"。

我国最早的"诗乐"，传说是："葛天氏之乐，三人操牛尾，投足以歌'八阕'：一曰《载民》，二曰《玄鸟》，三曰《遂草木》，四曰《奋五谷》，五曰《敬天常》，六曰《建帝功》，七曰《依帝德》，八曰《总禽兽之极》。"（见《吕氏春秋·古乐篇》）这"八阕"就是八章乐诗。但根据社会发展的规律推断，那时候还不可能有这样全面反映人类生活的诗章。比较可靠的当是《史记·乐书》所载"昔者舜作五弦之琴，以歌《南风》"，和《尚书·虞书》中的韵言部分，俱可能是用我国原始社会末期乐诗保存下来的史料纂辑而成的。现在保存下的儒家学人所称的《诗经》三百余篇，是属于殷周之际，奴隶社会向封建社会过渡时期，各阶层人民的乐诗。它是孔子从鲁、周、郑、卫诸国太师（掌乐之官）那里抄录下来，用以教授他的弟子门人的教材。在抄录的过程中，经过了孔子的删选（后人把孔子这番工作，叫作"删诗"）。可见当时的乐诗是决不仅这区区三百零五篇之数的。

"《诗》学"这一概念以及"《诗》"这一名词，是由孔子最先提出来的。在《论语》的《阳货》《季氏》《为政》《子路》诸篇里，他说："小子何莫学夫诗。诗，可以兴，可以观，可以群，可以怨，迩之事父，远之事君，多识于鸟兽草木之名。"还对他的儿子孔鲤说："不学诗，无以言。"又说："女为《周南》《召南》矣乎？人而不为《周南》《召南》，其犹正墙面而立也与！"又说："诗三百，一言以蔽之，曰：思无邪。"还说："诵诗三百，授之以政，不达；使于四方，不能专对，虽多，亦奚以为！"孔子的这些话，道出了《诗》在当时士大夫生活中的实用价值。这和他所处时代的社会风尚，是有密切关系的。

春秋时代，列国的公、卿和士大夫们在聚会、燕享时，要奏乐、赋诗，用断章的诗句表达自己的意思；而对方也必须从这些诗句了解其意图，而给以适当的答复。具有这种交际工具，又会灵活运用的人，就会得到尊敬；否则，就要遭到蔑视，甚至还会受到嘲弄和侮慢。这方面的事例，《左传》《国语》上记载不少。那个时代，用人和选士也非常注重"《诗》学"，说什么"登高能赋，可以为大夫"。因之，那时候，许多人俱要向奏乐的"师"求教，拜他们作老师。各级学校也均由乐官们主教（说详《礼记·王制》）。孔子教的是私学（类似现在的民办学校），弟子们全是不能进入国立学校的平民子弟，要入仕，就非将这套本领学优不可。因而孔子要从列国太师那里抄录、删选一部分乐诗来教自己的门人弟子，并一再提示《诗》的这些实用价值和学《诗》的重要性。

这一时代里，使用《诗》，多为断章取义，各取所需，对于《诗》的本事同它全篇的主题思想并不留意，更不深研《诗》的含义及它的时代背景。这种《诗》学，被叫作"章句之学"。它只需把乐章节奏分得清楚，而各句的辞义却是可以根据个人需要，随意缀合的。孔子的"《诗》学"概念，便是这样的。

进入战国之世，寒士布衣凭借才能一跃而至卿相的人，逐渐多了起来。这些人大都不曾学过诗。统治阶级的生活中，"诗乐"的作用也逐渐由衰而减了。于是，儒家者流的《诗》学，也跟着丧失了市场。只有孔子的门人弟子同孟轲、荀卿等少数人，仍传习之；而且学习的重点也变更了。孟轲讲的是"不以文害辞，不以辞害志。以意逆志，是为得之"（《孟子·万章上》）。这种说法，是就诗论诗，已经打破断章取义的陈套了。荀卿在《儒效》中说："圣人也者，道之管也。天下之道管是矣。百王之道一是矣。故《诗》《书》《礼》《乐》之归是矣。《诗》言，是其志也。《书》言，是其事也。《礼》言，是其行也。《乐》言，是其和也。《春秋》言，是其微也。……天下之道毕是矣。乡是者臧，倍是者亡。"他是将《诗》与五经共同作为儒家的教材来看待的。

儒家的经典书籍，遭秦火后，《诗》由于是韵言的歌词，容易从口头保存而遗留于民间。至汉文、景之世，复有齐·辕固生，鲁·申培公，燕·韩婴，赵·毛公四家写本的出现。此四家上距焚书之厄，不足百年，所传写本俱授自荀卿的弟子，虽有异同，大体是一致的。它们都具有荀子说《诗》的特点，认为《诗》是传"道管"的经典。《诗经》① 这一名称，便是在西汉时期产生的。

---

① "诗经"二字，始见于《汉书·艺文志》。《艺文志》系以刘向《七略》为蓝本写成的。《七略》所列"诗六家四百一十六卷"中，首行是"诗经二十八卷，鲁、齐、韩三家"。次为鲁诗两种，齐诗五种，韩诗四种，毛诗二种。齐诗又有"后氏""孙氏"之别。原只齐、鲁、韩、毛四家，而综云"六家"者，盖析齐诗为后、孙两家，又以首列之"诗经"二十八卷为刘向综究鲁、齐、韩三家之说，作为刘向一家。刘向本治鲁诗，故虽兼取齐、韩，仍以鲁诗列前；实则齐诗最先出，在西汉时亦最流行，固当序列鲁诗之前。又刘向时，毛诗尚未得列于学官，故由"鲁、齐、韩三家"注语五字，可知其为刘向之书，并可知刘向时已有《诗经》这一名称。齐诗亡于汉末，即马融、郑玄、卢植等提倡毛诗之际。鲁诗亡于晋代，即郑玄《诗笺》流行之际。韩诗亡于唐代，即孔颖达《诗正义》流行之后。唐以后，毛诗专行。

《诗》被尊为经典，崇为"道管"，对于诗语的解释，自然也就有了变化；于是产生了汉儒的"《诗》学"概念。

汉儒的"《诗》学"概念为何？《毛诗·大序》是这样说的："《关雎》，后妃之德也。（此句为《毛序》文，下为卫宏所续之文。）风之始也，所以风天下而正夫妇也。……风以动之，教以化之。……故正得失，动天地、感鬼神，莫近于诗。先王以是经夫妇，成孝敬，厚人伦，美教化，移风俗。……上以风化下，下以风刺上，主文而谲谏，言之者无罪，闻之者足以戒，故为风。至于王道衰，礼义废，政教失，国异政，家殊俗，而变风、变雅作矣。国史明乎得失之迹，伤人伦之废，哀刑政之苛，吟咏情性以风其上，达于事变而怀其旧俗者也。故变风发乎情，止乎礼义。发乎情，民之性也；止乎礼义，先王之泽也。是以一国之事系一人之本谓之风。言天下之事，形四方之风谓之雅。雅者，正也，言王政之所由废兴也。政有小大，故有小雅焉，有大雅焉。颂者，美盛德之形容，以其成功告于神明者也。是谓四始，诗之至也。然则《关雎》《麟趾》之化，王者之风，故系之周公。南，言化自北而南也。《鹊巢》《驺虞》之德，诸侯之风也，先王之所以教，故系之召公。《周南》《召南》，正始之道，王化之墓。……"这篇文字，是汉以下两千多年中，儒家者流奉为经典。谁訾议它，便会被斥为"离经叛道"。

齐、鲁、韩、毛四家，以毛诗最后出。毛诗初仅流行于河间及九江等郡国地区。新莽时，九江人陈侠为讲学大夫，始将它带进朝廷，然尚未得列于学官。后汉初始置毛诗博士。从此，人皆习毛诗，而三家之诗渐为儒士所弃，直至清末废科举。从公元一世纪始至十九世纪末，毛诗流行了整整一千九百个年头。

毛诗能压倒三家的原因：一是伪托它的《诗序》撰自孔子的弟子子夏，对儒家者流具有很大的号召力。二是它的《诗传》出三家之后，能兼取三家说诗之长以自厚。三是它的大小《序》中明显结合史事的多达三十五篇；探索作者的时代背景的更属不少，甚合儒生的脾味。第四，尤为重要的是，它能适应统治阶级的需要，把许多批判揭露封建统治者罪恶和丑态的诗，都歪曲解说为文王及其后妃德化所成的美俗，充其极，亦只是对个别统治者的"怨悱而不怒"的讽刺之作。这样的宣传教化，当然会得到封建统治阶级的宠嘉。由是它还得到诸如卫宏、郑玄和孔颖达这些功臣们的启微阐幽，发扬光大。

卫宏（事迹详《后汉书·儒林传》），光武时议郎，九江人谢曼卿的弟子，依据师说，在《毛诗序》文下，续上许多文字，与《序》皆伪托子夏所撰。遂使毛诗大行①。

郑玄（《后汉书》有传），原治韩诗，兼通六经。后从马融治毛诗，作《毛诗笺》，深阐毛氏之说，复注群经，互通其义旨，成为累代封建王朝崇奉之书，历来读书仕进之士莫不遵习之。

孔颖达（旧、新《唐书》有传），贞观十六年，奉太宗敕，撰《毛诗正义》，沟通毛、郑，更恢宏其义旨。后复撰《十三经注疏》，于《诗》亦全遵郑玄之说。经文中，夹用《毛传》《郑笺》及陆德明《毛诗音释》，并以所撰之《正义》为《毛诗疏》；又将"大、小序"随篇题移冠篇首，标以大字，比于经文，是为唐代《诗经》定本。而三家之诗自是全佚。今存《韩诗外传》，系明代辑刻残文。

"诗乐"经秦火后，无能传者。汉儒说《诗》均仅训释文字。他们甚至不晓得"南"是乐类的名称，又误并"二南"于"十三国风"，以风、大小雅及颂为"四诗"。（毛氏初无此说。鲁诗家说如此，而卫宏采之，以说《关雎》，遂成定论。）直至北宋末，郑樵、程大昌等始疑而辨之。郑的《诗辨妄》指出："大序不出于子夏，小序不出于毛公，盖卫宏所为，而康成（郑玄）为之说如此。"又说："风、雅、颂之分，盖本诸音节之异。"郑樵是精通音乐的，由于他的倡说，才为程大昌的《诗论》十八篇指出了门径②。

程大昌虽肯定"南"是乐类，却又将"十三国风"说成是"徒诗"，系由于他打不破《史记·孔子世家》所记的"故曰《关雎》之乱，以为风始。《鹿鸣》为小雅始。《文王》为大雅始。《清庙》为颂始"③ 这一旧框框所致。

宋代雕版印刷兴盛，书籍流通加快，新学说的影响日见扩大，对《旧序》《笺》《疏》怀疑、不满的人多了。于是，朱熹应运而生，凭借他的政治地位和品学声望，写出《诗集传》二十卷及《诗序辨》一卷，几乎全面推翻了卫宏、郑宏和《孔疏》

---

① 《毛诗》原序，每篇只有一句。卫宏所续《关雎》篇多至四百八十四字。《六月》篇二百余字，一般多为二三十字。昔人多已辨其缀合之迹，分别称之为"小序""大序"（孔颖达《正义》）；或称后者为"续序"（程大昌、魏源），"下序"（郑樵）；而称前者为"诗旧序"或"前序"。郑樵及朱熹又称前者为"大序"。

② 北宋的苏辙著《诗传集解》，已经指出《诗序》非一人所作，"皆毛氏之学而卫宏之所集录也"（见朱彝尊《经义考》）。他把旧本序文"止存为首一言，余皆删去"（见晁公武《郡斋读书志》）。这是郑、程两氏创说的先导，推倒卫、郑、孔说的嚆矢。程大昌《诗论》（一作《诗议》），才开始肯定"二南"是乐类；但他和郑樵，均尚不敢说大小雅不是四诗的两种。他把"十三国风"说成是"徒诗"，意谓"南""二雅"与"颂"为四诗，而"十三国风"则是附于"二南"的。由于存在这一缺点，其说遂不为元、明、清三代儒家者流所重。直至现代，又才有人提到它。

③ 司马迁引鲁诗说。

的旧说，另立他自己见解的诗义。名为《集传》，实际引据别人之说不多。但他的"《诗》学"概念，仍和汉、唐诸儒一样，都是为封建统治阶级服务的那一套；只不过把毛苌以后的异经之书，加以抉择，扬弃其烦琐迂妄的部分，做了一番净化的工作而已，创立新义是不多的。它之所以被称为新说，也只是敢于把许多篇《国风》里的诗，说是"男女淫奔"之作，这一点是最为突出的。

朱熹突出"淫奔之诗"这一点，甚为自命"卫道"的经师们所痛恨。当时便有吕祖谦等人极力诋诃他。但顺着时代思潮的一方终于把逆着时代思潮的一方冲塌了。朱熹的《诗集传》取代了《郑笺》《孔疏》传统的垄断地位。元、明、清三代科举取士，都规定只用《朱传》之说。借助于书籍的流通，思想、学术的交流加快了、普及了。诗学在南宋时得到新的发展，如范震义（号逸斋）的《诗补传》三十卷，王柏（号鲁斋）的《诗辨说》二卷、严粲（号华谷）的《诗辑》三十六卷，王质（号雪山）《诗总闻》二十卷，曹粹中（字纯老）《诗说》三十卷，王应麟（字伯厚）《诗考》五卷。这些著作大都征引洽博，创立新义。王柏的"勇敢"过于朱熹，他把《野有死麕》和朱熹所指的"淫奔之诗"三十二篇全都删除，说这些诗是"孔子所删之诗，容有存于闾巷浮薄之口，汉儒取以补之"。又将"二南"各十一篇，两两相配，退《何彼襛矣》《甘棠》两篇入《王风》。王应麟是宋末元初人，他开始考订《诗地理》，又从事三家诗遗文的搜集工作。

元代专治《诗经》的，有刘瑾（《新元史》卷二三五有传）的《诗传通释》二十卷。

明代说《诗》者，有季本、朱谋㙔、黄佐、郝敬、姚舜牧、邹忠允数家较为著名，然多敷衍旧文，无甚卓见。敢于抨斥毛、郑，推翻朱熹之说，自立新解的，只有丰坊、瞿九思、何楷三人。

丰坊，嘉靖时人，他专造伪书欺世。他伪造的《申培公诗说》，被明刻《汉魏丛书》列为经部之冠。它把诗篇旧次全部打乱，又另自编出一套安排和序文来。丰坊还编造了一部所谓端木赐的诗传，与之互相引证，居然迷惑了明末的许多大儒，信以为实。后经清代毛奇龄、朱彝尊等博洽之士看出漏洞，予以揭发，才将他的西洋镜戳穿（详见朱彝尊《经义考》）。

瞿九思，万历时人（《明史》有传）。他撰有《诗经以俟录》六卷，"以乐说诗，以诗配礼"（自序语）。他的荒唐甚于宋代的王柏，比丰坊却正经些。然而效果远不及丰。"以俟"至今，未曾得到人们的赏识，只算得诗学上一位狂人。

何楷（《明史》卷二七六有传）的书本功夫很深，人品也端正。所著《毛诗世本古义》二十八卷，将三百一十一篇《诗》全部打散，依据他考订的作诗世次，重新排列，完全消减了南、风、雅、颂的分类。依他的分类，是：夏少康之世有《公刘》等八篇。殷盘庚之世有《长发》一篇。殷高宗之世有《那》等三篇。祖庚之世有《殷武》一篇。武乙之世有《关雎》等五篇。文丁之世有《宋薇》等五篇。帝乙之世有《草虫》等五篇。帝辛之世有《采蘩》等二十篇。周代武王之世有《鱼藻》等十三篇。成王之世有《鸱鸮》等五十篇。康王之世有《采菽》等五篇。昭王之世有《执竞》《鼓钟》二篇。共王之世有《绸缪》一篇。懿王之世有《还》一篇。夷王之世有《柏舟》等三篇。厉王之世有《渐渐之石》等十篇。宣王之世有《都人士》等二十篇。幽王之世三十二篇。平王之世三十四篇。桓王之世三十二篇。庄王之世九篇。釐王之世二篇。惠王之世十六篇。襄王之世十五篇。顷王之世一篇。定王之世八篇。景王之世二篇。敬王之世一篇，以《下泉》为《诗》之下限。他把《周诗》的上限，推至夏代，谓《七月》《甫田》《大田》《丰年》《良耜》《载芟》《行苇》皆公刘时诗，考证虽细，却"察秋毫而不见舆薪"，是不认识社会发展规律的必然结果。

综之，有勇气敢于站起来反对《毛诗》的传统旧说，是这三位的共同优点。他们共同的缺点，则是根本不理解《诗》三百篇编排的意旨，缺乏有力的论据去击破旧说，因而自己的论说也就立不住脚。

清代学人治《诗》的，多是把它结合君位、诸子和史乘作研究的。因之，他们说《诗》较前代明澈深入些。他们中间，还有人蔑视《朱传》，掉转头从汉儒的《序》《笺》里，来索求新义。正如汲黯所说"日暮途远，则倒行而逆施之"。他们似乎感到诗义已穷，无法再探讨下去，所以才这样。清代汉学虽发达，而说《诗》大作的不多，也正由于此。《皇清经解》正、续编所收录的，多属枝节短篇。能贯串三百篇成为一套完整《诗》学的著作，有下述几部：

孙嘉淦的《诗经补注》二十卷。以朱熹《诗集传》为主，兼毛、郑和包括何楷在内的宋明诸家之说，给三百篇作了简要的注解。经乾隆六年清政府为之开馆修订，改名《诗义折衷》，成为当时科试童生必读之书，但并未受到正统派经师们的重视。

马瑞辰的《毛诗传笺通释》三十二卷，要算乾嘉时最杰出的一种《诗》的注解。他不取《孔疏》，但观点却多与《孔疏》一致。滥用同声通假的方法，以牵强附会个人的论证，是他的缺点。

陈奂的《诗毛氏传疏》三十卷及同时同乡的胡承珙所著《毛诗后笺》三十卷，俱成书于嘉庆末年，也都专崇《毛传》，能于《郑笺》外别寻新义。胡较陈更精辟。

胡书的鲁、商二颂部分，是去世前遗言嘱请陈续作以成的。

魏源的《诗古微》十九卷，是一部完整的诗学新著，它不依《毛诗》的篇次作说，而是拆开它，成为某些单元来加以论述。魏氏摘用旧说诸家语句，缀辑为"集义"，而在其他篇章中申论之。体裁新颖，论辨详明，具有史家治经的特点。

方玉润的《诗经原始》，是晚出的一部诗说，多取自姚际恒的《诗经通论》，于毛、郑、朱传取舍不一。学力虽欠纯厚，然新义较多。其书1924年始由商务印书馆印行。

此外，如范家相的《诗渖》、姜炳章的《诗序补义》、钱澄之的《田间诗学》、姚际恒的《诗经通论》，均是每为学人引用的诗学巨著。还值得提到的是崔述的《读风偶识》四卷，是有清一代最敢于破旧，勇于立新的怪杰。近年说诗的，都很重视他。

清末的皮锡瑞、王国维、梁启超、章太炎、刘师培以及民国以来的蒋善国、胡朴安、罗倬汉、顾颉刚、胡适、郑振铎、闻一多、陆侃如、马振理、余冠英、孙作云等，都是主张诗学革新的。他们或已写成著述，或仅重点的标示新义。但都为打破学术思想枷锁，产生新的"《诗》学"概念，建树了新的大纛旗。

王先谦的《诗三家义集疏》、廖平的《诗纬新义》，推阐"三家诗"的"四始""五际""六情"之义，力贬《毛诗》。章太炎、刘师培撰《群经大义相通论》《毛诗札记》则宗乾嘉之派，推重《毛诗》，贬斥"三家诗"，推进了古文经学派与今文经学派的讼争。王国维以"二重证据法"，将训诂与考古发现相结合，对《诗》的史学价值多有发明，但基本上限于《颂》诗方面。顾颉刚为代表的"古史辨"派，则全盘推翻汉代以来经学家对《诗》的曲解，将《诗》认识为真实反映当时社会历史的"总集"。郑振铎是运用阶级观点分析诗义的开路先锋。在他早年成书的《文学大纲》中，就指出《诗经》是我国古代社会历史的资料。他在《汤祷篇》中，通过对《小雅·黄鸟》《我行其野》《魏风·伐檀》《硕鼠》《豳风·七月》等篇的具体分析，将表现于《诗》内的广大劳动人民的心情，作了初步的剖析和探索，给现代的"《诗》学"概念揭启了新的序幕。闻一多则可算是运用考古学、文化人类学、民俗学和训诂学对《诗》综合研究的先驱。

我早年在考察西南边区少数民族社会时，在他们的婚礼中发现有类似《周南》诸篇的歌咏，开始引起我研究诗义真谛的兴趣。后来进一步发现民主改革前的藏族社会还停滞在奴隶社会向封建社会过渡的阶段，其社会发育程度大致与中原殷周之际相似，正好处于中原地带《诗》三百篇产生的社会发展阶段。而藏、羌、彝等民族的民歌、乐舞及民俗的内容和表现形式十分古朴，亦多有与《诗》描述相似可通者；又发现藏羌语中保留着许多与《诗》中音义相同的古语，如"贻我来牟"之"来"本指大麦，藏语中现仍称为"来"；还发现横断山区，保存着许多古生物，可证《诗》中一些生物的真实所指。因而想到：如果将这些地方保存的社会制度、民风民俗文化以及生产方式与《诗》所表现的社会、民俗文化进行比较研究，发掘《诗》的本真历史文化内涵，无疑很有意义，或可起到"以今证古"的作用。就这样逐步深入，逐渐形成了自己对"《诗》学"的一些新认识。并着手收集有关资料，试图从新的、综合比较研究的角度，去探索《诗》三百篇的实质是些什么。但后由于种种原因，迟迟未能写作。"文化大革命"期间，避居家乡洞室，友声寂阒，感来日无多，遂勉力写作这部稿子，既了一心愿，也想把自己对《诗》的一些研究心得提供出来，留供感兴趣的人参考。简括地说，这些心得主要有下述几点：

——《诗》三百篇是我国最古的文学著作，在我国文学史上占有很重要的地位。但它的价值远不止文学领域，在史学上它反映了我国由奴隶社会向封建社会过渡时代社会历史的发展情况。它生动翔实地把这数百年间社会各个阶层的生活形象"拍摄"留存下来，成为最可靠的历史资料。

——《诗》三百篇，是孔子从鲁、周、列国乐官那里选辑来，提供门人弟子学习的教材。因为当时奏乐、赋诗是社会交际的必要工具，通过断章取义的赋诗，可以表达自己的心愿、意图。孔子辑《诗》以教学生具有功利性目的，并非汉儒所说的"教化"。

——鲁、周以及列国乐官所保存的乐章，是依据诵诗、弦诗、歌诗、舞诗几大类分档的。歌诗，是有乐谱，能合乐歌唱的诗。舞诗，是既能合乐歌唱，又能合乐舞蹈的诗。孔子所录，只是歌诗、舞诗两部分。孔子未录，而散见诸古籍（多为前人引用）之中的，即所谓的"逸诗"。

——乐官对于歌诗、舞诗，是根据各篇乐曲的种类来分类的。大类是：南、风、雅、颂；这四大类复分为周南、召南、十三国风、大雅、小雅、周颂、鲁颂、商颂等二十个小类。孔子选录的，只是他自己能弦歌的，或自己能理解和感兴趣的一些乐章。

——战国时代，诗在交际上的作用衰没了，成为纯文学的典籍，并和乐曲分离开了。秦火后，古乐曲谱也消亡了；《诗》因其为韵言，幸运地在口头上得到保存，独自流传。原来的意思，却被汉儒作了种种歪曲的解说。齐、鲁、韩、毛四家遂应运而生。

——"礼失而求诸于野"。今天想去探求《诗》三百篇原始意旨，不但必须从考古、文献等资料去深入研究周代的社会历史发展过程和当时各阶层人物生活的情况，而且应该从现代一些大致处于与殷周社会阶段相似的少数民族社会中去比较研究，从语言、文字、社会、经济、政治等方面和自然、地理环境等方面去挖掘、搜集资料，进行科学的、综合的分析，才可能提出正确的结论来。

初稿写成后，曾送徐中舒、何洛诸先生阅，得到他们的鼓励与赐教，并推荐至中华书局征求出版意见，中华书局审读了部分初稿（因篇幅过大只送了前半部分），认为"颇有新意"，提出许多宝贵修改意见，建议文字精简三分之一，以利出版。因再撰二稿，拟吸纳有关意见，删繁就简，压缩至五十万字左右。奈年迈力衰，精力所限，且落实政策后，需整理出版之历年旧作甚多，不及顾此，故迟迟未竟。近年，组织上调我子为学术助手，协助整理旧作，遂将此稿交其修改整理，以期将来或可出版，给那些希望结合古今来研究《诗》三百篇者，提供一些参考资料和一得之见。

任乃强
一九八二年　冬至

卷一 绪论

一、《诗经》产生的历史背景

（一）殷、周社会发展过程

殷商是奴隶社会。殷王这个大奴隶主，统治了各个地区的中、小奴隶主。后世史家称这些中、小奴隶主为"诸侯"。"诸侯"中，势大、奴隶多、力能控制几个地区的，殷王也会给以更大的权力，后世史家将他们称之为"方伯"。殷、周之际的社会组织，大概便是如此的简单。

那时，全中国可以分作这样几个地区：

1. 黄河下游沿河平原一带、太行山以东，济水以北；上达孟津，下至碣石，均属殷王直接控制之区，以朝歌为核心（汉儒称之为"河内"）。在当时，是半农半牧人口稠密的地区，文化较高，风俗侈靡，音乐与诗歌相当发达。

2. 黄河中游，砥柱（今三门峡）以上的河流地区，当时称为"西河"，包括汾河下游，伊、洛流域和龙门两岸的沿河地方，以安邑附近的盐池为核心（汉世称为"河东"），是唐、虞、夏形成华夏文化的导源之处，原为生产最发达、文化最高的地方。商灭夏后，就衰落了。

3. 关中缘附陇山一带，原是羌戎民族与华人市易交换的地区。姬周的祖先公刘居豳时，只是个弱小的奴隶部落主，由于他勤修农艺，发展生产，优容客户，华夏怀有才艺的奴隶，不堪虐待，便逃来依附他。他的部落逐渐强大起来（据《公刘》篇诗义）。古公亶父（太王）迁居岐山的周原，累代推行"奴隶改良"政策，大量从南方部落吸入奴隶，并能得到他们的拥戴，生产和军事力量强盛了，西部诸侯同南国的奴隶主们都受到他的制约，背殷而就周。到了太王的儿子王季时，便成为西部的方伯，发展到文王姬昌，已是"三分天下有其二"了。他便自称"受天命"，出兵征服邻部，与殷王抗衡。到武王遂灭殷而王天下。岐周之能勃兴，同它的优遇奴隶是有很大的关系的。这在三百篇中时有反映。

4. 秦岭、方城、嵩高、圃田、菏泽与泰山山脉以南，江、汉、淮、沂诸水流域，当时称为"南国"。远在原始社会时代，生产、文化并不逊于中原，但因进展濡迟，虞、夏之时，已经落后于华夏。在商代，也进入了奴隶社会。东部淮水流域的奄国、徐戎、淮夷三大氏族部落，附属于殷；西部江、汉流域的巴、蜀、庸、楚四大氏族部落，殷末归附于周。南国水耕火耨，生产落后。它同殷、周市易，是以奴隶为主要商品，因而南国的诗歌也跟着奴隶的输入，传至殷、周。由于岐周优待奴隶，南国诗歌便流传更为广泛了。

5. 东部渤海沿岸，泰山以北与辽东半岛，古所谓"东夷"之地。殷末有薄姑、莱夷诸国，皆臣事殷，以鱼盐市易。

此五大地区之外，皆是原始社会地区，华人称他们为氐、羌、越、濮、戎、狄。氐、羌部落亦有内附岐周的。

《尚书·君奭》有"惟兹四人"之句。这四人：泰颠、闳夭、散宜生、南宫适，是文王、武王的近臣、将帅。他们俱是从奴隶中提拔任用的，也是为周灭殷的有功之臣。此四人之外，被拔用的奴隶，有功周室的当然还为数不少。但是，在武王封赏灭殷之功臣时，他们均未得封国，列于诸侯。推其故，是受到奴隶社会体制的限制使然。

武王对这些出身于奴隶的有功之臣，也做了一定的优遇和安置，那便是：解除他们的奴隶身份，在王畿的"六乡六遂"之地，分土授田，成为自由农民，只对王室承担兵役、徭役和赋税，子孙可以入仕。这种制度，与近世藏族地区的"庄房"制一样，也和彝族地区的"水田"相似，是奴隶社会发展到末期的产物。《周礼·地官》所说的"乡遂"制度①，正是如此。

《周礼》一书，虽出自秦汉间人的伪撰，但正如《吕氏春秋》等"杂家"著作一样，乃杂采前人之说以成一家之言，并非个人凭空臆造的。况且，成书之时去古未远，若纯为杜撰，是不会被人相信的。至如《地官》所述，什九均与中原地区历史规律，近代一些少数民族地区的社会情况，以及《周诗》许多篇章的描述符合，我们就不得不相信它一定的真实性了。

在周灭殷之前，当已有了授田自耕的农奴制度了。武王灭纣的"戎车三百乘，虎贲三千人"，当即是奴隶除籍后，授田的"夫家"之兵，他们虽仍为"农奴"，但所处的地位，所受的待遇已经比奴隶好得多，所以他们能在伐纣之役里，为周王拼死战斗。周王在取得胜利后，就在镐京附近建立"六乡"这一套制度，来安置这些有功的奴隶。于是，周王的军队，便由三千之家扩充到一万五千人，已是一股能够威慑华夏和四夷的军事力量了。"六遂"这一制度，也可能是周公旦诛管、蔡，灭商、奄以后，为安置从军立功的奴隶而增设的；所以"遂师""遂大夫"和以降的官职，要比"六乡"低一二级。"乡""遂"之间，显然存在着亲疏、轻重的等级差别。这就是封建社会萌芽时期，阶级关系复杂化的具体表现。

周公旦在文王之世，已以才能出众见称于时。武王在灭纣后不久便死了。成王年幼，周公辅政，政权操在他手里。"乡遂"制度，当是由他创建的，也是他坚决推行的。即使这一制度未在列国施行，起码在他自己王畿的食邑之内，同他儿子伯禽所封的鲁国中，是要推行的。他的"奴隶改良政策"，必然会遭到维护奴隶剥削制度

---

① 《周礼·地官》："小司徒之职，掌建邦之教法，以稽国中，及四郊、都鄙之夫，家九比之数，以辨其贵贱老幼废疾。凡征役之施舍，与其祭祀饮食丧纪之禁令。乃颁比法于六乡之大夫，使各登其乡之多寡，六畜、车辇，辨其物，以岁时入其数，以施政教，行征令。及三年则大比，大比则受邦国之比要。乃会万民之卒伍而用之。五人为伍，五伍为两，四两为卒，五卒为旅，五旅为师，五师为军；以起军旅，以作田役，以比追胥，以令贡赋。乃均土地，以稽其人民，而周知其数：上地家七人，可任也者，家三人；中地家六人，可任也者，二家五人；下地家五人，可任也者，家二人。凡起徒役，毋过家一人，以其余为羡，唯田（税）与追胥竭作。""乡大夫之职，各掌其乡之政权令教。……以岁时登其夫家之众寡，辨其可任者。国中自七尺以及六十，野自六尺以及六十有五，皆征之。其舍者，国中贵者、贤者、能者、服公事者、老者、疾者、皆舍。以岁时入其书。三年则大比。……""县师掌邦国、都鄙、稍甸、郊里之地域，而辨其夫家、人民、田莱之数，及其六畜、车辇之稽。三年大比，则以考群吏，而以诏废置。若将有军旅会同田役之戒，则受法于司马，以作其众庶，及马牛车辇，会其车人之卒伍，使皆备旗鼓兵器，以帅而至。""遂人掌邦之野。……以岁时登其夫家之众寡，及其六畜、车辇，辨其老幼废疾，与其施舍者；以颁职作事，以令贡赋，以令师田，以起政役。若起野役，则令各帅其所治之民而至，以遂之大旗致之。其不用命者诛之。""遂大夫各掌其遂之政令。以岁时稽其夫家之众寡，六畜四野。辨其可任者，与其可施舍者。以教稼穑，以稽功事。掌其政令戒禁，听其治讼。""县正各掌其县之政令征比。以颁田里，以分职事，掌其治讼，趋其稼事，而掌罚之。"按：周制大抵王畿核心为六乡，较远之地有六遂，遂以外为公卿食采之私邑。凡兴师旅，每乡一军，军二千五百人。六乡是为天子六军。若不足用，则征于诸侯之国（包括食采之君）。《周礼》上所说的"夫家"，是国家修建并连同土地授予人民世代相传耕种的一种制度，不准典当、买卖和转移，国家征收一定的租税，兵役、摇役则无定额。该制度类似于民主改革前藏族的"庄房"制。用这种制度去考察分析《周诗》所描绘的社会历史状况，并印证《周礼》的说法，许多方面都是符合的。

的奴隶主的坚决反对。甚至他的同胞兄弟管叔鲜、蔡叔度也竟拥护殷纣的儿子武庚，联合霍、奄等华夷十余国来反对他。然而奴隶军队作战的积极性自不如自由农奴的高。周公东征之军刚到达朝歌以南的卫邑，奴隶主的联军便瓦解了。时在成王三年。同年"遂伐奄，灭蒲姑"。四年，"伐淮夷，遂入奄"。五年"王在奄，迁其君于蒲姑"。（据《竹书纪年》）所谓"周公东征三年"，就是这个情况。这个情况也极为明显地反映在《豳风》的诗篇中。

周公在战后，将"殷之顽民"迁徙到洛邑，遂营成周以镇东方（见《商书·多士》《周书·作雒》）。徙同叛的"殷民六族"于鲁，"使帅其宗氏，辑其分族，将其丑类以法则周公"。留"殷民七族"于卫，以封康叔。徙"怀姓九宗"于唐，以封幼弟叔虞。自洛南之鲁山，迁伯禽之国于曲阜以镇奄地，御徐夷。蔡叔之子胡，"改行帅德，周公举之以为己卿相，见诸王，而命之以蔡。其命书云，'胡，无若尔考之违王命也'。"（并见《左传》定公四年）所谓"违王命"，即坚持奴隶制度，反对"乡遂"优待奴隶制度。所谓"改行帅德"，即愿意奉行周公的政策。

周公灭奄，营曲阜而徙鲁，并留驻大量军队以御尚未臣服的徐夷的同时，必然也已在鲁国推行了"乡遂"的制度①。

武王灭纣之初，王畿虽已有六乡之制，六乡以外，当仍为奴隶社会。五等封爵的诸侯和王畿食采的邑君，俱是新生的中、小奴隶主，仅周才是"乡遂"制度下的农奴主，周公是采邑的农奴主。平定四国后，鲁、晋、齐、蔡等少数诸侯国，当已试行了"乡遂"制度；鲁是周公儿子伯禽的封地，自然得首先带头推行这个政策，所以，西周初世，鲁于诸国中，最为强大。民性顽固的卫，为狄人所灭。宋承殷之祀，蔚为大国，而国势不振，当由它们坚持奴隶制度所致。郑自西周东迁之后，力量发展到能与王室对抗，当亦由于能施行这个制度。这都说明生产关系改变，生产力得到解放的政治效果。

推行"乡遂"制度之得到民心拥护，在厉王时的一次奴隶革命运动中，表现得很明显：

厉王虐，国人谤王，召公告曰："民不堪命矣。"王怒。得卫巫，使监谤者。以告，则杀之。国人莫敢言。道路以目。王喜，告召公曰："吾能弭谤矣，乃不敢言。"

---

① 《尚书·费誓》是鲁侯伯禽为了抵御徐戎、淮夷入侵，在费邑誓师的文告。文中一再提及"鲁人三郊三遂"，可见鲁国在伯禽时已有了"乡遂"制度。

召公曰:"是障之也。防民之口,甚于防川。川壅而溃,伤人必多。"……王不听。于是国人莫敢出言。三年,乃流王于彘。

彘之乱,宣王在召公之宫。国人围之。召公曰:"昔吾骤谏王,王不从,是以及此难。今杀王子,王其以我为雠而怒乎?"……乃以其子代宣王,宣王长而立之。(并见《国语·周语》)①

这一事件,从史料上看,是一场"民变"。若结合王畿的"乡遂"制度和采邑的奴隶制度去分析,便很容易认识到所谓"彘之乱",实际上是一次奴隶革命运动。

西周王畿的六乡、六遂和部分食采的开明公卿的地界内,人民有自己的土地、自己的家室、自己的产业,除供军赋、徭役以外,生活自由、租税有定额;而处于顽固的采邑奴隶主管辖下的奴隶,则毫无自由,过着牛马一般的生活。相比之下,当然时时刻刻准备造反,待机而动。恰是遇见厉王好利,加重对奴隶主的压榨。奴隶主又转嫁残酷的剥削于奴隶。兼之,西周政权渐趋衰微,奴隶遂乘机揭竿而起,掀起这场"暴动",这是完全可以想象到的。至于他们只将厉王流放于彘,还保全他的生命,当由于乡遂的六军战士,虽不满厉王的贪得无厌,钳制舆论,但感到周室的制度尚有利于他们,遂不赞成彻底推翻周王朝,而拥护开明的周定公与召穆公共和行政。周、召二公当属于赞成解放奴隶,推行"乡遂"改良政策派系中的人物。否则,奴隶们是不会信任他二人的。奴隶们分得土地,获得相对的自由,也就平静了。于是,共和告终,政权复归于王室。

主持共和的召穆公与周定公,是召公奭与周公旦的裔孙。召穆公在当时有很高的声望,而周定公却是默默无闻的。他二人被推主持共和,在这次政变中受到的遭遇却不等同。周定公没有受到什么波折,平平安安地当上共和政体的首脑,而以才能见称,卓有时誉的召穆公,不但不能庇护太子静,甚至牺牲自己的儿子去做替死鬼。正说明周公旦创建"乡遂"制度影响的深远。我们不这样去理解,是不可能把这次"暴动"的因果搞清楚的。为什么厉王不征用六乡的军队来镇压暴动?为什么

---

① 《史记·周本纪》:"三年,乃相与畔,袭厉王。厉王出奔于彘。厉王太子静匿召公之家,国人闻之,乃围之。召公曰:'昔吾骤谏厉王,王不从,以及此难也。今杀王太子,王以其我为雠而怼怒乎?夫事君者,险而不雠怼,怨而不怒,况事王乎!乃以其子代王太子,太子竟得脱。召公、周公二相行政,号曰'共和'。共和十四年,厉王死于彘。太子静长于召公家,二相乃共立之为王,是为宣王。"《竹书纪年》谓厉王:"十二年,王亡奔彘。国人围王宫,执召穆公子杀之。""十三年,王在彘,共伯和摄行天子事。""二十六年,大旱。王陟于彘。周定公、召穆公立太子靖为王。共伯和归其国,遂大雨。"按:共伯和,食邑卫地共城,名和,乃卫武公兄长,即《柏舟》作者共姜之夫,死于未即位前,"共"是其谥号,不可能"摄行天子事"。《纪年》所载当据魏人传闻。应以《史记》所载为可信。"国人"范围较广,当包括奴隶、农奴和一些下层官吏等不同阶层的人。

起义的人民只放逐厉王而不推翻周王朝？为什么要杀王太子而不加害召公？为什么召公对这一事既不能抚，又不能剿，又能参加共和政权？厉王又何以自甘幽囚以至身死；宣王何以不记逐父杀身之怨？起义为何竟平安度过？这些问题，只有这样理解，才能得到解答。

史称"宣王中兴"，可见这次奴隶革命，不仅未削弱周王朝，反而大大增强了王室的统治力量。究其原因，是推行"乡遂"政策，使王畿的社会发展起了突变，全面进入封建农奴生产制度的必然结果。

西周末期，"乡遂"制度已不能适应新的生产力的发展和生产关系，周王朝衰落了。在犬戎的入侵、蹂躏下，流离东迁，处境狼狈。这在《王风》及《小雅》的诗篇里反映出的很不少。迁都至洛邑后，王权仍不振，最后不免就食于诸侯之国，受到讥刺、轻蔑。（见拙释《王风·葛藟》《小雅·正月》等篇）

东周时，新兴的霸国崛起于邻接"四夷"的地区，而不在中原，是因为这时中原地区长期停滞在农奴的生产制度阶段，生产力落后的缘故。邻接"四夷"的边区距王畿远，推行"乡遂"制度迟，收到效益当然也迟，生产力反而能得到飞跃。战国的"七雄"，北如燕，南如楚、吴、越，俱为兴自边区的强富之国。秦承西周之弊，从犬戎夺回王畿之地，等于在废墟上重建家业，最后却统一了中国，也正是由于这个缘故的。

综之，我国的封建社会，滥觞于西周的六乡、六遂，后逐步由近而远地普及于华夏及边区、南国。至秦灭六国而全面建立。《周诗》三百余篇所反映的各个年代，各个地区，各个阶层人民的生活、思想、情感，恰是这一过渡时代的真实、宝贵的史料。

（二）周代社会阶级的发展变化

我国自夏代进入奴隶社会，起初只有奴隶主与奴隶的阶级区别[①]。史家所记，自禹至桀十七世，号称为"帝"，实与所谓"诸侯"的奴隶主们，如有扈、有穷、有商、昆吾、豕韦等"君长"，是同等相处的。至商汤灭夏，称"王"，地位凌踞各地中、小奴隶主之上，才产生了统治整个华夏至高无上的大奴隶主这一阶层。但是，

[①] 中华的氏族社会，可能在黄帝时已经开始有了。《世本》这部古书，就是从黄帝时开始记起的。唐尧、虞舜、夏禹时，只能是原始公社。那时已经有了"九族、百姓、万邦"的亲疏等级（见《尚书·尧典》）；又设立了九个分工办事的"职称"（见《尚书·舜典》）。这时还不可能有奴隶这个阶级。夏自帝启后，氏族之间的战争多了，顽抗的俘虏被杀，降伏的被奴役，才有了奴隶阶级。

汤的"王臣"如伊尹、傅说诸人的社会地位，则依然是奴隶①。

社会阶级的复杂化，开始于周代。周代社会，大体可分为六个阶级和若干阶层，今就西周年代的等级，列如下表：

地区 \ 级别	1	2	3	4	5	6
王畿		周王	公卿	大夫	士	百姓	奴隶
王畿		宗亲（嫡亲）	→（通亲）	→（远亲）	→（疏族）	
王畿		邑君		家臣		奴隶
畿外		诸侯	卿	大夫	士	奴隶
畿外		宗亲→				
畿外		附庸国君				奴隶
畿外		四夷之君				奴隶

"周王"，是至尊无上的。"溥天之下，莫非王土。率土之滨，莫非王臣。"（《小雅·北山》）王的"宗亲"，依亲疏、远近，以次降级。同母之子最亲，同父之子次之，从父之子又次之，皆与公、卿、诸侯同级，食"宗禄"。同曾祖之兄弟，同高祖之兄弟，以次递疏，以次递降至百姓级，"宗禄"亦递减以至于无。食"宗禄"的，又有嫡子、庶子的不同，级位亦异。食"宗禄"的，有资格参加王族祭祀祖先的典礼。有"大宗""小宗"的区别。

"邑君"，是王臣之有功勋、名德及赐食采邑者。属有家臣，管理采邑内从事劳动和徭役的奴隶。邑君世袭如诸侯。

"公""卿""大夫""士"，是王畿乡遂佐辅周王治理国事者的职称，也是标别社会阶级的尺度。嫡亲之贤者、能者，得优先被任为公卿。公卿之德业可称者，得食采为邑君。公位尊于卿。"论道经邦，燮理阴阳"（《周书·周官》），因人而任，官不常设。六卿是常设的高级王官，六乡各设乡大夫，亦卿一级的官，即所谓的"上大夫"。

"大夫"，级凡三阶，上大夫初为大夫级，后升入卿级。中、下大夫与诸侯子男之爵，及大国之卿同阶。地位、食禄均低于卿一级，故为第三级。

"士"，最初只是充当军役的武士的职称。士立了功，便可食禄做官。其后，则

---

① 伊尹原是有莘氏的奴隶，以从媵归汤，助汤灭夏，执政二十余年，立三君，放太甲，号为"阿衡"。后为太甲所杀（据《竹书纪年》），而诸侯不称其枉，子孙亦不报怨。可见奴隶社会可以用奴隶执政，也可以枉杀奴隶而无所忌。傅说本无姓名，版筑于傅岩，殷高宗任之为宰衡，因名以傅说。说，古悦字。可见他因得到奴隶主的喜悦而被宠任。

凡入学，习六艺，考得俊士的，亦可入仕食禄。这样的士，就脱离平民身份，逐步高升，进入卿或大夫统治阶层之内。士一级，在周代开始形成介诸贵族与平民之间的新生的阶级，有上士、中士、下士的等第。上士又称"元士"，是与下大夫非常接近的一个阶层。

"百姓"，主要是王畿内乡遂，受田、立家，承担王室兵役、徭赋、地租的农奴。贵族疏远的无宗禄的子孙，也成为百姓。他们大都从事工、商或医卜、技艺，与前者又不相同。"百姓"，也是周代一个新生的阶级。"百姓"不同于奴隶的，是除了兵、徭役之外，身体是自由的，也有选择职业的自由。

"奴隶"，是为各级封建领主和统治阶级的贵族劳动服役的；他们丧失一切自由。在周初，这一阶级的人数是异常众多的。其后虽有一大部分转化为农奴（百姓），但直至周末还保留有一大部分未被解放的奴隶，以及因犯罪而被配入的奴隶和从四夷地区俘获、贩卖而得的奴隶。王室与诸侯、邑君、宗亲等所拥有奴隶的身份是同等的。按《周礼》所载，服务于王室和官寺的奴隶，有"胥、徒、奄、女、奚"等级别。"胥"是具有知识、能办文牍的奴隶。"徒"是有力气、有技能的奴隶。"奄"是受了宫刑的奴隶。"女"是女奴隶。"奚"是供杂役的儿童奴隶。按《周诗》所载，从事田间劳动的奴隶，有"田畯"与"农夫"两个阶层。"田畯"，当是田间劳动的带领人。诸侯和邑君的奴隶，也大致是这样的。按《左传》，昭公七年芋尹无宇所说"人有十等"，是王、公、大夫、士、皁、舆、隶、僚、仆、台。这是说的楚国的制度；自士以下的，是被统治阶级，就供役于官府而言的。这时，楚已进入封建社会。所谓"皁"，当是农奴被征用的，与"舆"以下的奴隶是有区别的。

畿外诸侯，分公、侯、伯、子、男四位五等之爵（子、男同一位，见《孟子》）。惟宋为公爵；鲁、卫、晋、齐、陈等大国皆侯爵。郑、曹、邢、杞为伯爵；莒、邾等国为子爵；许为男爵，俱见于《春秋》。楚虽久已自尊为王，《春秋》仍书之为子。盖楚之初封为子爵。五等诸侯与王臣的五等同级。

诸侯的宗亲，如同王室的宗亲一样，也是依亲疏、远近的关系而递降等级的，但如上表所示，相较各自低了一级。

诸侯的卿、大夫、士，职称同于王臣，而级位也相较各低一级[①]。

"附庸"与四夷的君长，皆无爵。"附庸"是邻接大国的小奴隶主部落。其地域

[①] 汉儒纂辑之《王制》，皆周制，谓："天子之三公之田，视诸侯；天子之卿，视伯；天子之大夫，视子男；天子之元士，视附庸。"此言周制爵禄的原则，亦即制定的标准。周代食禄为土田，故谓"三公之田"。

不足方五十里的，不授爵，也不朝于天子，但附属于大国诸侯。这些部落大都保持殷代的奴隶制度。入东周后，均多为大国兼并。

"四夷之君"，乃地区较远的民族部落。他们初未附周，与华夏仅有贸易的关系；有时亦来朝贡，有时也侵扰边境。宣王时的玁狁、徐戎、淮夷之类皆是。他们都尚停滞在奴隶社会，或原始社会阶段。那些杂居于中原列国间，如茅戎、潞子、长狄之类，能参预朝聘会盟这样的国家大事，当已进入封建社会的初级阶段了（例如《左传》襄公十四年的"戎子驹支"）。

东周时，社会阶级有了巨大的变化。首先是周王的阶级地位下降，大国诸侯的地位抬高，方伯霸主的实权，远远超过周天子。小国诸侯服事霸主，勤于服事周王。周王的公卿，得仰承霸国上卿的鼻息办事。其次是大国的宗亲和卿大夫的地位也上升了，权也加重了；同周室的宗亲、公卿一样，也有了食邑，有了家臣，累世掌握政权，号为"世卿"了；如齐的高氏、国氏，鲁的三桓（孟孙氏、叔孙氏、季孙氏皆桓公子孙），晋的六卿，均拥有私家的陪臣、宾客、士卒和仆奴，俨然自成一国，凌傲周王、欺压小国及附庸。

士一级的壮大扩张和得势，是尤为重要突出的变化。管仲、商鞅、苏秦、张仪、陈轸、蔺相如、李斯等人，几乎全是从布衣而致卿相的。

更为突出重要的，是奴隶制度的渐趋消灭。有才能的奴隶能够和士一样，受到国君的信任，操持国政。如齐桓时的易牙、竖刁、宁戚；晋文时的颠颉、寺人披；秦穆时的由余、百里奚以及鲁定公世季氏的家臣阳虎，俱是有才能的奴隶，凭个人的努力自奋而致卿大夫之位的。贵族豪门的奴隶，也多因具有才干而被养同宾客，不再受到奴隶的待遇。当然，这是与春秋中叶以后，积极推行解放奴隶政策分不开的。周以后，虽仍存在有奴隶，但服役的范围已是仅限于家庭以内的劳动了。

周代社会阶级的复杂化，一方面表现为阶级梯层的增多，一方面表现在各个阶级梯层间的可以相互渗透，因而促成了它的更大、更快的发展变化。周王朝规定的制度——亦即周公制定的"礼"，不是以前死板地将贵族和奴隶严格隔分，丝毫不容混乱，而是允许在各阶层中，有才能又进步的可能被擢用，没有才能又落后的就被淘汰。这是一个符合社会发展的自然规律的制度，也是我国奴隶社会阶段时间比较短暂，同封建社会阶段比较长远而又特别巩固的基本原因（巩固的封建社会又妨害了社会的向前发展）。

《诗》三百余篇，恰产生于公元前十二世纪至公元前六世纪（周文王至周敬王的年代）的五百多年之中，它是真实反映这一从奴隶社会向封建社会过渡时期内，各阶层人物生活及意识形态的一套相当完整的原始资料，因而很值得加以分析和研究。

（三）周代的教育制度

诗歌是在原始社会的生产斗争，对敌斗争中，为了鼓舞、激励、赞颂以及咏欢、哀悼而产生的。发展至氏族公社时，已有了专司教育的人。这些人仍只是擅长音乐与诗歌的人。在人类的启蒙时期，乐歌自然是唯一推行教育的工具了。《尚书·舜典》的"九官"，只有夔是唯一司教之官。其余的八官则是依其所职而施政令的，并非聚集生徒使之接受教育的。

进入奴隶社会之后，便已有了"巫"这样原始宗教的产物。"巫师"，是实际职司教育的阶层。"巫师"们是将音乐、舞蹈、诗歌结合起来，以宣传神权及法力的人。直至周初，巫教仍为盛行[①]。

周创建乡、遂制度，设立学校以教育，执教的皆为乐工，《小戴礼·王制》记"学校取士之制"：

命乡论秀士，升之司徒，曰进士。司徒论选士之秀者而升之学（即"国学"，是王畿或列国所设立的学校），曰俊士。升于司徒者，不征于乡（谓在乡免除其兵役）；升于学者，不征于司徒（谓免除其一切徭役），曰造士（谓已真正进入士的阶级）。乐正（国学的主教者）崇四术，立四教，顺先王诗、书、礼、乐以造士（释"造士"命名之义）；春秋教以礼乐、冬夏教以诗书。王大子，王子，君后之大子，卿、大夫、元士之适子，国之俊选，皆造焉。凡入学，以齿（按年龄排队，不依阶级成分）。将出学，小胥、大胥，小乐正，简（检举）不率教者，以告于大乐正。大乐正以告于王。王命三公、九卿、大夫、元士，皆入学（俱来教训"不率教"的造士）。不变，王亲视学；不变，王三日不举，屏之远方；西方曰棘，东方曰寄，终身不齿。大乐正论造士之秀者，以告于王，而升诸司马，曰进士。司马辨论官材，论进士之贤者，以告于王，而定其论（评定考语）。论定，然后官之。任官，然后爵之。位定然后禄之。

[①] 伊尹"制官刑"，斥"三风十愆"，谓"敢有恒舞于宫，酣歌于室，时谓巫风。"（见《尚书·伊训》）这是巫法假音乐、歌舞以惑众的反映；也是劳动人民厌恶巫风的反映。但伊尹之后，仍有巫贤、巫咸等做了卿士。武王灭纣时，也用殷巫卜筮，《小雅·天保》上是做了记载的。

这段话，与《周礼》大司乐和乐师、大胥、小胥的职守相符合，只改称"乐师"为"乐正"，又增多"小乐正"一级。所教的"礼""乐""诗""书"四科，与《周礼》保氏所授的"六艺""六仪"，虽名目不同，而实质则一①。既然都用乐官执教，所教的课程亦必以"诗""乐"为主。那么，"春秋教以礼乐"的"礼"，亦必然包括"六艺"的"五礼"和"六仪"的"礼容"，而"礼容"亦即是舞乐的一种。"六艺"所谓的"六乐"，亦应是"春秋教以礼乐"的"乐"。"五射""五驭"也应是属于"武舞"（"万舞"）的基本动作工夫。诗《简兮》歌颂一位舞师表演"万舞"，有句云"有力如虎，执辔如组"，正说明在"武舞"的表演中，是要表演射御（同驭）的技术的。

这个时代的士，不但要学文，而且还要习武。他们在学校卒业服官之后，俱得驾车行猎和率军旅作战。《王制》："有发，则大司徒教士从车甲。"可见国学所授的"武舞"，正是为派上这些用场所做的准备工作。

所谓"冬夏教以诗书"的"诗"，当然指的是太师所储备存录的各类的诗语（亦即"太司乐"所谓"以乐语教国子兴道讽诵言语"的"乐语"）。这些诗语之中，当然也包括《诗》三百篇这类的"乐诗"在内。所谓的"书"，即是"保氏"所谓的"六书"，指的是记载前人语言的史籍，如《虞书》《夏书》《商书》《周书》之类。"诗"为乐官所授，"书"为"保氏"所授，"品德"方面由"师氏"管教，职责范围是相当明确的。"诗"与"乐"不可分，属同一课目，舞和其他技艺，当如现在的选修课，是因材施教的。从《王制》所云："祝、史、射、御、医、卜及百工，凡执技以事上者，不贰事，不移官，出乡不与士齿。"可见"保氏"所谓的"九数"，包括了"祝、史、射、御、医、卜、百工"这些专业（数、术二字，古通用）。这些课程在国学里，均设有专师教授。又可见，学习这些课程，在卒业后，虽能被授官职，但职位逊于专攻"六艺"的士一等，并终身不得改易职守，不准兼理民事或军政。这一类的官，即使因其技艺卓异，而升至大夫一级，地位也在下大夫之下，还被特

---

① 《周礼·地官》："师氏，掌以媺（古美字）诏王，以三德叔国子。……凡国之贵游子弟学焉。""保氏，掌谏王恶，而养国子以道。乃教之'六艺'：一曰五礼，二曰六乐，三曰五射，四曰五驭，五曰六书，六曰九数。乃教之'六仪'：一曰祭祀之容，二曰宾客之容，三曰朝廷之容，四曰丧纪之容，五曰军旅之容，六曰车马之容。"（"容"即颂乐的舞容，说详《三颂篇》。）《周礼·春官》："大司乐，掌成均之法，以治建国之学政，而合国之子弟焉。凡有道者，有德者，使教焉。……乃分乐而序之，以祭，以享，以祀。""春官"，是王宫的礼官。由此可知，"大司乐"主教的为国学，而师氏、保氏主教的为乡、遂的学校。

称为"嬖大夫"①。

东周以后，列国也都有了自己的乡校与国学。士形成了一个阶级之后，求学的人数激增，各地国学、乡校容纳不下了，就产生了私塾。孔子就是私塾的倡建人之一。

前已提及，孔子让门人弟子学诗，是使他们适应当时社会的要求，培养他们仕进的本领。从《论语》所载他们师徒间对《诗》有关的论述，如论"《关雎》之乱""《关雎》乐而不淫"，都仅对《关雎》的乐曲而言，并不涉及它的诗义和产生的时代背景。由于当时学《诗》，大都出自"升高能赋"，以求显达的目的，加上"赋诗断章"又是当时的风尚，因而孔子师徒为"断章取义"而治《诗》，是可以理解的。孔子是以"知礼"见称的。他收录的颂诗中，有许多便是涉及祭礼和礼容而选入的（颂、容二字，古通用）。孔子好史，在他所选的诗里，也保存有不少的宝贵史料。因孔子对雅乐有兴趣，在《诗》里收录的《大雅》《小雅》篇章就特多。孔子鲁人也，生于南国旧地，南乐流行于乡间，所以他颇喜爱南乐之诗。并盛夸学"二南"之诗的重要。孔子懂音乐，虽程度不及乐师的专精。可是他"问乐于苌弘"，"学琴于师襄"，非常好学。周游列国，凡所至多请益于列国掌乐的太师，因而搜集了大量风乐诗歌。在《诗》学上，孔子的功绩是不可泯灭的！

（四）周代的乐类

乐歌，是人类社会发展到创造文化阶段时的产物。它随着社会历史的发展变化而变化，也随着地区文化发展的分歧而分歧。任何民族均有他们各自的诗歌和音乐。同一民族，在析居离处后，他们之间又复各自具有他们地区特色的诗歌和音乐，这是研究民族学民俗学者都知道的客观事实。

乐曲和诗歌的关系，在最初是相伴并存、不可分割的。我国相传："舜作五弦之琴以歌"的《南风》，其辞曰："南风之薰兮，可以解吾民之愠兮。"可见，最初的作曲者也能作诗，作诗的也能作曲，甚至还能作乐器。

这种情况，进入奴隶社会之后，起了变化。奴隶主只会作诗，不学作曲。作曲

---

① "嬖大夫"之称，见于《左传》昭公元年、七年，哀公五年及《国语·吴语》，均为"执技以事上者"的职称。不同于世所谓"佞幸""嬖人"的含义。昭公元年的"游楚"，七年的"罕朔"，毕出自巨族世裔。子产称之为"亚大夫"，称云不及大夫正位的大夫，乃春秋末新增的职位之一。至如成公七年，晋厉公之"'外嬖'胥童，夷羊五，长鱼矫，亦当为"嬖大夫"之有才艺者。胥童后进位为卿。"大夫"而冠以"嬖"，当出自没落贵族们对这些出身于士的新贵们的蔑视。

委诸乐工,而乐工又把这个工作交给奴隶。于是,乐曲与诗歌的创作分了家,作曲的不一定会作诗,作诗的不一定会作曲;乐器也只有由奴隶去作了。发展到后来,奴隶主连诗也懒得去作,一切让奴隶去搞。这样,在奴隶中,又有了文艺专业奴隶。这些专业奴隶中的有头脑和才能的,又把音乐、诗歌、舞蹈的技能与神鬼、医卜、迷信、祷祀、祝禳结合起来,创立"巫师"这一新的专业。

"巫""史"在殷代是并称的。周代则"师""史"并称。因为"巫"的地位,到周代已为"乐师"所取代了。周人尊重"乐官",虽不给乐官以政治地位,却将教育权付与他们,并促使他们研习学艺。因之,周代的乐师和史官一样,多为有品德、有学识、多艺能而不过问政治之士。低级的乐官,被称为"工",高级的称为"师"。

乐官的任务,除了奏乐、歌诗,还要兼习舞蹈和礼仪。因而,他们还需要广泛地搜集诗歌及乐曲,把它们保存归档,备供演奏及教学的使用。

"周用六代之乐与四夷之乐"(郑玄《诗笺》),即是说:周代的乐师必须收集、保存黄帝以来各个时代的古乐歌,以及各地区少数民族中流行的"四夷之乐"[①]。对于华夏地区各种乐曲的保存,当然更不用说了。

乐官之尊者为"太师"。孔子所选的诗,多录自鲁国的太师挚之处。孔子从师挚那里收录的诗,当属于《大·小雅》和《鲁颂》这一部分。其后,他周游列国,认识到《南》《风》诗乐的重要,又收录了"二南"和《国风》诸篇。孔子"自卫返鲁",方将这两部分合之成三百余篇,称之为《诗》,儒家者流尊之为《诗经》。

周代的乐类如何分类,由于秦火之后,古代有关这方面的典籍(如《乐经》)绝灭殆尽,现在只能从《诗》三百篇的分类去探索。因为《诗》是孔子录自掌乐的太师的乐诗,这些诗又必然与音乐相配合,依据它们的分类以概括周代乐类的分类,自是大致不会错的。根据这一论证,并遵依历代乐歌发展嬗变的轨迹,援引各地区乐类流衍歧分的例子,复旁及经史有关旧文,对周代乐类的类别,作出如下的推断:"南"者,指古时的江淮地区,虞夏以来称之为"南国";其人称之为"南人",其语言、乐歌称之为"南音";其乐类,太师们省称之曰"南";其乐器多为竹制,如笙、

---

① 《汉书·礼乐志》:"昔黄帝作《咸池》,颛顼作《六茎》,帝喾作《五英》,尧作《大章》,舜作《招》(韶),禹作《夏》,汤作《濩》。"《吕氏春秋·古乐篇》则谓:颛顼作《承云》;帝喾作《九招》《六列》《六英》;舜作《九招》《六列》《六英》;禹作夏乐《九成》(按:即《周礼》所说的《九夏》);汤作《大濩》,修《九招》《六列》。这些就是郑玄所谓的"六代之乐"。

竽、箫、管之属。笙为主导乐器，今苗族跳月吹的葫芦笙，即其旧制①。周初多从南国贩进奴隶，南乐遂缘此流传周地。周公旦欣赏南乐，命乐师译其歌词为华夏言语，仍沿用南乐作伴奏，是为《周南》。宣王时，召穆公讨平徐淮，又辑译了一批，加上其后由乐官搜集的一批，是为《召南》。

"风"者，上古对乐歌的通称②。商族崛起海疆，灭夏而统治了中国七百余年，它的民族乐歌流布华夏，周人谓之为"风"，以别于"雅"与"南"。风乐的主导乐器是瑟。瑟是庖牺氏所造的弦乐（据《说文》），张弦于空木上，击之，其音亢噪肃杀，悲壮激切，适合北方人的慷慨性情。初只五弦，唐尧时增为十五弦，舜时增为二十三弦，后复增为二十五弦。弦愈多，音调愈繁，乐曲愈悦耳③。它历商、周、秦，皆为中原地域民间喜爱、流行的器乐④。这种乐器流传的时间久、地区广，歧变的类别也繁多，经孔子所录存的有十三种，即今之"十三国风"。传诗的汉儒，不知"南"与"风"的乐类原不相同，误以周、召为国名，并之于十三国之列，遂有"十五国风"之目。卫宏复伪托"子夏诗序"，倡"变风""变雅"之说，后之儒者乃谓"二南为正风，十三国为变风"（郑玄《诗谱》谓"二南"为"风之正经"，邶、鄘、卫以下为"变风"）。又以为："风者，讽也，轮也。"（卫宏《续序》谓："上以风化下，下以风〔音讽〕刺上，主文而谲谏，言之者无罪，闻之者足以戒，故曰风。"）这些说法，俱是脱离乐类以说诗，才发生的误解。

---

① 葫芦笙，用瓠瓜壳装长短竹管吹之，声音高亢悠扬，悦耳动听，昔人比如凤鸣。今苗族跳月歌舞用之。盖南国古制之遗，周代随南乐传入华夏。《小雅·鹿鸣》"鼓瑟吹笙"，《鼓钟》"笙磬同音"，《宾之初筵》"籥舞笙鼓"，皆指的是它。《周礼·地官·笙师》曰："笙师，掌教吹竽、笙、埙、籥、箫、篪、管、春牍、应、雅，以教祴乐。"贾公彦疏："笙，十三簧。《广雅》：'笙以匏为之，十三管。'"可见形制与今基本相同。这些均为南国乐器（见《三礼图》），"笙师"即教习南乐之官。

② 《庄子·山木篇》："孔子穷于陈蔡之门，七日不火食，左据槁木，右击槁枝，而歌猋氏之风。"陆德明《音义》："猋氏，古无为帝王也。"东方朔《非有先生论》："居深山之间，积土为室，编蓬为户，弹琴其中，以咏先王之风。"《文选注》引《尚书大传》："子夏曰：弟子所授书于夫子者，不敢忘。虽退而穷居河济之间，深山之中，作壤室，编蓬户，尚弹琴瑟其中，以歌先王之风，则可以发愤矣。"《吴越春秋》："鲁成公会于钟离，深问周公礼乐。成公悉为陈前王之礼乐，因为咏歌三代之风。"《淮南子·主术训》："延陵季子听鲁乐，而知殷夏之风。"司马相如《封禅文》："率迩者踵武，逖听者风声。……五、三、六经，载籍之传，维风可观也。"这些皆谓古代乐歌为"风"。考："风"字，古时与"凡"字同文，同音义。甲骨文作"H"。"凡"，总言一切物类之词，谓如大气之无所不在也。又以为气流之"风"者，风亦无所不至故也。假为音乐之称者，风本自有声复触物成声故也。甲骨文的"H"字，治甲骨文字学者亦定为"凡"字，实为另造的"风"字。"H"字中填一书，亦如"口"字中填一画为"日"字的用音。一画表示"发声"的意思。"H""月"二字，当即未造出表示"音乐"意思的字时，被假用的词，遂为乐歌的专用词，待有了乐歌的本词后，便以"风"为表示气流行动之词了。《尚书·伊训》称："敢有恒舞于宫，酣歌于室，时谓巫风。"这也指乐歌而言，后引申为"风俗"之义。

③ 《吕氏春秋·古乐篇》谓朱襄氏治天下时"士达作为五弦琴"。又谓尧时"瞽叟乃拌五弦之瑟，作以为十五弦之瑟，命之曰《大章》，以祭上帝。舜立，命延，乃拌瞽叟之所为瑟，益之八弦，以为二十三弦之瑟"。《三礼图》谓周世之瑟二十五弦。（"瞽叟"，乐官也；"拌"，改造也。）

④ 《史记·货殖列传》："中山地薄人众，犹有沙丘纣淫地余民，民俗懁急，仰机利而食。丈夫相聚游戏，悲歌忼慨。……女子则鼓鸣瑟，跕屣，游媚贵富，入后宫，遍诸侯。"《汉书·杨恽传》："家本秦也，能为秦声。妇，赵女也，雅善鼓瑟。"这些记载，均为燕赵至汉代瑟流行之证。

"雅"者，周文王所倡的乐歌之称。雅乐的主导乐器是琴。《说文》琴部："神农所作，洞越、练朱、五弦。周时加二弦。"即今之"七弦琴"。《初学记》引扬雄《琴清英》云："舜弹五弦之琴而天下治。"大抵琴的创造后于瑟①，而虞夏时人喜爱它，并流行于河东地区。夏亡后，商风（瑟乐）流行，夏的琴乐被摈弃。周室代商，复用以为周室乐歌的主导乐器，又称这类乐歌为"雅"，以示其国的乐歌具有自己的传统，与商殷不同。

琴以泡桐为材，长约三尺余、宽六寸许。其音清越、舒缓，迥异于燕赵慷慨悲壮之声，为社会下层广大劳动者所不喜，却得到生活悠闲的封建士大夫的偏爱。因此，自周以来，虽然统治阶级一直极力提供雅乐，但使用的范围仅下限到士一阶级而止。

雅乐使用的乐器，在初创时期除琴之外，当为数不多，其后逐渐增添了如瑟、笙、箫、管、钟、磬、埙、篪等乐器的配合，以至发展到"八音谐合"，无所不备。乐器使用数量的不同，当然和使用者的社会地位以及权势财富的程度有关。大抵，周初所制的祭享之用的与成、康以后士大夫阶级所制的乐歌，是《小雅》；周初大型祭享典礼所用与成、康以后王室公卿所制的乐歌，则是《大雅》。

"颂"者，与舞蹈相配合的乐歌，为当时娱乐的最高级形式，所用乐器以钟鼓为主导，与舞蹈相配合。

周之舞乐大体可分为三类：

一曰拜舞，即统治阶级讲习的"威仪"，也就是《孝经》所说的"礼仪三百，威仪三千"。又称为"礼容"（《汉书·儒林传》）。凡朝聘、燕享、祭祀、大射、丧葬皆用这类舞，而乐工歌诗、奏乐来配合它。其乐器以编钟为主，故又称为"金奏"②。

一曰文舞，由舞师率所教舞员为之。乐工奏乐唱歌以配合之。主要用于祭祀、

---

① 《说文·珡部》：古文"琴"作𠵉，"瑟"作𠷻。是"琴"字本从"珡"，金为声，其字后成于"瑟"字。段玉裁注曰："玩古文琴瑟二字，似先瑟字，而琴从之。"旧传伏羲作瑟，神农作琴，此说虽不可尽信，然其造作时代先后盖可知矣。瑟以革为弦，琴以练丝为弦，因此可证二器制作于畜牧社会与农耕社会之不同，并知其音调一则忼慨悲壮及一则安详舒缓之原因。商殷尚"风"，周人尚"雅"，亦可知游牧民族与农耕民族习尚不同之故为何矣。
② 《周礼·春官·乐师》："乐师掌国学之政，以教国子小舞。凡舞，有帗舞，有羽舞，有皇舞，有旄舞，有干舞，有人舞。教乐仪，行以《肆夏》，趋以《采荠》，车亦如之。环拜以钟鼓为节。凡射，王以《驺虞》为节，诸侯以《狸首》为节，大夫以《采蘋》为节，士以《采蘩》为节。"又《地官·保氏》："乃教之六仪。一曰祭祀之容，二曰宾客之容，三曰朝廷之容，四曰丧纪之容，五曰军旅之容，六曰车马之容。""容"字即古"颂"字。"颂"本作"额"，音容，即威仪之义；后省作"颂"，以为礼容之专称，遂亦为舞乐与舞诗之专称，而以"容"为容貌、容纳之义。又《春官·钟师》："钟师掌金奏。凡乐事，以钟鼓奏《九夏》《王夏》《肆夏》《昭夏》《纳夏》《章夏》《齐夏》《族夏》《祴夏》《骜夏》。"《镈师》："镈师掌金奏之鼓。凡祭祀，鼓其金奏之乐。飨食宾射，亦如之。"

祈祷，以编钟为主导乐器。周初只用翟羽为舞具，称之为"佾舞"，或"羽舞"。其后有帗舞、旄舞及南国之"籥舞"。这类舞，舞者持籥，且吹且舞，故亦称之为"南籥"①。

一曰武舞，亦舞师率所教舞员为之。乐工奏乐唱歌以配合。主要用于军旅及田猎时。以鼓为主导乐器。大祭、大享、大朝会时多演奏之。又称"万舞"，舞具用干戚，表演战斗、田猎、驭车、射击诸技②。

《吕氏春秋·音初篇》述殷、周乐类，有北音、东音、南音、西音、秦音五类③。

按所言地域推之，则"十三国风"之《邶》《鄘》《卫》《桧》《郑》《王》与《商颂》，皆北音也。《齐》《陈》《曹》及《鲁颂》，皆东音也。"二南"，皆南音也。《魏》《唐》《秦》《豳》及"二雅"、《周颂》，皆西音也。吕氏宾客特析秦音于西音之外者，盖欲以秦为"中音"；汉儒则以"二雅"为"中声"，斥郑、卫之乐为淫声，不以为中④。实则郑、卫地居全国最中，又承殷人风乐之后；郑、卫之乐流行已久，又为全国各阶层人民所同好，固当称之为周代之中音。

（五）周代《诗》的分类和逸诗

现今保存的《毛诗》三百一十一篇，内有六篇有序而无词的，也为齐、鲁、韩三家诗所无。又在《十三经》中往往有称引"诗云"之文，并不见于《毛诗》的，俱被经师们称之为"逸诗"，复说它们为"孔子删余"（正如说《汲冢周书》是"孔子删余"的《尚书》）。

---

① 《周礼·地官》："舞师掌教兵舞，帅而舞山川之祭祀；教帗舞，帅而舞社稷之祭祀；教羽舞，帅而舞四方之祭祀；教皇舞，帅而舞旱暵之事。"兵舞即武舞；帗舞持巾，羽舞持翟羽，旄舞持旄牛尾，籥舞持籥，文舞。
② 《周礼·地官》："鼓人掌教六鼓四金之音声，以节声乐，以和军旅，以正田役。教为鼓而辨其声用。""万舞"的内容，可在《邶风·简兮》及《周颂·武》等篇中仿佛见之。
③ 《吕氏春秋·音初篇》："夏后氏孔甲，田于东阳萯山，天大风晦盲，孔甲迷惑，入于民室。主人方乳（产子）。或曰：'后来，是良日也。之子是必大吉。'或曰：'不胜也。之子是必有殃。'后乃取其子以归，曰：'以为余子，谁敢殃之。'子长成人，幕动坼橑，斧斫斩其足，遂为守门者。孔甲曰：'呜呼，有疾，命矣夫。'乃作为《破斧之歌》。实始为东音。禹行功，见涂山之女。禹未之遇，而巡省南土。涂山氏之女，乃令其妾，侯禹于涂山之阳。女乃作歌，歌曰：'侯人兮猗。'实始作为南音。周公及召公取风焉，以为《周南》《召南》。周昭王亲将征荆，辛余靡长且多力，为王右。还反涉汉，梁败，王及蔡公，抎（陨）于汉中。辛余靡振王北济，又反振蔡公。周公乃侯之于西翟，实为长公。殷整甲徙宅西河，犹思故处，实始作为西音。长公继是音以处西山，秦缪公取风焉，实始作为秦音。有娀氏有二佚女，为之九成之台，饮食必以鼓。（天）帝令燕往视之，鸣若谧隘。二女爱而争搏之，覆以玉筐。少选，发而视之，燕遗二卵，北飞，遂不反。二女作歌，一终曰'燕燕往飞'，实始作为北音。"
④ 《孔子家语》："孔子谓冉有曰：'夫先王之制音也，奏中声以为节，流入于南，不归于北。'"所谓"中声"，当指"小雅·鹿鸣之三"与"鱼丽之三"。"流入于南"指"关雎之三"与"鹊巢之三"。"不入于北"音，谓其不取商风，盖亦取《荀子·王制》"夷俗邪音不敢乱雅"之义，故儒家斥商风为邪淫之声。

究竟有无"孔子删余"的《诗》？肯定有。《史记·孔子世家》："古者，《诗》三千余篇。"司马迁的话当是有一定的根据的。但如他所云"孔子去其重，取可施于礼义"，则不符合历史的真实。经籍之中记载的孔子引《诗》文句不见诸"三百五篇"的为数很多；《诗》的篇名屡见于《礼经》而不见诸《诗经》的亦复不少。如果把它们认作是"不可施于礼义"，于理也讲不通。何况三百篇中有许多重见的篇名，孔子亦未删去。可见"孔子删诗"这句话，是指孔子所辑的诗，只是自己所学到能付之弦歌的，从列国太师处抄录的那一部分。这一部分当仅是太师所保存的十分之一。因此，经、传及诸子载籍内引及的"逸诗"，为数就必然很多了。

古诗"三千余篇"的十分之九的内容是些什么呢？《墨子·公孟》一篇给我们回答了这一问题："子墨子谓公孟子曰：'丧礼：君与父母、妻、后子（谓适长子）死，三年丧服；伯父、叔父、兄、弟，期；族人，五月；姑、姨、舅、甥，皆有数月之丧。或以不丧之间，诵诗三百，弦诗三百，歌诗三百，舞诗三百。若用子之言，则君子何日以听政，庶人何日以从事？'"

《公孟》是墨子门人记述墨子与儒家者流公孟子的论难之文。"诵诗三百"以下四句所说的是儒家的主张。分析这四句话的本意，不是说要把"诗三百篇"先背诵一次，又用弦乐演奏一次，再合乐歌唱一次，更舞蹈一次；而是说：诵诗、弦诗、歌诗、舞蹈俱各有"三百"篇之多。因而，儒家在服丧所余的日子里要去通通演习一遍，便没有从事其他工作的时间了。再则，如果这四句话所指的"诗三百"即是现今的《诗》三百零五篇，但除"三颂"四十篇外，其他的俱不是能同舞蹈配合的舞诗。在文义和文法上都说不通。在上文既将"丧服"分为"三年""期""五月""数月"四期，大可以把"诵诗三百"云云四句所说概括成："诵、弦、歌、舞诗三百"一句，该多简扼，却要重复地去说。这是古人行文的质实之处。可知所说正是指明："诵""弦""歌""舞"的《诗》各有三百篇之多。实际上，周代以前确存在四大类诗。

兹阐述周代乐官保存的四大类诗的内容如下：

1. 诵诗

诵诗：是用口诵而不与乐曲配合的诗，即现今的"朗诵诗"。这在当时是不谙习乐曲和地位卑贱对音乐没份的下层劳动群众，以及有意识不配合乐曲，通过文辞以利于进行讽刺或劝谕的诗人所作的诗，如《左传》僖公二十八年所载的"舆人之诵""城者之讴"；襄公四年的"国人诵之曰"，十七年的"筑者讴曰"，三十年的"舆人诵之曰"；昭公十二年的"乡人或歌之曰"等，皆属于这一类。

据《周礼·春官》："瞽蒙歌讽诵诗。"《国语·周语》召公谏王，有"公卿至于列士献诗，瞽献曲、史献书、师箴、瞍赋、蒙诵"之语。《晋语》，范文子语赵武"使工诵，谏于朝"云云（工，谓乐工）。《楚语》申叔时论教世子："诵诗以辅相之。"《左传》襄公十四年，师旷云："工诵箴谏。"又：左史倚相述卫武公语"倚几有诵训之谏"，"宴居有师工之诵"，"蒙不失诵"。可知诵诗是周代乐官的兼职。

《左传》襄公十四年：卫献公饮孙蒯酒，"使太师歌《巧言》之卒章，太师辞。师曹请为之。……逆诵之。"《巧言》是《小雅》的一篇，其卒章乃诟诋居河上者之词。孙蒯的父亲孙文子当权而居于河上的戚邑，故太师不肯歌这章诗。师曹怨恨卫献公听谗言鞭笞了他，便乘机求卫君唱这章诗。太师不肯用乐曲来配合，师曹就朗诵了它，以激怒孙蒯父子，果然挑起他父子造反，使献公失国奔齐。这个故事说明：凡成文的诗，都可以朗诵，歌诗也不例外；乐工均习有诵诗的技能；"诵诗"也是乐官要搜集和保存的诗类，只是孔子未加以收录而已。这类诗的数量应该很多。《墨子》所说的"三百"之数，是周代人的习惯用语，和"三千"一样，均极言其多的概略之数。在古代经籍中，"三百""三千"都不是确数①。

2. 弦诗

弦诗，总的说来，是一种原由乐曲配合，却"有其义而亡其辞"的诗。它可分为下述二类：

一是原有乐曲配合，惟因流传时间久远，语言衍变而致辞不可歌；或传自四夷，辞难译识，仅能从流传的乐曲之中，领略得晓其原诗寓存之意的。如《仪礼》的《乡饮酒》及《燕礼》所谓"正歌"的《南陔》《白华》《华黍》三篇和《由庚》《崇丘》《由仪》三篇，俱是这一类的诗。这六篇皆与《周南》的"关雎之三"、《召南》的"鹊巢之三"同属南乐，但因它们传自南夷，非华夏语言，遂不能录其原诗入"二南"之次，而存其乐章之名于《仪礼》。《毛诗》附《南陔》等三篇于《小雅·鹿鸣之什》之后；附《由庚》等三篇于《小雅·南山有台》篇之下。《毛诗序》云："《南陔》，孝子相戒以养也。《白华》，孝之洁白也。《华黍》，时和岁丰，宜黍稷也。《由庚》，万物得由其道也。《崇丘》，万物得极其高大也。《由仪》，万物之生各得其宜也。"又云："有其义而亡其辞。"也是指的这一类的诗。

---

① "三"这个字，在数目字中，音最响亮，故人说概数时多喜用它。"三千"在周代，是表达"其数甚多"的习用语。如《尚书·吕刑》"五刑之属三千"，《中庸》"威仪三千"，《小雅·采芑》"方叔涖止，其车三千"，《史记·孔子世家》"弟子盖三千焉"，皆夸言其多，非谓实数。"三百"见诸《周诗》及其他古籍中的甚多，咸概言其数众多之词。当时习惯，大抵是百以上至五百之内，皆云"三百"；五百以上即可云"千"；千五百以上皆可云"三千"；三千以上称之为"万"。"万"这个数字，在周时不恒见。

亡其辞又何以知其义？相传钟子期听伯牙鼓琴而知其意在高山流水，便是一个很好的例子。《南陔》六篇无其辞，而知其义如"孝子……"云云，"万物……"云云，俱是前人从其乐领悟得晓的。

《乐记》述孔子之言云："《大章》，章之也。《咸池》，备矣。《韶》，继也。《夏》，大也。殷周之乐尽矣。"可知传说中的"先王古乐"原均有本义可寻的，至周已失其辞而仅存其乐了。

一是乐官搜集、保存的诗乐，内有涉及时讳的，多泯弃其辞，但存其乐曲的。如《杞梁操》，传为杞梁之妻哭殉乃夫所作。原诗必多诅诉统治阶级暴政之语，故其辞不可得闻，而其乐曲独存，借以传其义于来者。

这一类的诗，不能认为它们亡其辞而不将它们称之为乐诗。

3. 歌诗

歌诗，是与乐曲配合，有辞可歌的诗。《周诗》三百零五篇，除"三颂"四十篇外，皆是这类的诗。其中可能原为诵诗。经乐官配合乐曲，歌唱流行之后，被纳归歌诗。如《小雅·节南山》："家父作诵，以究王讻。"即说：他作诗的动机，便是为了谏诤而作"诵诗"。却被乐师合于《小雅》《大雅》的《崧高》《烝民》均云："吉甫作诵。"也是尹吉甫自谦所作的诗，是不配合乐的"诵诗之词"。"歌诗"可弦、可诵，既能配合乐曲，又能朗诵。因而，卫国的师曹在太师不肯配合的情况下，便"诵"《巧言》之卒章。

《左传》《国语》中，对公卿赋诗的记载不下数百则，不见诸诗三百零五篇的很不少。如《左传》僖公二十三年的晋公子重耳"赋《河水》"，《晋语》作"秦伯赋《鸠飞》，公子赋《河水》"。《左传》襄公二十六年"国子赋《辔之柔矣》"。襄公二十八年"使工为之赋《茅鸱》"，其诗亦见于《周书·王子晋解》。又昭公二十五年"宋公享昭子，赋《新宫》"。这些歌诗均为三百篇所无[①]。

---

① 韦昭《国语注》谓："《鸠飞》即《小宛》。《河水》当作《沔水》。"然《左传》亦作"河水"，则非字伪。孔颖达《左传正义》引郑康成说："《新宫》，《小雅》逸篇也。辞义皆亡。"《仪礼·燕礼》："下管新宫。"《大射仪》："乃管新宫三终。"王应麟《困学纪闻》："逸诗篇名，若《狸首》《骊驹》《祈招》《辔之柔矣》皆有其辞。惟《采茅》《河水》《新宫》《茅鸱》《鸠飞》无辞。或谓：河水，《沔水》也；新宫，《斯干》也；鸠飞，《小宛》也。"按《礼记·射义》载有狸首诗八句。《大戴礼·投壶》亦有其辞。《周礼·钟师》："凡射，王奏《驺虞》，诸侯奏《狸首》，大夫奏《采蘋》，士奏《采蘩》。"惟《狸首》不见于三百篇，而屡见于《仪礼》，则非孔子有意删去之，但未钞得之耳。《骊驹》见《汉书·儒林·江公传》："谓鼓吹诸生日歌《骊驹》。"则汉初犹未亡佚。文颖注载其辞。《祈招》见《左传》昭公十二年，谓穆王时"祭公谋父作祈招之诗以止王心"，其传其辞七句二十九字。凡此，皆有辞可歌之乐诗，疑皆西周康、昭、穆、孝、夷诸王时之"雅诗"。孔子录三百篇，未收此诸王世之"雅"。即如《穆天子传》残文中所记诗章及"广乐"之文亦复不少，然亦均为"诗三百篇"所无。是则孔子所未录之诗固已甚多矣。

孔子的录"雅诗"，殆全系周初文、武、成、康及中叶厉、宣、幽、平诸世的作品。在上述诸王之世何以"雅诗"的作品竟这么多，而其他诸王之世竟会没有？又，所录"风诗"不见有采自晋、燕、鲁、宋、杞、蔡、申诸国的，而见于《左传》所引载的却很多，其故又安在？我怀疑：《河水》《鸠飞》为晋国的诗；《新宫》是宋国的；《茅鸱》是鲁国的。至于这些诗应为《南》，应为《风》，或应为《雅》，已不可知了。

4. 舞诗

舞诗，是无音乐和舞蹈相配合而歌唱的诗。周代又称这类诗为"颂"。它可分为三类：

一类是"清歌"，属于拜舞所用的诗，仅天子祭祀宗庙用之，歌时不举舞乐，俾使列祖列宗之灵得静聆其歌之辞。《周颂》的《清庙》《维天之命》《维清》诸篇，都是这一类的舞诗①。

一类是文舞用的歌诗，天子与诸侯燕飨时咸用它。《周颂》的《臣工》《振鹭》《烈文》诸篇，都属这一类②。

一类是武舞用的歌诗，多于军旅祃祭，田猎庆获及天子、诸侯大飨的时候。《周颂》的《我将》《时迈》及《大武六成》诸篇，皆为这一类的舞诗③。

此外，如《鲁颂》的《駉》《有駜》，是文舞诗。《泮水》《閟宫》，是武舞诗。《商颂》则都是万舞之诗。

孔子所录舞诗仅"三颂"四十篇，未录者甚多。《乐记》论述《大武六成》甚备（《家语》所述亦略同）。《周颂》只得《武》《酌》《赍》《般》《桓》五篇，而失其一篇。（拙著考得所失一篇为《支》，见《周语》敬王十年，卫彪傒说。）又《鲁语》及《毛诗大序》并谓"正考甫得《商颂》十二篇于周之太师"。而孔子所传只《商颂》

---

① 《汉书·礼乐志》述汉代宗庙乐："奏登歌。上独歌，不以管弦乱人声，欲在位者偏闻之，犹古《清庙》之歌也。"可见汉儒已知《清庙》是清歌，并缘之制为汉之"登歌"。
② 文舞规模，周初天子用"八佾"，诸侯、公、卿、大夫以次递减。春秋末，则鲁之陪臣季氏亦用"八佾"。
③ 武舞诗，初只一章十余字。春秋时，各国竟为侈大。鲁作《閟宫》，至有八章，四百九十余字。

五篇，则孔子于《周颂》《鲁颂》亦复删弃不少①。

《论语》："子入太庙，每事问。或曰：'孰谓鄹人之子知礼乎？'"，是孔子不谙颂乐，于礼容似亦未娴习，故选录《颂》诗多有谬误。拟于《"三颂"总结》中论及之。

---

① 《左传》襄公十年："宋公享晋侯于楚丘，请以《桑林》。荀罃辞。荀偃、士匄曰：'诸侯宋鲁，于是观礼。鲁有禘乐，宾祭用之。宋以《桑林》享君，不亦可乎？'"《桑林》当为孔子未录《商颂》十二篇之一。盖亦宋国禘祭所用的舞乐。《吕氏春秋·古乐篇》："商人服象，为虐于东夷。周公遂以师逐之，至于江南。乃为《三象》，以嘉其德。"此谓周公东征奄徐，徐人以象助战，周公胜之，因作舞乐曰《象》，有诗三章。今亦不见于《周颂》《鲁颂》。《左传》襄公二十九年载：吴公子季札来聘，"请观于周乐，使工为之歌《周南》《召南》……见舞象箾、南籥者"，当即谓周公所作之《象》舞，以表彰征服南夷之功，故用箾篇为舞具。世恒以《象》《武》并称。其舞诗亦不见于"三颂"。《毛序》谓《维清》为"奏象舞也"。后儒遂以《象》为文王之乐，拟另辨之。其他如《穆天子传》屡及"天子大奏广乐"，当有舞乐中的不少为孔子所删。

二、《周诗新诠》解题

自《周南·关雎》到《商颂·殷武》，旧传三百零五篇诗歌，全为周文王至敬王七百余年中，周代王室与所属诸侯之国各阶层人士所创作的乐诗。孔子把它们从列国太师处钞辑成书，称之曰《诗》。汉儒将这部书与孔子所辑的《易》《书》《礼》《乐》《春秋》，均尊称曰"经"，是谓"六经"。于是《诗经》这一称呼便通行了两千多年，直到封建制度被推翻，才剥夺了"经"这个尊号。却又嫌《诗》这个单音拗口，有人摘用《论语》的句子，又称它为"诗三百"①。

今人习惯称唐代的诗为"唐诗"，宋代的为"宋诗"，以至元、明、清莫不皆然，都是依断代命名的。《诗》三百篇恰是周代留存到现在的诗歌，称它为"周诗"，当然是名正言顺的了。再则，"周诗"这个名称，早已被与孔子同时的人使用了。见诸《左传》的，如：襄公八年："子驷曰：《周诗》有之曰：'俟河之清，人寿几何？兆云询多，职竞作罗。'"（此《小雅》逸诗也）。又：襄公三十一年，卫北宫文子云："《周诗》曰：'朋友攸摄，摄以威仪。'"（此《小雅·既醉》篇语也）见之《国语》，如：周敬王三十年，卫彪傒云："《周诗》有之，曰：'天之所支，不可坏也；其所坏，亦不可支也。'"又，《晋语》齐姜勉励重耳："《周诗》曰：'莘莘征夫，每怀靡及。'"《楚语》伍举："《周诗》曰：'经始灵台，经之营之。'"云云；又，白公子张云："《周诗》有之，曰：'弗躬弗亲，庶民弗信。'"（其文见今《小雅·节南山》）《墨子·兼爱下》："《周诗》曰：'王道荡荡，不偏不党。王道平平，不党不偏。'其直若矢，其易若底。君子所履，小人所视。'"

汉儒虽一般称孔子的《诗》为《诗经》，但累代通儒名家亦多有称《诗》为《周

---

① 今人余冠英等编的《中国文学史》谓："《诗经》以前通称为'诗'或'诗三百'。"中国科学院一九六三年出版的《中国文学史》，也主张以"诗三百"为《诗经》的别称。按：《论语》上的"诗三百"凡两见。一是"诗三百，一言以蔽之，曰思无邪。""三百"与"一言"成对词。一是"诵诗三百，授之以政，不达；使于四方，不能专对，虽多一奚以为"，"三百"与"虽多"成对词。两者均指诗的篇数，岂可认作书的名称。其他如《家语》《大学》《中庸》《孟子》《荀子》诸书，引"诗"不下百余处，亦莫不单称为"诗"。

诗》的。班固《汉书·艺文志》："古有采诗之官，王者所以观风俗，知得失，自考正也。孔子纯取《周诗》，上采殷，下取鲁，凡三百五篇。"又《礼乐志》："自夏以往，其流不可闻已。殷颂犹有存者。《周诗》既备，而其器用张陈，《周官》具焉。"它们皆称"诗三百五篇"为"周诗"。又《后汉书·马融传》载《广城赋》序，有云："吉日，车攻，序于《周诗》（他书引作：赫赫南仲，载在《周诗》）。孔颖达《诗谱序正义》引郑玄《六艺论》文而释之云：'《艺论》云：'文王创基，至于鲁僖'，则《商颂》不在数矣。而以《周诗》是孔子所录，《商颂》则篇数先定。论录则独举周代，数篇则兼取商诗，而云合为国风、雅、颂者，以商诗亦周歌所用，故得称之。"这也可见马融、郑玄均曾称"诗三百五篇"为"周诗"[①]。

此外，《宋史·艺文志》著录有丘铸《周诗集解》二十卷及茅知至《周诗》二十卷。叶适称《诗经》为《周诗》（见朱彝尊《经义考》）。元儒金履祥仁山谓"《周诗》固有追述先公之事者"（见《诗经原始》引文）。是自汉以降称《诗经》为《周诗》的大有人在。因此，用《周诗》以称孔子命名的《诗》，或儒家尊称的《诗经》的这部书，既符合三千多年来通儒名家所意愿，又符合现代研究我国文学与史学的需要。

何谓"新诠"？

高诱注《淮南子·诠言训》云："诠，就也。就万物之指以言其征，事之所谓，道之所依也。"用现代语言解释，即全面分析问题的意思。许慎《说文》："诠，具也。"即具体说明问题的意思。

所谓新，是创为新说，不因袭前人的旧文。拙著之得称为新，可归纳为如下五端：

1. 创三百余篇诗系依据乐类编次之说，从而解决了许多篇诗原应排列位置的问题。

这一创说，是在以南、风、雅、颂为周代四大乐类的基础上，去对各类乐诗进行深入、全面的分析而建立起来的。如卫诗何以分属于邶、鄘这一问题，旧说：邶、鄘为卫所并，"混而名之"，"作者各有所伤，从其国本而异之"（郑玄《诗谱》）。"其诗皆为卫事，而犹系其故国之名，则不可晓。"（朱熹《集传》）这些解释并未说明问题。拙著用一国有乐类三种释之，其说自通。其他如郑诗分桧、郑，晋诗分魏、唐，周诗分豳与王风，南国诗分周、召，这些问题也就同样可得到解决了。

[①] 参看《十三经注疏》的《诗谱》"孔子录懿王、夷王时诗，讫于陈灵公淫乱之事。谓之变风、变雅"句下注文。

2. 分析各篇作者的阶级地位，从而探索作诗的动机，与当时的历史社会真况。

拙著分析《周诗》各篇，必先估定作者的阶级地位同他作诗的动机，结合当时历史社会背景，并反复在诗句中求得验证，然后才下定论。估定作者阶级地位，是通过下述的几种方法：

（1）依据诗句分析，如：知南国在周初为奴隶社会，即可肯定"二南"诗的作者是奴隶，而非奴隶主。《行露》有"我屋""我墉""室家"等语，即知作者系自由民，而非奴隶；又知其时已进入封建社会阶段。结合历史，便可判为其诗是知识奴隶的诗了。

（2）依据诗中突出的事物，如：《小雅·大东》"舟人之子，熊罴是裘"。熊皮衣帽，乃漕者之服，因知作者是司漕的官吏。其怨西人，可知诗作于东迁初年。又可知所云"大东"，供粮之诸国是已。所云"小东"，即洛东食采之邑。

（3）依据全篇诗义，推求事实，如：《小雅·鱼丽》前三章各只十三字，同文义的十一字，异文仅七字，六字皆鱼名，又多非岐周所产。可知作者为南国之人。三章均有"君子有酒多且旨"颂语，又可知作者是南国的使者，其诗是使周答谢赐宴的诗。

（4）从诗中的景象，风物去探求，如《邶风·新台》三章，"河水洒洒""河水浼浼"，皆形容河水之句。"鱼网之设，鸿则离之"句，涉及渔事，"蘧篨""戚施"亦皆渔具（详见拙著《新台》注），可知作者为生活于河上的渔民。

通过上述的方法以估定各篇作者的身份地位，如结合历史资料进行分析，可以鉴定历史资料的真伪；如结合诸家经说进行分析，可以识别经说的当否；如结合历史唯物主义的思想方法去整理古籍，可以获知它们的本来面目。

3. 通过对周代各地区、各阶层人物语言特征的考证，以寻求各篇诗义的正确解释以及作者的思想感情。

古人语言含义，今虽难确知，然亦非全不可晓。《周诗》里，留存了许多当时各个阶层人物的真实语言。如《邶风·匏有苦叶》"人涉卬否，卬须我友"，《毛传》"卬，我也"一句中"卬"与"我"同见，人所致疑。然据余考察，羌藏民族自呼即为"卬"。羌族在夏商之世已自陕北、晋北入居太行山区及黄河下游平原地区，与华夏人杂处，语言亦互相杂糅。这篇诗盖燕国或邢国的女子所作，故自呼为"卬"，而仍称她的朋友为"我友"。

4. 《周诗》记录了很多史籍上未载的史实。把所蕴蓄的真实史料，从封建学者"说经"的破旧字堆中检点出来，以纠正和补充旧史的记载，正是拙著致力探讨的一

个重要的方面。在这方面下了相当大的工夫,惟限于学力,所获有限,略举数例如次:

(1) 纠正《史记》忽略的史实

司马迁《史记·周本纪》先公之部,系采取《尚书》《世本》与《诗·大雅·生民》《公刘》《绵》等篇参合写成。这些诗均为周初庙祭歌颂祖德的乐诗,乃当时史官与乐官依据传说的歌谣而制成的,有可信的部分,也有荒唐附会不可信的部分。史迁在有的地方却恰将不可信的部分采取了,而忽略了可信的一部分。如《生民》,说姜嫄无夫而生弃,这在原始社会,固无足怪。颂诗成于封建王朝,讳言无夫生子,故粉饰其事,谓为履天帝足迹而生。又因弃之名,谓为杀之三次皆未遂。杀一婴儿,何劳三次?置之"隘巷""平林""寒冰",又是什么缘故?这是绝不可信的传说,而史迁竟取之,并附会描绘至百余字之多。又说:"弃为儿时,屹如巨人之志。其游戏,好种树麻菽,麻菽美。及为成人,遂好耕农。相同之宜,宜谷者稼穑焉。民皆法则之。帝尧闻之……封弃于邰,号曰后稷。"(此据《生民》四、五两章)生产技术是从实践中积累得到的,岂有由所谓"天生圣人"一手创成的道理?又如《燕世家》误采公羊家"周召分陕而伯"之说。《孔子世家》误采鲁诗"《关雎》为风始"之说,皆与《诗》义乖离。本书俱纠正了这些之失。

(2) 补充《史记》未能详尽的史实

《豳风》七篇,自《鸱鸮》以下六篇,皆周公东征史料。"自我不见,于今三年"二句,是周公率六乡之士东征,阅时三年方归的确据,亦与《竹书纪年》所记的时间符合。"周公东征,四国是皇。"《毛诗》云:"四国:管、蔡、商、奄也。"亦与《竹书纪年》合。东山,曲阜的东山,奄国都邑所在。东征用兵于此最久。既灭奄,乃徙伯禽封邑于曲阜,留其车马(军队)以镇抚淮徐之夷,而率六军以归。《诗》中所咏,能据以为此史实之证的篇章甚多。可是,史迁于《周本纪》只谓武王诛纣,封功臣谋士,"封弟周公旦于曲阜,曰鲁"。《鲁世家》亦仅云:"封周公旦于少昊之墟,曰曲阜。"又云:"乃奉成王命兴师东伐……宁淮夷。二年而毕定。"并不言及灭奄之事,复以管、蔡、武庚及淮夷为"四国"。当由太史公未及见《竹书纪年》与《毛传》而有此不足。岂知不征奄,则不可能有《东山》之作;不灭奄,则不可能有徙鲁于曲阜之举;不徙封伯禽于奄以镇淮徐,则不会因留驻大量兵力于鲁,而后有《鲁颂》的《駉》《駜》诗篇之作。

《车攻》《瞻彼洛矣》《裳裳者华》《桑扈》《鸳鸯》皆宣王将征徐淮,至洛邑会诸侯计议出师时的诗。《烝民》《江汉》《常武》三篇,是叙述这次战役经过情况的史诗。《黍苗》《崧高》《鼓钟》和《召南》的《甘棠》诸篇，也是与这次战役有关的诗。但《史记》在记载这件史实时，俱未涉及它们，仅取《国语》"既亡南国之师，乃料民于太原"寥寥数语尽之，亦未说明"既亡南国之师"究属何事。拙著考明诗义，叙宣王武功，以补其阙。

任乃强全集·第七卷

卷二 周南 召南

"二南"解题

旧传《毛诗》，把《周南》《召南》二十五篇列于《国风》。首篇《关雎》标题下系有较长的序文说：

《关雎》，后妃之德也，风之始也。所以风天下而正夫妇也。……然则《关雎》《麟趾》之化，王者之风，故系之周公。南，言化自北而南也。《鹊巢》《驺虞》之德，诸侯之风也，先王之所以教，故系之召公。《周南》《召南》，正始之道，王化之基。……

这篇序，原是一篇极其荒谬的臆说，它不仅与历史实际剌谬，亦且与《诗》篇文义凿枘不合。由于他托于毛序，并说是子夏所传，便把一批迷信古人的儒生们迷惑着了。郑玄作《毛诗笺》和《诗谱》，硬是把这篇荒谬的序，作为"正经"来注释，并捕风捉影地拼凑了一些史志所没有，也不可能有的事情为《周南·召南谱》，硬说：

周、召南者，《禹贡》雍州岐山之阳地名。今属右扶风美阳县，地形险阻而原田肥美。周之先公曰大王者，避狄难，自邠始迁焉，而修德建王业。商王帝乙之初，命其子王季为西伯。至纣，又命文王典治南国江、汉、汝旁之诸侯。于是三分天下有其二，以服事殷，故雍、梁、荆、豫、徐、扬之人咸被其德而从之。文王受命，作邑于丰，乃分岐邦。周、召之地，为周公旦、召公奭之采地，施先公之教于己所职之国。武王伐纣，定天下，巡守述职，陈诵诸国之诗，以观民风俗。六州者得二公之德教尤纯，故独录之，属之大师，分而国之。其得圣人之化者谓之《周南》，得贤人之化者谓之《召南》，言二公之德教自岐而行于南国也。……

自此以后，下贯六朝、隋、唐、五代入宋都是毛、郑专行，没有敢怀疑的。南宋初年，郑樵、程大昌等才开始把这个南字定为乐类。毛、郑之说发生动摇。但是直到现代，也还没有人把"周南""召南"两词的含义说清楚过。至于二十五篇诗的解说，则更还没有一个人能跳出毛、郑的窠臼来。

程大昌、郑樵等虽早已把"南"是乐类不是国度这一关打破了，却还把"周""召"连言这一关攻不破，是由于他们还不了解周代各地区社会发展历史的实际情况，只从旧书本上找得了南是乐类的证据；也未能深究到南乐究竟是一种什么乐，是怎样发生发展和流行到中原社会来了的，又怎样要分为"周南"与"召南"。因而他们就不可能彻底打破旧说，得出"二南"和二十五篇的正确解释，而只能跟在毛郑旧说后面做些枝节指责而已。

朱熹作《诗集传》，下了大决心要推翻毛、郑，但其结果，仍是与毛、郑穿着一条裤子在打架。其后许多想在《诗经》方面创立新说的人，亦皆如此。既破不了旧，也就立不起新的东西来。

《新诠》彻底推翻了关于"二南"和二十五篇的一切旧说，创立新义，务求获得各诗作者与同太师入乐和分类保管的真实情况，得出合于历史实际的崭新的解释。

兹先提出结论来，再用问答以次详细解决各项问题：

南字，在我国古代汉语里，最早只作为一个民族分布地区的称呼。其地，即今秦岭、嵩山、泰山山脉以南，江水、汉水、淮水和沂水流域的地方，对黄河流域的"华夏"说来，是在南方。故当华夏地区人民制造方位字时，便把它借来作为表示暖风吹来那个方位的字了。到了殷周之际，这一地区已经分为若干的部族，但其人们的语言、风俗，仍大体一致，一切经济生活和文化生活，都与华夏有所不同，而又比较接近，华人把他们叫作"南人"，谓其服装为"南冠"，语言为"南音"，乐歌为"南声"，或简称为"南"。

在奴隶社会时代，华夏生产力高于南方和西北民族地区，曾经大量掳掠或购买"四夷"人民来做奴隶。由于西北民族强悍，不好使用；南人柔顺易使，故殷周的奴隶主，都大量使用"南人"做奴隶。南人服役于华夏的太多了，他们都喜欢歌唱自己的乐歌，于是南乐在华夏也很流行。主持教习乐歌和演奏乐歌的太师，搜集了各阶层人民所喜爱的歌曲，就有"南乐"这一类。有些是只有乐曲，没有歌词的，因为南人的语言不同，没法记录其文辞下来。惟有经过一次翻译成为华言，又仍用南乐原曲歌唱的，经过太师排练，可以歌唱而且又很流行的，才会有诗词保存在太师的歌档里，被孔子把它们抄录下来。

《周南》十一篇，主要是西周初年，周公旦在岐周时译制成的奴隶歌唱的南乐诗歌，太师把它编为一组，题为"南"；后来陆续收到康、昭、穆王时的已是华言诗词的南乐歌曲，亦附其后。《召南》十四篇，则主要是召穆公虎平定淮夷时所收集得的南乐诗歌，有经召公译为华言的，有原是用华言写出的，亦附于其后。从周公旦到召公虎两个译制南乐诗歌的时间，相距约有八十年，南乐亦已有了发展变化，曲调已有显著的差别，所以虽同为南乐，又有周、召之分。"周南"的周字，是对"召南"而添上的。

旧说"二南"是国风的话，是根本错误的，已在本书的第一部分详细辨订了。说是周公旦和召公奭分别采录的话，也是根本错误的。其他一切旧说解说二南及其诗义的话，亦皆缘之而误。故要推翻一切解释所谓"诗经"的谬论，必须从推翻解释"二南"的谬说开始。以下发为二十问答以阐其说：

1. 问：南字，从来就是方位字，故《说文》曰："南，艸木至南方，有枝任也。""南人""南冠"皆因所出方位言之。何得谓"最早只是一个民族地区的称呼"，反以方位取义为缘此而定？

答：人类辨别方位能力虽然产生得很早，却亦有个发展过程。最先，只有上、下、左、右、前、后的观念，故这些字亦产生得最早。随着产生了东、西方的观念，因为日、月出入的方位相当固定，容易启发人类这一观念。在采集经济和畜牧经济时代，人类生活最关切的亦只是这日出和日落的两个方位。进入农业经济时代，才会注意到暖风和寒风吹来的季节和方向，而要求制出这两个方位的名称来。还得要经过许多时间"约定俗成"的过程，才有了这东、西、南、北四个方位的定称。制成文字，又当在语称习定以后。试看方位字义：东，取日在木中为义。西，取鸟栖于巢为义。都是象形兼会意，已是比其他象形或指事字产生得晚些的证验。北字则是假借的"相背"之义，是因为北方游牧民族一切生活习俗都与中华农业民族相悖的意思，则是更为后起之字义甚明了①。南字呢？形与义皆不曾具有指示方位的意思。即如《说文》解释的"草木至南方有枝任"（段玉裁《注》说："当云'南，任也，与东动也一例。下乃云草木至南方有枝任也'。"）也是先有"南方为夏"这一概念后的解释。"南方为夏"乃是已经把南字作为一个方位，并且是已把历法配合四方

---

① 东字，许慎《说文》引《官簿》说："从日在木中。"原始狩猎民族，栖森林中，恒见日出于树木间，因定日所出之方为东。日落亦在木中，不能复以西方为东字，则取鸟归于巢之意。《说文》："🐦，鸟在巢上也，象形。日在西方而鸟栖，因以为东西之西。"这是西字比东字使用的晚之验。《说文》："北，乖也，从二人相背。"这原也是与方位无关的造字。由于我国北方为沙漠草原，古唯游牧民族居之，其人与农业民族异趣，历世相仇搪，故借背为方位字，与用胡为北方之义正同。此一方位字用得更晚，当在中原农业经济已经稳固之后。

的时代（起码是虞夏年代）才有的说法，显然不是用南为方位字之本原取义。南用为方位字义，只可能设想为先有"南"这一个部族——"南国"（古代史家，习称一个民族部落所在的地区为国）。因而借他所在的部位来作方位语。正如秦汉时人把"胡、越"两字作为北、南方位的代称一样。西藏人也是这样，先为东方、西方制出"鲁、厦"两个语音和文字。而南方与北方，则是借用早已住居在南方的"洛巴"和居住在北方的"羌巴"两个民族的名称字音来作为方位字的①。研习古代民族语言的人，必还可以替我举出更多的例来，说明这乃是人类语言发展的规律。

2. 问：你说"南"是一个比方位字用得更早的民族部落称呼，能举得出史籍证据来不？

答：有。《周书·史记解》，是左使戎夫为周穆王讲的上古亡国故事。其中有一条说："昔有南氏有二臣贵宠，力钧势敌，竞进争权，下争朋党，君弗禁，南氏以分。"（钧通均，弗下当有能字。）他共说了二十八个故事，大都是虞夏以前的。这条说的"二臣"，当然不能体会为阶级社会的君臣，只可以说当氏族老酋长丧失统治能力以后，有两个有能力的人不相上下，因而分崩成为两个氏族集团。其实像这样的分裂，在原始社会的氏族集团里随时都有的。不过因"有南氏"是一方最古一个很是盛大的民族部落，自此开始分裂罢了。譬如说"羌"，原是一个民族，到后汉时，已分裂成了数十个族落。《周书·王会解》列举了西申、丘羌、巴人、方扬、蜀人、方人、鸢扬、仓吾等八个国贡品都是鸟类者外，更总括了两句说："其余皆可知（如）自古之正（征）。南人至众，皆北向。"考"西申"在汉中。"丘羌、巴、蜀"在四川。"方扬、鸢扬"皆在长江下游，扬州因以为名。"方人"在两湖，盖即水居之族。"仓吾"若是苍梧，则远在今之广西了。既然这八国都统称为"南人"，则周代所谓"南国"地面，是包括整个长江流域的了。南国出产美羽的鸟，这八国所贡的鸟，曰凤鸟，曰鸾鸟，曰比翼鸟（鸳鸯），曰皇鸟，曰文翰（锦鸡），曰孔鸟（孔雀），曰翟（雉长尾者），曰翡翠，正可知其皆长江流域特产。《王会》里未列名的，应还有许多诸侯之国，如楚、吴、随、邓、庸、褒、江、黄、舒、曹之类，他们的地域都是从最古的一个南氏之族所分裂出来的。由于古代民族流徙容易。南氏一族，更由于文化较高，历世迁流扩散，所至同化土著民族，形成了语言习俗不甚相远的一个辽阔地区。正如"华夏"的称呼，最初原只河东盐池地区一个夏禹的氏族公社

---

① 西藏文字，造制于语言成熟以后若干世纪，其东曰"厦"ཤར, 西曰"鲁"ནུབ, 皆录音，无他义。谓北方曰"羌"བྱང, 则恰是古代羌族所居地位。谓南方曰"洛"，又恰是古代"洛巴"民族所居地位。这与我国"胡、越"为南北方取义是一样。

的专名，后来扩展到河、汾、洛流域，又后来把整个黄河流域的黄土分布地区都作华夏了。

3. 问：如你所说，我国在殷周年代，就只可分为华夏与南国两个主要部分了。南之地面反大于华夏乎。亦有证说乎？

答曰：然。最先华夏小于南国，惟以经济、文化发展较南国迅速，政治领域发展亦缘之而速。殷之末世，华夏分为两部，东方为殷，西方为周，皆是奴隶社会。周之农业，工矿皆较殷为发达。优遇其奴隶，能得其死力。又以其过剩之农产品与手工艺品运售于南国地区（三百篇中有证，后详），更购买大量奴隶回来扩大再生产。南国各部落的奴隶主们，便是贩卖奴隶的大商人，他们贪对周市易之利，大都背叛了殷商，亲附西周。故武王伐纣，会师于孟津者八百国，实际皆奴隶主。庸、蜀、羌、髳、微、卢、彭、濮之人与焉（见《尚书·牧誓》）。考其地，自羌、髳外，皆南国也。"巴师勇锐，歌舞以陵殷人，前徒倒戈"（《华阳国志》），遂以灭纣。南国诸奴隶主，原附殷商的还多。武王既已诛纣，随即移师征抚南国。故其自述武功的《大武》之乐《六成》，"始而北出。再成而灭商。三成而南。四成而南国是疆"（《家语·辨乐篇》及《礼记·乐记篇》）。即是说：武王灭纣之后，随即抚定了南国。并于南国的近华之地，封建了诸侯之国，例如陈、蔡、宋、楚诸国，南之为地，乃渐退缩。其后徐、奄、管、蔡诸国再拥立纣子武庚叛周。周公东征，诛管、蔡，灭奄以建鲁邦。穆王灭徐，建江汉诸姬姓诸侯。宣王再平徐淮，"疆理至于南海"（《大雅·江汉》）。南国诸部，衰微。其诸侯之国楚、吴、巴、蜀勃兴，皆慕华夏文化，同风一轨，南国之称，随之消失。就其历史发展言之：南之为地，初大于华。至殷末世而华与南地面积相当。入周以后"南国"乃渐退缩，以致泯灭。盖由南方文化发育较早于华夏，而进展速度劣于华夏，其结果固当如此，无足怪也。

4. 问：你说南方文化发育早于华夏，为南地初大于华夏之原因，亦有说乎？

答：此事理之所必然也。按恩格斯所说，人类都是从赤道附近发展出来的。则中国人种，应是从爪哇经马来半岛、中南半岛、岭南地区、长江流域向黄河流域推进的。很远的祖先们，如此长时蠕进，不免沿途都要停滞一段时间，留下一批人，创造一定的文化。亦必有另外一批人分别前进，寻找新的、更好的乐园。当他们进入两湖盆地这一大湖泽区时，留下了一批乐于捕鱼和采食水生植物的人，形成了"巴蜑民族"，后来建成了巴、鱼、扬、越这些国家或部落。有的进入了荆山、武担、伏牛、大别和潜山、霍狱这些山岳森林区内，留下了一批乐于猎食鸟兽和采集瓜蔬的人，形成了"荆楚民族"，后来建成了有林、有果、有巢、荆、庸、英、六等国家或部落。又复有一批不满足当时现状的人，再向前进，入于草原地带，例如：湖北的枣随地区，河南的南阳地区和淮水流域的汝、颍、淝、涡地区，自然环境促使他们创造出农牧生产的文化来。人类文化，总是从进入了农业经济才开始盛大发展起来的。我国先民传说，一致说中华农业创始于炎帝神农氏。"神农"乃是后人纪念他的称号。"炎帝"也可能是华人尊称之语，可是，它代表其人兴于南方炎热之地的含义，是异常明白的。研究我国古史的人，一致说他"起于烈山"（《曲礼疏》引《帝王世纪》），故号"列山氏"，又作"厉山氏"（《礼记·祭法》郑玄注），梁刘昭《后汉郡国志注》南郡随县云："古随国。"又引《帝王世纪》曰："神农氏起列山，谓烈山氏。今随，厉乡是也。"又引《荆州记》曰："县北界有重山。山有一穴，云是神农所生。……为神农社，年常祀之。"（《括地志》亦载此说）又传神农国邑于陈，（今河南淮陈县）或云曲阜。（《左传》昭公十八年谓"大庭氏之库"，即炎帝所营。）由是言之，炎帝、神农，实南人，而为中华创兴农艺者。相传神农氏统治中华七世，四百余年（《帝王世纪》），或云十七世（《吕氏春秋》），然后黄帝、轩辕世兴。华夏文化，至黄帝时乃开展。则南国文化发育较早于华夏，信而有征。《鲁语》展禽曰："昔烈山氏之有天下也，其子曰柱（《礼记·祭法》亦云，而字作农），能殖百谷百蔬（《祭法》作百谷），夏之兴也，周弃继之，故祀以为稷。"韦昭注云："柱为后稷，自夏以上祀之。"然则南国农业发育早于华夏。华夏且祀其人为农业之神若干世，乃复易为后稷弃，则南之古域大于华夏不足怪矣。

5. 问：然则中华文化肇始于南乎？《淮南·主术训》云："昔者神农之治天下也……其地南至交阯，北至幽都，东至旸谷，西至三危，莫不听从。"则中华于古皆其属地耶？

答：是又不然。中华农艺虽传承于南人烈山氏。南人之语言、习俗，则未能逾越北纬三十五度以北。北纬三十五度以北之广大黄土分布地区，当未有烈山氏名号之前，早有人类，倚畜牧为生活，但尚未能耕种，迨向神农学得耕种树艺之术，技艺飞跃，经济发展，压倒南国。自黄帝兴而烈山氏渐以不竞，至于覆亡。故神农之艺，可以传于华夏，其政治势力不可能北至幽都，西至三危。南音，南冠之人与华夏之人，当为大山大泽所划割，西不能逾秦岭山脉，东不能逾泰蒙山脉，中间不能逾嵩高山脉与孟诸、菏泽之沼地。即北纬三十五度左右一线。此乃南人向北发展之极限。夏殷以前之华人，亦不可能越此线而南。上古人类克复自然之能力有限，故当农牧经济发生之后，各个自然地区，即各自发展成为独立之文化，形成多种多样之民族集团。华夏与南国之区分，亦即由是开始。这也如同华夏与西戎，由陇山山脉分界者阅时甚久，自黄帝下至秦汉，历数十世纪而后能次第突破之。亦人类历史发展之规律如此。

6. 问：你说秦岭、伏牛、嵩高与泰蒙山脉成为华夏与南人之界限，倘若可信。至于嵩高与泰山之间，当于北纬三十五度者，平原广大七百里，岂亦能成为华与南之界限乎？

答：此非可以言乎远古之世也。玄古之世，渤海内啮，斜达于荥阳成皋之间，成为巨浸，隔断太行山与泰山两部。其后海水退缩，渐成陆地，黄河循之入海。是为兖州。兖州在唐虞之际尚为沮洳沼泽之区，不可耕种。河水泛滥，号为绛水（洪水）。夏禹率华人多方疏导，阅时八年，"播为九河"，分导入海，乃有可耕之土。而孟诸、菏泽等大泽，犹蝉联于北纬三十五度左右，成为济水之源，即古沮洳内海之残迹，未能疏导入河者也。此一沮洳地带，至秦汉际，虽已化为耕土，由其地势卑下，屡世皆为黄河溃决泛滥之灾区，即可以想见三代以前所具阻碍华、南双方人类活动之力，并不亚于嵯峨之大山矣。神农氏都邑于陈于鲁，皆在此区之南。黄帝邑于涿鹿之阿。尧、舜、夏禹皆营于河东盐池附近。殷人屡迁，卒营邑于太行山下之朝歌。周人更原居在渭水流域：皆在此沮洳地带以北，为华夏大君。于此，可以知华、南之限矣。

7. 问：你说古南国之地包括秦岭、嵩高、泰山蒙山以南，江汉、淮、沂之域，亦有书史文据耶？

答：有。"二南"之诗，屡言江、汉、汝水。汝即淮水上游。《尚书·费誓》，是鲁公伯禽御徐戎怀夷于鲁东界费邑誓师之词。费邑即今山东费县，属沂水西支上游之邑。然则费邑之东，沂水广大地面，于时为徐戎地。徐淮为南国，见《大雅·常武》。陈为南地，见《邶风·燕燕》宋与陈蔡同为南地，见《邶风·击鼓》。（诗语未及蔡字，以《左传》考其本事，则当有蔡。详具该篇新诠）。郑亦古南国地，见《周语》①。申为南国，见《大雅·崧高》。楚为南国，见《左传》成公九年及成公十六年。巴、蜀、西申（汉中）与扬、越、仓吾为南国，见《周书·王会》。鲁部曲阜，在泰山西南，在奄国之地。奄与徐联，而鲁有南乐之诗（说在《召南·何彼襛矣》），则鲁亦南地。秦岭山脉，《大雅》《小雅》诸诗屡称之为"南山"。其主峰，称为"终南"（《秦风》有《终南》），非谓周秦之南界终于此也，盖谓南国旧域止于此山耳。

---

① 《周语》襄王十三年，富辰谏王以狄伐郑曰："夫狄无列于王室。郑伯，南也，而王卑之，是不尊贵也。"《左传》昭公十三年，盟于平丘，郑子产争承，曰："郑伯，男也，而使从公侯之贡，惧弗给也。"郑非子男之爵而曰"男"者，盖古男、南通用，实即《国语》"南也"之义。

泰蒙山脉，为齐鲁所共有，其南即沂水流域，《齐风》所谓"南山崔崔"者，即谓此山。嵩高山脉，亦有"南山"之称，见于《召南·草虫》及《殷其雷》之诗，皆南人向望周师之词，山实在其所居之北。则所谓"南山"者，原来取义皆以与南人分界为名，非谓其在周秦之南或齐之南与洛邑之南为名也。秦取韩楚之地，置"南阳郡"于伏牛山脉之阳，白水河岸。地名通例，"山南曰阳。水北曰阳"。南阳在秦之东，非在其南，而曰"南阳郡"者，盖伏牛山古曰"南山"或白水河，古曰"南水"故也。于此亦可知南为古代单字地名，而非固为南方之义。南方乃后起之义也。又秦取楚郢都之地，以为"南郡"，同时其南尚置有长沙郡，则南郡之"南"，亦是因古地名，而非取南方之义又可知①。

8. 问：你说南国范围如此广阔辽远，岂古代能有此统一之大国曰"南"者乎？

答：华人之言"南"，犹南人之言"华夏"耳，是指大体同风俗、共语言之一地区，非必即有此统一之国家。例如炎帝、黄帝、尧、舜时，中华与南，皆属原始社会，氏族集团为一般的社会组织形式，组成公社者亦殊不多，安能说得统一国家？不过若干氏族之间，每有一个氏族在对自然斗争方面及氏族集团间战争方面取得卓越经验，有所创造发明者，其他氏族自必从而敬畏之，学习之，依附之，从而形成相当一致之文化，使用一致通行之语言，遂即成为各个不同之民族区域。例如华夏，夏、商之世，虽已建成国家，实际并未统一。西周经过戡黎，伐崇，伐密，至武王诛纣，周公再诛武庚，平四国，然后封建之制推行，又八百年入秦，乃克统一。虽不统一，其为"华夏"则一也。南国，则始终未曾统一，然其为"南"则一也。

9. 问：华夏之为华夏，以有夏后氏文化突出于诸夏之上，能领导之使成为一文化区域也。南国从未统一，岂亦曾有如是之领导核心曰南耶？

答：然。南国之领导核心氏族，即左史戎夫所言之"有南氏"是也。其国盖在大别山附近（今信阳鸡公山附近）之草原地区。在其南为枣随草原，长江流域中部唯一较为广阔之草原也。其西为南阳草原，即白河流域，汉水中游较为广阔之草原也。其东北为汝颍草原，淮水上游之大草原也。其地皆温暖而高亢，土埌腴厚，无水灾。其地无森林，但生矮树、野草，为石器耕种容易施工著效之域，故进行农业较早。此三区中，枣随区尤当先进，地位较南，较暖故也。南阳区稍北，当能继之而兴。汝颍区地域辽阔，北面无大山屏障，北风寒劲，农业开展较难。至炎帝烈山

---

① 《水经注》卷三十四：江水"又南过江陵县南"句注云："南，国也。按韩婴序《诗》云：'南地在南郡南阳之间。'《吕氏春秋》所谓禹自涂山巡省南土者也，是郡取名焉。"（所引《吕氏春秋》语在《音初篇》）。此亦可证南阳、南郡之"南"是古地区名称，非用方位义。

氏，乃自枣随展衍农艺于是区，遂为中华"神农"，已如前述。然设无枣随为之先河，亦不能致此。其后徐戎、淮夷，并成强大部族，烈山氏之遗裔也。

《世本》志器物之初创者，多有"随"名。是古有智慧杰出之人名随者也。古人重氏不重名，如尧曰放勋，人但称其为陶唐氏而已。世传"随作笙"，随作某器者，疑皆称其氏，即春秋随国之先君也。盖由其进入农业社会之日早，文化高于诸南，故所创造发明为多。然而进步濡迟，故终为后进之楚所灭。左史戎夫说言之"有南氏"，古国，疑即在此。或在南阳地区。两地本相近而连属如一。二臣之分，疑即南阳与枣随之分。

南与苗字，初造字时形相似，义相通。以此知"有南"即"有苗"。"有苗"亦曰"三苗"，盖当虞夏之际又已分为三部也。《尚书·舜典》："分为三苗。"《大禹谟》："帝曰：'咨禹。惟时有苗弗率，汝徂征。'禹乃会群后，誓于师曰：'济济有众，咸听朕命。蠢兹有苗，昏迷不恭，侮慢自贤，反道败德。君子在野，小人在位，民弃不保，天降之咎。肆予以尔众士，奉辞伐罪，尔尚一乃心力，其克有勋。'三旬，苗民逆命。益赞于禹曰：'惟德动天，无远弗届。……至诚感神，矧兹有苗。'禹拜昌言曰：'俞'。班师振旅。帝乃诞敷文德，舞干羽于两阶。七旬，有苗格。"《益稷》亦载禹言："'苗顽弗即工，帝其念哉。'帝曰：'迪朕德，时乃功惟叙。'"《舜典》又曰："窜三苗于三危。"大抵在尧舜年代里，中华的大敌，便是"三苗"，亦即"有苗"。舜和禹曾纠合华地各部酋长的兵力去征讨他，无功。还是退而"修德"，苗民才服了。所谓"修德"，其实就是依靠商业市场的甜头去诱致苗民。那时舜禹恃以招徕远人的武器，便是"解池"的盐巴。那附近几百里内都不出盐，而人都非吃盐不可。所以只要舜禹能善于操纵食盐市易，远人便必会降服。此外没有什么远德可以感格远人的。再就禹誓师之词看，三苗的文化，与中华亦无多大的差别。那样大的军事，从誓师到班师，才只三旬的时间，则其地去"蒲阪"（舜都，在盐池附近），必不甚远。按照吴起对魏文侯说的"三苗之居"，是左彭蠡，右洞庭，南北皆是大山[①]。这恰好说的是两湖盆地，北抵伏牛、嵩高，南抵衡山、幕阜之地，包括南阳、枣随、荆郢三个草原地区（在当时应该已是农业地区），南阳与盐池最为接

[①] 《国策·魏一》吴起曰："昔者，三苗之居。左彭蠡之波，右洞庭之水，汶山在其南，而衡山在其北。恃此险也，为政不善，而禹放逐之。"《史记·吴起传》作"昔三苗氏左洞庭，右彭蠡，德义不修，禹灭之"。《说苑·贵德篇》同《史记》文；《君道篇》取《国策》文，而改作"大山在其南，殿山在其北，左洞庭之波，右彭蠡之川"。诸说虽有分歧，其言左右奄有洞庭、鄱阳二大湖，南北接于两大山地则一。大湖，古有定名，大山则人自取其所便者称之，要其山脉之位置有一定，洞庭、彭蠡之间，南北大山，固惟伏牛、嵩高，与衡岳幕阜而已（其地即《禹贡》之荆州）。

近，应该是三苗的首邑地区。也可能就是代枣随而兴起来"有南氏"的民族部落，被虞夏的人写作"有苗"了。

10. 问：你说南与苗，初造字时形义相通者何耶？

答：初造字时，子与男为一义而二字，亦皆苗之义。男、南本同一字。此可以甲骨文证明之。甲骨文中，在一个古字的"凡"字上面，绘出一个初萌发的小芽来，就都作"子"；它表示生命活动最早一个时刻的形象，表示一切出生的小东西，不分动物和植物，也包括人在内。若在上面绘出植物分枝成长之形，则都作"南"，它表示植物生长最盛时期，也表示成年的生产劳动者，故与男字在古代通用。不但《国语》说"郑伯，南也"，《左传》说"郑伯，男也"可证。而且《世本》的"有男氏"，《潜夫论》作"有南氏"。《周书·史记解》之"有南氏"，孔晁注亦云"通作男"。孩幼为"子"，成长为"男"（南），是造字时规定的含义。用个凡字作底的取义，是"一切如此"的意思，谓一切事物初生时皆叫作"子"，成长时皆叫作"南"（男）。到了造作大篆时，才把动物的人与其他事物分开，而制为子与男字。"凡"字古写作凡，通用作风字。甲骨文亦有画作凡的。井字、田字，都由之演变而来。因为风是无所不入的，田是无所不生的，井是无所不满足的，故皆缘凡字以成义。文字孳乳发展演变的情况，大体都是如此。晚期甲骨文的子字，已经写作䖒，其凡字部分已经变来近于田字了。南字虽还未见有写作苗的。推其发展趋势可能是这样写的。其实，原始造作的子、南两字专用于人身时，又才会有苗字制造出来，用以表达禾类之幼弱时期（包括未含苞以前），与南字含义并无区别。小篆南字从宋，苗字从艸，作苗。《说文》以为苗字"由声"，别无解，应只是许慎臆说。疑古有写南作苗者，秦汉间作苗字耳。

三苗既为虞、夏时大国，奄有荆州全境，应有人口甚多，非可能全部窜徙，何以历夏、殷、周、秦、汉，更无苗国之称，而只有甚多之"南国"文字。秦汉南阳、南郡，又即皆在三苗地域之内。则"有南"即"有苗"，"三苗"即"南国"为可定。此亦证说南、苗二字形义之一助。

11. 问：你说南国地面如彼其辽阔。又说苗、南古字形义通，"有南"即"有苗"。又说三苗故地限于荆州，其文化中心在南阳，非自为凿枘而不合乎？

答：南国中心在荆州之北部，枣随与南阳地区，其文化发育特早，最先播延于淮水流域（徐州），影响入于华夏。能影响于华夏，则其能东向影响于扬州，西向以影响梁州为可知矣。华夏接受其影响，更能迅速发展成为独立之文化，至虞、夏间，尚有未能胜于三苗之处。则徐淮、扬越、梁岷三州之人之接受三苗文化而始终无以胜之，徒能混同于诸南之内，又何足怪？此亦犹中夏之初，原只三河之地（河东、河南、西河，皆在河曲，嵩、华二山之间），历夏、殷、周，则已包有整个黄河流域，岂得谓虞、夏地面不当华夏之半而遂疑及"诸夏"之称谓乎？

　　大抵殷周所谓"南国"者，可分为三部：中部荆州之地，即三苗旧域，北以南阳，接于伊洛，最近华夏，与中夏接触频繁，经济发达，文化较高，进入奴隶社会较早。在殷周之际，商业已甚发达，贩卖奴隶之风最盛。华夏东方之殷国，西方之周国，奴隶来源，半出此部。东部徐扬二州，地近东夷，通连殷国，与殷之经济联系特密，并为苛暴之奴隶主统治地区，与岐周成对立局势，经西周屡兴大役，乃克平定。西部梁州之域，以秦岭界连岐周，虽道路险阻，仍能接受西周文化，发展成为巴蜀农业地区。其与西周商业，亦以供应奴隶为主。其地文化、经济既更落后，周人复能执行奴隶改良主义以抚绥之，其奴隶生活在周优于在南，故能为周人出其死力，发展生产，使周益臻富强。周在太王时，犹为困于狄人之小国，虽迁居岐，去狄亦未为远，乃仅历三世，遂能富强。灭殷，统一华宇者，西部奴隶之力为多。此其事，于三百篇中，多有证验。容后分篇详之。

　　南国中部与东部之文化关系，甚易明了①。西部主要是四川盆地以内，与中部似颇隔绝，而能同为"南国"者，盖由汉水与江水为之媒介。《左传》前后所举楚、鄀、庸、濮、巴、鱼诸国交涉事，皆可证明汉水上游及四川盆地与两湖盆地政治、经济、文化之接近，与其交通之频繁。近世考古发掘证明，巴国文化盖与楚国文化同出一源。以此知南乐之诗，多有巴蜀奴隶之旧曲也。

　　12. 问：你说周人使用南人为奴隶的太多，因而南人的诗歌流入周地。又说南人的语言与华夏不同。但是"二南"的诗二十五篇全是华言，难道也都是那些奴隶作的吗？

　　答：分析二十五篇的诗义，知道《周南》十一篇，全是南国奴隶们原就有的诗

---

① 淮水流域（徐州）文化与枣随地区的关系，已于前述炎帝神农氏事详之。扬州位长江下游，与荆州联系最便。从古即有一主要商道通联。并自南阳北通宛洛，西联关中。太伯入吴，即循此路。设使当时无通行之商道，则自岐至吴，远逾二千里，经历语言隔阂之部落数十百所，裹葛更易者当十余次，太伯何所凭借，竟能平安到达，为一方王乎？由太伯入吴事以推断其间商道交通情况，应不谬矣。召虎初平淮夷，疆理遂能达于"南海"（扬越之海）则自洛阳经淮水入吴界亦早已先有畅通之商道可知。古代商人行役之远，有非今人所能想象者。如西域虽自汉代始开，实则虞夏之际已有商道相通，麦种（来年）由之输入。《竹书纪年》亦传西王母已于当时入贡。《史记》《汉书》纪通西南夷事，谓秦以前已有商人远入身毒（印度）与滇越（今缅甸）。至于贩卖奴隶之盛，《西南夷传》言之更详。《货殖传》所反映者亦多。秦汉如此，则殷周奴隶社会时期，大量奴隶来源之必仰给于南方生产落后之民族更可知矣。

歌，经奴隶们带到周地来歌唱，周人都已习见习闻了，还不知道它歌词的含义，为了便于了解它的含义和使国人也都便于歌唱，才有人把它译成华言。但仍是用南国原曲唱的。这种译唱歌词的工作，在两个民族文化交流到了一定程度时，是符合需要的。例如"巴渝舞"，原是巴渝的南人，从武王伐纣时即已传入中华的歌舞乐曲（《华阳国志》说）。汉高祖时，巴渝人从征三秦和项羽，还随时歌舞着它。曹操定汉中，抚三巴，又把这种乐舞传入中原演唱，都很受华人的欢迎。尤其是军士们需要学习它，曹操便命军谋祭酒王粲，把它的辞翻成华言，以便华人学习。乐曲和舞蹈，仍皆依照巴渝的原式。并给它取个华言的名称叫"昭武舞"。这一乐曲，一直传到唐代还是流行的[①]。这就是用华言译制南国乐歌的史证。请看《关雎》这一篇诗，"雎鸠"和"荇菜"，就都不是岐周（关中）原有的动植物，而只可能是译用南国风物的文字。尤其是"在河之洲"的河字，就周代华言说来，只是黄河的专名。但文王之世，周境还偏在渭水中游，未曾达到黄河水岸。则此诗的"河"字，就不会是指的黄河，而只是译用南人的语言，谓湖沼为"河"之义了（说在《关雎》新诠）。其他"二南"诗语之具有译南言者尚多（另详各篇新诠）。故知其为译南国诗歌为华言者也。此种译制工作，比较作诗、谱曲困难得多，因为它要迁就原歌辞义，更还要迁就原曲的音韵节拍，差一点都不行，所以译制成功的数量不多。周公旦是周初的贵族文学家，当文王之世，已迁都丰，派他留守岐邑，奉周原旧庙祭祀，这一段时间他很闲逸，又掌握了一批乐官为他工作，因而把一些奴隶们常常歌唱的南曲，译制成为华言歌唱，这是可以理解的。太师把这类译制的南诗与其歌曲，保存为一档，题曰"周南"，以明其为周公所译制的为主（其有周公以后译制的，但在宣王以前的，如《麟趾》亦附于《周南》）。

至于《召南》十四篇，则是召穆公虎平淮夷时所搜集译制的为主，与召康公奭不相干。召虎时，宋、陈、蔡、申等封建于南地之国，已历七百余年，南人通华夏语文者已多，华夏习南乐者亦多，华言之诗，谱以南乐者已颇有之，故《召南》，诗已不尽为子南国乐歌转译为华言者（亦详各篇新诠）。要之，"二南"之诗皆用南乐

[①] 晋常璩《华阳国志·巴志》云："武王伐纣，实得巴蜀之师，著于《尚书》。巴师勇锐，歌舞以凌殷人，前徒倒戈，故世称之曰：武王伐纣，前歌后舞也。"又曰："阆中有渝水，賨人多居水左右，天性劲勇，初为汉前锋，陷阵，锐气，喜舞。帝善之曰：'此武王伐纣之歌舞也。'乃令乐人习之，今所谓巴渝舞也。"《晋书·乐志》云："汉高祖自蜀汉将定三秦，阆中范因（当作目）率賨人以从帝，为前锋。……其俗喜舞。高祖乐其猛锐，数观其舞。后使乐人习之。阆中有渝水，因其所居，故名曰巴渝舞。舞曲有《矛渝本歌曲》《安弩渝本歌曲》《安台本歌曲》《行辞本歌曲》，总四篇。其辞既古，莫能晓其句度。魏初，乃使军谋祭酒王粲改创其辞。粲问巴渝帅李管、种玉歌曲意，试使歌，听之，以考校歌曲，而为之改为《矛渝新福歌曲》《弩渝新福歌曲》《安台新福歌曲》《行辞新福歌曲》，《行辞》以述魏德。黄初三年，又改《巴渝舞》为《昭武舞》。"

歌唱之者，固不尽为奴隶所歌，亦不全为南国原有之诗也。

13. 南国固有乐歌，便自称为"南"么？

答：南字，原为氏族名称，即所谓"有南氏"或"南氏"，或"有苗"或"三苗"是也。其人自谓其乐歌为"任"。华人呼之为"南"耳。郑玄《周礼注》，鞮鞻氏"掌四夷之乐"注云："四夷之乐，东方曰韎，南方曰任，西方曰侏离，北方曰禁。"《毛诗》《小雅·鼓钟·传》则云："东夷之乐曰韎，南夷之乐曰南，西夷之乐曰朱离，北夷之乐曰禁。"郑说实出于《毛传》，而易南为任，盖当时已知南乐本自名为任也。许慎《说文》："南，任也，草木至南方有枝任也。"（此依段注补前任也二字）就华文论，南与任别无联义，而许氏用任说南者，当是已知南人自呼其乐为任。《毛传》早出而曰南者，用华言也。《鼓钟》诗"以雅以南"。《文王世子》"胥鼓南"，皆华人旧已称南乐为"南"之证。《周南》《召南》之南，固亦如此。

《白虎通·礼乐篇》则云："南夷之乐曰兜。"兜字早见于《尚书·舜典》，秦汉以前书更未再见。疑其字即古妊字，象妇女孕儿之形。自壬、任、妊字行用而兜字即废。白虎观诸儒所据书，有仍作古兜字者①。

14. 问：周、召分陕为伯之说，著于《史记》，盖出于《公羊春秋》，与《家语·辨乐篇》及《礼记·乐记篇》相发明。《续汉书·郡国志》弘农郡陕县有周、召二公分陕陌。旧说"二南"诗者皆用周、召二公分治之义。你今一律否定之，更立周公旦、召公虎前后译制南乐诗歌之说，岂能有以胜数千年传统之说乎？

答：一部《周诗》，本来是我国古代最好一部第一手的历史资料，可惜被历世说诗的迂儒，把它解说得面目全非了。来问所指"数千年传统之说"，正好说为是"数千年传统的谬说"。这些谬说的根源，也正是从《家语》和《公羊春秋》开始的，非彻底批判推翻，正确的解释就不可能建立得起来。我上面所作关于"二南"的解说，也不完全是我的创说。自北宋以来，已经有很多说诗的人证实"南"是乐类，并推翻了周、召二公分陕之说了。我不过发展了那一部分人的学说，作了些整理和补充，

---

① 《白虎通》为班固辑录白虎观诸儒讨论古礼之书。原非一人通贯之说，驳杂多无足取。兹所据为明刻《汉魏丛书》本，多有错落。其《礼乐篇》云："乐元语曰：'受命而六乐乐先王之乐，明有法也。奥其所自作，明有制典。四夷之乐，明德广及之也。故南夷之乐曰兜，西夷之乐曰禁，北夷之乐曰昧，东夷之乐曰离。'"其说与毛、郑及许氏之说不合。禁、昧、离三字犹同，而方位异。首举南夷，则是南方学者之说矣，于他三方未能确悉，但影响言之耳。惟兜字当有所据。查兜字早见于舜典之"驩兜"。汉以前书未见有单用兜者。《说文》亦连兜鍪释之。按字义：白即古文貌字，亦示儿头之形；儿古文ル，象人双足。是兜字为孕妇，象形兼会意字，与壬、妊同义。壬字使用多而且便，故壬妊而兜字被弃耶？《白虎通》同篇又曰："南为之言，任也，任养万物。昧之为言昧也，昧者万物衰老。禁者，万物禁藏。侏离者，万物微离地而生。"则又以西为昧，北为禁，东为侏离，而南为任。其说之不能自统一如此。然南、任两字联义，与许氏之说相同（班许亦同时人）。

把字面的周、召二南,落实到历史实际上来。正是先把这些谬说根源彻底打破以后,才创立起来的新义。它不但应该有以胜数千年传统之说,而且应该是绝对压倒数千年传统之说。

15. 问:《家语》记孔子与宾牟贾论述《大武》演奏情致,与《乐记》相同。这是两千年以前儒家已经一致的传说,你能有什么条件去推翻它?

答:宾牟贾这个人,别无所见。孔子与他说《大武》,亦不见于《论语》。但《左传》《论语》及其他子书多有说到《大武》的,大概此乐舞在春秋年代还有人表演,孔子确曾看见过。所以他能说"韶,尽美矣,又尽善也""武,尽美矣,未尽善也"。现在,便先肯定孔子与宾牟贾论《大武》为实有其事。《家语》说:"且夫武,始成而北出。再成而灭商。三成而南反。四成而南国是疆。五成而分陕,周公左,邵公右。六成而复缀,以崇天子焉。众夹振焉而四伐,所以盛威于中国。分陕而进,所以事蚤济。久立于缀,所以待诸侯之至也。"《乐记》文同,"三成而南"下无反字。"五成而分"下无陕字。"以崇天子"下作"夹振之而驷伐,盛威于中国也。分夹而进,事蚤济也"。异同,在于有陕和无陕字。《礼记》是经过历代石经勘正过的,应该比一般写本的《家语》可靠些。"五成而分"句,与"夹振而驷伐"和"分夹而进"两句相应,是表达《大武》演奏的武王之师,灭商以后,由周、召二公分别率领两队人马回军向南,抚定南国诸侯,又分两路班师回到镐京的。舞时,是两对相并夹道比对着歌舞的。插不入"分陕"的话。《家语》这两个分陕的陕字,有可能是后人因有周、召二公分陕而伯的话以后,才窜写进去的(写本时代,后人窜写增删的例子太多,不甚举)。

虽然,犹可退而论之:陕字原只作夹,从双入,道路险隘处之义。夹字从双人,挟持之义。二字易混。就"分夹而进"言,亦可体会为周、召二军平定南疆之后,分为东、西两道班师振旅。周公自东方徐、豫二州,经函谷道回镐京。召公自西方荆、梁二州,经褒斜谷道回镐京。函谷、褒斜,即所谓夹也。已平南疆,故曰"事早济"也。东为左,西为右,故曰"周公左,召公右"也。五成所演之歌舞,为二公率军过夹,艰苦而振奋之状,虽演时两队夹道并舞,仍可谓之分夹(陕系俗人增画之字)。纵如此说,亦只能谓陕为周公振旅之路,不能谓为二公分陕而治。夫《大武》,乐舞也,可以表演军旅分道行进,焉可以表演划地分治之事?设其所舞为二公分陕而治之事,则何容有"周公左,召公右"之赘辞。又何得有"分陕而进"之进字。由《家语》与《乐记》皆有此进字,便已可知其非表演分陕为伯了。

16. 问:《公羊传》隐公五年"天子三公者何?天子之相也。天子之相则何以三？自陕而东者，周公主之。自陕而西者，召公主之；一相处于内。"《史记·燕召公世家》实用此文。班固《白虎通·公侯篇》更为之发明阐述。此岂亦不可信耶？

答：公羊之说不能立脚者有三：按《尚书》说：武王时的三公，是周公旦、召公奭、太公吕尚。太公很早就封到齐国去了。若还周公、召公都出去了，还有哪一个相处乎内呢？《尚书·君奭序》"召公为保，周公为师，相成王为左右。"则他二人并未有出为方伯的事。自陕而西，正是周的王畿。自陕而东，全是殷人旧地，诸侯之国。周公旦之于周王，最亲、最贵、最贤、最有才望，也是最有权的人，是周王（无论武王、成王）离不开的人。纵使需要他与召公奭分陕而治，也必然是把周公留在王畿，断无把他推出到陕以东去之理。若说为三监叛，周公东征时事，也是说不通的。那时正是周公独揽大权在内，所以才有管、蔡留言，说他"将不利于孺子"。他若不是掌握大权，凭借周王的威信，也断不可能灭武庚，诛管蔡，平四国。那时齐太公已受命为东伯，得征讨五侯九伯了（见管仲责楚子语）。何得又是周公为东伯？看来《公羊传》的话，完全是与史实刺谬的胡说。大概是他也听说过孔子述《大武》有"周公左，召公右"的话，便异想天开地踢了一梦脚，是毫无可取的。

《史记》于秦以前的历史，由于滥采史料而造成的谬误也很不少。即《燕召公世家》所说："其在成王时，召公为三公，自陕以西召公主之，自陕以东周公主之。"这段话，明明是误采《公羊春秋》之说。《公羊》未定时间。司马迁把它发展了，定在成王之时。好似未曾看到《家语》和《乐记》一样（《史记》采用《家语》之处很多，不是未看见）。全不想《家语》的"周公左，召公右"明明说的是《大武》乐舞的事。《大武》是武王灭纣后制成的。《公羊》不敢把他说为成王时，司马迁却画成了蛇脚，定为成王时。若说周公东征在成王时，东征只有三年，便仍回来作冢宰了，何曾是分陕作伯。这与他自己所撰的《周本纪》和《鲁世家》也是不合的。他苦于燕世家事迹太少，便把《尚书·君奭》与《诗·甘棠》和《公羊传》一段话拼凑起来塞责，竟不审考。《甘棠》亦非颂召公奭的诗，别详该篇新诠。

经生说史，十九都是荒谬的，上举公羊家言即是。史家说经，也都是往往失于荒谬的。《史记》里说诗之处，不当于理的很多。班固记《白虎通义》也正如此。它的《公侯篇》承用了《公羊传》的话，并为之解释说："不分南北何？东方被圣人化日少，西方被圣人化日久，故分东西，使圣人主其难者，贤者主其易者，乃俱致太平也。又欲令同游阴阳寒暑之节，共法度也。所分陕者，是国中也。若言面，八百四十国矣。"公羊家说，在前汉很流行。这段《白虎通》文不知采的何人之说，荒谬较《公羊传》为更甚。说周公是圣人，乃孔、孟以后的话。若在当时，恐惧流言，破斧缺锜，跋胡疐尾，"风雨飘摇，维音哓哓"的情况下（详《豳风》诗），谁人肯定他是圣人呢？当其作《君奭》时，对于"君奭"，自谓"鸣鸟不闻，矧曰有其能格"。他与召公孰圣孰贤，成王所不能定，即他自己也意想不到就能比召公高出一等。尤荒谬的，是把"圣人之化"说得那样捷速。那时没有报纸和广播，也没有邮电和汽车，周人与各国的人语言都还是隔阂的。这位圣人周公，连自己的兄弟管、蔡、霍叔都还教育不好，有何本领把"八百四十国"的人在三年内就教化好了，"俱致太平"？更可笑的是说不分南北，只分东西，是为了"同有阴阳寒暑之节"，就好似当时已有技术划分标准时区一样。唯心的胡说，竟到了这样的程度。偏偏这段话，是后世说诗诸儒所最欣赏的，卫宏的《诗序》、郑玄的《诗谱》正是在这段谬说上创立起来的，岂不怪哉！

17. 问：《史记·自序》说"迁仕为郎中，奉使西征巴、蜀以南，南略邛、筰、昆明，还报命。是岁，天子始建汉家之封，而太史公留滞周南，不得与从事，故发愤，且卒。而子迁适反，见父于河、洛之间。"《集解》引"挚虞曰：古之周南，今之洛阳"。《索隐》引"张晏云：自陕以东皆周南之地也"。《续汉书·郡国志》弘农郡陕县"有陕陌"。刘昭注云："《博物记》，二伯所分。"此后地理志书，皆言陕县有周、召二公分陕界石。这样传承一致的古迹史证，也可一概抹杀么？

答：司马迁在《燕世家》里，妄采公羊家言，搪塞篇幅，上面已经驳斥过了。但他撰《周本纪》和《鲁世家》并未提到此事。又虽屡述武王、周公等营雒邑事，亦未丝毫联系到周南。又撰《货殖传》述天下地理情俗，凡两言"三河"皆把伊洛地区称为"河南"。又说"洛阳东贾齐鲁，南贾梁、楚"，亦未用"周南"文义。惟独他这篇《自序》里称洛阳为"周南"，这样使用影响无实的词语，叫作"诐辞"，一曰"险诐"，即今俗所谓"俏皮话"，是战国以来文士的风尚，史学家和考古学家以及其他实事求是的文章所不许用的，也就是史家和文学两派的分水线。史家自司马迁与班固，下逮隋唐著述之士，对于述史之部虽皆矜庄慎重，不用诐辞，而于自序之文则仍保留有这些文学家的"歪风邪气"，以显示他文学方面的才能，那是不足据为考证的①。便如司马迁这几句话里，把滇国说为"昆明"。但他在自己写的《西南夷列传》里，就明明说滇国是"靡莫之属"，是"魋结、耕田、有邑聚"的民族；而叙昆明，则云"自同师以东北至楪榆，名为巂、昆明，皆编发，随畜迁徙，毋常处，毋君长，地方可数千里"。迁之奉使，只可能到达滇国，才有君长接头。若还是"无长处，无君长"的地方，就不可能去活动了。不过因昆明牧族也到滇国来市易粮食，询知其他地方如此。在《西南夷传》，就只能那样如实地说。而《自序》，就不妨文学一点，把滇国说成"昆明"。明清地理书，因而就把滇地叫作昆明湖，滇故邑叫作昆明，都是使用诐辞来作考据之误，正与把洛阳叫作周南一样，岂得为据？

班固辑录白虎观诸儒说经之言，有周召分陕之说。然其所撰《汉书·地理志》于弘农陕县所自注者，仅"故虢国，有焦城，故焦国。北虢在大阳。东虢在荥阳，西虢在雍。莽曰黄眉"二十八字。他的意思是说陕县原是武王封神农后裔之国（"褒封神农之后于焦"见《周本纪》）。周桓王又以封其卿士虢仲（虢仲见《左传》桓公八年）。夫武王既以陕地建为焦国了，则岂可以在此立石分伯二公。若其在此分陌，则焦与虢国究当属于东伯乎，抑西伯乎？（四虢之地，皆武王给虢叔的封国，后世乃分封成四国的。）此可明班氏初固未尝有分陕之意了。即如司马彪撰的《续汉书·郡国志》，于弘农陕县下亦只有"本虢仲国。有焦城。有陕陌"十字。陕陌谓崤坂与函谷（即东西两函谷）之间有良田一区，为夹陌，非即谓"分陕而伯"。至梁刘昭作注，乃引《博物记》曰："二伯所分。"《博物记》传为张华所作。然则陕陌即周召公分陕处之说，亦只是晋时始有耳。后世好事者妄援之而植石碣曰"二公分陕处"，岂足为典乎？（分陕石，见欧阳修《集古录》）

18. 问：郑康成《诗谱》，历世称其精密。孔颖达为之作《正义》。欧阳修为辑阙文。朱文公虽力反毛、郑而亦不易其二南之说。你亦将图一并推翻他么？

---

① 《孟子》"诐辞知其所蔽。"赵岐注"人有险诐之言"。今世云"俏皮话"即是此诐字本义。《礼记·曲礼》所载："国军去其国，止之，曰奈何去社稷也。大夫，曰奈何去宗庙也。士，曰奈何去坟墓也。""问国君之年，长，曰能从宗庙社稷之事矣；幼，曰未能从宗教社稷之事也。……问庶人之子，长，曰能负薪矣；幼，曰未能负薪也。""牛曰一元大武。豕曰刚鬣，豚曰腯肥，羊曰柔毛，鸡曰翰音。……韭曰丰本。盐曰咸鹾。"都是诐辞的典型。班固的《汉书·叙传》只用他的《通幽赋》《宾赋》两篇文来代替自传，和用"为春秋考纪、表、志、传凡百篇"来代表他的书名，都是自序使用诐辞之例（旧说："春秋考"是汉书的别名。颜师古说"春秋考纪"是"本纪"的别称。刘奉世说："考，成也。"则是班固自称其书伟"春秋"了，总之是用诐辞）。范晔《后汉书》自诩"耻作文士之文"。又甚自夸其论赞。然其《中兴二十八将论》曰："亦有鬻缯屠狗轻猾之徒，或崇以连城之赏，或任以阿衡之地。"鬻缯屠狗，前汉灌婴、樊哙之典，非二十八将所有。后汉功臣食邑不过一乡、亭，无兼县地，亦非有连城之赏。阿衡乃伊尹之称，汉世不用。又其《西域传》论曰："莫不献方奇，纳爱质，露顶肘行东向而朝天子。"岂非西域有肘行来朝者耶？此皆史文以外，更为文士之文，不免使诐辞俳语之例。余不尽举。

答：郑玄《周南·召南谱》，实集其过去说诗诸谬说之大成，而成后来说诗诸家的枷锁。这是必须首先打翻的。他只未敢明言分陕为伯耳，其意仍是二公行化于南国，故曰"六州者得二公之德教尤纯，故独录之，属于太师而分国之"。此所谓"吞吞吐吐"，自疑而仍必以之欺人之说也。至于"其得圣人之化者谓之周南，得贤人之化者谓之召南"，则径与卫宏伪序同取《白虎通》之谬说，妄分南乐之诗为圣人、贤人二化。夫《麟趾》《驺虞》，同一"于嗟"。《汝坟》《草虫》，同念"君子"。《桃夭》《汉广》《鹊巢》《江汜》同曰"之子于归"，文既相同，情感若一，何以分为圣、贤之化？此其谬之显而易见者。

周制，王臣食邑于畿内，不同于诸侯之有国。至于周公之周，与召公采邑之召，性质又不相同。缘文王徙丰之后，留其子姬旦守祀周原旧庙，缘之而称周公。封建之制，新旧都邑不赐臣工，姬旦以王室嫡亲居此，食禄颁自王室，非即以周原为其采邑也。否则周国之内又有周国，周王之下又有周君，是理之所必无也。召公采邑，相传在扶风雍县西南，今属陕西凤翔县，然亦魏晋以后之说。要之不能是周原、岐邑之地。而《郑谱》乃云"分岐邦周、召之地为二公采地"，显与周制不合。孔颖达虽曲为《郑谱》作解，亦云："言分采地，当是中半。不知孰为东、西。或以为东谓之周，西谓之召。事无所出，未可明也。"即是其说难信之意。

周公之诗，入于《雅》《颂》者已多。其为《国风》者，则有《豳风》七篇，古今无异词。称豳，不称周，明太王所居之地也。《周南》既为周公之化，大师"分而国之"，则何以不并入《豳风》，而乃以周公所化南夷之诗，为"风之正经"（卫宏伪序作"正风"）冠于十五国首，以周公自作之诗殿于"变风"之末乎？

他如"是故二国之诗，以后妃夫人之德为首"，则全袭用大小两序之谬说，前人已多驳之。其最明显处，在二十五篇全无一字可证伪后妃夫人之德。即《大雅》之《大明》《思齐》，称颂大任无所不用其极，亦无一字与《关雎》《鹊巢》可以关合。而谓"二南"为后妃之德，"正始之道"（伪序语。郑谱云"风之始，所以风化天下而正夫妇焉"），非瞎说乎？又如"《射礼》，天子以《驺虞》，诸侯以《狸首》，卿大夫以《采蘋》，士以《采蘩》为节。今无《狸首》，周衰，诸侯并僭而去之，孔子录诗不得也。"他曾未想到，诸侯固能不用此篇，周王岂亦遂从而去之乎？鲁国亦从而去之乎？周至灵王时，"诸侯莫朝周。周力少。苌弘乃明鬼神事，设射狸首"（《史记·封禅书》）。则周至孔子时《狸首》之诗乐犹存。孔子录周诗甚多，岂亦因"诸侯并僭"而遂不敢录此篇乎？且《狸首》诗文，《大戴礼·投壶》尚存期概，何乃"孔子录诗不得"？又云："徐及吴、楚，僭号称王，不承天子之风，今弃其诗，夷狄之也。其余江、黄、六、蓼之属，既驱陷彼俗，又亦小国，犹邾、滕、纪、莒之等，夷其诗，蔑而不得列于此。"夫"二南"诗屡言江汉，非楚地乎？《汝坟》，非徐地乎？《甘棠》非"召伯所憩"乎？若以为南国之风，则亦徐、楚称王甚久，其君尚不承天子之风，而其民乃能畔其国王之教，而遥承周天子之风耶？岂江、黄、六、蓼之国已"陷于彼俗"而江汉汝颍之人民能不陷于彼俗乎？近南之国，鲁、宋虽大，亦有颂无风，岂惟邾、腾、纪、莒诸小国哉？自我观之：诸国之所以无风诗者，南乐盛行，无人译制成诗耳，非有政化褒贬之义。不其然乎？

至于朱熹之《诗集传》，已出于程大昌与郑樵之后，尚且不敢用南为乐类之说，则安能摆脱毛、郑窠臼。他之不用旧序，不过约省其文以节篇幅，非能于前人旧说外有所创造发明也。故曰"集传"，明其全部出于因袭，但不专取毛、郑而已。试看他《周南传》云："周，国名。南，南方诸侯国也。……文王昌，辟国寖广，于是徙都于丰，而分岐周故地以为周公旦、召公奭之采邑。"这就是《郑谱》陈烂之辞。所不同者，下文"且使周公为政于国中，而召公宣布于诸侯。于是德化大成于内，而南方诸侯之国，江、沱、汝、汉之间莫不从化"。这就是他修正《郑谱》的地方。但这又完全是造谣，没有任何一点经史的依据。他所说的是文王之世，下距召康公奭之卒（康王时）已六十多年，则奭在此时纵非孩幼，亦不可能已至强仕之龄，岂遂已能宣化于南方诸国。且南国语言不通，又将何以宣德布化？此不惟史籍无据，情理亦不可通。其此以下，皆用毛序旧文。加入《大学》修、齐、治、平之语，更是迂论，不值批判。其结语，谓"盖其得之国中者，杂以南国之诗而谓之周南。……其得之南国者则直谓之召南"。前者以周与南国之诗合为一国之"风"。后者则又以南国之诗专为"召南"一国之"风"。意识淆乱至于此极。实一极其不通之文也。又其说《召南·何彼襛矣》之诗云："王姬下嫁于诸侯。"又云："旧说平、正也。武王女、文王孙，适齐侯之子。或曰平王，即平王宜臼，齐侯即襄公诸儿。事见《春秋》。未知孰是。"他前已说召公行化在文王时，又说"乃采文王之世，风化所及民俗之诗，被之管弦"。竟不曾想到武王灭纣，乃封太公于齐。文王时并无齐国，亦不得有"武王"。武王之子，成王最长，到即位时尚嫌幼小不能执政，他的姊妹乃能于文王之世、召公采诗之前，就已远嫁到极东的齐国去？假使殷代也有个齐国，亦当是殷王控制之地，不在他三分天下有其二之内。是谁人能与他拉拢这么远的婚姻关系？至于平王宜臼，去召康公之死已三百余年了，而亦疑为他在文王时候嫁女，而"未知孰是"，岂非荒谬绝伦乎？（其他谬说在"二南"者犹多，此其一例。）

大凡学术之道，贵在自己具有真知灼见。还贵在自己有个中心领导思想，才能卓然自立，贯通无碍。否则如蓬依麻立，虽缠绞多方，终无自立之道。集传、集句，纵有巧者，亦无足取。朱熹正由于不能推翻毛、郑而说诗，故其为说只能更劣于郑。后世又多有依傍朱传而图有以修正之者，则必然又更劣于朱氏。俗语云：画美人不似，改天官。天官不似，改钟馗。钟馗不似，改墨龙。徒有愈改愈糟而已。例如方玉润说"二南"，多遵朱子，而更修正为周国南方之说是也①。

19. 问：如你所说，推翻前人之论，必须彻底。则如宋之王柏《诗疑》，取"二南"各十一篇两两相配，为图。退《何彼襛矣》《甘棠》于《王风》，删去《野有死麕》。明之丰坊伪造《申培公诗说》取三百十一篇，悉乱其次而序之。亦以《何彼襛矣》为《王风》。其后何楷《诗经世本古义》全废南、风、雅、颂界划，强分三百零五篇之制作时代，自夏少康之世至周敬王时。如此者，可谓学术革命乎？

答：此诸人者，南、风、雅、颂之乐且不能辨，安足与言说诗。然其敢于疑古，敢于立新，自有贤于泥古、盲从之辈处。何楷引据详明，书本功夫宽深，所创新说尤多可喜。然而不先破旧，而专务立新，故其所立殆无不谬。故其基本意识仍是封建儒生一套，换药不换汤，较之换汤不换药者，固无所谓轩轾也。相传唐宣宗时有沈朗者，上疏谓《关雎》不当为三百篇首。请以所选尧、舜、禹等四篇冠于《关雎》之前，颁行天下②。此其狂谬又在三人之上。人谓此辈为"书呆子"，实嫌未当，直当谓之"书疯子"耳，岂足以与言诗。

20. 问：昔之儒士，穷年治经，或毕生只钻《诗经》一艺。其于三百零五篇，反复循诵，考订精神，全面贯通，然后著书。故其所论，上下、前后、左右，无不关合严密，自成一家之言。工夫不到如此程度的人，每见其枝节未安之处，肆意诋毁，辄欲胜之；究其成就，反复落后于人者往往有焉。你今既欲于《诗》之一道，全面推翻前人，自为新说，亦能自信工夫深厚如昔人乎？如此《周南》《召南》二十五篇，鸿文奥义，昔人所解，皆与其解释"二南"之义相应。你能使你以上之说，

---

① 元明以来言诗者皆尊朱传。而为之局部修正者亦不少。方玉润《诗经原始》，为清代尤晚出者，其释"二南"，亦尊朱子。乃更为之发明云："窃谓南者，周以南之地也。大略所采诗皆以南为多，故命之曰周南。……不独与他国异，即古豳朴茂淳质之风亦不能与之并赓而迭和。又况豳与各国，各成风气，各存音节，尤不可以相混。此周以南诗独为正风也。"于《召南》则云："其所采民间歌谣，有与公涉者，有与公无涉者，均谓之《召南》。盖皆召以南之诗，故亦南之而已。召与周近，地同俗同，故诗之音亦略同。且先天下而被文王之化者又莫不同。此所以与《周南》同为《国风》之正而居三百之首者也。"这真是白昼梦呓，"愈改愈不成画"了。
② 邱光庭《兼明书》载："大中年，毛诗博士沈朗，进新添毛诗四篇表云：'《关雎》后妃之德，不可为三百篇之首，盖先儒编次不当耳。今别选二篇为尧舜诗。取虞人之箴，为禹诗。取《大雅·文王》，为文王诗。请以此四置《关雎》之前，所以先帝王而后妃，尊卑之义也。'朝廷嘉之。"这样的人，竟作"毛诗博士"。可叹。唐贞观中，命孔颖达等采众家之说，传丽毛序、郑笺，为《毛诗正义》四十卷，颁行天下，使"论归一定，无复歧途"。一代儒生思想深受束缚，故至产生如此人物。

贯穿二十五篇,全面相应,而无或有所抵牾乎?

答:我一切不如前人,更没有前人用功之深。但有一点可以自信之处,是跳出前人窠臼以外来研习这三百多篇诗;是用历史唯物主义的观点来分析这三百多篇诗;是先分析各篇诗语作出总结而创为新的概念以后,再拿去重行印证到各篇诗语,及其相关的文籍,再作总结;如此反复多次校核厘正之后,才开写的。现在也还不能保证无错。因为我还远远不能掌握历史唯物主义的理论来分析各篇诗义。但对过去那些批说诗的人说来,也算得"寸有所长"了。

我原不是研究《诗经》的人,只是因为在民族地区住久了,产生了研究古代社会情况的兴趣,留心到《周诗》三百篇来。实际只用衰龄退休后两年多的时间来钻研它,工夫是说不上的。更没有寻绎旧文的工夫,只把几部著名的旧说翻了一下,劈头便是驳斥。破了以后,再来求立。所以立起来的,几于全是创说,承用前人已说过的话太少了。迨经反复检查,逐步深入,广泛涉猎之后,也每每发见某些观点和说法是前人也曾说到过的。但这不能说是他启发了我,只可说我的观点还很落后,尚有停滞在一部分封建儒生的见解中而已。

本篇上面,只谈到"二南"的解说问题,是在第一部分确定南为乐类的基础上阐发出来的,也是先把二十五篇诗的旧说全面推翻,并全面创立了新解以后总结出来的。与抓着别人枝节,"率尔操觚"的批判有所不同。

下面,再分篇作出具体的分析。由于旧说各篇,大都是一致的荒谬,只需批判几篇有代表性的谬说就够了。破旧方面写得不多,以节篇幅。立新方面,别为"新诠"一栏,先总述全篇的旨趣,推究作者,与其作诗的动机。乃分章解释文义。旧说或有可采者,大都作为"插注",附其原文。

南,在殷周之际为秦岭、嵩岳、泰山三大山脉以南,包括江、汉、淮、汝及沂、沭流域之地区名称。同时亦即为华夏人民对其地区居住之人民("南人"见《论语》)、衣制("南冠")、语言("南音"并见《左传》),及其乐歌("南声"见《吕览》)的称呼。《诗·小雅·鼓钟》之"以雅以南",《礼记·文王世子》之"胥鼓南"

皆谓南国之乐，《毛传》所云"南夷之乐曰南"是也①。

华夏于夏代进入奴隶社会，生产跃进一步，带动南方诸原始部落次第进入奴隶社会。殷周对立之际，南国诸奴隶主用大量奴隶兑换中华商品。周人从江汉流域地区（即南国西部地区，包括今汉中与四川、湖北地方，大量购入奴隶。自太王、王季、文王，奕世推行优待奴隶制度，故能得其人死力以发展岐周之经济与军事，武王资之，克以䎽天殷社、抚定南国，蔚成统一之局。

由于南国奴隶大量入于岐周，带来南国音乐与诗歌，为周人所乐闻。故岐周民歌商风与南乐并行。周文公旦好诗乐，既纂奴隶旧歌为《七月》之豳风，又复与太师译制南国奴隶歌诗为华言之南乐，是为"周南"。其后宣王时，召穆公虎平定徐淮，疆域至于南海，又复辑录南国民歌之为华言者入太师，是为"召南"。

孔子谓伯鱼曰："汝为《周南》《召南》矣乎。人而不为《周南》《召南》，其犹正墙面而立也与。"（《论语·阳货篇》）谓人不治"二南"之诗乐，则不能识社会基层之实质，如面墙而立，所见不广也。

南乐以笙为主导乐器，故《仪礼》述燕射之仪，"笙入"而后奏"关雎之三"与"鹊巢之三"。凡周诗中言及笙乐者，皆具有南乐意义（参看《小雅·鼓钟》与《鹿鸣》）。

---

① 《小雅·鼓钟》"以雅以南"。《毛传》："东夷之乐曰昧。南夷之乐曰南。西夷之乐曰朱离。北夷之乐曰禁。"《白虎通·礼乐篇》："南夷之乐曰兜。西夷之乐曰禁。北夷之乐曰昧。东夷之乐曰（侏）离。"又曰："南之为言，任也。任养万物。昧之为言昧也，昧者万物衰老。禁者，万物禁藏。侏离者，万物微离地而生。"许慎《说文》："南，任也，草木至南方，有枝任也。"（至南方，谓夏季日南至之时）与《白虎通》说同。郑玄《周礼注》，鞮鞻氏"掌四夷之乐"。注云："四夷之乐：东方曰昧，南方曰任，西方曰侏离，北方曰禁。"《白虎通》为班固记录白虎观诸儒讲轮经学之说，所言四夷之乐，名称与毛、郑同，方位乃异，而有解说，似较毛、郑有据，故许慎遵之。曰南、曰兜、曰任，为字不同，为我一也。凡译异民族之语言，或用其意，或以其义。记音之字虽异，不能甚达，如朱离与侏离是也。东、西、北三方夷乐皆系译音，故其方位易误乱。南夷之乐，三书皆系译义，故方位不乱而字互异，然其义可通也。《家语》记孔子云："南为生育之乡。"盖任与妊娠字古繫，亦孕育之义。故曰南、兜、任，字本为一义（其中兜与任，或即南语之本意）。周代人省称南声为南，毛长去周未远，故仍用之。后汉乃有兜、任之称。盖亦犹近世上海初行英语时，国人称之曰"英文"、曰"洋文"、曰"西文"；而称日本语为"东文""和文""日文"；皆不用其本语之音，以就华语之便耳。

一、《周南》十一篇

文王承太王、王季之业，兴于岐山之周原。既伐密、灭崇，徙邑于丰，命其季子旦留守岐邑祖庙，是为周公。旦多才艺，嗜诗乐，习近自南国购入之奴隶，喜所歌南音乐曲，而苦于不解南音辞义，乃与留岐乐官，采南曲之流行于岐地者，译为华言，仍使协于原歌之声韵，依原曲音节以歌之。其目的在于：1. 使南来奴隶缘之渐习华言；2. 使岐周旧民便于欣赏南乐；3. 借乐歌沟通华人与南人之种族界限；是为其施行奴隶及改良主义之一部分措施。

周之乐官，保持当时收集之乐曲谱牒，分类编册，题曰"南"，曰"风"，曰"雅"，曰"颂"。其南乐，有已译为华言者，有本为华言者，有尚为南言未经迻译，但具曲谱者（例如《南陔》《白华》《华黍》等六篇，《毛诗》篡入《小雅》）。孔子录存《周南》之已为华言者十一篇以教子弟。"周南"者，别于"召南"之称。缘宣王以后，乐官收集之南乐诗歌已多，于时南乐已有发展变化，不同于周公时之南乐，故别题为"召南"。因而周太师亦改旧题册端之"南"字为"周南"，以利区别。南乐之分周、召，犹风诗之分十三国，雅诗之分大小雅，颂诗之分周、鲁、宋；同一卫国之诗而分邶、鄘、卫；由于乐类细分不同，乐档题字亦当有所区别故也。周诗旧简，经秦火后丧失，惟口诵仍存。汉儒相承而重录之。齐、鲁、韩三家之说，皆出于荀卿。荀卿重雅而恶四夷之乐①，然以"二南"为孔子所重，不可以废，故以并入风诗言之。因而汉儒传诗者皆混"二南"于《国风》。

---

① 《荀子·王制篇》："使夷俗邪音不敢乱雅，太师之事也。"《乐论》篇再言之。其《儒效篇》论《诗》云："故风之所以为不逐者，取是（指"圣人之道管"）以节之也。小雅之所以为小雅者，取是而文之也。大雅之所以为大雅者，取是而先之也。颂之所以为至者，取是而通之也。"不言"二南"，而分言"二雅"，与《风》《颂》为四。汉儒说诗以《风》《小雅》《大雅》与《颂》为四诗，而以《关雎》为风始"（《史记·孔子世家》，说本源于《鲁诗》）等谬说悉出于此。《毛诗》分篇，曰"周南关雎诂训传第一"，"召南鹊巢诂训传第二"，"邶柏舟诂训传第三"……"豳七月诂训传第十五"，"鹿鸣之什诂训传第十六"（《小雅》。以下同式）。初非混"二南"于"十三国风"。卫宏《续序》亦混称《关雎》为"风之始也"并以"二南"为"正风"，"十三国风"为"变风"。郑玄因之，遂改铸成为千年铁案。至宋代以来，始渐有人驳正之。

（一）关 雎

三章。一章四句，二章章八句。八十字①。

（1）关关雎鸠，在河之洲。窈窕淑女，君子好逑。

（2）参差荇菜，左右流之。窈窕淑女，寤寐求之。求之不得，寤寐思服。悠哉悠哉，辗转反侧。

（3）参差荇菜，左右采之。窈窕淑女，琴瑟友之。参差荇菜，左右芼之。窈窕淑女，钟鼓乐之。

南国奴隶社会，贵族婚礼中，奴隶从其主子赴女家迎亲时，在女家门外所唱之乐歌。经周公旦译为华言，依南国原曲，使岐周奴隶习之，仍以用于迎亲时歌唱。译词，盖周公旦所自为，优美而不失南乐情趣。太师以为南乐首。所以知其然者：

1. 西南少数民族婚礼中，仍保有新郎率其宾以迎亲之俗，及门斗歌时亦有相似情趣之歌领首。

2. 此诗虽华言，而多有南国语言之痕迹，故知其系译南国旧歌。

3. "南"为南方民族之乐名，而冠以周字，则可知其为周人译制之南乐，而非南乐原貌。

首章，"雎鸠"，《毛传》与《尔雅》皆释为"王雎"。《说文》说王雎为"白鹭"（《尔雅正义》谓即鱼鹰。甚谬）。细审诗语，盖即蜀中猎人所谓"黄鸭"也。动物学上属游禽类，鸭科，与鸳鸯同目。通体黄褐色，只喙与趾掌黑色，目上羽白似画眉，常雌雄相依处于河湖渚浅水间，以植物、虫类、小鱼为食。鸣声单音，浊而宏远，正是"关"声。性警敏，不易猎获，弋中其一，伴偶恒迟迴不去，故易兼得。《毛传》云"鸟挚而有别"，谓其具此挚性也。羽毛如帝王袍色，故曰王雎也。此鸟长江流域甚多，黄河流域土地亢燥，非所宜有。又周世中华动植物名，例只一字，惟录"四夷"用语乃有两字。此鸟明确不属鸠类，而"雎鸠"，其为译语甚明。盖南语呼此鸟为 jūjiū，原诗亦落 jiū 韵，姬旦译用雎鸠字也。

河洲二字，亦是直译南语。中华河字，只为黄河之专称。周文王所灭国，至程

---

① 宋刻本云："《关雎》五章，章四句。故言三章，其一章四句，二章章八句。"按：宋刻谓"故言三章"者，谓《毛诗故训传》旧本分三章，郑玄《笺》本分为五章，而魏晋隋唐人遵之也。南乐之诗，率以三章为止。故朱熹《集传》仍还为三章。兹从《朱传》分章。

与密而止。国境未曾至河，则文王时国人之诗安得言及河洲？按僰人语，谓湖沼为"河"。常璩《南中志》、郦道元《水经注》等，所记南中地名，谓湖为河者甚多①。皆僰人住区之语言也。僰人，《牧誓》"微、卢、彭、濮"之濮人，《左传》"百濮离居"之百濮，古南国民族之主体部分也。后为楚巴所迫，退居西南山谷。入汉，始称"僰人"。入唐，始称"白蛮"。皆仍濮音而异其字。故僰语，即周代南国中部江汉间土著民族之古语。其地多湖沼洲渚，南语原歌固称之曰"河洲"（hé zhōu），译诗时借用"河洲"字耳。

又，洲字，《说文》引此诗作"州"。应是鲁诗、韩诗字作州，东汉以后之人录毛诗，乃加水为洲字。中原古有州字，谓两川间之陆地。本无洲渚的洲字。雅、颂与秦、豳风诗中，"宛在水中坻""中沚"；言"鸿飞遵渚""遵陆"；言"凫鹥在泾""在沙""在渚""在潨""在亹"，用许多近水地字，未曾言洲。惟此《周南》见洲字。故疑南语原歌云"河洲"，周公借用中华州字，其后乃有洲字义。

中华形容女子之美者，恒用女旁、人旁，不用穴字头，用穴头者，惟此诗"窈窕淑女"一句。《毛传》云："窈窕，幽闲也。"此二字，似为形容奴隶主之女，养尊于闺中，外人不得窥见之义。在奴隶社会，用此歌称颂迎娶之女子，自为适当，初无"美好"或"贞专"之义。自有此诗，乃更有其他多种赞美女性之解释，并非诗语本义。扬雄《方言》云："窕，美也。陈、楚、周南之间曰窕。"足证窈窕二字亦是南语译音字，前汉人士尚能知其为南国语言。陈国为南地，见于《燕燕》之诗。楚为南国，书证更多。《方言》所云"周南"，盖已沿汉儒说诗之误，泛指江汉间地区为周南也。

---

① 晋常璩《华阳国志·南中志》："叶榆县，有河州。"谓今云南大理县洱海之喜州也。梁刘昭《后汉郡国志注》："楪榆，有河。河，亦谓洱海。班固《前汉地理志》作叶榆泽者是也。"又《华阳国志》："河阳县，（河阳）郡治，在河中源洲上也。"谓今云南澄江县抚仙湖为河，其北有大洲，上为晋之河阳县所治。王逊分云南郡置河阳郡，亦治此洲。河阳，即取湖水北方之义。又云："胜休县，有河水也。"《郡国志注》则曰"胜休"，《南中志》曰："有大河从广百四十里，深数十丈。"此足明所云河者，为纵横百四十里之大湖也（此所举《南中志》为魏完之书，在常璩前）。常璩《南中志序》又云："章帝时，蜀郡王阜为益州太守，治化尤异，神马四匹出滇池河中。"《前汉书·地理志》作"滇池泽"，《后汉书·西南夷传》作"肃宗元和中，蜀郡王阜为太守，政化尤异，有神马四匹出滇池河中。"盖与常璩同采自谯周之《南中志》，也称滇池为河。《前汉书·地理志》益州郡称"滇池泽""叶榆泽"，不称河者，盖班固疑河字含义与华言不类，故按地图改用泽字。且滇池洱海旁已多华人，不尽习僰言故也。同书，胜休县班氏自注，仍作"河水、东至毋棳入桥。莽曰胜僰"。所谓"河水"，仍系指抚仙湖水。桥水，今南盘江。谓抚仙湖水东至今徐家渡附近入南盘江也。王莽改胜休为"胜僰"。足知其地尽僰人，故称湖水为河水，班固不自觉而沿之也。又《郡国志注》越巂郡邛都县，引《南中志》曰："县东南数里有水名邛都河，从广二十里，深百余丈。"所言即今四川西昌之邛海，汉武帝元鼎六年。平地陷落为此泽（见李膺《益州记》）。唐雍陶诗称为"陷河"。诸河字，皆缘僰语为湖泽之义。越巂邛国，本汉代僰人所建，《史记·司马相如传》所称"西僰之长"是也（今本《史记》谓为"西蒲"）。前汉时人，谓巴蜀界内之僰人为僰。为賨民，谓巴蜀西南（即所谓南中）之僰人为"西僰"，分言之则曰邛、曰夜郎、曰滇，云云。谓湖为河者，全出于此一地区。

"君子好逑",《鲁韩诗》与《郑笺》皆作"好仇"。陆德明《释文》云"本亦作仇"。是亦周诗译用南语之明显痕迹也。《左传》桓公二年,师服曰:"嘉偶曰妃,怨偶曰仇。"如为周人自作诗,绝不可能用"好仇"字颂淑或贵女。惟其是译南国原歌,当仍其音韵以协于原乐,乃可借用仇字耳。仇,《说文》:"雠也。从人,九声。"段注:"巨鸠切。"为协原歌鸠、州韵,故借用仇字。《毛诗》乃改作逑字,以避"怨偶"之义。《说文》云:"逑,敛聚也。"引《虞书》"旁逑孱功",即今本《尧典》之"方鸠孱功"。明逑为鸠音,且同有求聚之义,以易仇字,于义较适。此亦足证"仇"是借字译音,所谓"译无定字"也。

如此者,首章十六字中,已有七字显然为译用南语原音之借字。则其为译诗明矣。

次章,"荇菜",《毛传》"接余也"。《尔雅·释草》"莕,接余。"盖三家诗有作莕者。《说文》:"莕,菨余也,杏声。"荇,莕或从洐。又:"菨,菨余也,妾声。"段玉裁《注》:"荇菜,今江浙池沼间多有。叶不正圆,花黄六出,北方以人苋当之,南方以莼丝当之,皆非也。"动植物随地异名,随时异名,名或同意,亦随人异字。这种不科学的记述,究不能使人确知其为何物。究诗语,但可知其为水生可食之菜。汉儒释为"接余",字又或作余,作荇,即可知其非中原所有,而是南国所产之译字。"接余"或"余"之名,今已不存,但有荇菜可拟。然而诗中荇字,亦未必即是今之荇菜也。今南方江湖中之荇菜,亦有呼作"接余",系多年生水草,茎蔓长浮水面,不易动荡,仅嫩叶柔滑可食。《本草纲目》有"凫葵""水葵"等别称。其生态与"左右流之"语意不合,亦非珍馐值人甄采之菜,以此知其非诗中荇菜。

窃谓诗中荇菜。即宋人所谓"绿菜"(黄山谷有《绿菜赞》),生于江湖水中石上,植物分类学上属绿线藻类,织细如丝,随水流荡漾,左右绕动。其质柔滑、细腻,不可以手捉拔取,土人用刀刮石取得,淘去沙土,芼之,味甚鲜美。今川边芦山县溪涧中犹产之。每抟爇成干饼状,馈赠亲友,为嘉味。虽曝干,仍作绿色。故曰"绿菜"。观其生态,与"左右流之"句合。按其产地,正是古之南国。由其滋味之美与采得之难。比喻"淑女"求得不易,则与诗义无所不合。此物固非岐周所能有,而古代南国必多。南人用之于通亲诗歌,自甚适当。周公译诗时,应无可借字,但依南来奴隶述其状,录其音,而创为荇字以译之。荇字,古文作𦬊,草下行字,象长丝漾动之状。后也乃加水作荇。秦汉以后,南国华化,统为一家,北人始识接余,而绿菜已渐耗绝,遂莫能知荇为何物,妄以接余说之。

诗之首章,就议亲时言之。其时"君子"犹未知此"淑女",但述媒妁之意。次章，则已求之矣。以荇菜喻求得之难。与求不得时思慕之苦。"服"字，《毛传》云"思之也"。《郑笺》云"服，事也"。后世解者，又有"理也""治也""整也""念也"诸说。迂回曲折，总难说通。其实古人语言，原自简单明白：服，就是服御之义。举如衣被衾裯，生活不可离开之物，思得而使用之。无须更有它解。

卒章，言"采之"，则已许亲得迎娶矣。既言"芼之"，则已得烹饪，喻娶得矣。仍用"左右"字以明其柔滑，并喻其得之难，与求之专，左右手齐力。"琴瑟"非南乐所固有，华夏恒以为比喻夫妇之乐器。应是南歌原亦以二乐器（如竽、管之属）喻夫妇，译诗借用琴瑟二字以代之，俾华人易明其义。钟鼓亦然，谓大合乐以相庆贺也。乐读 yuè，协笔韵。乐字二音，心悦为 lè，悦物为 yuè。

（二）葛　覃

三章。章六句。七十二字。

（1）葛之覃兮，施于中谷，维叶萋萋。黄鸟于飞，集于灌木，其鸣喈喈。
（2）葛之覃兮，施于中谷，维叶莫莫。是刈是濩，为绨为绤，服之无斁。
（3）言告师氏，言告言归。薄汙我私，薄浣我衣。害浣害否，归宁父母。

南国婚礼中嫁女家的奴隶，将从媵者，对来迎亲客，答唱之歌。凡奴隶社会，嫁女者，例以部分奴隶陪嫁，中华旧籍所谓"媵"者是也①。此歌即为将往从媵者之辞。其辞卑逊，自明勤俭，意趣活泼，情感超脱，有对新旧主人无所抉择，去留俱无不乐之义。盖旧有南国知识奴隶为媵者所作之歌，普遍流行于南国奴隶之间，周公旦好而译之。仍南国原曲，存于太师，以教岐周奴隶者也。

---

① 《春秋》庄公十九年："公子结媵陈人之妇于鄄。"《左氏》无传。《公羊》有"诸侯娶一国，则二国往媵之，以侄娣从"之说。后世说媵字者皆从之。此实极为不通之论。夫诸侯之侄娣，亦贵族女子也，士大夫之女嫁，尚当备六礼而后行。诸侯之侄娣，岂遂能因他国嫁女备礼，而从嫁为妾媵乎？《说文》媵字作𤔲，云"从人，灷声"。段玉裁注云："许书无灷字，而送、佚、朕皆用为声。"因书其字作灷，谓与朕、送二字古音当同。《六书正伪》云："从人、从火者，饮食所先。……奉承之义。此𤔲之事也。会意。"则媵字古文作𤔲（佚），贱者我也。亦有赠送之义。具本固我为奴隶转移于他人也。《吕氏春秋·本味篇》"汤闻伊尹，使人请之有侁氏，有侁氏不可。伊尹亦欲归汤。汤于是请取归为婚。有侁氏喜，以伊尹为媵，送女。"（一本作"以伊尹媵女"）此有关媵字史事之最早见者。又《史记·秦本记》："晋献公灭虞、虢，房虞君与其大夫百里傒。……既房百里傒，以为秦穆夫人媵于秦，百里傒亡秦，走宛，楚鄙人执之。穆公闻百里傒贤，欲重赎之，恐楚人不与，乃使人谓楚曰：'吾媵臣百里傒在焉。请以五羚羊皮赎之。'楚人遂与之。"上古臣字，本是奴隶之义。"媵臣"，即媵奴也。

媵为奴隶之史事，如此显见。媵为诸侯侄娣之史事，未曾有见。故知《公羊》之说为谬。汉以来儒士说经者，无不从谬，亦可怪矣。

首章，以葛之蔓延山谷，随缘攀附，任人采割，喻奴隶之无定主。"覃"，陆德明《释文》云："本亦作蕈，徒南反，延也。"胡承珙《后笺》云："诗以覃与施相承而言。施为延易，则覃之训延，宜取延长之义。"诠案：《小雅·大田》"以我覃耜"，《毛传》云"覃，利也"。于此诗，《毛传》云"覃，延也"，"施，移也"。是覃者，状葛生长之貌，谓顶芽尖锐延伸，生长甚速。施，谓蔓延所至之处。"黄鸟"，即昔人所称之"黄凤"，今人呼为"金雉""锦鸡"，动物学上与鸡、雉、鹑同类。其颈背羽色金黄，冠、翅、尾羽杂有美丽这黑、蓝、白色斑纹，生活于丛草、灌木间，啄食草籽与小虫，不升高树。鸣声单调，与鸡之惊诧声相似。《毛传》以黄鸟为"搏黍"，陆玑《诗疏》与朱熹《集传》并以为黄鹂，皆谬。《郑风》"鸡鸣喈喈"与此"其鸣喈喈"，足明其为鸡类也。凡奴隶斗歌，例有调侃趣味以资笑乐。此女家奴隶调男家迎亲诸奴，衣服华好而歌非流利之巧喻，具谑而不虐之趣。

　　葛，为南方湿热山区产生之蔓草，植物学上属于豆科，茎长至三丈余，节间长尺余，纤维细韧，湿润地产者尤佳。我国长江流域人民自古采制为衣料。黄河流域则惟太行山区有之。若黄土高原地区，则因过于亢燥，节间短缩而纤维粗硬，不适于制为绨绤，但可取藤束薪缚物，或取其块根供药用而已。故三百篇中，邶、王、魏、唐风皆曾言及葛，莫曾言为衣服用者。若豳、秦风与雅、颂，凡岐周地方之诗，非惟无葛字，亦无绨、绤字。绨与绤，皆译南国商品名称，华地所不产也。

　　"萋萋"，嫩叶茂美貌。"莫莫"，叶衰黄貌，是葛纤维业已成熟之验也。葛在南国，二月抽叶，八月叶有枯黄时采。明鄞县张时彻《采葛篇》云："种葛南山下，春风吹葛长。二月吹葛绿。八月吹葛黄。腰镰逝采掇。织作君衣裳。经以长相忆，纬以思不忘。出入君笥箧，长得近辉光。"即用此诗"服之无斁"为义。"无斁"，旧皆释为"无厌倦"，华语厌倦，南语为"斁"故也。诗喻媵奴自称其勤，能适主人之意，如服绨绤之无厌。亦喻其生长女家，今将随新主人采割以去，亦当服之无厌也。

　　卒章，更为乐于从媵之辞，表示其兴致勃勃之情感。"言"字，《毛传》云"我也"。《尔雅》云"间也"。《朱传》云"辞也"。诠案：三百篇中言字皆语词，与其他语词不同处在有主动之义，故《郑笺》概释为"我"。疑南语语法如此，华人缘此诗，亦用言为主动语之语词也。下文自有"我"字，则言与我字固当有别。

　　"师氏"，相当于过去藏族农奴社会中之"管家娃子"。凡奴隶社会，家有奴隶多人者，例选其年长而忠愨之一人管理其余奴隶，分配工作，考查勤惰，小事皆径行部署，大事乃秉承于主人。管家庭奴隶者为"师氏"，管田间奴隶者为"田畯"。故师字从巾，明为服事之义。作战时，则师氏率奴隶上阵，故转用为师旅之义。平时又当教训诸奴，故又用为教师之义。进入封建社会，乃以师、保、傅为大官之称，皆缘奴隶旧称转化成也。

此诗卒章，同时用了两"归"字。《毛传》说前字曰"归人谓嫁曰归。"说后一归字曰"父母在则有时归宁"，是把一章诗分为出嫁之前与既嫁以后两段时间的语义。显然不通。于是后儒有以全章说为未嫁时诗者，有以全章说为已嫁后诗者，总未说通。新诠以为：归字早见于《易卦》，盖奴隶社会所造字。其字从止，盖凡物所止皆曰归。以物还人曰归（《春秋》定公十年，"齐人来归郓、讙、龟、阴田"），以物与人亦曰归，（《春秋》隐公元年，"归惠公仲子之赗"）。商品买卖亦曰归（《易卦》归妹之义如此）。奴隶转移亦曰归（《论语》"齐人归女乐"，《吕览》"伊尹归汤"）。封建社会轻视归女，每谓妇女所止亦曰归。"二南"诗中，《桃夭》《汉广》《鹊巢》有"之子于归"，则为送戴妫大归于陈之诗，是妇人回居母家为归。《匏有苦叶》诗"士如归妻，迨冰未泮"，是娶妇亦可当归（《论语》"管氏有三归"，义同）。《左传》僖公二十二年，子圉将逃回晋，"谓嬴氏曰：与子归乎"，是与夫同逃亦曰归。《邶风·北风》诗"惠而好我，携手同归"，则女子私奔亦曰归。《左传》庄公二十七年，"杞伯姬来，归宁也。凡诸侯之女，归宁曰来，出曰来归。夫人归宁曰如某，出曰归于某"，是贵女被出亦曰归。然女子以嫁人为大事，故归字用出嫁者为多。不仅华言如此，南言如此，东齐之言亦如此。《齐风·南山》"齐子由归"，《敝笱》"齐子归止"，皆出嫁之义。"雅"诗中，如《黄鸟》之"言旋言归"，《我行其野》之"言归斯复"，亦谓返母家为归也。归字在周代用于妇女，含义广泛如此，则循前人训诂以说诗义者，反不如摒弃训诂，单循诗意求解之为愈。此诗两"归"字，应皆奴隶以媵易主之义；与嫁、娶、归母家之义全不相干。"言告言归"，即高兴地对管家婆说："我要从媵了。"绝不是告诉她自己要嫁人。

"薄汙我私"两句，"汙"，是说的穿在身上。衣着身，乃开始沾染汗垢汙渍，故译南诗时，借汙字以协南语，原音 wū。"私"，言女主人赐予从媵奴隶随嫁所着之新衣。奴隶无私衣，每当主人宴会，临时发与鲜衣，以饰场面。歌舞既讫，亦须缴还保存。惟从嫁媵奴，主人所发新衣，著归男家，男家主人亦不没收，许其留以自用，是为私衣。只媵奴得有如此之私衣，他奴不能有。"薄汙我私"，谓着新得之鲜衣从媵也。既着新衣，则原着之旧衣当洗浣也。诗云"薄浣我衣"之谓也。下文"害浣害否"者，犹自为问答云："为什么要穿换浣洗？因为要从媵到新主人家去了。"《说文》日部引此诗作"以晏父母"，盖《鲁诗》文。晏即安字。奴隶谓主人为"父母"。《汝坟》诗"父母孔迩"是也。汉代百姓称郡县官为父母（如"召父、杜母"），即自奴隶社会蜕变来之称呼。"归安父母",兼言欢乐从媵,则新旧主人皆得所安慰。承上浣字,以见自己之勤恪不苟。承上否字,以见自己有鲜衣从嫁。则此"言归"之媵,必能使新主人亦安慰也。

(三) 卷 耳

四章。章四句。七十字。

(1) 采采卷耳,不盈顷筐。嗟我怀人,置彼周行。
(2) 陟彼崔嵬,我马虺隤。我姑酌彼金罍,维以不永怀。
(3) 陟彼高冈,我马玄黄。我姑酌彼兕觥,维以不永伤。
(4) 陟彼砠矣,我马瘏矣,我仆痡矣,云何吁矣!

此南国嫁女之家送女与迎亲者于归途中所唱之歌。周人译为华言。近世凉山奴隶社会与藏区农奴社会,奴隶主或土司家嫁娶,必选择门户相当,每多结姻于数十百里以外。迎亲、送亲,跋涉长途。两家各以其珍美衣物装饰奴隶,以相夸炫。沿途憩息,饮酒斗歌。恰似此歌所述。此诗托为恋慕女主之情,述跋涉远送之劳,夸其豪迈之致,以衬主人待遇之厚,辞殊伤痛而情实愉快,乐曲情趣并美。

首章,"采采",亦见于《芣苢》《蒹葭》《蜉蝣》诸诗,含义各自不同,要皆有众多、美好之意。此诗与《芣苢》则兼具群采之义。"卷耳",《毛传》"苓耳也"。即今人所谓"侧耳根"[①],生长于田塍土坎湿润地,根茎蔓延,叶带紫色,嫩芽正紫,根肥白,并可食,味鲜美。微腥。治痰疾。"顷筐",圆底小筐。诗以采卷耳喻选婚。"不盈顷筐",喻得聘礼不多。"怀人",谓女公子淑德,远嫁,为群奴所怀念。叹其聘礼未称而已遣嫁上道。"周行",大道也。

次章,"崔嵬",一作"崒危",作"陮隗"(并见《说文》),南语,高山之义。译无定字,故三家诗异文也。"虺隤",亦有作"瘣颓""酹穧"(《说文》与《尔雅释文》),南语,马困乏也。"金罍",铜质具雷文之饮器。"维以不永怀",为饮酒可以去忧,可以忘怀之语。

三章,言再次休息饮酒,以喻道途之远。"玄黄",南语,马病之义。"兕觥",

[①] 又称折耳根、侧耳根,学名鱼腥草。多长于我国南方,丛生。可入药,味甘微腥,祛热败火,化瘀辟湿。——整理者注。

水牛角制之酒台，今少数民族地区犹多用之，有加金银嵌饰者。骑马行山者，用此携酒为例。

卒章，极言困顿之状，为止送、折回之词。"云何吁矣"，《朱传》云："《尔雅注》引此作盱。张目远望也。"较《毛传》《郑笺》释吁为忧，差胜。此诗云已送至终点，马瘏，仆痡，不可再进，惟有张目伫望怀人之去，付之一叹而已。瘏与痡皆南语极困之词，译时但缘音造字，不必译义而义可知者，诗之层次递进，其义自明故也。

或疑：金罍、兕觥，奴隶主可暂假奴隶为装饰，又何得假以仆从乎？不知奴隶社会之奴隶阶级中，亦分为若干阶层。送亲时，有裘马装饰之奴隶，亦有负釜薪，治烹煮，工刍秣之奴隶。此等步从之奴隶，即所谓仆，非唯无裘马，亦不得参加跳歌。《左传》昭公七年，楚芊尹无宇所云"人有十等"之皂、舆、隶、僚、仆、台，即南国奴隶阶层之一例。仆与台，其最低级也。

以上三篇乐歌，周人用于大射、燕享、乡饮酒礼，为"正歌"之主要部分，必三篇连奏之。乐人称为"关雎之三"。其详，著于《仪礼》，即儒家所谓"礼经"也。又用之为后妃"房中之乐"，故汉儒说《周南》为"文王后妃之化"云。

（四）樛　木

三章。章四句。四十八字。
(1) 南有樛木，葛藟累之。乐只君子，福履绥之。
(2) 南有樛木，葛藟荒之。乐只君子，福履将之。
(3) 南有樛木，葛藟萦之。乐只君子，福履成之。

此诗南国甚早已有，嫁女家人送亲至男家时歌唱之诗。歌词、曲词皆甚简朴，知其制成较前三篇为早。"南"之名犹存，则当在楚、随已经建成国家，而尚未受周室封爵时。三章仅异六字，而结姻之程序明确。辞逊而谊深、浑厚而诚挚，盖亦文学奴隶之作。周之乐师因其易译而译之。以次于"关雎之三"下。

首章，颂歌缔姻。谓南国大族而肯与我这小族缔姻，如乔木之下曲以就葛藤的攀附，故得成此"福履"。"葛藟"，旧多说为两种蔓生植物。清儒戴震以为只是葛蔓之义。新诠以为诗三章皆葛藟合称，《易》亦有"困于葛藟"语，则葛藟非二物也。藟字古文作"㗊"，象卷蔓之形，则说葛藟为葛藤适合。用诗中屡见葛字单用，未曾见藟字单用。即他书亦未曾见以藟为一物名者（别有虆字，则是木本之蔓生植物，应与葛类有别。藟字从草，明非是虆）。又葛藟下有累、荒、萦字作缠绕之动词，则藟为葛藤之义更明。"乐只"之只，语词，《左传》引诗作"旨"，语词亦无定字，犹"乐哉"可作"乐者"。"乐兮"可作"乐些"也。"君子"，谓娶妻之公子。"福履"，旧说为福禄之义。新诠以为奴隶社会无禄秩之制。《洪范》"五福"，亦不言禄。诗语质实，无理由假借履为禄义。履就是鞋。鞋必成双乃用，故南国诗人借以比喻夫妇。"绥"，联系、缀合之义。凡新鞋做成，例用线缀使相比不失，此诗人"福履绥之"之义也。福履，祝新夫妇多福之辞，犹近人柬请夫妇燕饮，题称"双福"之意也。

次章，颂歌迎娶。"荒"，草木掩蔽也。故烧山垦地称为"垦荒"。《毛传》训荒为"奄"，即奄覆之义。今川边人民谓灌木丛草奄蔽之地为"荒荒"，得古音义。"将之"，即提取之义。旧训为"大也"者，谬。

卒章，颂歌成婚。"萦之"，谓相缠结，成一体也。

（五）螽　斯

三章。旧言"章四句"，实只二句。三十九字。

(1) 螽斯羽，诜诜兮。宜尔子孙，振振兮。
(2) 螽斯羽，薨薨兮。宜尔子孙，绳绳兮。
(3) 螽斯羽，揖揖兮。宜尔子孙，蛰蛰兮。

此南国贺婚、颂祝之旧诗。奴隶社会贵族婚礼，联姻诸戚与同族各支诸家，皆当率其部分奴隶盛装往贺。此盖婚宴中宾客与其奴隶合唱颂祝之歌，周案官译为华言者。

"螽斯"，善鸣之虫，昆虫类，直翅目，螽斯科。触角细长，活泼，右前翅有透明之发声器，腹端有长剑状之产卵管，栖草丛间，食植物幼芽与果类，不害田禾。与蝗虫同目不同科，形状小异，产卵于土中，多子，幼虫与成虫相似。旧说诗者，但如蝗虫多子，遂用以释螽斯，昧于察物，亦昧于审诗所致也。蝗虫为害，自古已然，安有颂祝之诗可以蝗虫比主人者乎？螽科动物种类甚多，其形体最大者似蚱蜢，体长二寸，触角更长于身，色美而雄健，产于江南地区，今人呼为"草螽"，即此诗所云之螽斯。古时南人盖以之为草螽之长，故以比喻贵族，借为子孙众盛之祝颂也。

首章，"诜诜"，字从言，盖译南语形容此虫鸣声之音。旧训为"众多"者，谬。

"振振",应是文秀、有声誉之义。螽之前翅绿色,甚美,直而能鸣,为人所爱悦,振振之义当与适应。旧训为"仁厚"者,亦谬。

次章,"薨薨",即《鸡鸣》诗"虫飞薨薨"字,三家诗有作"瓿瓿",作"甍甍"者,亦可为译南语原音。其义,旧皆训为"众多"。宜说为螽斯产卵时振羽之状与哄哄之声。且可定"甍"为本字,《毛诗》作"薨",为字为伪。"诸侯死曰薨"(《尔雅》)。奴隶主即周以前所称之诸侯。安有颂诸侯或奴隶主多子之诗而用"薨"字者乎?《鸡鸣》诗"薨薨"为夫妇酣卧中语,则但能微闻虫飞之声耳,安得为见虫飞之众多哉?此诗理之可推知者也。"绳绳",喻螽斯连续产卵数十枚而不绝之意,以颂祝夫妇多子。旧说为"戒慎",亦谬。螽斯产卵土中时,频频提上其产卵管,一拔产一卵,连续至数十,至百次。田间耕种之民每习见之。薨薨,绳绳,当循此求义。

卒章,"揖揖",当为敛揖之义,旧训"会聚"者谬。"蛰蛰"当为螽斯卵孵化,幼虫蛰居越冬,安静相处之貌。诗中六重字,虽皆译录南歌原音,究亦必曾甄询原意以用字,义当相切。《毛传》训"蛰蛰"为"和集",近之矣。

或问:南国既为奴隶社会,诗歌皆奴隶所造,岂得用尔我称于奴隶主前耶?答曰:奴隶社会,主奴人格差别严重,至于日常生活,称谓,则无阶级贵贱差别。凉山彝族,主子称呼"娃子",年长者亦曰"伯伯",壮年者亦曰"哥哥",至于尔汝,你我之称,则各阶层相互通用。古之南国,应亦然耳。

(六)桃 夭

三章。章四句。四十八字。
(1) 桃之夭夭,灼灼其华。之子于归,宜其室家。
(2) 桃之夭夭,有蕡其实。之子于归,宜其家室。
(3) 桃之夭夭,其叶蓁蓁。之子于归,宜其家人。

此南国奴隶祝贺主人家嫁女所唱之歌。用于送女出门之时。来贺宾客亦得用之。创造与译制时间并与前两篇同。亦乐师所译,以副"关雎之三"也。

首章,谓女子在家之时,如灼灼桃花;今兹遣嫁,必能合两家之好。"夭夭",桃树壮盛貌,以喻嫁女家之兴盛。《说文》木部引此诗作"枖枖"。盖亦用南歌原音,故三家诗作字各异也。《论语》:"子之燕居,申申如也,夭夭如也。"《毛诗》改夭夭字，合于《论语》文义。三章皆用"桃之夭夭"起句，而咏其花、实、叶不同，则夭夭为形容全树之辞，比喻嫁女之家可知。"灼灼"，桃花红艳貌。华，古花字。"之子"，谓遣嫁之女。"宜"者，必能和好相适之义，颂祝之词也。旧说，自《毛传》至《孔疏》皆以"室"与"家"为一义。《朱传》微作区别曰："室，谓夫妇所居。家，谓一门之内。"皆缘不识奴隶社会制度，妄用封建社会习俗解说此诗所致。新诠辩之如下：

《孟子》："丈夫生而愿为之有室，女子生而愿为之有家。"是室者，就女之家言之，故处女谓之"室女"。家者，就男子之家言之。《左传》桓公十八年，"女有家，男有室，无相渎也"。盖承奴隶社会旧有之字义区别如此。奴隶社会，凡联婚之家，患难相顾，休戚与共。平时各自生活，战时无条件结为一体。非惟缔婚者之本家，即两家之同族（夫族与妻族。子女成立，则为父族与母族），亦必俱以全力相助。故奴隶社会之婚制，为联合两族之铁纽。近世之大小凉山彝族社会，为奴隶社会之典型。其联婚之一家与他支他族发生战争，另一家必无条件全力帮助战斗。同时，该配偶之母家（夫之母家或妻之母家）亦必无条件全力相助战斗。有大战事，则夫家之族、夫之母舅之族，妻家之族，妻之母舅之族，亦即必参加战斗。战胜，则均分掳获之财物与奴隶。战败，而一家贫穷，亦必各出财物奴隶以赈恤之。故联婚最多之家，其势最强。如此社会，特重两家联婚之礼制，亦即有专称两家之话言。中华室、家二字，即缘此种语言为区别。进入封建社会以后，乃以室与家并为一义，谓夫为"家"，谓女为"室"；由于封建社会重男轻女，女子以婚为嫁，从夫为家，遂失室字本义也。此诗创作于奴隶社会，故贺人嫁女，反复叠言宜室宜家之意。

次章，喻女公子出嫁为花落结实。奴隶社会，室女未成婚，不起联合两家族为一之作用。一经结婚礼成，两家联合乃获成功。故诗人以花落结实喻之。已嫁则本人属夫家成员，故末句倒为"家室"。

卒章，言女已出嫁，室无其人，有如桃熟离枝，仅余桃叶。然而，叶更蓁蓁然茂盛；颂女家不因女去而衰，转因女嫁而转兴盛。末句变言"家人"者，女既长住夫家，愿其与夫家之人和谐相适故也。三章六句，仅各二句易字，或仅颠倒其字，而于奴隶社会婚嫁之要义烘染尽致，此其所为当时之佳诗，周人故抢先译为华言也。

（七）兔　罝

三章。章四句。四十八字。

(1) 肃肃兔罝，椓之丁丁。赳赳武夫，公侯干城。
(2) 肃肃兔罝，施于中逵。赳赳武夫，公侯好仇。
(3) 肃肃兔罝，施于中林。赳赳武夫，公侯腹心。

周文王举闳夭、秦颠于罝罘之中（出《墨子·尚贤篇》），以为军师。其先时同业之奴隶，歌此诗以贺之。闳夭、泰颠与其先时友好皆南国卖来之奴隶，入岐周久，已习华言，故此诗本为华言之南乐歌曲。《小雅·伐木》为文王的奴隶既立功贵显后招宴其故旧之诗（参看《小雅新诠》）。疑与此诗即当时宾主唱答之歌。既贵者用小雅之乐。其故旧诸奴隶仍用南乐歌此诗，故太师分类入于乐档，而孔子亦分别抄录之也。

《尚书·君奭》记周公旦告召公之辞，有曰："惟文王尚克修和我有夏。亦惟有若虢叔，有若闳夭，有若散宜生，有若泰颠，有若南宫括，……武王惟兹四人，尚迪有禄。后暨武王，诞将天威，咸刘厥敌。惟兹四人，昭武王，惟冒丕单称德。"孔安国传云："虢叔先死，故曰四人。"《周书·克殷解》与《史记·周本纪》皆记有殷纣自焚后，周公、召公、泰颠、闳夭分执斧、钺、轻吕，翌卫武王入纣宫即位，及散宜生、南宫括与叔振铎、管叔、卫叔、毛伯、史佚、师尚父分工抚循之事。说者以为即《论语》之"乱臣十人"。诸人中，闳、散、泰、南特见称于周公而皆未得封国为诸侯者，盖皆自奴隶拔用，阶级未变，故不能封国，侪于诸侯也。

凡奴隶社会，奴隶虽或有知识、才能，为奴隶主所信任，至于掌握政权，代主人管理一国，其阶级地位仍为奴隶。故伊尹相成汤，号阿衡，立三君，废太甲，终不得自为天子。箕子陈《洪范》为武王师，亦不得封国于中华参预朝聘。闳夭、泰颠自罝罘之猎奴，以材武拔为军师，立大功，与国、召、尚父比肩，而不得有封国。只可能解除奴籍，食采邑于王畿之内而已；然其为周王所倚重，号为干城，引为心腹，则必然矣。

《毛诗序》："《兔罝》，后妃之化也。"自后魏、晋、唐、宋诸儒，皆文饰其说，谓"化行俗美，贤才众多，虽罝兔之野人，而其才之可用犹如此（朱熹《集传》语）。元金履祥乃援《墨子》，有颂闳夭、泰颠之说。而明丰坊作伪《申公诗说》用之。清儒仍复加以排斥。今审诗语，其为岐周奴隶闳夭、泰颠，确切无可移易。

"兔罝"，即捕兔之纲，为岐周所重之猎具，而南国所必无者。何以言之？兔之为兽，小而狡捷，捕之甚难而所值复微。南国"水耕火耨"，"饭稻羹鱼"，行猎目的在得咒虎麋豕等大兽，当不至有结网猎兔者。且兔喜高亢，而南方卑湿，农事依于稻田。兔不害稻，则纵有兔，非农人所恶，即不至因获农而猎兔。惟周原接近山林，兔害严重，故农人特重猎兔。猎兔必须结网，张网于近山农田边缘；网透明，兔不能觉，来啮田禾，触之自困，守者易获之；其目的固在卫农，不必在得兔也。

首章，"肃肃"，张网严静貌。谓网虽柔静，效在肃杀。田缘张网，必须树桩，故曰"椓之"。其声丁丁然远达，明猎人之有力，故曰"赳赳武夫"。文王初拔用之为"御侮"之臣，时文王犹以诸侯事殷，故曰"公侯"。干，今言盾，与城同，具御敌自捍之物也。

次章，"施"，与《葛覃》之施同读如易，移也。"中逵"，《韩诗》作发馗。《说文》馗字在九部，云："九达道也，似龟背，故谓之馗。"《尔雅·释草》"中馗，菌"。盖馗字，原为连丘之义，故小学家以龟背、菌伞拟之。与逵字，古音皆读如鸠（jiū），与仇协韵。三家诗作字不同而音则同，故是南语录音字故也。《毛诗》作逵。陆德明云"求龟反"。龟字，左读如秋字音，则六朝时逵尚读如仇可知矣。《毛传》云"逵，九达之道"。《尔雅·释宫》"九达谓之逵"。后世说此诗者，皆盲目用之。夫兔之性避人。九达通途，必是都邑人多之地，岂猎夫安设兔罝之所哉？兹绎"龟背""菌伞"之义，释"中逵"为连丘凹脊之部。岐周之农民在平原，农地之外为丘陵，丘陵之外为山林。害禾之兔，恒窟宅于土丘之后方，窃行啮禾。遇警，即迅奔回窟。兔前脚短，其奔，利上驰。其营窟恒在丘之地面，以便于奔匿。故猎兔者张网于近田丘陵之龟背部分，获兔较易。"施于中逵"，谓猎兔渐深，近于兔窟之地以张网也。"好仇"，即《关雎》"好逑"之义，南语谓地位相当。此言猎夫拔为军帅后，功勋积累，地位日增，已渐进于公侯之列矣。凡诗，三章而重复其辞者，所易字皆具渐进、深入之义。此章，兔罝移进一步，以喻武夫地位增高一步。而诗之体裁如此，写诗之规律如此。

卒章，施置渐进，入于山林之中，则兔已不能营窟于近农之丘以害田禾，惟有退入山林啮食野草。猎人亦好深入中林，以图根绝之。如此忠于所事之武夫，则又不止进于公侯之列位，又且当为公侯心腹倚任之人矣。此殆以喻泰颠、闳夭，同周公、召公，翼卫武王入纣宫即天子位耶。

《周南》十一篇。前六篇，皆周公旦与岐周乐官在文王世所译制之南乐诗歌，专用为婚礼歌唱者。自此篇以下，皆南人所作之南乐杂歌，或本为华言，为太师所收录。

（八）芣 苢

三章。章四句。四十八字。

(1) 采采芣苢，薄言采之。采采芣苢，薄言有之。
(2) 采采芣苢，薄言掇之。采采芣苢，薄言捋之。
(3) 采采芣苢，薄言袺之。采采芣苢，薄言襭之。

此南国女奴采薏苢果珠以供装饰之歌。旧说此诗者，以芣苢为车前草，或谓"宜子"，或谓能治男子性病恶疾①。《新诠》对旧说全予摒弃，改释芣苢为薏苡。

"苢"，为苡之本字。篆文作𦭎，隶变以来写作苡也。"芣"读如丕。周初丕字皆作不。《周颂·清庙》"不显不承"与《尚书》之"丕显丕承"同义。《书·大诰》"尔丕克远省"，马融亦写作不。《大雅·文王》诗"有周不显，帝命不时"，及"不显亦世""世之不显"，与《大明》"不显其光"等不字，皆是丕字音义。丕，大也。苡之大粒者称为芣苢，犹《生民》诗"维秬维秠"之秬，是大粒品种之义。苡之为物，植物学上为禾本科，薏苡属。长江流域多野生，茎高及人，叶宽长似玉蜀黍叶，宿根，一年生，成丛聚。五六月开穗状花，结颖果。果皮坚滑如玉，果仁多粉，白色。人工栽培之进化种，则果仁肥大，称为"苡仁"，供食用和与药用。野生者仁薄皮硬，妇女采为腕珠及念珠。少数民族有贯串为璎珞及发饰者。俗有"菩提子""念珠子""打宛珠""川谷"等别称。文学上称为"薏苡"。殷周人旧称曰"芣苢"也。此诗，盖南国薏苡果熟时，奴隶主令其奴隶大量收采以为商品，及供本家妇女装饰。女奴辈以欢悦情致，群唱之歌。犹今世闽浙之采茶歌、西南农民之耨秧歌、西藏农妇集体打麦所唱答之歌也。盖亦南国文艺奴隶所造，流行入于岐周，乐官以华言录存之。三章只易六字，故易译为华言。每章两句，应是两队分唱相答之词。

首章，发唱者欢言赴采。答唱者欢言"已得之矣"。皆出发采苡之语。"采采"

---

① 刘向《列女传》："蔡人之妻者，宋人之女也。既嫁于蔡而夫有恶疾。其母将改嫁之。女曰：'夫之不幸，乃妾之不幸也，奈何去之。适人之道：壹与之醮，终身不改。不幸遇恶疾，不改其意。且夫采采芣苢之草，虽甚臭恶，犹始于将取之，终于怀撷之，浸以益亲，况于夫妇之道乎？彼无大故，又不遗妾，何以得去。'终不听其母，乃作《芣苢》之诗。君子曰：宋女之意甚贞而一也。"盖《鲁诗》家之说如此。魏源《诗古微·周南答问》引此。并从《文选注》引《韩诗》薛君章句曰："芣苢，泽泻也，臭恶之草。诗人伤其君子有恶疾，人道不通，求已不得，发愤而作。"则《韩诗》所说更为可笑，直谓妇人遭夫天阉，思得芣苢以治愈之矣。梁刘孝标《辨命论》："颜回败具丛兰，冉耕（伯牛）歌其芣苢。"则又竟以《论语》之"伯牛有疾"为冉耕所害为性病。从来之荒谬，殆无更甚于此者。

相呼赴采之辞,与《卷耳》"采采"同义。"薄言",欢快之语词。"采之",赴采之决断语。"有之",已见芣苢所在。

次章,发唱者言摘之,答唱者言已收拾之矣。捋字本作寽,从爪从寸。寸,手持也。更加以爪,则用线贯串之之义。采腕珠者,每即特用针线贯串之。市售薏苡珠者亦然,不用筐筥,不计斤两。

卒章,发唱者言"袺之",答唱言"襭之",皆服用之义。结于腕曰袺,挂于项曰襭。盖南语之义如此,故译字皆从衣,不更从手。《毛传》谓"袺,执衽也","扱衽曰襭"。后儒从而皆说为牵系衣之前襟于腰以盛物。夫古代男女俱无裤,以长衽或裙遮掩下体。"扱衽"则下体露矣。此二字不见其他经籍,明非中华古文所有。盖译诗者依南方语言所造。《毛传》亦循诗意以推义,未能合于诗语唱答之理。襭字从袺加页。袺者结也。结缠于腕也。页者头也,结串而加之于头,则挂珠串于胸之意也。

(九)汉 广

三章。章八名。九十六字。

(1) 南有乔木,不可休思。汉有游女,不可求思。汉之广矣,不可泳思。江之永矣,不可方思。

(2) 翘翘错薪,言刈其楚。之子于归,言秣其马。汉之广矣,不可泳思。江之永矣,不可方思。

(3) 翘翘错薪,言刈其蒌。之子于归,言秣其驹。汉之广矣,不可泳思。江之永矣,不可方思。

南国北部(郑、随地区)有奴隶诗人,恋一女奴,行将得其主子许为婚配时,突被其女公子携作媵奴以适楚国。其人失恋后悲思伤痛之歌。由其情感之纯挚与文辞之优美,当时流行甚广。周太师亦收录之。原作可能即是华言之南曲,时间在殷之最末。当时南国知识奴隶,大都得于华夏乱亡之诸侯部落也。

首章,以"南有乔木"起兴,明所在为南国故地也。南国中心地区,即"有南氏"故地,实惟今南阳与湖北枣随之地,在长江与汉水以北。故诗三章皆深叹汉水之广不可越,江水之远不可至也。

"乔木"之下"不可休思",喻奴隶主不能荫恤下情。"汉有游女",谓所恋女奴系自汉水地区购来,女奴无家,故曰"游女"。求之未得,转以增忧,故曰"不可求思"。思字，结束语词，亦具念叹难释之义。诗言恋爱之情，本可泳汉水以从之，然而不可者，非从媵者往则为逃奴，祸不测也。又念竟逃入楚，与所恋方舟入江①更逃入吴可乎？亦不可者，如江之长途，无资生之具，终不能自活；且恋人新媵，未必肯逃；同逃而获，亦徒俱死耳。两言不可，皆表其忧思自计之情。

次章，以薪丛翘然并出喻群女奴。荆之高大者为"楚"。刈，谓取之。自言立功于主人之家以求给配此女，已获许矣。深憾被夺为媵奴以去，故曰"之子于归"。方媵从将乘马以去时，我乃奉命为"其马"照料刍秣。人随物去，所以尤为伤恸也。

卒章，言所恋既去，主人配以他奴，以蒌比之。蒌，谓蒌蒿，虽亦高与众薪相齐，完非楚薪之比。所恋去矣，所乘之马同去，不得再为之刍秣矣，徒有所遗之驹在。"言秣其驹"，则伤痛之情久不能释矣。

或问：说为奴隶恋其女公子之事不亦可乎？曰：不能。奴隶社会，阶级森严，于男女关系间尤为严格，女子有恋奴隶阶级中人者，亲族发觉必逼令自杀，其奴隶更不能免。纵使窃有其事，幸未发觉，亦断不有敢自为歌咏以播其情者，况得流传远近乎。

（十）汝 坟

三章。章四句。四十八字。

(1) 遵彼汝坟，伐其条枚。未见君子，惄如调饥。
(2) 遵彼汝坟，伐其条肄。既见君子，不我遐弃。
(3) 鲂鱼赪尾，王室如毁。虽则如毁，父母孔迩。

周武王既破殷师于牧野，纣自焚死。武王入殷都即天子位，命周、召二公分道抚循南国。汝滨多纣采薪之奴隶，欢迎周王使节，歌唱此诗。原是华言、南曲。

纣都朝歌，号为河内。《史记·货殖列传》说沿河而南，达于孟津，为其时中华人口最密地带。当时国君与臣民需用薪柴甚多，举凡炊爨、照明、暖坑、燔祭、制炭，与伏制河泛、造围篱、修建住宅，无不用之。沿河林箐既尽，则于汝水上游山林采之。汝源与河济迹近，仅隔连丘土堤，薪材可以自此浮河，大量供给朝歌。故

---

① 人类初创独木舟时，尚在石器时代，于大木上斫一空室，甚非容易。原只能容一人以荡桨。舟重易覆。复乃创为并系两独木舟乘人之法，用二横木牢缚于两舟前后部，以载二人，则泛涉风浪，可以不覆。是为"方舟"。此诗方之为义如此。

纣亦派遣大批奴隶采薪于此汝旁丘陵地区，即诗所谓"汝坟"也。汝水流域，属于南国。故在此伐薪之奴隶，习于南乐之歌。其人服役于殷，故必亦习华言。从役人多，必有头领。此盖其首领所造，教众奴歌以迎降者也。

首章，言循汝坟伐薪者有年矣。苦于纣之虐政，思得归周，如渴如饥。传以未得受抚，莫由自达耳。"惄"，《韩诗》作愵，不敢喘息之义。"调饥"，陆德明曰："调，张留反。又作輖，音同。"是调与輖并读如周音。三家诗盖有作輖者。《说文》"輖，重也"，谓饥如载重之车，动作艰难，惄焉静止，难推动也。《毛诗》字伪作调，依古音，仍当读如周（zhōu）。车重为輖，言语周张不实为调，本是 zhōu 音，后世乃读为 diào 音也。《毛传》云"调，朝也"。故郑玄以下尽释为"朝饥"。夫饥渴之苦，朝夕无别。为义殊不如輖之切。《毛传》云"朝也"者，朝。古文作輈，亦舟音（zhōu），古人于译语难解之义，每假用同音字故也。"君子"，谓周王使者。奴隶社会，称贵族曰君子。后世乃蜕变为对尊贤者之称。

次章，言从事汝坟伐薪之久，旧条难尽，今又回而伐其新生之条矣。《毛传》"暂而复生曰肄"。既已得见"君子"，乃知"不以我辈所在之遐远而见弃"。明受抚欢悦之情。

卒章，言我等泛运薪条供于朝歌之王室，常见黄河之鲂鱼为青白色。今其有赪尾者，其兆应于王室已毁。王室虽毁，我等之新父母方遣使来抚，不日当可识之。故曰"父母孔迩"。孔，大也。"孔迩"，谓相距已甚近矣。

鲂鱼，即鳊鱼，体扁阔，脊腹隆凸，有硬鳍；本海鱼，移居淡水，黄河下游多有之。土人以为美味。故《陈风》亦曰："岂其食鱼，必河之鲂。"鲂鱼皆青白色。别有一种之尾鳍赤色，俗称"火烧鳊"，偶亦见于河水，故诗之作者借以喻纣之自焚。《毛传》与《韩诗》皆谓"鱼劳则尾赤"者，妄揣诗意之谬语耳。鱼之生活，无所谓劳。殷人已知纣之自焚，与周武王立武庚以奉殷祀，未灭其社稷，故诗曰"如毁"。如毁，则犹未毁也。虽犹未毁，而已服事于周王。则殷之奴隶，应与殷社之君同以周为主人，故曰"父母孔迩"。谓虽已甚近，尚非直属。奴隶社会之道德，崇尚忠于所事之主人。殷奴隶之受周抚者，虽以周人为父母（与《葛覃》父母同义），在未调徙之前，乃当称为"殷民"（殷之奴隶）。故诗语虽响乐就抚，而不背于其"王室"。用"父母孔迩"字，辞令之美善者也①。

---

① 周营洛邑，迁殷氏六族以实之。灭奄、徙鲁于曲阜，徙殷氏六族以实之。见《左传》定公四年与《尚书·多士》。

凡奴隶社会之末世，奴隶主阶级中人，习于饱食暖衣，逸居无教，大都蜕变为顽钝无知之纨绔子弟，而仰知识与文艺于所属之知识奴隶。奴隶之有知识才艺者，恒能受到比较优待。故既经沦于奴隶阶级之人（包括战败者之文士），每能努力于知识才艺之提高，以寻解脱压迫之途径，杰出如夏末之伊尹、殷末之箕子与南宫括、散宜生者，不乏其人。"二南"诗之原作者，当以此篇文艺为最得体。若"关雎之三"，则但适于婚礼用，更由译者文学之美以流传耳。

（十一）麟之趾

三章。章三句。三十三字。

(1) 麟之趾，振振公子。于嗟麟兮！
(2) 麟之定，振振公姓。于嗟麟兮！
(3) 麟之角，振振公族。于嗟麟兮！

此悼叹"汉阳诸姬"亡国之诗歌。造于夷厉之世，在召穆公辑集南乐诗歌之前。周太师原收录之于《召南》。汉儒移《草虫》以易之。

《左传》僖公二十八年城濮之役，栾贞子（栾枝）曰："汉阳诸姬，楚实尽之。思小惠而忘大耻。不如战也。"谓楚灭汉阳诸姬姓国，为王室之大耻，不能因昔年楚王优待重耳（晋文公）之小惠而遂恕之。所谓"汉阳"，指汉水以北今襄樊、南阳、枣随，以及陨阳商雒诸地。皆南国内境而亲附于岐周较早的地区。周既灭殷，封建诸侯以镇抚蛮夷，捍卫王畿。大抵以文、武诸胤之近亲封于中原平衍之地，太王、王季子孙及宗亲之较疏远者封于王畿南北诸界的蛮夷地区，异姓功臣与同姓之尤疏远者封于较远之夷狄地区（如太公封齐，召公封燕）。汉阳地区，为南国逼近王畿之地，其最初封为诸姬姓国，于理固宜。顾此地区，在春秋初年，已只有庸、邓、申、吕、随、麋等异姓国名入史，更无一姬姓国存在。其后庸、邓诸国亦为楚所灭。则汉阳诸姬皆早覆灭可知矣。

周自"昭王南征不复"，在南国之威信减弱。穆王时，徐偃王国势强大，拓地至于嵩洛。周借楚国之力，免败灭之。未言汉阳诸姬之功，则其国势俱已微弱可知，宜其后之渐并于楚也。《史记·楚世家》记楚王熊渠，"当周夷王时，王室微，诸侯或不朝，相伐。熊渠甚得江汉间民和，乃兴兵伐庸杨粤，至于鄂。……乃立其长子康为句亶王，中子红为鄂王，少子执疵为越章王，皆在江上楚蛮之地"。其地域既已发展至庸，则凡庸以东，南阳、枣随地方之国已多为所并可知。郑、随诸国，皆缘助楚吞并诸姬，克保全身。由此推断，诸姬之灭于楚，在夷王世。上距武王封建诸侯已逾二百年矣。

诸姬亡国原因，尚不由于楚国强大。更当由于诸姬不谙南俗，徒恃周家强盛，妄自尊大，脱离群众，丧失人心所致。例如：强以王室之农奴制度推行于其国中，即必遭受小奴隶主辈之反抗。由于语言隔阂，则其政施虽欲惠恤奴隶，终不能掌握社会基层之奴隶，徒自日益孤立于诸小奴隶主之间。于时楚国仍是奴隶社会，不悦诸姬之小奴隶主辈，被迫投附于楚，导之入侵，则诸姬不能不亡矣。

此诗，盖即南国知识奴隶，向望诸姬推行周政而苦于不能相助，又失望于其相继亡国，不得已而深长慨叹之歌。何以知其然耶？诗言"公子""公姓""公族"，皆周室封建制中词汇，而南国奴隶社会所无，则诗为慨叹诸姬覆亡之语，又可知矣。奴隶于其主子之存灭，无所用其慨叹，而此深长以叹之者，其为叹其可以推行王畿农奴之制而竟未能又可知矣。

首章，"公子"，斥受封之人。喻以"麟之趾"者，谓其以周之制度至也。"振振"，用《螽斯》诗文义，可知此诗造制于《螽斯》译章流行之后。"吁嗟麟兮"一叹，意不能已，然而不可斥言也。

次章，"公姓"，斥受封者诸子。喻以麟定者，定为顶之借字，《毛传》云"题也"，题即额也。谓国君子孙，仪态徒振振然，究不能辅佐有为，如麟之徒有峥嵘头角而实不能自卫。吁嗟再叹，意更深远。

末章，"公族"，斥有国者子孙之族。既属公族，宜能推行其政令，捍卫其社稷，而乃仅如麒角之徒饰观瞻，不堪战斗。吁嗟三叹，其意乃竟，是完全失望之歌矣。

《周南》小结

宋刻毛诗旧本，《周南》《召南》、十三国风与雅、颂各什篇末，例有如此总记篇、章、句数文字一行。盖郑玄《诗笺》始有。汉儒重章句，特增此行以杜撰为改窜。即所谓既依宋本编第缮写正文，遂仍存录此行。加引用号者，明其是旧刻所有定本文字。以下各篇同。

以上《周南》十一篇，六百三十字，译南国奴隶社会旧有之乐诗者六篇。《关雎》《葛覃》《卷耳》，皆周公旦所自译。《樛木》《螽斯》《桃夭》，为乐官所译。《兔罝》以下各篇，皆原是华言。并辑成于周公之世。惟《麟之趾》一篇后出。疑原辑是《麟之趾》在《召南》。《草虫》篇在《周南》。汉儒传诗谬谓《麟之趾》为《关雎》之应，《驺虞》为《鹊巢》之应①，因而谬移之也。

---

① 《毛诗序》云"麟之趾，关雎之应也。"卫宏续之云："关雎之化行，则天下无犯非礼，虽衰世之公子，皆信原如麟趾之时也。"又有旧注云："关雎之时，以麟为应。后世虽衰，犹存《关雎》之化者，君之宗族犹尚振振然，有似麟应之时，无以遇之也。"《召南》毛序，又有"驺虞，鹊巢之应也"，及续序与注语，以实其说。

阅《新诠》者，当知《关雎》《麟之趾》二者无相应之理。两者既不相应，则《毛诗序》之不当成立亦即可知。《麟之趾》诗议公子、公姓、公族，明是封建王朝成立已久，族姓蕃衍以后之诗，非奴隶社会所有称语。说《麟之趾》诗出于宣王平徐淮、召公辑南诗以前之某王时事，附于周公所辑十篇之后，尚有理致；决不能设想为周公时已有之诗。另就《召南》十四篇分析，《草虫》篇明是周初南国之诗，与《汝坟》同时，又不当厕于"鹊巢之三"以内（说详《草虫》篇）。故可以设想为《毛诗》谬相移易。

《草虫》是南国奴隶主继《汝坟》之后，迎降周公旦之诗。宣王初年征伐玁狁之军士诗歌已经引用（参看《小雅·出车》）。则不得为召穆公平徐淮时南人迎降之诗，不当收入《召南》。更不得窜杂于《采蘩》《采蘋》之间。以此疑是《毛诗》妄称互掉。以此推断《草虫》实当原在《周南》；《麟之趾》实当原在《召南》。

由于《毛诗》篇次之多不合理，至于激成瞿九思、丰坊、何楷、魏源等全面或部分拆散宋刻篇次。《新诠》，则仍一依宋刻旧次，但为指出其未合，推究其当然而已。

二、《召南》十四篇

　　南国东部，淮水流域与沂、沭以南，旧为奄国与徐戎、淮夷据有地，坚决维护殷王之奴隶制，不以周人优待奴隶为然；纣被诛后，虽亦暂时臣服于周，实不心服；故不久即与殷、奄、管、蔡等国联合叛周。经周公三年东征，剪殷灭奄，乃克镇平。至穆王时，有徐偃王者，亦能执行宽待奴隶政策，国势强盛，兵力达于黄河，危及洛邑。穆王楚国联军征讨，偃王败死，而其人终不能服。宣王中兴，与其重臣召虎、方叔、仲山甫、尹吉甫、程伯休父等公三道大举荡平之。其事为司马迁《史记》所忽略，《竹书纪年》乃详著之，史证见于《周诗·二雅》者至十余篇之多①。

　　召虎在宣王之世，位望权力与成王时之周公相当，亦喜文学，好诗乐②，是为召穆公。宣王既平徐淮，留召虎抚循南国，定其疆理。《大雅·江汉》之诗，所云"四方既平，王国庶定。……王命召虎，式辟四方，彻我疆土。……于疆于理，至于南海"是也。召虎既定南疆，大会各地降酋于淮上，《小雅·鼓钟》所咏"鼓钟喈喈，淮水湝湝。……鼓瑟鼓琴，笙磬同音，以雅以南，以籥不僭"是也。于是收集南国新旧乐歌，以付太师。太师别为南乐之一部，题曰"召南"。以别于周公所辑之南诗。于时上距周公已三百年，南乐已有发展变化，在乐师视之，固当有所区别也。

　　召穆公虎当时所辑录之南乐，不过数篇，有译南语为华言者，亦有本为华言者。召公既归，乐师续复有所收集，凡晚出南乐之诗，亦皆附入《召南》。

---

① 关于周宣王亲征徐淮用兵全句，详著于《大雅·常武》篇。留召虎抚循疆理事，著于《大雅·江汉》篇。相关史事之诗，《小雅》有《车攻》《鼓钟》《瞻彼洛矣》《裳裳者华》《桑扈》《鸳鸯》与《黍苗》。《大雅》有《崧高》《烝民》。《召南》有《甘棠》。凡十二篇，参看各篇新诠。
② 召虎，于厉王时谏监谤。词载《国语》。厉王败，太子静匿于召公之家。国人索至。召公以其子伪为太子静，为国人所杀。国人不害召公，拥之与周公共和行政十四年。厉王死，太子静立，是为宣王。故宣王时，召虎权位比于周公。《常武》之诗，召公所作也。同时王室诸臣皆好诗，故平徐淮事，遗存之诗甚多。虎为召公奭之远孙，世袭召公爵位，为周王辅。周、召并称者六百余年。后世妄谓《召南》为君奭所辑之诗。

（一）鹊　巢

三章。章四句。四十八字。

(1) 维鹊有巢，维鸠居之。之子于归，百两御之。
(2) 维鹊有巢，维鸠方之。之子于归，百两将之。
(3) 维鹊有巢，维鸠盈之。之子于归，百两成之。

此淮水中上游地区南国奴隶所造贺人嫁女之乐歌。召穆公平淮夷时采得，译为华言。比于《周南》之《桃夭》。旧说为文王后妃之化，诸侯夫人之德者，妄矣。

淮水中上游，即中州大平原之南界，接连桐柏山脉与英霍山区，殷周为淮夷盘结之地。召虎与宣王分道进军时，虎由洛阳南出申、谢。循淮水而东，达于淮浦（今正阳关地），徐夷瓦解，宣王受降而还。召虎留办善后，首先收得此歌，以其可比《桃夭》而译存之。诗言"百两"，明为出于平原行车之地，而观察鸣鹊夺巢，则必为习见山林之人。以此知其诗原作于淮水中上游地区，即召虎进军所由之地也。

诗中之"鸠"，《毛传》云："鳲鸠，秸鞠也。鳲鸠不自营巢，居鹊之成巢。"其说近是，而观察粗谬，未能达诗之义。兹详说之：鸟类惟亚洲之杜鹃科鸟不自营巢，亦不伏雏。其属有杜鹃、有布谷、有郭公，羽毛茶褐而具黑斑，善于隐伏于高树枝叶间，觅食小虫。恒随气候变化而南北迁徙。即停留于一地区内，亦流动不居，从无盘桓一树达半小时者。春夏间交尾产卵时，则雌雄相呼而鸣。常人习闻其声，鲜见其形，惟久于樵采之劳动人民乃克识之。其卵产于地上，以喙衔之，潜置他鸟之巢内，便自他去，听任他鸟孵哺养育。其所选以寄孵之巢，必为食虫者之乐。母鸟不辨其为异鸟之卵，一体孵之、哺之。其雏待哺时，体裸无毛，俾母鸟不能辨别。其性横暴，成长中，常将巢主之雏排挤堕地而死，次第排杀净尽而独居之。至能成立自活时，乃长羽毛飞去。《毛传》所言之鳲鸠，即此鸟。所营"居鹊之巢"者，谓其雏也，雏既成鸟，即不复居巢。南语原诗，当曰"鳲鸠居之"。召虎译之时，未能详知其物与鸠不同，谬省曰鸠耳。鸠为平原农地常见之鸟，与鸽同类，只食植物种子，不食虫类，营巢简陋，或就岩洞、石穴而居，无夺占他鸟巢居之事。旧说"鹊巢鸠居"者，亦误语耳。

鹊有两种，皆食虫类。中华西部常见之鹊为"喜鹊"，每集人居屋上呀喳鸣噪者是也。东部幽燕以南，达于江淮之间、平旷地区所见者为"卑居"，一作"鸭鸥"，通体仅黑白羽与喜鹊同，体形较小，胸腹肥圆，不喜鸣噪。喜鹊拾枯枝营巢高树，结构甚巧。鸦鹛则营巢于丛灌之间，距地不远，杂用枯叶羽毛，更为精致。诗中之鹊，盖即鸦鹛，亦淮水流域常见之鸟。其巢低，故樵氏能细察之。鸦鹛巢小，仅容二卵。鸤鸠之寄孵者，光窃毁其一卵，而后以己卵窃置之。

首章言"居之"者，人见鸤鸠侵入鹊巢之语也。毕竟古人观察犹粗疏，未知其为寄孵，反以喻女之遣嫁为鸤鸠入鹊也。"百两御之"，谓以车百辆载送女与其从媵之奴，送嫁之宾及赔奁诸物，明其为贵族嫁女。《郑笺》释"御"字为迎迓，音"王嫁反"（yà）。王肃非之，云当"鱼据反"即御之本音，与《毛传》"送御皆百乘"之送字义合。亦协居字之韵。当从王读。

次章，言"方之"者，再见其巢中有二雏，一鹊一鸤鸠如方舟之相比（方字义在《汉广》有注），喻新夫妇之相将于归。

卒章，言"盈之"者，更见其惟一鸤鸠所充盈，不知其鹊雏之被排坠死。以喻女嫁后子孙众多，成为贵族之一支派。

此虽贺婚之诗，偏祝女家之利，未嫌其害于夫家。明是奴隶社会贺人嫁女之歌，亦惟徐淮野蛮民族之观念如此。应是周礼所不取。召虎未习南语诗义而采之。亦正由其未能深晓其义，故误译鸤鸠为鸠耳。

（二）采蘩

三章。章四句。四十八字。

（1）于以采蘩？于沼于沚。于以用之？公侯之事。
（2）于以采蘩？于涧之中。于以用之？公侯之宫。
（3）被之僮僮，夙夜在公。被之祁祁，薄言还归。

南国奴隶主家祭享，饬奴隶大量采撷青蒿制馎饦以享宾客。其奴隶自歌其操作过程之诗。勤劳操作，不得分享，而仍欢愉无怨，召公嘉其敦厚而译为华言。

"蘩"者，今人所谓"清明菜"，菊科植物，茎叶柔脆，味芳香，"清明"前后采之做粑，味特鲜美。其种类颇多，性用则同，古人统称之曰蘩。南北各地皆有之。随地异称。大抵，产于亢燥之地者为白蒿，卑湿之地者为青蒿。人工栽培者为茼蒿，其原种旧曰萎蒿，又有莪蒿、艾蒿、蟠蒿诸称。清明节后，茎渐坚韧，不可食矣。

首章，"于以采蘩"，犹云"何处去采青蒿"。亦如《芣苢》歌者自为问答之词也。答云"于沼于沚",谓沼沚水旁之湿地,蒿之所繁也。再问,何所用?答言"公侯之事"。古谓"国之大事,惟祀与戎"。故《毛传》云"之事,祭事也"。公侯,谓南国之奴隶主,臣事于殷与周者。译用周人之话,曰"公侯",犹曰"诸侯"也。

次章,言沼沚之蘩既尽,犹不供用,则沿溪涧以求之。用于"公侯之宫"者,祭毕,大享宾客,则不于庙而于宫内也。

卒章,言制馎饦事,仍是相与唱和语意。"被之"者,谓以调制米麮包裹蓄稻。蘩蒿不宜毛食,必须以米麮裹而蒸食之,即所谓馎饦也。"僮僮",谓做成馎饦,扑以粉,排列案上以待入蒸,僮僮然如奴隶成行静立以待命之状,"夙夜在公"者,谓须用多,厨中连夜赶制。"背私为公",言非为私食而勤劳。"祁祁",蒸汽之貌。《小雅·大田》"兴雨祁祁",《大雅·韩奕》"祁祁如云",皆训云气徐徐蒸腾之貌。"被之祁祁",谓馎饦蒸熟,取置盎中,热气徐升,祁祁然也。然而作者不得食之,任务完成,天将曙矣。乃各欣然归休。"薄言",劳而欣悦之语词,与《芣苢》同。劳不得享而仍欣悦自归,故知其为奴隶之歌也。旧说为"夫人不失职","能诚敬以奉祭祀"(《朱传》),或谓"蘩能生蚕"诗为夫人能亲蚕于宫中之事(方玉润《诗经原始》),皆谬。

(三)草 虫

三章。章七句。八十四字。

(1)喓喓草虫,趯趯阜螽。未见君子,忧心忡忡。亦既见止,亦既觏止,我心则降。

(2)陟彼南山,言采其蕨。未见君子,忧心惙惙,亦既见止,亦既觏止,我心则说。

(3)陟彼南山,言采其薇。未见君子,我心伤悲。亦既见止,亦既觏止,我心则夷。

周武王既克殷,分遣周、召二公抚循南国。汝坟之殷民迎降,其诗歌及时流行。远地奴隶主闻风迎降者,命其文艺奴隶造为此歌以迎使者。当原在《周南·汝坟》篇下,汉儒错移之。

何以判为原非《召南》?《仪礼·乡饮酒礼》:"乃合乐。《周南》:《关雎》《葛覃》《卷耳》;《召南》:《鹊巢》《采蘩》《采蘋》。"《乡射礼》文同。《燕礼》:"遂歌乡乐。

《周南》：《关雎》《葛覃》《卷耳》；《召南》：《鹊巢》《采蘩》《采蘋》。"皆含《草虫》一篇，越取《采蘋》以为"鹊巢之三"。《仪礼》为孔子所订之"礼经"，则孔子所订之"诗经"，《召南》本无《草虫》篇可知。

何以知为周初已经辑录之南诗？《小雅·出车》，为宣王初年征役战士所作，在召虎平淮徐前。其人好用旧诗辞义。其第五章，整用此诗首章全文二十四字，以颂"南仲薄伐西戎"之功，则其人先曾熟习此诗甚明矣。若《草虫》为召虎平徐淮后所辑之南乐诗歌，则《出车》不可能如此雷同其文。惟因《周南》已有此诗，乃能说通。

宋王应麟《困学纪闻》卷三云："《诗正义》曰：'《仪礼》歌《召南》三篇，越《草虫》而取《采蘋》，盖《采蘋》旧在《草虫》之前。'曹氏《诗说》谓：'《齐诗》先《采蘋》而后《草虫》。'"则似《草虫》原在《召南》矣。果使如此，则汉石经、郑玄笺本、王肃注本应能订正，何待唐人孔颖达发之。孔氏全文，尚有"孔子以后简机始倒。或者，《草虫》有忧心之言，故不用为常乐耳"二十四字（据翁元圻注文）。则孔颖达亦徒揣测之辞耳。至曹粹中《放斋诗说》又晚于孔颖达数百年，安得见《齐诗》？《齐诗》亡于东汉（见《隋书·经籍志》），虽郑玄不及见之，无论孔颖达，更何能为曹氏所知乎？

《召南》"鹊巢之三"皆召虎所采南国古诗歌，原制在宣王以前。今本《周南》之《麟之趾》为夷厉世诗，去宣王最近，固当为召虎所采辑。故知《草虫》原当在《周南·汝坟》之下；《麟之趾》原当在《召南·羔羊》之下，秦汉传诗诸家误错乱之也。

何以判为南国奴隶主继汝坟之人迎降者作？分析此诗词义足以知之：

首章，"草虫"无定名，则泛言草间之鸣虫耳。"喓喓"，《毛传》云"声也"。盖喻汝坟之人迎降在前也。"阜螽"，今云"纺织娘"，此人呼作"聒聒"（蝈蝈），蜀人呼作"叫咕咕"，鸣声悠长多变，善跳跃，形体大而美，小儿恒喜笼养之。趯趯，《毛传》"跃也"。诗之作者，盖用以比喻奴隶主继汝坟殷民迎降，如阜螽跃行以从草虫也。即如《小雅·出车》之全引此章。亦是表达西戎相从以降南仲（仲山甫）之义。"未见""既见"两句，正是套用《汝坟》诗语而变其辞。足知两诗制作时间不甚相远，或且能是一人所作。然必此诗为晚于《汝坟》，由其重言"亦既觏止"以加重语气，可以知之。"见"与"觏"，原是一义，在《汝坟》诗原已为被使者接纳之辞。在此诗，则以见为望见，觏为接纳，展拓原语，更显得见之欣慰。而"忧心忡忡"与"我心则降"二话自述，又不似《汝坟》"调饥"与"遐弃"之卑屈，是奴隶主身份与奴隶不同之别。

次章,"南山",指嵩山山脉(外方山脉)之山,本华夏与南国之界山,故华人与南人皆称之为南山。"采蕨"者,采蕨萁之芽与根以供食用。此乃奴隶之事。凡奴隶主出迎使者,必率大量奴隶从行。此诗后两章,皆作奴隶语。故知其为文艺奴隶代主人作歌,并由奴隶歌之于使者之前者也。"惙惙",群忧貌。"说",古悦字。周秦以前,谓人民爱戴其征服者为说(悦)。

卒章,言:非只一次上南山以望周师之至。"薇",蕨类,幼牙初苗似小儿拳,春时采之。若采蕨根,则在秋季。"夷",心无有机隍之义,与怡字义通。三家诗当有作怡字者。

《诗》之篇次,经后传写移乱者甚多。其在《召南》者,如此篇与《行露》《摽有梅》,皆甚显著。其他十三国风,则非惟篇次仍有错乱,即国序亦历代聚讼,迄无定说。《新诠》虽已多所考订,亦不改变旧刻次第。俾后之高明考订者,不因偏信此说而有所迷乱,亦不因驳斥此说而并斥为妄改,虽不自疑其所测为未准,亦当仅避武断之讥,庶不为瞿九思、丰坊、何楷、魏源等人之续可也。

(四)采 蘋

三章。章四句。四十八字。

(1) 于以采蘋?南涧之滨。于以采藻?于彼行潦。
(2) 于以盛之?维筐及筥。于以湘之?维锜及釜。
(3) 于以奠之?宗室牖下。谁其尸之?有齐季女。

南国与周异俗。汝颍之间,曾为徐戎所据。穆王灭徐偃王,补建诸侯之国,推行周礼。王族嫁女,必先采蘋藻祭于宗室牖下。其奴隶皆南人,怪其俗而不敢非笑,为此诗歌以纪之。召虎平淮徐,以其歌颂周礼。采付太师。诗与《采蘩》风格相似,华言色采浓重,疑为同一宫廷奴隶所作,本是华言。

首章,不曰"于涧之滨",而曰"南涧",明其为南国。与"南有乔木""南有樛木"不同者,前诗以南为主语,是南人自言其地有之之词。此诗以南为涧之形容字,则当是华人之辞矣。"蘋"与"藻",皆非可食之物。南国虽以野菜供祭,甘美者多,何至采用蘋藻?盖此乃"不享之祭",徒具形式,但取出于水中,为洁而已;盖亦若后世人之供花、上香而已。奴隶社会重"血祭",供祀之物无不可食。周礼乃有虚伪之祭，故南人怪之。"行潦"，水流所过之污泽，雨则泛涨，晴则敛失，淮济间地多有之。江汉淮水流经地区，则但有湖河，无行潦。以此，可以定此诗产地，在淮济二水间。

次章，水湿之物，故当以筐、筥竹器盛之。"湘"者，淘洗涤荡之义。《辑诗》作鬺。毛郑训为烹调，必非。古时无多器物，淘洗亦用锜、釜耳。

卒章，"奠之"，谓祭神之地。祭地当在宗室堂上，今乃行于牖下，是以足怪。自首章至此，用五"于以"，皆设为疑问之辞，与《采蘩》同。

《左传》襄公二十八年："郑伯有廷劳于黄崖，不敬。穆叔曰：'伯有无戾于郑，郑必有大咎。敬，民之主也，而弃之，何以承守。郑人不讨，必受其辜。济泽之阿，行潦之蘋藻，宾诸宗室，季兰尸之，敬也。敬可弃乎？'"《左传》引《诗》率皆断章取义。惟此一条，有值得注意者两点：（一）以"南涧之滨"改说为"济泽之阿"，盖援《陈风》"彼泽之陂，有蒲有荷"为义。济水流经陈、卫、鲁、齐四国。《邶风·泉水》，"出宿于泲，饮饯于祢"。泲即古济，祢即祖庙。盖卫、陈两国，女子出嫁前，皆有如此虚祭于祖庙牖下之俗。其邻近之国当亦有耳。菏泽正是陈国之地。陈国本是"南"地，著于《燕燕》之诗。穆叔为鲁人之精于《诗》者，而如此以说此诗，则此诗为陈国附近之一附庸小国所出可知。（二）确指"有齐季女"为"季兰"。按春秋世女子名称规律，皆以本姓系于国名，或排行之下。如齐姜、燕姞、王姬、江芈、郑曼、巴姬与季芈、叔隗、杞伯姬、长卫姬，次卫姬之类是。或系姓于其夫谥号之下。如庄姜、文姜、敬姜、哀姜、怀嬴之类是也。"季兰"为兰姓国君之少女，可定。西周时大国无兰姓，则其为陈、鲁间附庸之国又可知矣。穆叔为周灵王时人，上距宣王二百余年，又以精于诗学著称。其说此诗最早，必为确能考知此诗本事者。

（五）甘 棠

三章。章三句。三十六字。

(1) 蔽芾甘棠，勿翦勿伐，召伯所茇。
(2) 蔽芾甘棠，勿翦勿败，召伯所憩。
(3) 蔽芾甘棠，勿翦勿拜，召伯所说。

宣王时，召穆公虎平定徐淮，疆理南土后，大会降人于淮上，设乐舞以慰劳之。

南人歌此以明感德之诗。盖归降之奴隶主命其文艺奴隶临时编排演唱，乐官当特译为华言，上于召公，以便欣赏者。歌词简朴，含义深厚，言远而旨切，真挚而不谄，是奴隶社会劳动人民情感，而出以奴隶主之命令语气，则可知其是奴隶为奴隶主代拟之词也。言伐、言败、言拜，及芾、憩、说字，皆依南语原音译为华文，故为义不免于牵强，不甚自然；徒以意趣层次易晓，故迻译亦易。于时一方新定，大享群后，华夷会聚，人才蔚集，作诗、谱曲、翻译、教歌、领舞之人仓促方具；其文易译，不似《关雎》《葛覃》之难，故其事立就也。

淮上大飨，一方奴隶主各率部分奴隶来会，人数当在千数以上，近于万数，当时不可能有此通用之会堂，势必就野外燔燎为之。甘棠，盖即当时召公设座所在土阜之树。诗曰"甘棠"，盖即今世之海棠，美花、茂叶、乔木而多枝。其果曰"林檎"，味甘酢，故曰"甘棠"。

首章，"蔽芾"，当从《集传》作"盛貌"。言蔽荫浓密之甘棠，吾人勿得翦其枝、伐其条。必当爱护之者，召伯所曾设座其下，思其人，爱其树，祝愿其长久茂盛也。"芾"，《说文》云："草根也。春草根枯，引之而发土，为拔。此谓之芾。"是芾为除草之义。《说文》"草根也"上脱拔字耳。野外树下设座，当先除草，故曰芾也。旧说诗者遂谓召公奭与周公旦分陕作伯，根本谬误。

次章，"勿败"，谓勿令损折萎败。则护之深，不只勿伐而已。"憩"，《毛传》"息也"。陆德明《音释》云"起例反"。

卒章，"勿拜"，借拜当磬折其身，为屈挠枝条之义，不得屈挠其枝条，爱护之至矣。"说"，陆德明云："本作税，又作脱，同始锐反。"是三家诗有作税、作脱者。"脱"，即古文"蛻""蜕"字。与谈说之说字皆以兑为声，古并读如税。《定之方中》之诗"税于桑田"，即宿于桑田之义。当以税字为正译。南语原歌亦是shuì音，故三家作字各异。少数民族地区，每大会野营，彻昼夜不散，故诗言"所税"。

（六）行　露

三章。一章三句。二章章六句。六十八字。

(1) 厌浥行露，岂不夙夜？谓行多露。

(2) 谁谓雀无角？何以穿我屋？谁谓女无家？何以速我狱？虽速我狱，室家不足。

(3) 谁谓鼠无牙？何以穿我墉？谁谓女无家？何以速我讼？虽速我讼，亦不女从。

郑国徐吾犯之妹，抗拒公孙黑夺婚，所作诗也。华言南曲。当时流传甚远。周之乐官采以附于《召南》之末。汉儒移次于《甘棠》以适"召公堂下听断"之说也。其本事，在《左传》昭公元年[1]。

新诠作此推断之理据如下：

审诗词义，不是奴隶社会作品。奴隶主之家，不可能有如此讼狱。奴隶阶级，不可能有如此坚贞之女子。纵有，说不能有"室家不足"之语言。惟自由人民、小私有者，乃得有室家字义。故虽南诗，次于《甘棠》，亦不可能为奴隶社会之作。诗文多至六十八字，含义复杂，当为周伐晚出之作，与《甘棠》以上各篇风格迥异。就字量推，亦不当越在《羔羊》以下诸篇之前。

刘向《列女传》："召南申女，许嫁于酆。夫家六礼不备而迎之。女曰：'……轻礼违制，不可以行。'夫家讼之于理。女终以一物不具，一礼不备，守节持义，必死不往，而作诗曰：'虽速我狱，室家不足。'"《韩诗外传》亦曰：'夫行露之人，许嫁矣，然而未往也。见一物不具，一礼不备，守节贞理，誓死不往。君子以为得妇之

---

[1] 《左传》昭公元年："郑徐吾犯之妹美。公孙楚聘之矣。公孙黑又使强委禽焉。犯惧，告子产。子产曰：'是国无政，非子之患也。唯所欲与。'犯请于二子，请使女择焉。皆许之。子皙（公孙黑）盛饰入，布币而出。子南（公孙楚）戎服入，左右射，超乘而出。女自房观之，曰：'子皙信美矣。抑子南，夫也（谓已聘之）。夫夫妇妇，所谓顺也。'适子南氏。子皙怒。既而橐甲以见子南，欲杀之而取其妻。子南知之，执戈逐之。及冲，击之以戈。子皙伤而归。告大夫曰：'我好见之，不知其有异志也，故伤。'大夫皆谋之。子产曰：'直钧，幼贱有罪（是刑书文）。罪在楚也。'（游楚，即子南）乃执子南而数之曰：'国之大节有五，女（汝）皆奸之。畏君之威，听其政，尊其贵，事其长，养其亲；五者所以为国也。今君在国，女（汝）用兵焉（谓执戈逐子皙），不畏威也。奸国之纪。不听政也。子皙，上大夫，女（汝），嬖大夫（以技艺事上位大夫者之称）而弗下之，不尊贵也。幼而不忌，不事长也。兵其从兄，不养亲也。君曰：余不女（汝）忍杀，宥女（汝）以远。勉速行乎！无重而罪。'五月庚辰，郑放游楚于吴。将行，子南子产咨于大叔。大叔曰：'吉不能亢身，焉能亢宗。彼国政也，非私难也。子图郑国，利则行之，又何疑焉。周公杀管叔而放蔡叔，夫岂不爱，王室故也？吉若获戾，子将行之。何有于诸游。'"（游太叔不为子南求免。）

又"郑为游楚乱故，六月丁巳，郑伯及其大夫盟于公孙段氏。罕虎（即子皮、时为上卿），公孙侨（即子产，执政上卿）、公孙段（子石）、印段（印氏）、游吉（即大叔）、驷带（子上），私盟于闺门之外，实薰隧。公孙黑（子皙）强与于盟，使大史书其名，且曰七子。子产弗讨。"

又"晋侯有疾。郑伯使公孙侨如晋聘，且问疾。叔向问焉。……问郑故焉。且问子皙。对曰：'其与几何！无礼而好凌人，怙富而卑其上，弗能久矣。'……"

二年"秋，郑公孙黑将作乱。欲去游氏而代其位。伤疾作而不果。驷氏与诸大夫欲杀之。子产在鄙，闻之，惧弗及，乘遽而至。使吏数之曰：'伯有之乱，以大国之事，而未尔讨也。尔有乱心无厌，国不女（汝）堪。专伐伯有，而罪一也。昆弟争室，而罪二也。薰隧之盟，女（汝）矫君位，而罪三也。有死罪三，何以堪之。不速死，大刑将至。'再拜稽首辞曰：'死在朝夕，无助天为虐。'子产曰：'人谁不死。凶人不终，命也。作凶事，为凶人。不助天，其助凶人乎'？请印（其子之名）为褚师。子产曰：'印也若才，君将任之。不才，将朝夕女（汝）。女（汝）罪之不恤，而何请焉。不速死，司寇将至。'七月壬寅缢。尸诸周氏之衢，加木焉。"《左传》所记，主旨在述子产之政治才能。不为志游楚之枉。故未及游楚夫妇结局。然述夺婚情致，达三百余字之多，则甚出于此诗本事之传说可断矣。

道，故举而传之，扬而歌之。'"是《鲁诗》（刘向沼鲁诗）。《韩诗》，皆有六礼未备之说，而未即以为召伯所听之讼。且非奴隶婚配之讼，而为执行周礼与否之讼。则其非召公循抚南国所采奴隶社会之诗，而为王畿地区自由人民婚讼之诗，又可知矣。申女不可能远嫁于鄑。申与郑近，疑鲁诗原说系郑字。传闻惝恍，自不足为据，惟其说与郑地有关，亦可资为寻求本事之线索。《左传》所载徐吾犯之妹，恰是郑国之事，与此诗辞义句句吻合，殆无一字虚设，用以为此诗本事，远较韩诗及刘向惝恍之说为胜。

夫《左传》，亦辑若干旧籍与传说以缀成者也。其引用《诗》之本事者颇多，若在夹杂之《硕人》《燕燕》、许穆夫人之《载驰》、高克之《情人》、陈灵公之《株林》，其尤明著者耳。其他属于《诗》之本事而未引诗自证者尚多。因不止徐吾犯妹之一事。即以徐吾犯妹一事论之：其事与《春秋》经义无涉，仅属民间细事，而《左传》前后三段，用五百七十余字叙之。其属于游楚之乱者不到百字，仅首段专纪徐吾氏事即已达三百余字，竟若句句俱为此诗作注者然。则其为当时所传之诗本事明矣。

或疑"诗亡而后春秋作"。明孔子取诗至平王之世而止。何得取至《春秋》昭公元年匹妇拒婚之歌。此亦"胶柱鼓瑟"之论也。《株林》为陈灵公淫于夏姬之诗，在定王之世，《左传》载于宣公九年。《小雅·四月》之诗，为王子朝之徒在楚者所作，在敬王十五年前后，已是春秋末岁。皆确切不可推荡之诗史。鲁昭公元年，为周景王四年，尚早于《四月》三十年，当时孔子生才十岁耳。鲁定公十四年，孔子年五十六，罢相去鲁，周游于卫、陈、蔡、宋、楚、东周王畿，所在采诗于其太师，能得《株林》《四月》，讵不可以得《行露》乎？"诗亡而后春秋作"，谓孔子当定公初年，自齐返鲁"不仕，退而修诗、书、礼、乐"（《孔子世家》文）时所录于鲁太师之《诗》，非谓定公世出游列国十四年后返鲁删定之《诗》也。孔子出游所得新诗于周、郑、卫、陈之太师者尚多，岂仅此徐吾氏之一篇而已哉。

以下更就诗语，申其说为徐吾氏作之义证。

首章，谓已与人订婚，即不另订。南国以"行露"为订婚之代词。郑国本南地，民间流行此语。南国之俗，男女跳月订婚，以夜露时行之。故《野有蔓草》（郑人跳月订婚之歌）男答，皆曰"零露"。露结于初昏，晞于朝日。古之婚字但作昏，即由此义。"厌浥"，即渰浥，湿也。行露，则双履沾湿，喻昏谐也。"夙夜"，彻夜之谓。诗言岂不可以彻夜跳月，一再行露？然而我不以为可。"谓行多露"，犹言人将斥其一再订婚之非礼也。"谓"者，不当为之之义，与"人言可畏"之畏字义通。

次章，斥"子晳盛饰入，布币"，争婚为雀之穿屋。"角"者，谓鸟之嘴。凡动物之爪、角、鳞甲，与鸟之嘴，皆皮肤变形，以御敌者，古皆谓之角。今云"角质"是也。嘴字从角之义亦如此。旧说"雀之穿屋似有角者"（毛、郑）及"雀本无角"（孔疏），皆昧于"谁谓雀无角"之本义。此句本义，如云："谁说雀子无角呢？我已受公孙楚聘了，他来强委禽焉。虽貌为文雅，盛饰布币实恃其族大强武，如雀之有嘴而强入于我之屋也。设其无此可恃，岂能强穿我之屋哉。""且子晳已有妻有子矣，（有子名印，见昭公二年传）。我故拒之。谁谓其无家而求我乎？强委禽于我，我故告之子产。是此狱之兴，由子晳促成之也。子产已许'唯所欲与'矣，则我之拒子晳婚为合法矣。虽速我狱，岂遂能得与成室家耶。"狱字本义为两犬吠争，与雔字为二鸟对鸣义同。后乃引申为讼狱，亦仍只是争论不绝之义，故判案为"断狱"（《易·贲卦》云"析狱"）。"室家不足"，谓不能满足其强娶之欲。

卒章，斥子晳之囊甲寻衅，为鼠之穿墉。囊甲而来，如鼠之有牙。负伤而去，如鼠之骇缩。归而告大夫为"不知其有异志"如鼠之阴贼。从而"速我讼"矣。"讼"者，单方面执理控人之义，与狱字本义有别，汉以来始混为"讼狱"一词。诗谓"诸大夫皆谋之子产"而冤狱成也。冤狱虽成，"放游楚于吴"，言我寡居矣，然亦不肯从汝。"亦不汝从"，诗意之坚决如此。然徐吾氏为郑居夷族之已华化者，① 其势弱小。子晳族强而横暴，既放游楚，必强娶之。而女意决绝如此，其死之矣。此诗盖其临死所作。未见子晳败死，郑人愤晳之暴，哀女之志，故传诵其诗乐，太师采录乐章而孔子录之。此理之可能者也。《左传》传其事而未及其终局，又不言及此诗者，疑曾被人删削，或由引用传说未全。其为此诗之本事可以无疑也。

（七）羔 羊

三章。章四句。四十八字。

(1) 羔羊之皮，素丝五紽。退食自公，委蛇委蛇。

(2) 羔羊之革，素丝五緎。委蛇委蛇，自公退食。

---

① 《左传》成公元年"春，晋侯使瑕嘉平戎于王。单襄公如晋拜成。刘康公徼戎，将遂伐之。……遂伐茅戎。三月癸未，败绩于徐吾氏"。旧说谓茅戎在河南陕县北之茅津。则东周王畿杂居之戎人也。徐吾氏，当为茅戎之一支。襄公十四年之"戎子驹支"，亦当是洛邑附近之戎（茅戎或伊洛之戎）能"赋"《青蝇》而去"，则亦华化已深之戎之，故能诗也。郑亦王畿之国。徐吾犯当即茅戎氏族之居留于郑国。本徐戎侵入王畿时所遗。故其妹之诗为南乐之歌。虽已习华而句法不尽完善，但其意流转可知而已。

(3) 羔羊之缝，素丝五总。委蛇委蛇，退食自公。

南国奴隶歌唱其主人生活闲逸、无所事事之诗歌。三章仅易六字，反复咏其轻裘禹步、优游逸豫之情态，无颂美之义，亦无詆罵之迹，以讽刺寓于实际形态之描写，深刻即在于反复歌咏之中。能使主人聆之不觉其忤，而转以洋洋自得；奴隶聆之，则能激起暗自的憎恶；所谓"仁者见之以为仁，智者见之以为智"，确是受压迫人民抒发反抗心情之好诗。

南国温暖，初无衣裘之习。惟淮水流域各寒较重，奴隶主有衣裘者，明此诗是该地区奴隶所制。"公"者，谓王政之事。周室平徐淮前，徐戎之君，管制诸中小奴隶主，每有召集会议之事。平徐淮后，封建诸侯，则有周王推行之政务，亦常召集中小奴隶主颁布之。是皆诗中所谓公事也。自此以外，奴隶主即无所事事，一切委于管事奴隶理之，主人但有饮食之务而已。故反复叠言"退食"二字。

首章，"羔羊之皮"，谓毛皮在表之羔裘。古音读加婆。"素丝五紽"，谓束裘之带，素丝编织，两端经线余数，捻之为五绹，摆动如蛇。凡从它之字，皆具蛇之音义。"它"即古"蛇"字也。"委蛇"，即蛇之蜿蜒行动貌。古人所谓"禹步"，今俗所谓"走龙摆尾"。俱误佗音。陆德明云："委，于危反。虵，本又作蛇，同音移。"后世引诗者，多作逶迤。《朱传》云"叶唐何反"。当从朱读。与《鄘·君子偕老》之"委委佗佗"同义。

次章，言"革"者，反其毛向里，以革为表。如今世藏族之羊裘。此必其裘之毛皮已经揉制、价值较高之裘也。"緎"，谓束带之经绺，挽为王结以固其端。则结有微重，尤易摆作委蛇状。是微有加工之带也。

卒章，言"缝"者，谓裘革之面，更加绢葛或文革镶嵌之饰，如领缘、袖缘、襟缘缝合豹皮之类。奴隶社会加以最精之裘也。"总"者，谓带端经线五分又相联结编为花纹之饰，乃复分垂余绪，更精致也。

（八）殷其靁

三章。章六句。七十二字。

(1) 殷其靁，在南山之阳。何斯违斯？莫敢或遑。振振君子，归哉归哉！
(2) 殷其靁，在南山之侧。何斯违斯？莫敢遑息。振振君子，归哉归哉！
(3) 殷其靁，在南山之下。何斯违斯？莫敢遑处。振振君子，归哉归哉！

此南阳地区诸侯之国有武士行役，久未得归者，其妻怀念哀思，所作南乐之歌。

首章，"殷其靁"，喻王命出师①。"南山"，与《草虫》诗之南山同，即今所谓嵩山山脉，一曰"外方山脉"者是也。"山南曰阳"。此山之南，即南阳地区，在周为申、郑诸国之地。当洛邑与楚、徐往来之冲。昭王南征，穆王伐徐，宣王平淮夷，皆自此道出军。此间诸侯应征供兵役者不少，必有死亡于征役者。"殷"者，远来之雷声。"在南山之阳"，喻军书到此国也。"何斯"之斯，指应役之人。"违斯"之斯，指离开此地。"何"者，疑问辞，不敢明斥王命之语也。"遑"，稽迟。言胡为迫促，致君子仓促离去，无敢延缓也。"振振"，与《螽斯》《麟之趾》之振振同义。后出者援用前人语义。可知作者之曾习华言。此诗亦必原是华言之南曲也。"归哉归哉"，祝愿之辞，亦具招魂之义。役终而斯不归，疑其已死而又不能判其已死。故其痛呼之声如此。

次章，"南山之侧"，明其家距南山不远。"莫敢遑息"，言其分别之仓促，更明确于"或遑"也。

卒章，"南山之下"，更确指其家之位置，故其相应之文为"遑处"。三章反复咏叹，由泛而渐切，由远而渐逼，伤痛之情益深。层次益进。是南国诗歌体制。由其伤痛情深而不敢显有怨诉之言，可以推知其人社会地位不高，仅属于武士阶层之妻。诗中无译南语之迹，是女子能诗者之辞，亦可知其人非一般之武士，疑是以才艺事上者。其妻则为士人之女。在春秋之世才艺之士，每得有才美之妻。亦是士人阶级发展壮盛之一证。

此诗可以即拟为徐吾犯妹痛游楚被放而作者乎？是又不然，此诗文辞优于《行露》，而气韵特显柔弱，盖华族士人之女子所作，不得以《行露》作者拟之。作诗之时间，可能即是召虎征淮夷时，远在《行露》之前。然非召公所采，应是东周乐官所采录。原次在《羔羊》之下。

（九）摽有梅

三章。章四句。四十五字。

(1) 摽有梅，其实七兮。求我庶士，迨其吉兮。

---

① 魏源《诗古微·召南答问》云："《易》以雷出地奋，为建侯行师之象。《甘泉赋》'振殷辚而军装'，注引《韩诗·薛君章句》'振，盛也。殷辚，言众多也。军装，言军之装者也'。而魏文帝《黎阳诗》曰：'殷殷其雷，濛濛其雨。我徒我车，涉此艰阻。'此兼用《召南》《东山》二诗，明为从军之事。"

(2) 摽有梅，其实三兮。求我庶士，迨其今兮。
(3) 摽有梅，顷筐塈兮。求我庶士，迨其谓之。

南俗华化后，庶民男女仍行踏月跳歌求偶之制。有自视过高之女子，择人过苛，超龄而不得者，群众唱此歌以警之。跳歌觅偶，原是南国原始社会阶段已有之旧俗。进入奴隶社会后，奴隶无夫妇之制，但可定期跳月觅偶野合。主人不禁。进入封建社会后，奴隶解放，得有私产，成室家。其婚俗亦沿旧习，于跳月时定之。《毛传》所谓"三十之男，二十之女，礼未备，则不待礼，会而行之"，是也。自跳歌订婚进入六礼迎娶，尚有一定之遇渡阶段。东周之南国，即在此过渡阶段之中；统治阶级则备六礼。奴隶阶级则仍跳月，自由民则兼行之。故《周官·媒氏》之职曰："仲春之月，令会男女。于是时也，奔者不禁。若无故而不用令者，罚之。司男女之无夫家者而会之。"① 汉儒说此诗者，大都不失此意，由去古俗未远，犹仿佛知其情事如此。

女子之妄自尊贵，碌碌难合者，世恒有之。其人必为对之失恋者所痛恶，世人亦往往非议之。故每当跳月时，有人造此诗歌以相警。诗语若无所指，而訾笑之义甚明。原是华言南歌，太师采之，以附于《召南》也。

首章，"摽有梅"摽字，赵岐《孟子注》、颜师古《汉书·食货志注》引诗并作"莩"。盖鲁、韩诗异文。皆果实衰落之义。"其实七兮"，谓十之三已脱落，成熟已过之征。此时之女子择偶，犹必要之以六礼，难矣。"六礼"者，按儒家之说：纳采问名之后，卜之于庙，而吉，用一雁，使人往告女家。是为"纳吉"。再经纳征、请期、亲迎，乃得完娶。"迨其吉兮"，必要择吉之义也。

次章，谓若再自耽误，至成熟期将过，如梅已落七存三之时，则求偶于人，将迫不及待，今日迎亲亦可矣。

卒章，谓若成熟期已过，如梅实全落，顷筐扫取之时，则已珠黄人老，有人愿为夫妇即可，毋庸更言嫁娶形式矣。"塈"字，《玉篇》引此诗作概。盖《三家诗》有此异字，皆音既，尽取之义。

---

① 《周礼》虽秦汉间人纂辑之伪书，细审其文，亦大都有先秦旧籍作依据，犹《吕览》之集录多书为文也。其所记述，有与人类历史发展阶段一般规律符合者，如媒氏所记，固不可废。又如六乡六遂之制，为自奴隶社会过渡入封建社会必然之过程。本书取之。

（十）小　星

二章。章五句。四十字。

（1）嘒彼小星，三五在东。肃肃宵征，夙夜在公，寔命不同。

（2）嘒彼小星，维参与昴。肃肃宵征，抱衾与裯，寔命不犹。

此南国诸侯宫廷奴隶值夜班勤务者自叹命运的诗。华言南曲，时间在东周。

周制，诸侯多妃嫔，其有宠者，各居一院（宫），分配女奴侍之。宫室偏小，女奴聚居于一处，有女师为之分配工作。当执勤于某一妃嫔者，分昼夜班番替。值夜班者必自携寝具，寝于地上，听呼使。达旦，替者至，复携寝具还其所处。女奴有色者，往往被狎，升为嫔御。亦得占有一室，派他女奴侍之。其无色不得幸御者，则终身侍人。凡女驻所聚居处，亦有人教以诗书、歌舞诸艺。无色女奴，每能精习艺事，冀邀宠遇，每有成为知识女奴者。此诗盖即无色之知识女奴所作，颇有文采，能辨参、昴之星，衾、裯之字，安命自守，无所怨尤。为是献于其主人之作，主人赏之，以付乐官教诸奴歌唱，得流传也。

首章，"嘒"，诗人见星而叹之语辞。字从口，当为发声字义。旧训"微貌"者，非也。诗言彼小星三五见于东方，即宵征之时已至，喟然叹曰"嘒"也。"肃肃"，夜气寒肃，行人瑟缩貌。与《兔罝》之肃肃，有别作缩缩者。"夙夜在公"，谓彻夜服勤。意实怨叹，而辞如安命，能使深于文者为之同情，而浅者不觉其怨，是所谓文人之狡猾也。

下章，述归息时情景。小星在西，惟参与昴皆二十八宿中光度较大之星，故众星已没，二星犹可见。"昴"，今昴星，今读 mǎo 音。古音则卯读 liú 音，故柳、留、刘、罶字皆以卯为声。此诗昴与裯，犹韵，盖古音如此。

诗乐常例为三章。乐人奏诗，每章一息，是谓"三终"。若大演奏，合乐，则是连歌三篇。篇终乱以徒乐，谓之"间奏"。惟文人之诗，不必求协于乐师之用，每有只一章、二章，或多至四五章者。如《周南·关雎》《豳风·伐柯》《豳风·狼跋》，乐师爱其词者，仍谱入乐。此诗，亦其类也。

（十一）江有汜

三章。章五句。四十八字。
（1）江有汜。之子归，不我以。不我以，其后也悔。
（2）江有渚。之子归，不我与。不我与，其后也处。
（3）江有沱。之子归，不我过。不我过，其啸也歌。

滨江之国，如弦、黄、江、蓼者，嫁女于楚，其傅母欲从媵，而未得，怨望讥诟之歌，其女因失傅母相导，竟以失致祸。① 故其诗歌流传，入于太师。在东周世，故以附于《召南》。

诗语骄蹇，不类一般奴隶之作，故测为傅母。能华言，写怨望、为诗歌，则当是华人之沦为南国奴隶、有才艺者。徒为怨辞而不能谴责，辞复凌厉无所含蓄，又当是文学修养不足之老妇人语，是以测为傅母。弦、黄、江、蓼诸国，皆滨江小国而近于楚。媵奴羡慕大国。傅母例当从媵以相导女。或有困其方严老大而被摈者，故其为诗如此。

首章，"江有汜"，汜字从己，不从巳，协以韵。旧说"音祀"者，非。《毛传》"决复入为汜"。亦非。当释为水歧而不通之义。喻当媵而不获竟徙，犹江有枝津而未通也。与"不我以"句相应。"以"者，用也。"其后也悔"，预料之辞。意为：大国之君非易事者，无我相导，如行舟失其舵师，将误入于岔港而悔也。

次章，"江有渚"，谓有浅洲，舟胶着。之子之嫁，不与我偕，将失向导陷于胶浅。"处"，止也。于舟为胶锢不能进退之义，于人为幽闭不显之义。故男曰"处士"，女曰"处子"，俱有"幽人"之义。

卒章，"江有沱"，水出复入曰沱，故别流复合曰沱江。《禹贡》荆、梁二州皆有沱。"过"者，谓将别矣，犹不肯过我一诀，是弃我之深，负我之甚矣。"啸"者，纾愤之声。"啸也歌"，则有大不愉快之情，徒以啸傲自适可知。是位尊情亲而地位

---

① 《春秋》僖公五年，"楚人灭弦，弦子奔黄"。《左传》"于是江、黄、道、柏方睦于齐，皆弦姻也。弦子恃之面不事楚。又不设备，故亡"。《春秋》书楚灭国始于弦。继，则僖公十三年"灭黄"。再次为僖公二十七年"灭夔"。又次，文公四年"灭江"。五年"灭六""灭蓼"。夔，故邑为今湖北秭归县，与楚迩近，然同姓。弦国在今湖北浠水县，黄国在今河南潢川县，江、六、蓼国皆在今安徽西北界与湖北、河南临近之部。亦皆与楚异姓，宜相为婚媾。春秋灭国之祸，每肇因于婚姻之故。疑此诗之嫁女者，后祸著明，如其傅母所诅，故诗无流传也。

低者失意之辞，故知其为傅母所作。楚最近江，江者大水，楚者大国。三章皆以"江有"起兴，故知其人嫁于楚也。

（十二）野有死麇

三章。二章四句。一章三句。凡四十七字。

(1) 野有死麇，白茅包之。有女怀春，吉士诱之。
(2) 林有朴樕，野有死鹿，白茅纯束。有女如玉。
(3) 舒而脱脱兮！无感我帨兮！无使尨也吠！

此南国旧有青年男女跳月开场时导唱之歌。入东周后，楚随之人译为华言，流行于陈、蔡诸地者。凡跳月之声，青年男女毕会于林间，初犹散漫。必先有带头男女，选得适当场所，放歌导唱。散在林间男女，应声而集，自然分为男女两组。导唱者居中，先与左右两组反复歌之。集者既众，乃更分入男女为两队，斗歌相挑。

首章，率先导唱青年男女合唱之词。言：林间有已死无主之麇，当以白茅藉而包之，以待同人分啖。非实有之，但以喻其取之易，而时不可失。有如女方怀春，吉士当及时挑诱之也。"吉士"，犹言良士。古婚必先卜其吉否。人贤则无不吉，故云之吉士。《摽有梅》"迨其吉兮"之吉，与"六礼"纳吉之义同。

次章，男组答唱之词。亦由导唱组领唱，而男组依声群应之。"朴樕"，朴树之果实。朴为南方暖地所产之落叶乔木，高二三丈，春月花叶同发，淡绿色。结核果，苍黑色，如豆大，味甘，可食。木材坚致。古代山林甚多。农地罕见。故说诗者每误释为槲类。当辨。诗言：林中有朴樕，野中有死鹿，则"白茅纯束"以取之。此间复有女如玉，则岂能失之哉。

卒章，女组再答唱之词。亦由导唱组领唱而女组依声群应之。"脱脱"与"蜕蜕"同音义。谓男女结情，如虫类蜕变，当出于自然，舒缓以成之，不能勉强。跳月之俗，男女既已相悦，则交换佩饰，大都为手巾或腰带。"无感我帨"者，谓换中当秘密藏之，勿因相念而常玩弄，致为他人调笑。"无使尨吠"者，谓"勿轻到我处。我处有毛犬善吠"，喻主人不喜来诱其妇女也。

三章非人之辞。亦非实有其物，但总写男女之情趣，艳而不谑，以聚歌者而已。旧说，没能得此情者。

(十三) 何彼襛矣

三章。章四句。四十八字。

（1）何彼襛矣，唐棣之华？曷不肃雍？王姬之车。

（2）何彼襛矣，华如桃李？平王之孙，齐侯之子。

（3）其钓维何？维丝伊缗。齐侯之子，平王之孙。

此鲁国人民讽刺庄公迎娶哀姜，婚礼侈盛之诗。曲阜本奄国，周公平管蔡之乱，灭殷奄，徙伯禽封邑于此，以镇徐戎，是为春秋之鲁国。奄、徐皆南国，故鲁之土民习于南乐诗歌。

《春秋》庄公元年"王姬归于齐"。时周庄王即位之四年，齐襄公即位之五年也。又庄公十一年，"王姬归于齐"，则周庄王十四年，齐桓公之三年也。齐襄公所娶王姬，未满一年即死。鲁庄公为齐襄之妹文姜所生。齐桓复以襄公之女哀姜嫁之。时在鲁庄公即位之二十四年，年三十六矣。哀姜若为王姬之女，则已二十三岁，然一般但云襄公之女，应非王姬所生。齐桓霸业，甚得鲁庄公之助，故其遣嫁哀姜，礼仪甚盛。著于诗者，有《猗嗟》《载驰》两篇。鲁庄公慕哀姜之美艳、羡齐之富强，特为迎娶庙见之礼，"丹桓宫楹"，"刻桓宫桷"，"使宗妇觌皆用币"。其为国人所非，《春秋》所贬，详著于《左传》。《公羊》且有"与公约然后入"之说，则哀姜之骄贵亦可知矣。

诗三章，并深寓讽刺之意，而阳为颂美之辞，明是孱弱的人民叹于不可谏止之事所发之诗歌。汉、唐、宋儒皆援《毛序》说为"美王姬"者，失之①。

---

① 《毛序》此诗，"美王姬也"。卫宏《续序》云："虽则王姬亦下嫁于诸侯，车服不系其夫，下王后一等，犹执妇道。以成肃雍之德也。"此后，历世儒家皆依其说。朱熹《集传》云："王姬下嫁于诸侯，车服之盛如此，而不敢挟贵以骄其夫家。故见其车者，知其能敬且和，以执妇道，于是作诗以美之。"尤可怪者，为说二南为文王后妃之化，竟将此篇亦说为武王嫁女邑姜为齐侯丁公伋之诗。竟引《国语》太子晋曰："自后稷之始基靖民，十五王而文王始平之……是文王为平王，犹武王之称宁王也。"（孙嘉淦《诗义折衷》之文。孔广森、胡承珙、陈奂等清儒皆如此说。）朱熹则判为"武王以后之诗"而云"不可知其何王之世"。明丰坊《伪鲁诗说》，谓是"桓王之妹，嫁齐襄公"。皆浅陋之甚。惟马瑞辰与魏源能摆脱旧说，订为齐侯嫁女用王姬下嫁之车。然亦不能定为所嫁何国。马氏徒疑齐侯嫁女之诗，不应附于《召南》，而妄以为"平王，传既训为平正之王，则齐侯亦当训为齐一之侯"。意谓南国诸侯之通称。魏源则谓："齐侯所嫁，当是西畿诸侯虞虢之类。其风采于西都畿类，不可入东都《王风》，复不可入《齐风》，故从召南陕以西地面录其风尔。"皆不知南为乐类与鲁、米、许、蔡、申、楚皆南国故地。胶执郑玄《诗谱》谬说之成见以说此诗，安可以得"二地"之诗义哉！

孔子谓"人而不为《周南》《召南》，是犹正墙面而立"，盖知鲁之基层人民偏嗜南乐也。西周王族，随伯禽来鲁之士大夫与其后裔，偏嗜雅乐。而周公自殷徙于鲁之"殷民六族"，则喜风乐。故鲁国之诗，有南，如此诗；有风，如《豳风·九罭》；有雅，如《小雅·采绿》《小雅·瓠叶》之类是，非仅有颂诗而已。（其说分详各本篇）

首章，"何彼襛矣"，感叹婚礼送迎之盛。襛者，艳也。即以问辞寓腹诽之意。"唐棣之华"，即以答语寓讥刺之义。盖用周公所作《常棣》之诗咏兄弟，以喻鲁庄公与哀姜为姑表兄妹，血统近，如兄弟，结婚为非礼也。或谓：喻鲁庄公本齐襄公与文姜兄妹相通所生子，是亲兄妹。亦可能。文姜丑行，齐人有《蔽笱》之诗，鲁人讵能不疑庄公为齐襄公之子乎？"曷不肃雍"二句，犹言："我等国人何敢不肃雍以迎此王姬之车乎！"马瑞辰《传笺通释》引《仪礼疏》言"郑君《箴膏肓》曰：'齐侯嫁女，从其母王姬始嫁之车远送之。'"魏源《诗古微》云："诸侯娶夫人，有留车反马之礼。"然则齐桓公以王姬嫁齐时所留之车遣送哀姜嫁鲁。鲁人故有此"王姬之车"刺语也。

次章，"华如桃李"，专以喻哀姜之美艳。"平王之孙"，谓周平王之女孙。平王宜臼在位五十一年。其子桓王林，在位二十三年。嗣庄王佗在位十五年。齐襄公所娶之王姬，当是庄王之妹、桓王之女，于平王为孙。然不能遂据以为此是齐襄公娶王姬或齐桓公娶王姬之诗者，襄公桓公皆娶王姬于即位之后，则不得称为"齐侯之子"也。马瑞辰云："诗中，凡叠句言某之某者，皆指一人言，未有分指两人者。如《硕人》诗'齐侯之子，卫侯之妻，东宫之妹，邢侯之姨'，言庄姜也。《韩奕》诗'汾王之孙，蹶父之子'，言韩姞也。《閟宫》诗'周公之孙，庄公之子'，言僖公也。正与此诗句法相类。不应独以此诗'平王之孙'指姬，'齐侯之子'为齐侯子娶王姬。"此说可取。犹有更当说明者，古代人民记世次，父、祖、子、孙而止。祖以上若干代皆称祖；孙以下若干代皆称孙。故《诗》中"公孙"，皆泛称公子以下诸代。《閟宫》诗以僖公为"周公之孙"即是其例。此诗"平王之孙"，亦当是平王之外曾孙女。

卒章，以钓起兴者，谓娶妻如钓。先投以饵，备六礼也。竟得其鱼，如迎娶也。《卫风·竹竿》以"钓于淇"，《毛传》云："钓以得鱼，如妇人待礼以成为家室。"是春秋时鲁卫之人痼习以钓喻婚姻之证。"缗"，《毛诗》云"纶也"。此诗言钓者以丝为纶以钓，有异于一般用麻线者，以所钓之尊贵。其人为齐侯之女，平王之女孙也。讽刺鲁庄公迎娶礼聘之隆重。

（十四）驺　虞

二章。章三句。二十六字。

（1）彼茁者葭，一发五豝。于嗟乎驺虞！

（2）彼茁者蓬，一发五豵。于嗟乎驺虞！

此国君出猎，其所征发之农民猎夫，嘲笑国君驺从之士贪赏冒功之诗歌。其国，当在豫州平原，人口繁密、垦地略尽、山林残毁之地区，若郑、宋、陈、蔡、申、许之域；时间，在春秋之世。其推断依据如下：

很明显，此为记猎事之诗歌。但非猎于山林，而乃猎于农田隙地、葭苇丛生之处。即明是土狭民稠，平原旷远之国也。南国在农业初兴时，原为草木畅茂、禽兽繁殖之区。国君纠率其民，随时出猎，剿除野兽以卫农。故其农民，一般善于狩猎之艺。奴隶社会时代即已如此。入周以后，近华之区推行周王封建制度，解放部分奴隶为自由农民，得自有其土地与家室，耕垦渐广。当春秋中世，原野地区已无林莽，惟高阜与河谷沙碛，尚有葭蓬丛灌，为客农野豕所匿。国君以田猎为乐事，既无山林可逐，则惟就此诸丛灌葭蓬间以猎野豕（野猪）耳。

野豕恃农田谷物为活。凶猛而善匿。昼恒坚卧不动，虽有人马过其侧，亦不警扰。迨被迫斗，则虽虎豹亦畏避之。繁殖力亦强，故在巨型害农动物中，保存最久。其皮坚厚，肉味腴善，得其一只，可享数十百人，故春秋世，国君大行猎恒以此兽为目的物。山林已毁之地，尤其如此。

古田猎用车，即率其民习车战。每车甲士三人，二人分持戈、矢，一人驭马。每车配合徒卒若干人（正规行军，为七十二人），则皆征于民间，或戈或矛，或弓或矢，尾随于车。其甲士三人，皆国君常养之武士，是为"驺"。又有专管山林之武士，称为"虞人"。后世所云"驺从""虞侯"，皆缘此以为称也①。此等驺虞之士，衣甲鲜明，徒有赳赳之仪，武技殊不相称，射多不中。兽奔又不近车，执戈者亦罕能得。举凡豕窟之发现，野豕之截获，实多得力于征用之农村猎夫。迨罢猎献禽时，按各车所得多少计功，则驺从虞侯之士掩为己有以冒赏。农人猎夫莫敢言，唯得以

---

① 《说文》："驺，厩御也。"《尚书·舜典》："帝曰俞。咨益，女作朕虞。"传曰："掌山泽之官。"戴埴《鼠璞》："驺者，如七驺、六驺。虞者，如山虞、泽虞。"（并引《周官》经师注《周礼》者，所言驺、虞官执之文甚多，不备引。

又，《仪礼》《礼记》等书，屡言乐舞所奏有"驺虞""狸首"，为诗乐篇名。遂有指为此诗者。按《墨子·三辩》篇："武王胜殷杀纣，环天下自立以为王，事成功立，无大后患，因先王之乐，又自作乐，命曰《象》。周成王因先王之乐，命曰《驺虞》。"（王应麟《困学纪闻》引作驺言）所言与儒家不同。儒家之《乐记》记孔子言：武王不复用兵，"散军而郊射。左射狸首，右射驺虞"。皆谓射侯上所画兽名，同时亦为助射所奏之乐名。"狸首"不见于三百篇，盖徒乐。则周时所云之"驺虞"，亦徒乐耳。非此《驺虞》之为诗乐也。

魏源《诗古微》引《琴操》攻《大周正乐》，皆谓有《驺虞操》，为召国女痛其夫之于行役所作。如此妄说尚多，亦俱不合诗意。

诗歌讥刺之而已。

首章，言猎于葭丛豕窟之处，见其人仅发一矢，而所献者乃有五豝。则其攘人猎获，冒为己功可知。故喟然长叹曰"吁嗟乎驺虞"也。

卒章，重复其意。言蓬丛所获，亦正如此。

"豝"者，大豕。"豵"者小豕。南语谓大为巴。故凡自南方传入之大型动植物，多冒巴字。如蕉（今云美人蕉），中原固有之观赏植物也；汉代传入华地之甘蕉，则称为巴蕉。大芦，称为巴茅。毒豆，称为巴豆。《山海经》谓"巴蛇食象"，即今人所谓蚺蛇，或大蟒是也。洞庭地区之"巴丘""巴陵"，皆南人谓大为巴之成语，而华人亦沿用之称。此诗之豝，当亦缘南语大豕为豝所造之字。豵者从也，尚未能独立生活，必须从母豕以求食之义。《豳风·七月》"言私其豵、献豜于公"，传云"大兽公之。小兽私之"是也。

《召南》小结

《召南》十四篇，七百零六字多有南国已经进入封建社会时平民之诗。其《鹊巢》《采蘩》《采蘋》三篇，乐家称为"鹊巢之三"，周代与"关雎之三"同用为"乡乐"。盖召穆公虎平徐淮时，采译南国奴隶之旧歌。汉儒误入《草虫》一篇，当属《周南》。《周南》亦误入《麟之趾》一篇，当在《召南·羔羊》篇下。南国同姓诸侯国之贵族，有《羔羊》之讥，即亦当有《麟之趾》之叹也。此两篇与《甘棠》为颂为刺不同，要皆是奴隶之作。代表的时代，应在西南末叶。此下八篇，则皆作于东周之世，南国亦已进入封建社会时也。《行露》《殷其靁》与《小星》《江有汜》，皆女子能华言作诗者所造之南乐诗歌。《小星》《江有汜》作者，为南国之宫廷奴隶，《行露》《殷其靁》，则士人阶级之女子所作也。《行露》尤晚出，汉儒乱其原次，移就《甘棠》篇下，以适其"召伯听讼"之谬说。《摽有梅》与《野有死麕》，皆南国已进入封建社会后，平民仍沿跳月旧俗所流行之跳月乐歌。《摽有梅》亦当在《野有死麕》之后。《何彼襛矣》为鲁南人民作之南乐诗歌，时间在春秋初叶。而《行露》与《驺虞》并当出于春秋中叶以后。旧刻皆乱其世次。凡"二南"篇次混乱，虽已考订，亦不改变，仍用旧刻原次，并录原附之篇、章、句数。愿称"章""句"云者，乃乐章与乐节之意，与诗文之句、读固非一致。故虽录旧刻句数，仍另加标点以别之。

任乃强全集·第七卷

卷三 十三国风

古谓乐歌为风。周自文王昌兴，自制新乐曰雅，别以南国之乐为南，殷商之乐为风。殷商统治华夏岁久，其乐曲随地区变化，发展为多种变调，周之乐官分类存其乐诗。孔子所抄录者凡十三种，一百三十五篇。本各以其创制地区之名名之。曰邶、曰鄘、曰卫、曰郑、曰王云云，初无国字。汉儒传经，始分加国字，而并二南总题曰"国风"，非周代乐官旧题字也①。

旧说诗者沿汉儒之误，恒云"十五国风"。兹析出"二南"，其他沿"国风"旧制，加"十三"字，以明风、南之别。自汉儒传诗，十三国风之编排次第即互不同。后世说诗者，亦多自为排次②。本书删其繁说，仍依毛诗定本旧次诠释之。

一、《邶风》十九篇

解　题

邶者，商族初入华夏所营之邑。其后屡迁，止于朝歌。邶则朝歌北鄙最近之邑也。《竹书纪年》成王二年，"奄人、徐人、淮夷入于邶以叛"。谓此三国奴隶主率其人以叛周，与武庚所属之熊盈等十七族集中军实于邶邑，而以管、蔡所率之殷人拒周公之师于朝歌也。《周书·作雒解》云："二年，又作师旅临卫，政（征）殷。殷

---

① 《淮南子·主术训》："延陵季子听鲁乐而知殷夏之风。"盖谓周秦为"夏声"，他诸国风为殷之风乐也。"殷、夏"所表，为时代，非国域。《左传》《国语》引诗，有"卫诗""郑诗""曹诗""齐诗""邶诗"，皆无国字。至汉儒传诗，始有"国风"与"邶国""鄘国""卫国""王国"等标题。邶、鄘、齐皆非国名。王风皆东周王畿之诗，更不当加以国字（故郑玄《诗谱》别称为"王城"）。以此知太师旧档与孔子所钞，皆只邶、鄘、卫、王各一字，所有"国"字皆汉儒所加矣。
② 《左传》襄公二十九年，吴季札聘鲁，"请观于周乐"。叔孙穆子"使工为之歌周南、召南，……歌邶、鄘、卫，……歌王……歌郑……歌齐……歌豳……歌秦……歌魏……歌唐……歌陈……自郐以下，无讥焉。"更有歌小雅、歌大雅、歌颂。又"见舞象箾南钥"，和舞大武、舞韶濩、舞大夏、舞韶箾。都各有所讥评，如预见其国之兴衰。《新诠》提出疑窦五端，判为刘歆父子所窜入（说在初稿本）。盖《鲁诗》之篇次如此也。郑玄《诗谱》之排为：周南召南谱，邶鄘卫谱，桧郑谱，齐、魏、唐、秦、陈、曹、豳、王城各为一谱，二雅谱与颂谱。《新诠》考其是依《韩诗》编排次第。唐孔颖达《诗谱正义》拆谱就毛。宋欧阳修得《诗谱》残本，摘取"正义"补缀之，是为《欧谱》。清王晏、胡元仪及马瑞辰皆考订《诗谱》，于十三国风排次，又各与《郑谱》《欧谱》有异。至若明丰坊伪诗说、何楷世本等书，完全拆破三百篇重新编排者更无论矣（参看附录《论十三国风次第》）。

人大震,溃,降,辟三叔。王子禄父北奔。"亦谓武庚奔此邑也。殷亡,邶邑亦毁。其故址莫能详,大抵在今河南安阳与河北邯郸之间。后为燕、赵二国之地。其人慷慨悲歌相尚。其乐调亢爽激昂,流行华夏各地。自朝歌以北,至于燕代,为其核心纯固之区。后世所谓"燕赵悲歌",其余音也。

（一）柏 舟

五章。章六句。百二十字。

(1) 汎彼柏舟,亦汎其流。耿耿不寐,如有隐忧。微我无酒,以敖以游。
(2) 我心匪鉴,不可以茹。亦有兄弟,不可以据。薄言往愬,逢彼之怒。
(3) 我心匪石,不可转也。我心匪席,不可卷也。威仪棣棣,不可选也。
(4) 忧心悄悄,愠于群小。觏闵既多,受侮不少。静言思之,寤辟有摽。
(5) 日居月诸,胡迭而微?心之忧矣,如匪澣衣。静言思之,不能奋飞。

此与《鄘风·柏舟》同为卫共姜自誓之诗。此篇诟卫君臣,情词激切,乐官以合于邶风。《鄘风·柏舟》以报母,情词哀怨,乐官以合于鄘风。并以柏舟起兴。后人囿于邶、鄘为二国之说,不能通为一事,竟以此篇为"仁人不遇"之诗（毛、郑）。朱熹疑之,又拟为庄姜之作。魏源始得其解,亦不敢定为共姜①。兹考订其本事如次：

卫康叔九传至釐侯（一作僖侯）,为世子余娶于齐,齐女嫁,至城门而釐侯卒。世子居丧,未婚。其弟和,使人杀世子于墓,谥曰共伯。和代立,是为武公。于时诸侯问嫁女,视其位,不拘其人。武公和使人讽齐女同庖,齐女不许。又请于齐。时齐厉公皆暴,为国人所杀,立其幼子赤,是为文公,国乱未定,乃以母妃命,许嫁武公。女坚不从,请归齐,不得,遂守节死,是为共姜。共姜初以柏舟诗报母自誓,是为《鄘风·柏舟》。又愤卫君臣夺位胁婚而作此诗。卫武公矫饰好名；于齐女既死,以二诗付乐官,合乐以矜之。乐官分以合于邶、鄘之风。以二诗同用"柏舟"

---

① 魏源《诗古微·诗序集义》云："柏舟,美贞女也。卫寡夫人者,齐侯之女,嫁于卫,至城门而卫君死,遂入持三年之丧。其弟立,请同庖。女不听。卫愬于齐。齐兄弟使人告女,女复不听,赋是诗。言其君左右小人成群,致足愠也。"（原注:《列女传》《韩诗外传》《刘向封事》）"贞女不贰志以数变,故有'匪石'之诗。一许不改,所以长贞洁而宁父母也。"（原注:《潜夫论》《三家诗说》）另又有《邶鄘卫答问》,详驳《毛传》《朱传》之说,引据甚繁,颇得诗旨。但终不敢通"卫寡夫人"与《鄘·柏舟》之共姜为一人。《新诠》参用《史记》更详考订在初稿本。

起兴，故皆曰柏舟。亦示其为一人一事也。柏舟者，柏质坚重而不耐水，只宜用于济渡，常出水以燥之，久泛水中则易腐坏。共姜怨齐卫处理其婚事不当，如长泛柏舟于流水，迫于自毁败也。旧说"柏木宜为舟"（毛传），"坚致牢实"（朱传），皆谬也。凡为舟者，例选用松、杨、杉、柳、山麻柳等轻韧耐水之木材，避用柏、栎等坚重之树。说诗者不能知此，固其不可得诗之旨矣。

首章，自慨身世艰危，如柏舟泛流，身不能自主，亦惟听其自坏而已。"隐忧"，犹言隐痛。"如有"，谓实有而未便显露。虽"耿耿""不寐"，有深痛矣，而佯为不忧，自云"如有"，是深于为诗者语也。"微"语辞，当读如惟。"微我"，自怜之辞，言惟我以寡女在卫，不能如他人之载酒出游，以泻其忧也。

次章，自叹处境孤独，无所援据之苦。言心有所怀念，不能如镜之鉴形，可以掩镜而灭。"茹"是吞没之义，旧释为度者，非。"兄弟"，指齐文公君臣。"据"，犹言依恃。"愬"，谓以求归之意告齐。"怒"，谓齐人反以母氏之命相责，与《鄘·柏舟》"不谅人只"语相为表里。

三章，示坚决不从卫武之志。不可以转，不可以卷。"威仪棣棣"，言卫武善饰威仪，棣棣然若可亲近，然我已知其为杀兄夺位之伪君子，非我所选之匹偶也。卫武公在周代诸侯中最有贤称，实无才德，但能伪饰威仪耳。共姜薄之之语如此。

四章，诉卫诸臣以婚事相胁。言我虽忧心忡忡，可悯之情已多，而犹为君小所愠怒，受侮不少。入夜则拊心伤痛。陆德明《释文》云"辟，本作擗"。《玉篇》引诗"作寤擗有摽"。盖三家诗"辟"字从手，义为椎胸痛哭也。

卒章，叹身同囚繫，感天日之暗晦。"居、诸"并语词。"微"，当训无。日月"迭微"，则昼夜皆如晦也。喻卫与齐皆无人相恤。切盼离卫之情，如衣已垢秽之思浣濯，但恨不能奋飞以去。"言"字在《周诗》中恒为主动之语辞。《郑笺》皆释为"我也"，有我之意，非实言我，故亦恒与"我"字同用。（参者《葛覃》篇）

（二）绿 衣

四章。章四句。六十四字。

(1) 绿兮衣兮，绿衣黄里。心之忧矣，曷维其已。
(2) 绿兮衣兮，绿衣黄裳。心之忧矣，曷维其亡。
(3) 绿兮丝兮，女所治兮。我思古人，俾无訧兮。
(4) 缔兮绤兮，凄其以风。我思古人，实获我心。

此庄姜诽斥当时妇女好着绿衣服之诗也。旧说皆以为诟妾上僭，伤已失位之辞。验于《左传》与《卫世家》，知其不然。"庄姜美而无子"（《左传》），"完母死，庄公令夫人齐女（庄姜）子之，立为太子"（《史记》），则庄姜未尝失位，亦未失宠。周世国君为多妻制，名公如齐桓，有三夫人皆王姬，又有内嬖如夫人者九人，及姑姊妹不嫁者，尚能相安不诟。岂如庄姜，遂有嬖人上僭之恨，而刺以诗耶？嬖人之子州吁"有宠而好兵，庄姜恶之"（《左传》），则州吁母子虽有宠，庄姜尚敢逆庄公之意而恶之，岂是失位、失宠之夫人哉？如庄姜果已失位、失宠，则子完即不得久为太子，且得继位嗣立，岂尚待州吁之弑乎？州吁行弑立后，尚不敢虐待庄姜与戴妫，则谓庄姜怨刺妾僭之说为无据，可知矣。

细审诗语，盖其恃染绿之法初兴，卫宫廷妇女尚之。庄姜不欲诸女违古制，作此诗为教试，辞温而厉，婉而有力，语气贵踞而严肃。非怨刺之诗也。

首章，谓绿者间色，黄者中央之正色①。忧在如此违制之绿色衣服，"何时能止"（《毛传》语）。《郑笺》改绿为褖，谓"诸侯夫人祭服之下。鞠衣（黄色）为上，展衣（白色）次之。褖衣（黑色）再次之"。妄用不可知之古礼，以改明白可知四章同文之绿字。音、形、文义全失。

次章，斥上衣绿而下裳黄者。"曷维其亡"，亡当训无。古亡与无同音义。《论语》"夷戎之有君，不如诸夏之亡"，同此诗亡字义。

三章，谓妇女当养蚕、治丝与染织。今染丝为绿色而织为衣，非古人所有也。亦谓古无白丝。丝原黄色，不应更染为绿。"訧"，愆尤之议也。我遵古制，则可以使古人不以为訧矣。

卒章，葛制之绤绤，本黄色而凉爽，古人为夏衣之制。言我感其舒适，又符于黄之正色，何必更染为绿色以衣乎？

（三）燕　燕

四章。章六句。九十六字。

---

① 我国染色之法，早见于新石器时代之彩陶。然所用皆矿质，不以染衣。故上古之衮衣，皆施彩绘。其后（大约在奴隶社会）有三色之染法。黄用蘖，青用蓝蓼，红用茜，黑用燻法，白用漂法，五者皆为正色。华夏尚黄，以为中央之正色。又后以蓝染套黄成绿色，以蓝套茜为紫色，皆被士大夫斥为"间色"，世莫尚之，最后染槐角为绿色，甚美艳。卫为产槐之地，其人创制槐绿之法当甚早。新衣尚绿，理为卫人最先。庄姜齐人，而拘守古制，宜其反对绿衣如此。

绿字，初见于《周诗》者，有"绿竹""采绿"，与此"绿衣"。虞、夏、商殷旧文无此字。故此诗之最大历史价值，在于可证槐绿染法为周代所创。且其初创者在卫地。使用"绿"字亦以"卫诗"为早。

(1) 燕燕于飞，差池其羽。之子于归，远送于野。瞻望弗及，泣涕如雨。
(2) 燕燕于飞，颉之颃之。之子于归，远于将之。瞻望弗及，伫立以泣。
(3) 燕燕于飞，下上其音。之子于归，远送于南。瞻望弗及，实劳我心。
(4) 仲氏任只，其心塞渊。终温且惠，淑慎其身。先君之思，以勖寡人。

此卫州吁弑桓公完而自立（完立之十六年，《春秋》鲁隐公四年事），庄姜送完母戴妫归陈之诗也。完于二月被弑。戴妫以四月归陈。其九月，陈人与卫人同谋，弑州吁于濮，迎公子晋于邢而立之，亦戴妫之子也。故何楷、魏源等皆谓戴妫归陈实预诛州吁之谋。庄姜为庄公正妃，桓公养母，倚齐大国，又美贤多才，为卫人所敬重，故州吁不能害。并能庇护戴妫归陈。亲送出境，非仅表娣姒之爱，亦借以护之出境也。

首章，以所见双燕觅食乳子，喻同为桓公母之情谊。"差池其羽"，谓参差同飞，不同起落，如其时二人之行止不同也。"野"，郊以外之地，言送行之远。"瞻望弗及"，预为遥视其去之辞，实以喻同是完之寡母，戴妫得归于陈，而己未得归、老于齐也。时庄姜年五十余矣。

次章，颉颃，亦差池同飞之义。"将"，提挈相携之义。俱表依依相恋之情。"伫立"，明独留在卫之义。

三章，"下上其音"，亦颉颃飞鸣之义。"远送于南"者，卫为华夏之国，陈地本南国。送出卫境则入于南国旧域，故曰"于南"。《毛传》"陈在卫南"之训，非也。"南"为实地，非泛言南方。

卒章，盛称戴妫之品德，与其对己之情感。必如此者，所以祛州吁君臣之疑忌，冀不因远送涕泣而贾祸也。"先君之思"二句，谓戴妫一切能体庄公之意以勖勉我。言先君之德以制后君之暴，是封建士流惯用以自捍卫之伎俩。庄姜此语，更为戴妫能体先君之德，作自己掩护之计，是善于为诗者也。

"仲氏任只"，《毛传》："仲，戴妫字也。任，大也。"《笺》云："任者，以恩相亲信也。《周礼》六行，孝、友、睦、姻、任、恤。"他诸说者无异辞。《左传》庄公"又娶于陈，曰厉妫。生孝伯，早死。其弟戴妫生桓公。庄姜以为己子"。则仲为戴妫字可定。魏源《诗集义》，谓"完母死，庄公令夫人齐女子之"，以为"州吁弑桓公，故送完妇大归于薛"。薛，任姓，故诗称"仲氏任只"，"犹《大明》篇'挚仲氏任'，自是薛国任姓之女"。又"《坊记》引诗，作'先君之思，以畜寡人'。郑注训畜为孝。是'韩诗'说，确为送子归，非送妾也"。魏氏此说，颇具新意。然，薛在卫东，非南国，又于"燕燕"之义不合。至于郑玄注《礼记·坊记》谓"定姜无子，立庶子衎，是为献公。献公无礼于定姜。定姜作诗，献公当思先君定公，以孝于寡人"，乃真用"韩诗"说也。定姜事，在《左传》成十四年与襄十四年。上距庄姜百六十余年矣。则其诗不当列于州吁诗（《击鼓》为州吁时诗）前。斟酌诸说，仍当定为庄姜之诗。

（四）日 月

四章。章六句。一百字。

(1) 日居月诸，照临下土。乃如之人兮，逝不古处。胡能有定？宁不我顾！
(2) 日居月诸，下土是冒。乃如之人兮，逝不相好。胡能有定？宁不我报！
(3) 日居月诸，出自东方。乃如之人兮，德音无良。胡能有定？俾也可忘！
(4) 日居月诸，东方自出。父兮母兮，畜我不卒。胡能有定？报我不述！

此齐女嫁为邢君妻者失宠，怨望发愤之诗。辞婉而意悍，若有所挟恃。旧说为庄姜诗者，与庄姜性格和诗格以及史事皆不合。

判为邢侯之妻者：1. 邢国在卫之北，当行邶风。此诗有激昂之致，又在邶风，宜为久居燕邢地区人作。2. 庄姜为"邢侯之姨"，则邢侯亦娶齐女。诗云"出自东方"，故疑娶齐女之邢侯，本自齐助而得国也。3. 诗语多有挟大国背景之意。4. 燕、卫《世家》无恃齐援得国之君。邢国无世家，史事莫传。齐桓存邢，独可能有此事。5. 《邶·谷风》本事在周畿，则邶风不能全是卫诗。此诗次《燕燕》下，而非庄姜之作，故可疑为邢姨之诗，或作于齐桓迁邢于夷仪（《春秋》僖公元年）前后。

首章，"日居月诸"，用共姜《柏舟》诗成语，足知作者为习于邶诗之贵族女子。惟此诗日月，以喻国君与夫人，则非共姜语义，明是读共姜诗者断章立义之诗法。故拟其人为庄姜姊娣，而诗艺逊之者。"照临下土"，谓国君与夫人相处之道当为国人示范，以古礼相处。"逝不古处"，言遂不与我以古道相处。"逝"者，一去不返之谓，有遂之义。"胡能有定"，挟诗语也。盖谓其君虽仗大国得立，亦未即为定局。国既未定，岂能遂不顾我乎？周代国君多妻，夜宿无定所，妻妾谓其临幸为顾。"宁不我顾"，犹云岂能不我顾乎。

次章，"下土是冒"，犹言是日月无偏覆也。"宁不我报"，谓我有相君之德，能尽妇道，宁能遂无以报我乎？旧说"报，答也"（朱传），"报，淫也"（《广雅》）。皆缘《续序》庄姜"伤已不见答于先君"与"美而无子"相结合，遂以答、报为淫媾。魏源更引《左传》宣公三年"郑文公报郑之子之妃"为说，俱不可信。夫妇女纵无耻，岂能竟以不媾入诗，又从而入乐以播之乎？

三章，"出自东方"，喻君妃皆由齐援得立也。"德音"，周代卑者对尊者言议之称。"德音无良"犹言相对无好语。"俾也可忘"，谓当更回心相慰，俾我得忘前事之怨。

卒章，"畜我不卒"，叹父母之国嫁我于此人。"畜"即"俯足以畜妻子"之畜。责父母，正所以胁其夫。"报我不述"之报，即次章"宁不我报"之报。谓苟能以德报德，则我亦不更言前事。此悍厉之要挟语也。"述"，陆德明云"本亦作术"。盖三家诗本作术。《毛传》"述，循也"。《郑笺》"不循礼也"。后人以为是术字为训。《新诠》案：术，述，古字通，依往事而述说之也。说为"循礼"者，殊失诗义。

（五）终 风

四章。章四句。六十四字。
(1) 终风且暴。顾我则笑。谑浪笑敖，中心是悼。
(2) 终风且霾。惠然肯来？莫往莫来，悠悠我思。
(3) 终风且曀。不日有曀。寤言不寐，愿言则嚏。
(4) 曀曀其阴，虺虺其雷。寤言不寐，愿言则怀。

此淑女嫁得狂暴之贵族男子，自叹其境遇之诗。其本事不可得详。通篇用气象术语起兴，当是士人女为大夫妻者所作。

首章，《毛传》："终日风为终风。暴，疾也。"终日风暴，兴言初嫁时所见男子态度，顾新人作狞笑，是玩侮女性者性格。而又"谑浪笑敖"，则非白痴者比，但放诞无礼度者耳。《郑笺》云："悼者，伤其如是。然而已不能得而止之。"

次章，以风暴扬沙成霾起兴，则暴乱又甚矣。故虽或惠然来顾，究以暴侮难堪，莫如不往不来之为愈也。然而既为夫妇，不得而拒之，此所以长为忧思也。

三章，日色忽朗忽晦为曀。喻男子之狂易时发时愈，如日之再三成曀。"寤言不寐"，谓其人于寝时絮聒不休，使人不寐。"愿言则嚏"，谓当我所愿与之言时，彼又无所听受，如喷嚏之排逐鼻气然。

卒章，"曀曀其阴。虺虺其雷。"喻其人喜怒无常，无理智控制，静则曀然阴森，动则虺然雷震。使人不敢陈所愿言。"怀"者，藏而不用之义。又或当读如回，是回避不听之义，旧释为"伤也"（毛传），"安也"（郑笺），"思也"（朱传），皆迂回不切诗旨。

诗语粗直，无缠绵悱恻之情，决不能说为庄姜之诗。卫宏云"遭州吁之暴"，朱熹云"庄公之为人狂荡暴疾"，皆与史实刺谬。庄公在位二十三年，未闻有狂暴之疾。即如《左传》所记，亦但以宠爱州吁为失，仍不因之而夺嫡，则未得为狂暴者可知。州吁在位仅数月，于庄姜未失对嫡母之礼，则庄姜安得如是形容之哉。诗语明明是夫妇间事，岂得以嫡母庶子相拟？

（六）击 鼓

五章。章四句。八十字。

(1) 击鼓其镗，踊跃用兵。土国城漕，我独南行。
(2) 从孙子仲，平陈与宋。不我以归，忧心有忡。
(3) 爰居爰处，爰丧其马。于以求之？于林之下。
(4) 死生契阔，与子成说。执子之手，与子偕老。
(5) 于嗟阔兮，不我活兮！于嗟洵兮，不我信兮！

卫州吁立，使人说宋、陈、蔡联合伐郑。三国许之。于是使公孙文仲率师会宋公、陈侯与蔡人联军伐郑。师出，因遣前使者往蔡，催出师。其使者归途中病，寄此诗与妻告困也。

首章，述发时情景。当役之人闻镗然鼓声，各持军械，带装备赴役，踊跃不馁。此封建征兵制下之一般景象。于时卫国方兴土功，筑漕城，用人甚多。作者文吏，不得派充其役，乃独奉使于南方之国。宋、陈、蔡皆在卫之南，又故南国之地，故曰"南行"。

次章，言南行使命。从公孙文仲平宋与陈。联军之局已成。文仲归报，并率军师于宋陈之境。蔡人犹未至。故遣作者往蔡促之。"于是陈、蔡方睦于卫"（《左传》），宋陈既从，固不虞蔡之不至，但促之耳。前使者虽文吏，当再往，故不得随文仲归报于卫，而被遣赴蔡。宋都商丘，今为河南之商丘市（即宋集）。陈都宛丘，为今河南淮阳县，在商丘西南五百里。蔡都上蔡，今仍为上蔡县，又在宛丘西南四百里。陈、蔡屡经淮夷与楚人侵扰,地多荒旷,故曰"忧心有忡"。有,读如又。南语忡忡,华人曰有忡也。

三章,述陈蔡途中艰苦情致。《郑笺》"爰于也"。《朱传》"于是居,于是处,于是丧其马",谓野宿也。次晨求马,于丛林间得之。此情此景,惟久历边区野宿者深能体会,居都市者难以理解也。

四章,与其室人话思念之梦境。"契阔",谓阔别而情感相结合。"死生"谓魂游梦接,如死者与生人相接也。"成说",谓交谈。亦如向时执手相亲,期于偕老。

卒章,"吁嗟洵兮",《吕览·任数篇》高诱注引此诗作"夐兮"。陆德明云:"《韩诗》作敻,亦远也。"又云:"信,毛音伸。案:信,即古伸字也。"今案:引申字,《易》云"引而信之"。他书以信为伸者尚多。此诗正当读信为伸,喟叹在隔阔相思,病困垂死,不能伸"偕老"之愿。其人盖将病死在途,从人传致其诗。州吁败后遂得流传。卫之乐官因以合于邶风之乐。以其为士大夫阶级之诗,故与《终风》次于统治阶级之后。《毛序》云"怨州吁也",得其仿佛。《续序》云,"怨其勇而无礼",乃失之矣。

(七)凯 风

四章。章四句。六十四字。

(1) 凯风自南,吹彼棘心。棘心夭夭,母氏劬劳。
(2) 凯风自南,吹彼棘薪。母氏圣善,我无令人。
(3) 爰有寒泉,在浚之下。有子七人,母氏劳苦。
(4) 睍睆黄鸟,载好其音。有子七人,莫慰母心。

卫有士人,父死,继母欲改嫁,士人率其诸弟歌此诗以自责。乐师采而传之。《毛序》:"美孝子也。"卫宏续云:"卫之淫风流行,虽有七子之母,犹不能安其室。故美七子能尽其孝道以慰其母心,而成其志尔。"自马融、郑玄以下,皆结合"卫之淫风"为说。至清魏源始引汉诏、汉碑，驳"淫风"之谬①。而说为"七子不同母，母爱不均。七子自责，母遂感悟，化为慈母。故诗人美之"（《诗古征·集义》）。体会诗语独深。然犹未能尽合也。兹取其"继母"之说，体察诗意如此。

首章，以继母所生幼子喻为棘心以感之。"南风谓之凯风"（《毛传》《尔雅·释天》同）。南风至则草木长养。"棘"，枣类之灌木，卫地常见植物，今云酸枣者是也。"心"者，谓幼芽初苗，形似篆文之心字。旧解为纤为尖者，皆失其义。"夭夭"，幼弱貌。以喻继母所生之子幼弱，正赖母氏之鞠育也。此最能感动其母之语，故首言之。

次章，"棘薪"谓既已成长之棘。棘，不成材木，果无肉，不堪食，故但供薪用。以喻前母所生诸子，已成立，故不复云母之劬劳，而颂"母氏圣善"。自责我兄弟不令，未能安宁其母。非亲生子难以感动妇人。如此自责，则莫有不感动者。

三章，浚邑，在朝歌南，即卫之国邑，有"肥泉"之水，清洁丰润，为一邑所仰。喻子之依母，正如邑人之依此泉。"有子七人"，设皆一母所生，则其母当已四十余矣，岂犹能得善嫁？由先为"棘心"之喻，后有"睍睆"之语，即可为继母，非此善于为诗士人之生母也。

卒章，"睍睆"，毛云"好貌"。郑云"以训颜色悦也"。皆以从目为义。朱云"清和圆转之意"，则依下文"好音"为义。今案：此以"黄鸟"喻许嫁之男子，以"载好其音"喻遣来媒妁之言也。颂其继母许嫁之人，明非敢有劝阻之意。但以"莫慰母心"自责，与"母氏劬劳"相颂，故更能使人感动。三百篇中，辞婉旨深而尤富于感动力者，当以此诗为最。故知作者为士人阶级之深于为诗者也。

周代无夫死守节之制。夫死改嫁，为其俗之当然。贞淫之说不适用于此诗。其母为继母，为少妇，则诗语已能肯定。究其缘此诗而果嫁与否，则似仍自嫁去。非如魏说"化为慈母"。嫁与未嫁，无关风俗之美恶。此诗之传，只在于能感人，亦无关于风俗之贞淫。

---

① 《诗古微·邶鄘卫答问》云："《凯风序》以为'淫风流行，虽有七子之母，犹不能安其室'。如其说，则宜为千古母仪所羞道。乃汉明帝赐东平王书曰：'今送光烈皇后衣巾一箧，可时奉瞻。以慰凯风寒泉之思。'又《卫方碑》：'感邶人之凯风，悼蓼仪之勤劬。'《梁相孔耽神祠碑》'竭凯风以惆怅，惟蓼仪之怆恨'。《古乐府·长歌行》云：'远游使心思，游子恋所生。凯风吹长棘，夭夭枝叶倾。黄鸟鸣相追，咬咬弄女音。伫立望西河，泣下沾罗缨。'咸以颂女德，比劬劳，毫无忌讳者何耶？孟子曰：'凯风，亲过之小者也。'……考《后汉书》：姜肱性笃孝，事继母恪勤，感《凯风》之义，兄弟同被而寝，不入房室，以慰母心。则明明为事继母之诗。或未能慈于前母之子，故与《小弁》被后母谗将见杀者，分遇之大小。而孟子复以舜事后母例伯奇之事。"

案"蓼仪"即《蓼莪》，鲁韩诗字作仪也。汉人不以《凯风》为淫风之诗。说淫风者始于卫宏《续序》，马融、郑玄，乃有"欲去嫁也"之推论。孔颖达《正义》犹云："母有欲嫁之志。孝子自责已无令人，不得母之心。母遂不嫁。"朱熹乃完全肯定卫宏之说。魏源所引《后汉书》乃谢承《后汉书》，非范晔本。

（八）雄　雉

四章。章四句。六十四字。

（1）雄雉于飞，泄泄其羽。我之怀矣，自诒伊阻。
（2）雄雉于飞，下上其音。展矣君子，实劳我心。
（3）瞻彼日月，悠悠我思。道之云远，曷云能来？
（4）百尔君子，不知德行。不忮不求，何用不臧？

有女子与士人相悦，初拒其婚，而悔，遂不得复好，作此诗以息慰也。从来说者，不得其人前后反复之情，各以意逆其事，分歧百出。卒无一人说通①。夫人与人之间思想感情时有变化，则自为诗史时，各章反映心境不同。合而审之，由其前后反复之异而作诗之情可得矣。此诗四章，表达其一事前后之四种心情。

首章，自悔轻率拒婚。言：士人衣冠楚楚来就，如雄雉之飞来。羽色泄泄然光洁。固以契我之怀思矣。而我初未许之，遂以仳离。是我自贻伊之离阻也。

次章，回忆相悦时情致。"下上其音"，用《燕燕》诗语，则亦读书女子也。此谓同游并语，不即不离，各自矜持，心相许而调不谐，构成后悔。"展矣君子"，直是心羡其人发扬开展，思之不释，心为之劳。

三章，思之既久，濒于绝望。日月思之，悠之不忘。距离既远，何能再来。

卒章，绝望后自慰遣也。言：不来则已耳。凡诸士子，皆不能体会女子德行者也。轻于就者必亦轻于去，贞女固不轻于去就也。"不忮不求"，谓不忮害其舍我而悦他人，亦不因爱慕而转求之，自适其意，则何往而不足乎。

述情真挚而结意高尚，亦是一代佳诗。

（九）匏有苦叶

四章。章四句。六十四字。

---

① 《续序》谓刺卫宣公淫乱。诗语乃有励德之文，无淫乱之迹。《朱传》谓妇人思夫远役，承汉儒"男女怨旷"之义，或于前三章可以说通，末章则不能通。或能说通末章，前各章又不能通。郑玄以前两章为男旷之辞，后两章为女怨之辞，尤为难解。夫三百篇中，诚有男女对唱之诗，必为同时一地之人，或他人记录之语，绝无两地暌隔之歌而合于一篇者。故无可取也。

（1）匏有苦叶，济有深涉。深则厉，浅则揭。
（2）有弥济盈，有鷕雉鸣。济盈不濡轨，雉鸣求其牡。
（3）雝雝鸣雁，旭日始旦。士如归妻，迨冰未泮。
（4）招招舟子，人涉卬否。人涉卬否，卬须我友。

此济滨女子有所恋，遣其女友前往媒合之诗。起兴取喻，皆地方风物。发言坦率，意致委婉，是劳动者风格。初无咬文嚼字之迹。后人不解古代劳动者语言，以为用字具有深意，附会为封建朝廷之诗。或谓刺宣公淫乱，或谓君子感遇待时（前者汉儒，后者清儒），皆迂回而不能自通。《朱传》以为"刺淫乱之诗"，谓"当量度礼义而行"，亦理学家之妄语耳。

首章，"匏"，即瓠瓜。"苦"，即苦瓜，《东山》"有敦瓜苦"是也。在植物学上同属葫芦科，茎叶相似。惟瓠叶浅裂，苦叶深裂，为异。诗言自己心有隐痛，如苦叶之着于瓠之茎，喻失所也。济水有二，出河东王屋山东北者为沇水，东流为济，入海。所谓"四渎"之一也。出常山之赞皇山者为"石济"，入于泒（永定河）。《水经注》所谓"二济同名，所出不同，乡原亦别"是也。石济在邶邑，即此诗所称之济。其水浅小可涉，有暴雨则骤深。诗所谓"深涉"，谓无舟楫，深亦当徒涉。故又曰"深则厉"，束衣裳于腰以上而涉之谓也。"浅则揭"，谓褰裳而涉之也。深涉，喻所愿有所阻碍，然不能阻我之志，深亦涉，浅亦涉，必求其达。

次章，更进而申言之。谓夏秋雨水盈溢，济流弥弥然，未易涉也，然不能阻我之车。《毛传》"辀以上为轨"，谓车厢以内不濡，则可乘之以渡也。其对词为"有鷕雉鸣"。《毛传》"鷕，雌雉声也"。凡鸟类之鸣，多为寻偶。劳动者知之故曰"雉鸣求其牡"。喻遣媒妁也。旧说谓"飞曰雌雄，走曰牝牡"。谓：卫夫人夷姜"有淫佚之志，授人以色，假人以辞，不顾礼义之难，使宣公有淫之行"。《毛传》"所求非所当求"。《郑笺》意谓诗言雌雉急不能择，竟至求与牡兽相交可谓荒谬绝伦。夫动物，人言男女，兽言牝牡，鸟言雌雄，亦造字先后不同之异耳，其为阴性与阳性之别则一也。《南山》"雄狐绥绥"，岂其狐能是飞鸟？《左传》"牝鸡司晨"，岂其鸡即是走兽?！作诗本非咬文嚼字之人，说者乃用咬文嚼字之法以妄结合于卫宣烝于夷姜之事，此其所以为荒谬也。

三章，"雝雝鸣雁"，送友日，尚未起床时所闻声。卫地孟秋之月也。"旭日始旦"，闻雁声而起时也。谓早起往托其女友，促之。"士如归妻，迨冰未泮"，欲早成婚，叮嘱于冰泮前迎娶。卫地冰泮，季春之时也。情急而托女友，故其直率如此。

"妇人谓嫁曰归",男子谓娶亦曰"归妻"。故孔子谓"管氏有三归",谓管仲娶三女也。

卒章,送女友至渡头,所悦在河水之彼岸故也。"招招舟子",舟人催渡也。"人涉卬否",我虽至渡头,只为送友,自不渡也。至渡不渡,而又不去者,待其友人归报也。卬字训我者,盖用古羌语。今藏语中自称仍为"卬"(藏文ﾝﾍ,音áng)。羌族商代已入居华地,与殷王市易,屡见于甲骨文。周代,如晋北之"胡",晋东之"潞",燕南之"长狄",西畿之"犬戎",东畿之"戎子"皆羌类也。故燕、邢、卫、晋人解羌语,每每杂用之。此劳动人民与其友相狎之诗,故亦自称为卬。又复卬、我同用。《毛传》犹解其语,故曰"卬,我也"。《毛诗》,赵人所传,赵与羌、戎相习,故独能传此义。须,待也。作者盖留坐渡口,以待女友之好音。当时男女求婚之坦率如此。自儒生所倡之"六礼"行,乃有"蒙头盖面"之婚制。

(十) 谷 风

六章。章八句。一百九十二字。

(1) 习习谷风,以阴以雨。黾勉同心,不宜有怒。采葑采菲,无以下体。德音莫违,及尔同死。

(2) 行道迟迟,中心有违。不远伊迩,薄送我畿。谁谓荼苦,其甘如荠。宴尔新昏,如兄如弟。

(3) 泾以渭浊,湜湜其沚,宴尔新昏,不我屑以。毋逝我梁,毋发我笱。我躬不阅,遑恤我后。

(4) 就其深矣,方之舟之。就其浅矣,泳之游之。何有何亡,黾勉求之。凡民有丧,匍匐救之。

(5) 不我能慉,反以我为雠。既阻我德,贾用不售。昔育恐育鞫,及尔颠覆。既生既育,比予于毒。

(6) 我有旨蓄,亦以御冬。宴尔新昏,以我御穷。有洸有溃,既诒我肆。不念昔者,伊余来塈。

泾滨农民兼小贸家庭之主妇,以勤劳致富后,夫纳妾归,家庭勃豀,遂为其夫所逐。惨痛莫援,赋此歌而死。周人哀之。辗转传诵其词。流入卫地,乐官谱以为邶风也。周之士大夫亦有歌其事者,则为《小雅》之《谷风》。

妇人冤痛既深，絮絮忆旧，杂述昔时对话词语，精神瞀乱，铺叙每不调协。乐官盖曾略加整理以适于乐节。劳动妇女，本语质朴，所道皆乡邑生活琐细之事，率多俚浅不典，而真挚动人。旧之说者，知其为弃妇之辞，而不能详明其义。甚至因列邶风，遂定为卫人之诗。从而谬解诗语之处极多。兹订正之：

首章，旧说多以为受谴怒时，乞哀之辞。《新诠》则以为自述其婚后柔顺黾勉之情实也。"东风谓之谷风"（《毛传》《尔雅》同），喻初婚时和好也。"习习"，鸟初习飞，频飞频止之貌，喻其男子为爱之不恒，夫妇间仍每有小忤，故曰"以阴以雨"也。"黾勉同心"二句，自己克制之辞，谓但当同心戮力，勤业兴家，不宜因小忤而有怨怒（非谓责其夫之怒）。"采葑采菲"两句，乃其劝夫之辞。葑、菲皆叶用蔬菜，根不可食。此谓采者不因其根之恶。遂弃其叶不用。喻人各有所长短，愿相待如葑菲，不以所短并弃所长也。旧说葑菲为蔓菁与葍之类，"皆上下可食。然而其根有美时、有恶时，采之者不可以根恶时并弃其叶。"（《郑笺》《朱传》并同）皆谬解也。"德音莫违"，自言未尝违其夫之使命。"及尔同死"，自言有偕老信念，亦谓其夫相许以偕老也。

次章，述纳妾前一次惜别情致。谓夫将远出，迟迟其行，其有所难。使我送行时心如有所失。夫乃慰之云："行亦不远，归亦不久，送我至限篱可也。"薄，欢快行动之语辞。《葛覃》《芣苢》已论之。畿者，限也。字从田，当释为园宅藩篱之限。旧说皆从《毛传》"畿，门内也"之说，无敢易者。夫既云"行道迟迟，则已在途矣，安得尚云送至门内？《郑笺》又说为"送我裁于门内，无恩之甚"。则谓是其夫送之。与全篇梗塞，不可贯通。"谁谓荼苦"二句，言此时感到温暖，使人忘其向之茹苦。"荼"者，古茶字。古之茶，但采茶蓼之叶，煮而饮其汁一次，味甚苦矣。然得男子如此慰语，则"其甘如荠"也（制茶，唐代始有烘焙之法。以前惟引茶汁，说具陆羽《茶经》）。此时，其夫新娶此妇，友好无间，故曰"宴尔新昏，如兄如弟"。初未虞其变心之辞也。

三章，言纳妾后，家庭遂以多事。泾水，从陇山林箐中出，故清。渭水从陇西黄土丘陵中来，故浊。二水合流处，初尚清浊分流，久而浑合如一。此惟居其他者辨之。故知此诗作者为泾滨农妇，决非卫人。"湜湜"，《郑笺》云"持正貌"，《朱传》云"清也"。此言夫既富，纳妾，而爱移，家庭犹泾之清流，入渭而浊乱。然我湜湜然保持清洁，不与相混，若合流初之泾侧渚沚，不染浊水。此云"宴尔新昏"则谓纳妾之乐与上文"新昏"为两事。此之"宴尔新昏"，则不复属与我好矣。"以"，用也（《毛传》）。与也（《朱传》）。谓亲善也。忽接以"毋逝我梁，毋发我笱"

者，盖此妇禁其妾侵取其劳动成果之辞。妾初来时犹能以妻妾之道相处，故妇得以此要约之。梁为妇筑，笱为妇设（说在下章）。虽得鱼，不以自私，而不愿其妾取之。此亦农妇之常情。大抵酿祸之由，即在于此。故此特举言之。或缘其妾欲食鱼，径自逝梁发笱，妇持前言阻止，发生冲突。夫助其妾，殴辱此妇而逐之。故又续以"我躬不阅，遑恤我后"，结束此章。毛云"逝，之也""阅，客也"，郑云"躬、身；遑，暇；恤，忧也"。

四章，追述造此鱼梁之勤苦，与冲突时哀呼邻里援救之辞。鱼梁，用石砌，斜截河流为堤坝，蓄水阻鱼。开一浅水，因于水口为竹笱栏之。鱼随流入水笱，即不得出，造梁者以时自笱中取之。此言初造石梁，取砾石于上游远地，当深水处，则或为方筏以载石，或用舟运。梁必造于浅水石滩之处。石既运至，则自入水中取运，石受浮力而转轻。故虽妇人，可立水中运石砌染。谓石移如泳。游，非谓人之游泳，明造梁辛苦。"何有何亡"两句，谓笱或有鱼，或无鱼，亦必勤于守求之。皆为拒妾取鱼作说也。"凡民有丧"二句，盖呼救之辞。亦犹"乡邻有斗者被发缨冠而往救之"之义。盖当时有此古语，呼救时用之，以责坐视者。《郑笺》"匍匐，言尽力也"，以为妇人责夫之辞。《朱传》又以为能"同睦其邻里乡党"。皆失其情致之说。

五章，斥其出妻不合于理。"慉"，即"俯足以畜妻子"之畜。言汝无心畜养我，我尚可勤力自活于汝家。今乃逐我，"反以我为雠"耶？"阻"，负也。言我有德于汝家，而负逐我。如我售德于汝（贾）而不肯购（售，购也）。"昔育恐育鞠"以下，谓往时我孕将娩，适值你家穷困，惟恐育养难成，与尔同苦无后。"育鞠"谓不再生育。鞠，穷也。"及尔颠覆"，谓方当困难颠沛之时。今则既生既育，有子女矣，而乃娶妾，反比我于毒而弃逐乎？《小雅·谷风》云："将恐将惧，维予与汝。将安将乐，汝转弃予。"是也。

卒章，被出不可挽回后，激愤之语。言：我有美食，必畜以备尔"御冬"之用。关中冬季不生产，故曰御冬。御，犹禦也。今则"宴尔新昏"而以我御穷矣。御穷，谓一无所有，置于死地，犹杀我以济尔家之穷乏也。"洸"，水涌之光也（《说文》）。"溃"，水横决也。因造梁，而有此喻。谓水之暴怒，洸洸然如不可抗。然亦有溃决之时，既溃决则亦平流无力。任人排挹而已。我已获此教训矣。尔今日之横暴，将不亦有溃时乎？乃遂不念往昔与我黾勉同墍，共造此家时乎。"肄"，习也。"既诒我肄"，谓我已经历之矣。"墍"，砌也。石相接合曰墍。《论语》"殷人以墍周"，谓棺同砌石也。《摽有梅》"顷筐墍之"亦谓叠置筐中如砌。《尚书·梓材》"若作室家。既勤垣墉，惟其涂、墍、茨"，亦谓涂泥、砌石与种茨。此妇人用此作结者，盖犹不忘其鱼梁。凡为鱼梁，先砌石，更筑土以阻水与鱼。故曰"伊余来塈"。毛训既为息，反不可解。后儒咸遵其义，故无能说通此诗。

我国封建社会男尊女卑，男子可以尽量蹂躏女子，可以多妻，而不容许女有二夫，可以任意出妻，不受法律限制。齐桓公为首霸之君，因蔡姬荡舟即出之。又因其被出改嫁而伐之。孟子夏日入室而见妇女子裸，亦出之。《左传》所载男子任意践踏妇女之事多不胜举。此妇之以小故被出，冤愤如此，乃社会史之珍贵资料也。旧儒不解，故详辨之。

《韩非子·内储》云："卫人有夫妻祷者，而祝曰：'使我无故得百来束布。'其夫曰：'何少也。'对曰：'益是，子将以买妾。'"此虽寓言，亦足见周代社会情俗如此。此风，历汉、魏、隋、唐犹未衰息，古诗《孔雀东南飞》与《后汉·列女庞行传》，皆载夫妇和好，但不悦于母姑，即不能不出妻的故事。"贵易交，富易妻"出于光武帝之口。"田舍翁多收十斛麦，便欲易妻"，亦所谓"圣王"之语。正史所载王导妻、梁武郗后、房玄龄妻等正直妇女，皆被斥为"奇妒"，有恨不诛之之笔意。《大戴礼·本命篇》谓妇人有"三从""七去"。七去者：不顺父母，淫，妒，无后，有恶疾，多言，窃盗。出妻之易如此。然亦有"三不去"：有所取无所归，更三年丧，前贫贱后富贵。所言大抵周代华夏之俗。此诗必言"既生既育"谓非无子也。必言湜湜自持者，明非妒也。敢于禁妾逝梁发笱者，明恶盗窃也。必铺叙初婚爱情者，明非有恶疾也。必重言昔之困顿勤劬者，明不当去也。由此诗，可证此俗。知此俗，亦可证此诗。

（十一）式　微

二章。章四句。三十二字。

(1) 式微式微，胡不归？微君之故，胡为乎中露？
(2) 式微式微，胡不归？微君之躬，胡为乎泥中？

《毛序》云："黎侯寓于卫，其臣劝以归也。"旧注："黎侯为狄人所逐，弃其国而寄于卫。卫处之以二邑。因安之。可以归而不归，故其臣劝之。"（旧刻序下注，孔颖达云是"郑笺"。新诠疑是马融《诗传》之文。）魏源《诗古微》主鲁诗家说，为黎庄公夫人之诗。① 兹细审考，当从毛序，而定为作于晋既灭赤狄潞氏之时。

《春秋》宣公十五年，"六月癸卯，晋师灭赤狄潞氏，以潞子婴儿归"。《左传》："潞子婴儿之夫人，晋景公之姊也。酆舒为政而杀之。又伤潞子之目。晋侯将伐之。诸大夫皆曰，'不可。酆舒有三俊才。不如待后之人。'伯宗曰：'必伐之。狄有五罪，俊才虽多，何补焉。不祀，一也。耆酒，二也。弃仲章而夺黎氏之地，三也。虐我伯姬，四也。伤其君目，五也。……'晋侯从之。六月癸卯，晋荀林父败赤狄于曲梁。辛亥，灭潞。酆舒奔卫。卫人归诸晋。晋人杀之。"是黎侯失国，在酆舒当政之时。酆舒当潞国政事，初见于《左传》文公七年。是年，狄师侵鲁西鄙。鲁"公使告于晋。赵宣子使用贾季问酆舒，且让之"（《文公六年》"晋杀续简伯，贾季奔狄"）。下距晋灭潞氏二十六年。则黎侯失国，当在此二十六年中。时晋方霸，主华夏会盟，有兴灭继绝之谊。既灭潞氏，则当可以复黎侯之位。黎之臣子宜有此诗以促其君之求归于晋也。

首章，"式微式微"，言黎之无君久矣。"微君之故"，谓晋已灭潞氏，戮酆舒，而不存黎国者，由黎国无君故也。"微"字皆训无。"胡为乎中露"，鲁诗作"中路"，谓失地，寄寓于他国。犹露处于室外也。

卒章，重言之。仅易二字，义亦俱同。急促不容稍缓之意也。"微君之躬"，谓黎虽有君在此，而国内无君之身在，则晋无由存黎之社稷也。"泥中"犹云泥涂之中，非所宜处之地。

《毛传》以中露泥中，并为"卫邑"，后世遂以为即卫人所兴之二邑，则大不然。周代地名多只一字，中露、泥中亦不似地名，旧籍中亦从无更见此地名者。考，鲁文公七年至公迁居河以南之楚丘，已五十年左右。卫地已颇蹙缩，安能慨划二邑以寓黎侯。是序注"处以二邑"之说已不足信矣。更何能实指其名为露与泥乎。汉儒去周为近，或曾有书传志其事，究仍不免于随文附会。故非不可取，而不可以一味

---

① 魏源《诗古微·邶鄘卫问答》："问，《式微》《旄丘》之诗，毛序皆以为黎侯寓卫而作。而《列女传》云：黎庄夫人者，卫侯之女也。既往而不同欲。未尝得见。其傅母闵其贤而失意，以为夫妇之道，有义则合，无义则去。乃作诗曰：式微式微，胡不归。夫人曰：妇人之道一而已。彼虽不吾是，吾可以离妇道乎。乃作诗曰：微君之故，胡为中路。终执贞一以俟君命。故君子序之以编诗。"则是二人唱和联句。中露不训邑名。又非卫之寓公。而与《旄丘》同入卫风何？答曰：诸侯失地，称名。而此黎庄公有谥，则非寓卫之黎侯矣。……若如《毛序》，在晋景公六年灭赤狄，立黎侯时，则距卫迁楚丘已百余年。其黎臣之诗，非卫女所作，安得入卫风乎？
　　魏氏不明邶风不尽卫事之理，设此问答以证《列女传》之说。颇能惑人。细审所条非黎臣诗诸条，实无一条可以立脚。首条，用春秋之法以说史事，末条邶风必当为卫人之诗，即已根本谬误。他诸条更不足举论。所取鲁诗家言之《列女传》，竟谓两章皆为二人倡答之语。诗中安得有此例乎。查刘向《列女传》所传说诗妇女事，多不可靠。故不取之。

尽信书。如此注者，为例犹多，非细审不能辨也。

（十二）旄　丘

四章。章四句。六十六字。

（1）旄丘之葛兮，何诞之节兮？叔兮伯兮，何多日也？

（2）何其处也，必有与也。何其久也，必有以也。

（3）狐裘蒙戎，匪车不东。叔兮伯兮，靡所与同。

（4）琐兮尾兮，流离之子。叔兮伯兮，襃如充耳。

此温君苏子怨诸侯不能助其复国之诗。温在孟津河北，本东周王畿，周初司寇苏忿生之采邑（据《左传》成公十一年）。其地偪于赤狄潞氏。周襄王二年，灭于狄（据《左传》僖公十年）。苏子奔卫。于时，齐桓公霸业方隆，与鲁、宋、卫、郑、许、曹之君及王臣宰孔会于葵丘（《左传》僖公九年），天子致胙，晋人亦趋赴之。故苏子奔卫，冀侯能助其复国。既知其不为，故作此诗以寄怨也。史称温地复为王畿。襄王为狄所逐，出居于郑。太叔带了狄后隗氏居于温（《左传》僖公二十四年）。其明年，晋文公勤王，围温，取大叔杀之。襄王赐以阳、樊、温、原、攒、茅之田（《左传》僖公二十五年），于是温属于晋。苏子国遂不复也。

首章，"旄丘"，卫地。"前高后下曰旄丘。"（《毛传》《尔雅》同）《一统志》云："在汉阳县西，接河南滑县界。"卫文公避狄，自浚邑迁居黎丘（今河南滑县地）。其后成公徙居帝丘（今河南濮阳县）。旄丘介在二邑之间，古帝王陵墓所在也。故苏子每登游。见葛节已长，而叹歌焉。"诞"，《毛传》云"阔也"。葛初生节短，愈延展，节间愈长而苗。卫人谓阔苗之长节为诞。比喻求诸侯助其复国之日已久，犹未有动。故曰："叔兮伯兮，何多日也。"周世，天子称同姓诸侯为叔父伯父，异姓诸侯为舅父。诸侯相呼率为伯父叔父。于姻国之君，乃呼舅父。

次章，代诸侯自解之辞。"何以处也"，疑问何久不出兵。"必有兴也"，代解之曰，必将在部署出兵之国。联军之国曰兴。"何其久也"，再问：如此之久仍不出兵。"必有以也"，代解之曰：必有我所不知之原因。"以"字，具多义。《左传》昭公十三年："邾人、莒人愬于晋曰：鲁朝夕伐我。几亡矣。我之不共，鲁故之以。"谓因有鲁难之故。《列子·周穆王篇》"宋人执而问其以"，亦原因之义。旧解为"必以有功德"，《毛传》失此义。

三章，明责齐桓。"狐裘"，衣裳之珍美者也。"蒙"，蔽。"戎"，戎车也。言：诸侯皆衣狐裘，乘其戎车，以东向于齐。谓赴召为衣裳之会也。凡诸侯出国，必有军卫，故乘戎车，而有围幔。故曰"蒙戎"。齐在诸侯为极东，故谓诸侯从齐为"匪车不束"。旧说为"汝非有戎乎，何不来东迎我君而复之"（《郑笺》）。或"岂我之车不东告于汝乎"（《朱传》）。皆失诗义，且亦悖于字义。此"匪"字当训无，谓无车不东向齐。指葵丘之会也。"靡所与同"之同，即"朝聘会同"之同，谓同盟相恤之事。《毛传》云"救患恤同"是也。他诸说为"同心""同力""同德"者，并非。

卒章，失望而叹刺之语也。"琐、尾"，谓温国之渺小无力。"流离"，谓苏子之流亡无依。《毛传》以为"鸟也，少好、长丑"，大谬。"流离"，即黄莺，幼丑，长乃美好。与亡人之事不相应。少、长，又昧其实。《郑笺》以下雷同附和者盲从之失。"褎"，即古袖字。古人衣重在袖，盛饰之衣必大其袖。故毛云"盛饰也"。郑玄以为"笑貌"，非也。古人又以袖藏物，故一训为怀藏深隐之义。盛饰者有瑱为耳饰。义取蔽耳。"褎如充耳"，犹言诸侯俱盛饰会同，袖能深隐，瑱能塞耳，伪如不闻温子呼吁之求。

毛、郑以来说此诗者，皆以为黎之臣责卫君多日犹不见救。魏源独以为"亦黎庄夫人之诗"。引《易林》"阴阳否隔，许嫁不答。旄丘新台，悔往叹息"为据。竟无有人见及温子史事者。至于释"伯兮"为方伯。"不东"为不迎我君（并卫宏、郑玄语），以迁就其说。夫春秋之世，齐、晋主霸，天王与鲁宋并依怙之。卫与狄破，苟存于黄河以东，犹频受狄扰。岂有思复国者，不责齐桓、晋文，而乃求复国于卫君臣者哉？黎国故邑今为山西黎城县，系太行山区一黄土小盆地，去晋近便。晋为当时强国。去卫险远，卫为当时弱国。黎侯为赤狄潞氏所逐，仓促奔卫，不及奔晋，犹可说也。岂能不以复国求于齐晋方伯，而反以责卫君臣哉。诗无女子语气，魏源之说尤不足取。

或问：诚如《新诠》，则晋景公时事，何能列在齐桓、晋文事前？曰：是不难知。十三国风诗次，大都未有移乱，而叙次有规律可循。首统治阶层之诗，共姜与庄姜与邢夫人之诗是也。次士大夫阶级之诗，《终风》以下四篇是也。又次，平民阶级之诗，《匏有苦叶》与《谷风》是也。《日月》与《谷风》俱非卫人之诗，卫乐官外之，故又叙在各阶层之末，不限于世次。《谷风》以上，皆孔子初授徒时所钞，全是春秋以前乐官所录。《式微》以下，则皆春秋世之诗，孔子晚年自卫返鲁时钞得。具在乐官编次，仍前规律。《式微》与《旄丘》，虽皆国君出亡者之诗；黎侯得晋助而复国，则国君也；温子遂不复国，则士大夫之比也；故虽世次在前，仍当叙列

《式微》之下。又具下，则皆士大夫与平民之诗也。

（十三）简 兮

原云"三章。章六句"。朱熹改作"四章。三章章四句。一章六句"。兹从朱分章。七十一字。

(1) 简兮简兮，方将万舞。日之方中，在前上处。
(2) 硕人俣俣，公庭万舞。有力如虎，执辔如组。
(3) 左手执籥。右手秉翟。赫如渥赭，公言锡爵。
(4) 山有榛，隰有苓。云谁之思？西方美人。彼美人兮，西方之人兮。

此卫乐官赞颂周王遣来教舞伶官之诗也。

首章，"简"，郑云"择也"。简择舞员，方将教之万舞。"万舞"，武舞也。"方中"，教舞之时。"在前上处"，教舞师居于舞列之前方，以便舞员习肄也。

次章，"硕人"，毛云"大德也"。"俣俣"，毛云"容貌大也"。字从吴，从人。吴，言大也，谓饶于说辞；加人，则是饶于才艺，绰裕无窘之义。"公庭万舞"者，卫君亲观其艺，使为武舞于公庭也。武舞以干戚。即人演车战，一手执辔，一手舞戚，而能执辔如组（辔不紊乱，有法度），舞戚若轻，是"有力如虎"，又复神志清明之验。毛诗定本以"硕人"二句割属首章，则一章有两"万舞"，诗法所无，又与"有力"二句不相属，又混学校教舞与公庭演舞为一章。文法刺谬。不如朱熹《集传》分章层次得体。邶风诗乐多为四章。乐官作诗虽惯为三章。于邶风，宜亦当作四章。

三章，言武舞演后，复为文舞表演。文舞，华人用翟（雉尾），南人用籥。翟，则舞而已；籥，则舞且吹奏之（籥，四孔笛）。此人能以左右手兼之为。舞罢，已汗涔涔面赤，故云"赫如渥赭"。卫君赏其能，赐之爵饮。周代乐官与舞师，皆自学校培育，身份属于士人阶级，职位高者至太师而止。贤如师旷、师挚，不与政务。在贵族燕飨时，服役于阶下。赐饮不过一爵（毛云"见惠不过一散"）。《王制》所谓"执技以事上者"是也。

卒章，"山有榛，隰有苓"，犹言何地无贤才，何道无硕士。榛，山果，似栗而小，烘制后甘香尤美于栗。苓，即卷耳，隰菜之美者也。"西方美人"，谓此舞师自周王畿来也。当是东周初年，自镐京来之高技舞师，归洛邑后，平王无力畜养旧都来人，遣使教舞于诸侯之国。国君不能留用，暂过即去。乐师惜其才艺，为此诗也。

东迁之初，洛阳人口骤增，漕役疲怨，犹不能给，见于《大东》之诗。军士则遣戍于申许诸国，见于《扬之水》之诗。王臣，则寄食于诸侯之国，见《菁莪》之诗。此西方之伶官，演舞于卫地，故可推知其为东周初世依平王于洛而遣出教舞者也。

（十四）泉　水

四章。章六句。九十七字。

(1) 毖彼泉水，亦流于淇。有怀于卫，靡日不思。娈彼诸姬，聊与之谋。
(2) 出宿于泲，饮饯于祢。女子有行，远父母兄弟。问我诸姑，遂及伯姊。
(3) 出宿于干，饮饯于言。载脂载舝，还车言迈。遄臻于卫，不瑕有害。
(4) 我思肥泉，兹之永叹。思须与漕，我心悠悠。驾言出游，以写我忧。

此齐桓夫人卫姬和许穆夫人《载驰》诗也。

齐桓夫人三：王姬、徐嬴、蔡姬。"内嬖如夫人者六人：长卫姬，生武孟；少卫姬，生惠公；郑姬，生孝公；葛嬴，生昭公；密姬，生懿公；宋华子，生公子雍。"（《左传》僖公十七年）是齐桓夫人姬姓知名者已六人。诗云："娈彼诸姬，聊与之谋。"谓见《载驰》诗而思救卫，聊与诸姬姓姊妹共谋劝齐君出兵救卫也。

卫宣公卒，子惠公少，宣姜通于昭伯，生齐子、戴公、文公、宋桓夫人、许穆夫人。《春秋》闵公二年，"狄入卫"。卫人南渡河。宋桓公以舟逆之，获济。立戴于漕。许国不能求救，许穆夫人赋《载驰》。"控于大邦"，齐桓方图霸，初未能救卫。迨戴公已居漕，乃"使公子无亏（即武孟）帅车三百乘，甲士三千人，以戍曹（漕同）。归公乘马，祭服五称，牛羊豕鸡狗皆三百，与门材。归夫人鱼轩，重锦三十两"（《左传》）。同时，狄灭邢。桓公迁邢于夷仪。营楚丘以迁卫。齐桓初亦不救邢。由管仲请之，乃出师（《左传》闵公元年）。则其使无亏救卫，盖亦曾有卫姬姊妹敦促之力，为必然，故用武孟率师往之晚也。

诗语与《载驰》相呼应。故知为齐卫姬和诗也[①]。

[①] 方玉润《诗经原始》："《泉水》卫媵女和《载驰》也。……直伤卫事，且为卫谋，与《载驰》互相偶和。《载驰》云：'载驰载驱，归唁卫侯。'此则云'欲饯于祢''饮饯于言'。《载驰》云：'驱马悠悠，言至于漕。'此则云：'思须与漕，我心悠悠。'《载驰》云：'控于大邦，谁因谁极。'此则云：'娈彼诸姬，聊与之谋。'《载驰》云：'大夫君子，无我有尤。'此则云：'问我诸姑，遂及伯姊。'……嫡本欲咎大夫君子。媵则但问诸姑伯姊。……故又知其妾和，非夫人作也。……唯此诗既与《载驰》为唱和，则当序《载驰》后。而乃编诸《邶风》，则不可解。"兹取其"唱和"之见，弃其妄媵之说。周代诸侯娶妻，有姊娣同嫁之例。非媵也。媵乃公羊家之谬说。方氏不解邶为乐类之名。尤不足责。

首章，用卫之肥泉起兴。泉在卫邑之西北，《水经注》所谓美沟水也（卷九）："出朝歌西北大岭下，东流经骆驼谷。于中逶迤九十曲，故俗有美沟之目矣。历十二崿。崿流相承，泉响不断。返水捍注，卷复深隍。隍间积石千通，水穴万变。观者若思不周赏，情乏图忧焉。其水东径朝歌城北，又东南注马沟水。又东南注淇水，为肥泉也。"卫之贵族富人之所常游。卫姬与许穆夫人等姊娣，未嫁时盖常游之，故用以起兴。"毖"，闭也。言肥泉水自峡中委曲流出闷闭深隐，以入于淇，犹女子自幽闺远嫁异国而不得复归。忆本思源，不能免于恋恋之情。故继之云"有怀于卫，靡日不思"。兹闻卫破国徙，国亦有"归唁卫侯"之志。并曾谋于在齐诸同姓姊娣矣。

次章，言齐桓已许出军，并以无亏将，卫姬亦得许随军归唁卫侯矣。第一日宿于济水之涯。诸姬夫人与大夫之妻祖饯之于祢也（其地无考，当在临淄与济水之间）。"问"者，存问。饯者将归，则逐一谢其赞助也。"诸姑"，泛指同姓诸姬之有宠位者。非嫡亲之同姓。女曰"诸姑"，犹称同姓诸侯为"伯父"。"遂及"者，谦谓因问诸姑而及之。言少卫姬已克成行之快。

三章，谓次日已将出齐，乃被召回。"干"者，邑名，即《汉书·地理志》东郡之发干县。故城在今山东堂邑故县西二十余里。为当时齐国最西之邑。军行宿此之次日，又复有邑大夫祖饯于境上之言邑。已涂脂于毂，将行出境。"辖"，车轴头金也，车行则贯之，息则去之。涂脂载辖，明将出发。即将入卫，乃突被召回。"还车"，《郑笺》云："嫁时乘来。今思乘之以归。"（《朱传》同）《新诠》以为即回旋其车归齐。盖有人陈"父母没不得归宁"之义，以泥其行，齐桓亦以卫人方野处于楚丘，无宫室车服之具，故召姬反耶？"遄"，急也。"臻"，至也。"不瑕有害"，言我心方急于至卫。初不虞有人阻我归唁。

卒章，"我思肥泉"，回顾首章之言。言"思"，则不可得至矣。"须"，卫东界邑名。《水经注》济水云"濮渠又东径须城北"是也。为自卫东界邑名。为自齐入卫首宿之卫邑。漕，戴公当时所居。将至而不得至，故思之长也。"驾言出游"，谓此行仅如出游。虽未遂归唁之志，而齐救已至卫，亦足以写我之忧。"写"，毛云"除也"。盖古泻字之义，与泄字义通。

（十五）北　门

三章。章七句。八十九字。

（1）出自北门，忧心殷殷。终窭且贫，莫知我艰。已焉哉！天实为之，谓之何哉！

（2）王事适我。政事一埤益我。我入自外，室人交徧谪我。已焉哉！天实为之，谓之何哉！

（3）王事敦我。政事一埤遗我。我入自外，室人交徧摧我。已焉哉！天实为之，谓之何哉！

此卫文公时，贪鄙之贵族，有齐王命谕狄者，怨其任重而俸薄之诗也。朝歌旧俗奢淫，贪禄嗜利。卫国承之，故覆于狄。文公居楚丘，民户稀少，车马不备，赖齐宋振恤，以克立国，不得不躬行节约，以艰苦勤劳，俭德奉公，与臣下相勉。卫贵族相从而来者，事繁俸薄，内不能快，而无可如何。故有此诗。旧说"忠臣不得志"（《毛序》），"事暗君不得志"（《朱传》），与"安于贫仕"（方氏《原始》）者，皆非。夫既王事、政事交集，则非不得志者也。呼天叹贫不已，又岂安于贫仕者哉？封建士大夫，习于剥削者，推己之志以读此诗，自然出于共鸣，而以其人为贤。自不免为之曲说。全无足取。

首章，言其奉使出北门，便道归家时心情。楚丘之北门，渡河适故卫国之道也。其人盖奉王命使狄，求复故地，安抚遗黎之事。自料其事甚艰，无财利可图；故忧心殷殷然，叹为终必空袖以归（窭），徒苦此行。然而不敢不往。既忧行路之难，又畏室人交责，所以为艰也。然而国破家徙，人君方率以勤俭，"与百姓同苦"（《史记》述卫文公语）。迫于仕此，亦无可如何。故曰"天实为之，谓之何哉"也。

次章，自述其归家时窘况。"王事适我。政事一埤益我"，谓外交、内政承担綦重，似尊荣矣。然而妻妾众多，负担繁重，禄养不足以赡室人之望。甫入自外，而"室人交徧谪我"矣。

卒章，重复上章之意，而更急剧言之。上章言"适我"，谓以重任畀我也。此章言"敦我"，则催促我赴事，不得徘徊滞留矣。"一埤益我"，言虽奉使北狄，出王命，而抚循之政，亦加于我。此言"一埤遗我"，则一切委于我，更无他诿矣。上章"室人交徧谪我"，以言语相责而已。此则"摧我"，以手足殴毁我矣。

为此诗者，盖在事讫归朝时陈于乐官，以明其廉困，然而贪鄙积习昭然自揭也。

（十六）北　风

三章。章六句。七十二字。

（1）北风其凉，雨雪其雱。惠而好我，携手同行。其虚其邪？既亟只且！
（2）北风其喈，雨雪其霏。惠而好我，携手同归。其虚其邪？既亟只且！
（3）莫赤匪狐。莫黑匪乌。惠而好我，携手同车。其虚其邪？既亟只且！

卫北鄙女子，当邢狄侵扰时，避乱失群。有士人援与同行，从而嫁之诗。邢人狄人联军伐卫，在卫文公时，见《左传》僖公十八年。

首章，以北风喻邢祸，雨雪喻狄难。雱，盛也。风雪相伴而至，喻邢人狄人入侵。"其"者，将至犹未至之辞。旧说为"风冷""雪盛"（毛、郑、朱同），则既著之象，于诗义不合。"其虚其邪"者，疑有疑无之辞。"既亟只且"者，言无论其为虚为实，俱当亟去。"其邪"，犹言其突然耶？郑训邪为徐，失之。"只且"，并语辞。当读为"既亟只"，续且（jū）音。亟，急也。

次章，"其喈"，谓狂风吼声尖锐。"其霏"，谓雨雪纷飞且至。"同归"，许嫁之语。盖许自河北，逃赴河南之家者，同归，则许嫁之，图得安处也。

卒章，"莫赤匪狐"，斥侵卫之赤狄。其国在潞城。灭邢与卫后，遂据河北朝歌一带，暴虐华民。邢卫之人，见赤帻者皆恶之，斥以为狐也。"莫黑匪乌"斥侵卫之邢人。其国旧在卫北，灭于狄后，徙居黄河南之夷仪，亦在楚丘之北。文公时，邢更与狄相结以侵卫，盖欲依赤狄以得卫之河北地也。卫人斥之为黑乌。黑，北方之色也。乌，可憎之鸟也。"同车"，则是夫妇矣。虽同车。相携南走，仍以渡河为安。故仍曰"既亟只且"。邢与卫同亡于狄，同渡河，同赖齐率诸侯存恤而产新国。乃渡河未二十年，而复联狄侵卫者，其为欲得卫之河北故地可知。是时齐桓公死，国乱，宋襄公以诸侯代齐，纳孝公。齐人杀无亏，与卫之交好有隙。狄人救齐，未及，还军，遂与邢人侵卫。故知所侵为卫之河北地也。卫人恶邢与狄，助文公拒之。狄师还（《春秋》僖公十八年）。明年秋，卫人伐邢。又六年（僖公二十三年），卫文公灭邢乃卒（并见《左传》）。以此知卫人憎恶邢人，故乐官录存此诗，孔子亦取之也。

（十七）静　女

三章。章四句。五十字。
(1) 静女其姝，俟我于城隅。爱而不见，搔首踟蹰。
(2) 静女其娈，贻我彤管。彤管有炜，说怿女美。
(3) 自牧归荑，洵美且异。匪女之为美，美人之贻。

此邶地农民子与城邑旧家女子相恋，喜得女子赠物之诗。与《北风》皆词旨温婉而在邶风，盖邢国人民之诗，原为邶风乐曲故也。

首章，述初约会于城隅情事。"城隅"，谓城外转角处。古代筑城于平地，皆方形，人率集于四门相通之街巷，故城隅为僻静地，适于男女约会。既约会，则已相识，故知其为"静女"。"静女"者，犹言窈窕淑女。"其姝"，犹言如彼其姝。"姝"，美也（《毛传》）。古无计时之具，故男女不能同时到达。男子先至，惟恐女子不来，故踟蹰搔首以俟之。诗云"俟我"者，夹用南人语法，主词倒后，犹言我俟也。当读为"俟，我于城隅"。

次章，女子既至，有所赠贻。古无铜字，称铜为彤。铜之纯者，黄赤有光泽，故彤又为赤色有光之义。秦汉间，乃改用"同"字，又后始加金旁作铜。"管"者，本南国乐器，以竹为之。羌夷无竹，琢玉为管以吹，中华书其字以作"琯"，西王母献白玉琯是也（见《玉篇》）。中华冶铜成功后，以铜为琯以吹。此诗"彤管"，盖即铜琯之古字。铜为管，内部易锈绿斑。岁久即不可用，而外表因常与手接触，光色不败。诗云"彤管有炜"是也。"炜，赤貌"（《毛传》后儒金同），谓铜之色光也。"说"古悦字。"女"读如汝，指"静女"。"说怿汝美"受赠时对女言：因爱彤管之炜色，以及女子之美德也。

卒章，述别后怀想之情。"牧"谓牧畜至城隅。古者筑城，城外必有隍，为不耕之地。故农民之牧牛、羊、豕者恒赴之。作此诗者，盖借牧畜至城隅赴其约会。"荑"，草类之已刈割者也。《毛传》云"茅之始生也"。《硕人》诗"手如柔荑"同。自郑玄以下，遂皆释归为馈，"归荑"为再赠以柔茅于牧田。夫女子以彤管赠人，则非农家女也。是旧家女，乃能有废不可用之彤管赠人。彤管虽无用，"洵美且异"矣。旧家女已赠彤管，何能再同至牧田而更赠以茅荑乎？茅之为牧，随地皆是，方其嫩时，随手可拾，岂有赖于情人之赠，又岂能赞曰"信美且异"乎？《新诠》以为荑者，伐茅盖屋，挟壁之用，当时农民居宅如此。"自牧归荑"，谓牧归返宅，于时玩情人所赠，炜然光泽，信美矣，而不知何用，故异之。此章之"女"，指彤管，为"美人之贻"。

全篇关键在"彤管"二字。昔儒未得其解，惟遵毛训，故所说谬误。《毛序》："静女，刺时也。"《传》云："既有静德，又有美色，又能遗（贻）我以古人之法，可以配人君也。古者，后、夫人，必有女史彤管之法。史不记过，其罪杀之。后妃、群妾以礼御于君所。女史书其日月，授之以环，以进退之。生子月辰，则以金环退之。当御者，以银环进之，著于左手。既御，着于右手。事无大小，记以成法。"《笺》云："彤管，笔赤管也。"世传"蒙恬造笔"，则秦始皇以前无笔，又安得有彤管记事？如古已有毛笔，并是彤管，有女史记录妃妾进御之法；试问，又与此诗何干？岂有女史与农人子想恋，竟舍其秉法持则之笔杆以诒所私，而又从至牧田，赠以柔荑者乎？《续序》释："刺时也，卫君无道，夫人无德。"则又似此静好之女子为国君夫人，而非书进御月日之女史。直将民间跳月、调情之事，横拉入于国君夫人，以寓其封建教条之义。更为不妥也。

（十八）新　台

三章。章四句。四十八字。

（1）新台有泚，河水弥弥。燕婉之求，籧篨不鲜。
（2）新台有洒，河水浼浼。燕婉之求，籧篨不殄。
（3）鱼网之设，鸿则离之。燕婉之求，得此戚施。

此河上渔民刺卫宣公纳世子伋妻子之诗。宣、惠、懿三世中，乐官不敢录。文公世乃出，故次邶风之末①。

首章，"新台"，卫宣公纳子妇为夫人处也。当卫、齐孔道，临河，有重楼复室，本卫君所筑新城之行宫。世传宣公所筑②。《左传》桓公十六年："初，卫宣公烝于

---

① 卫宣公在位十九年卒。子朔立，是为惠公。惠公三十一年卒。子赤立，是为懿公。懿公九年为狄所灭。惠公之后皆绝。《史记·卫世家》云："卒灭惠之后而立黔牟之弟、昭伯顽之子申为君，是为戴公。戴公申元年卒。齐桓公以《诗》数乱，乃率诸侯伐狄，为卫营楚丘。立戴公弟燬为卫君，是为文公。"文公血系虽亦出于宣公，而其族姓属于夷姜子伋与黔牟兄弟一党，与惠公一系为仇。故凡刺宣公姜夫妇之诗，必待文公之世乃出。
② 《水经注》卷五：河水又东经鄄城县北……河水南岸有新城……北岸有新台。鸿基层广，高数丈，卫宣公所筑台也。《诗》齐姜所赋也。

夷姜，生急子（《史记》作"宣公爱夫人夷姜，夷姜生子伋"）。属诸右公子。为之娶于齐而美。公取之。"卫宏云："纳伋之妻。作新台于河上而要之。国人恶之而作是诗也。"（《毛诗序》）"泚"，即《孟子》"其颡有泚"之泚，人惭愧出汗之义。"弥弥"，水盛貌。夸言：新台有人惭汗，其水量之大，使黄河之流为弥然盛涨。后二句，谓婚嫁所以求燕婉之好也。而乃陷于籧篨之中。"籧篨"者，渔人浸于水中以蓄其所得鱼之坐篮^①。"不鲜"，犹云如此之人不少，婚嫁者所当防也。旧说籧篨戚施为不能俯仰之人者，谬也。顾炎武《诗本音》云："泚，四纸。弥，四纸。鲜，古章犀。"又云："洒，古音铣。"兹用其音，故音与今音不同。

次章，"有洒"，即"小子当洒埽应对"之洒。《说文》"涤也"。夸言：新台之耻洗涤用水，虽使河水浸溢上岸，不能灭其迹。"浼浼"，《毛传》"平地也"。《孟子》"尔焉能浼我哉"，谓浸污也。陆德明云："韩诗作浘浘，音尾，云盛貌。"皆水浸濡之意。"殄"，绝也（毛、朱同。郑云"当作腆"，无取）。

卒章，"离"，与罹字通。《周诗》无罹字，字皆作离。"鱼网之设"，乃以取水中之鱼，而有飞鸿入焉，喻为人间怪事。"戚施"，亦渔具，绳系铁勾，抛入水中，横流而引之，遇鱼即著，随钩引致，所得皆大鱼。古代黄河捕鱼之法也。今川边犹有之。非亲见者不能知此法。昔儒不能知，故不解此诗文义而妄为之说曰：不可仰之疾也。

---

① 《国语·晋四》："文公问于胥臣曰：'吾欲使处父傅讙也而教诲之，其能善之乎？'对曰："是在讙也。籧篨不可使俯。戚施不可使仰。僬侥不可使举。侏儒不可使援。蒙瞍不可使视。嚚喑不可使言。聋聩不可使听。童昏不可使谋。"……公曰：'奈呼八疾何？'对曰：'官师之所材也。戚施直镈。籧篨蒙璆。'"韦昭注："籧篨，直者，谓疾。戚施，瘁者。……直，直击镈，镈，钟也。蒙，戴也。璆，玉磬。不能俯，故使戴磬。"

今按：胥臣言"籧篨不可使俯"者，谓渔者坐篮其口仰出水外，乃可畜鱼。使俯，则篮口入水，鱼皆逸去也。"戚施不可使仰"者，河鱼皆依河床沙石砾间游行觅食，鱼钩俯向下乃能得鱼，仰则钩背向鱼，不可钩得也。初以物起喻，嗣乃及人。故籧篨字皆从竹头（《国语》作草头。古文从竹者，隶书每省作草头）。明是器物之称。纵使胥臣所喻为不能俯仰之疾，其本义亦不当人疾之谓。自《国语》与此诗外，更不见有籧篨词语。汉儒以来，遂惟以不能俯仰之疾说此诗，乃儒者之脱离实践，但能依书说书之失耳。《月令》，季春之月，"具曲植籧筐"。曲，谓蚕箔。植，谓蚕箔架。籧筐，谓桑筐也。扬雄《方言》："簟，宋、魏之间谓之笙，或谓之籧曲。自关而西谓之薄，或谓之荪。其粗者谓之籧篨。自关而东，或谓之篅梜。"郭璞注："梜，音剡。江东呼籧篨为篦。音废。"曰"籧筐"，曰"籧曲"，曰"籧篨"，曰"篅梜（箪音）"，皆以籧为形容字，明为竹器。《月令》之籧筐，《吕氏春秋》作簏筐，《淮南时则训》作笞筐。《说文》谓籧篨为"粗竹席"，援《方言》簟字以为说也。编者当密，是籧为密编箧器之义。篝与筥，亦密编而大之义。鱼篮当密，坐篮当大。渔人之言必为渔具。则籧篨为坐篮之古称可知。篨字，字书无专说，皆连籧为词。足知其为劳动者之方言字，书作篨者，取竹器有除之义。除之本义为人居无草之处。引申为除草及除旧布新之义。渔人生篮，固植于水中以畜鱼，有如鱼居，犹人之在阶除，造字取义或如此耳。晋时人呼籧篨为篦者，盖亦取商贾废居为义。商人谓囤积曰居，斥卖曰废。渔篮之储鱼如之。寻复取卖为废之。亦其造字之义耶？朱熹《集传》以为"疾之丑者也。"亦用《方言》与《国语》结合为说，谓"籧篨本竹席之名，人或编以为囷，其犹如人之臃肿而不能俯者"。由于不知渔具，故反复仍说为丑疾。夫卫宣上承于夷姜，下纳其子媳，皆甘为之配而不悔，岂其有丑疾不能俯仰者哉？《郑笺》谓："籧篨口柔。常观人颜色而为之辞，故不能俯也。""戚施面柔，下人以色，故不能仰也。"不知其据。纵使其有所据，则正是和易之贤君，岂足以当此诗之义？

（十九）二子乘舟

二章。章四句。三十二字。

(1) 二子乘舟，汎汎其景。愿言思子，中心养养。
(2) 二子乘舟，汎汎其逝，愿言思子，不瑕有害？

此河上渔民，见公子伋与寿同舟赴齐，悯其俱死也。卫宣公夺子伋妻为夫人，是为宣姜。"生寿及朔。属寿于左公子。夷姜缢。宣姜与公子朔构急子。公使诸齐，使盗待诸莘。将杀之。寿子告之，使行。不可，曰：'弃父之命，恶用子矣。有无父之国则可也。'及行，饮以酒。寿子载其旌以先，盗杀之。急子至，曰：'我之求也。此何罪。请杀我乎。'又杀之。"（《左传桓公十六年》）《毛序》云："思伋、寿也。"卫宏云："卫宣之二子争相为死。国人伤而思之，作是诗也。"国人究属何人？自魏源引《新序》以为其傅母所作外，别无有更指出者。《新诠》以为诗语述其所见舟行，景趣逼真，当是目击其舟行者所作。盖亦渔民也。

首章，言舟行汎汎，听其自流，非如有急。渔人望见舟影人影映于水中，目击其登舟者之辞。"愿言思子"，与《伯兮》"愿言思伯"同义，素知其人，为之伤叹之辞。"养养"，毛云"忧不知所定"。作者盖士人而隐于渔，素知宣姜与朔有杀伋之志，而寿庇之。《新序》谓宣公"使人与伋乘舟河中，将沉而杀之。寿知不能止，因与同舟，舟人不能杀"。盖《鲁诗》之说如此。

卒章，"汎汎其逝"，谓望见其舟远去，至于影灭。与首章为一事，非两度望见。《新序》之说不可信。近世有人为此事编剧，谓寿饯伋于舟中，因盗其旌先赴以死。揆于此诗，情理较合。"不瑕有害"，谓不虞其有害。是他人代为忧叹之辞。卫宏说为二子死后"国人思之"之诗，与文义不合。

《邶风》小结

《邶风》十九篇，一千四是零一字。《谷风》篇字量最大。次为《柏舟》。再次为《日月》。周诗通例，愈晚出者文愈繁，愈早出者文愈简短。又文士之诗字较多，下层劳动者之诗恒简短。惟《谷风》为变例。以此疑其诗亦士人阶级篡述弃妇之辞，非其妇能自作也。然冤将死者之农妇，吐其积愤而死，固不能免于絮絮。谓农妇自作之诗亦也可。

由《邶风》之诗不尽出于卫国,以说明邶为乐类名称最为有力。更由此可知邶在风诗中为流行最广之乐类。

二、《鄘风》十篇

解 题

鄘邑，在朝歌东南，商丘之北，定陶之南，商先王屡迁所曾居之旧邑也。殷末为奄国地。周公东征，灭奄。分其地属鲁、宋、曹国，鄘入于宋。《左传》昭公二十一年"华氏居卢门，以南里叛。六月庚午，宋城旧鄘及桑林之门而守之"。时华氏南联楚、吴与陈，已入宋都之卢门。宋人守桑林之门一隅，故城旧鄘邑于北鄙以待晋齐诸国之援。称"旧鄘"者，明为商之旧邑。商人自北来，成汤居亳，即商丘，鄘是其北邑。故商之风乐，流行此区亦久。盘庚迁殷后，亳邑废而鄘邑犹盛，故凡承成汤以前之风乐者为邶风。承成汤以后风乐者为鄘风。承盘庚以后之商风者为卫风。郑玄《诗谱》谓"自纣城而北谓之邶，南谓之鄘，东谓之卫"，得其似矣，而方位剌谬。易鄘为东，卫为南，则近之也①。《吕氏春秋》所谓"东音"，即当包括鄘风与齐风。鄘承亳之后为商乐中心，故汉儒以"商齐"连称。

鄘风之乐器与邶同，而音调缓和，不如邶之激亢。故风亦当有卫以外诸国之诗。孔子所录，多是卫诗耳。

（一）柏 舟

二章。章七句。五十八字。

（1）汎彼柏舟，在彼中河。髧彼两髦，实维我仪。之死矢靡它。母也天只！不

---

① 晋人皇甫谧，撰《帝王世纪》，又谓"自殷都以东为卫，管叔监之。殷都以西为鄘，蔡叔监之。殷都以北为邶，霍叔监之。是为三监"。以三监配邶、鄘、卫，已谬。又全误其方位。卫在朝歌南曰东，鄘在东南而曰西，霍在西而曰北。谧病足不能出户，昧于地理形势，但据旧籍恍惚之文，而以主观推求之，此其失也。

谅人只！

（2）汎彼柏舟，在彼河侧。髧彼两髦，实维我特。之死矢靡慝。母也天只！不谅人只！

卫共姜拒武公同庖之请，乞援于齐。值齐方乱，以其母命使纵武公。共姜誓以此诗而死。事详《邶·柏舟》。

首章，"髧"，旧音"徒坎反"，义通于耽。《说文》："耽，耳大垂也"。马端临云："凡字从冘声者，多有垂义。"在此诗，当直训为垂。"两髦"，谓两绺发分垂耳前。《朱传》云："剪发夹胸。子事父母之饰。亲死然后去之。此盖指共伯也。"近世戏剧饰太子者，犹存此式（《毛传》云："髦，剪发至眉。子事父母之饰。"于两字不协）。"仪"，匹也。古音读如莪。故"蓼莪"汉碑作蓼仪。朱云"叶牛何反"是也。"之死"，犹云"至死"。矢，誓也。誓不他适也。"母也天只"比父母养我如天之哺育。"只"，语词。"谅"，原也。旧云"信也"。

卒章，易上章仅三字，意更深决，河侧与河中不同者。嫁世子，则当为夫人，如舟在河中。世子死，则为世子寡妻，如舟在河侧。特与仪不同者；"仪"为心之所慕，但愿嫁之耳。特则唯一之杰出者，愿为之死矣。慝与他不同者；"靡它"为不二志。"靡慝"，则不遗惭慝于人。旧皆释为"匹也"，未尽其旨。

（二）墙有茨

三章。章六句。六十九字。

(1) 墙有茨，不可埽也。中冓之言，不可道也。所可道也？言之丑也。
(2) 墙有茨，不可襄也。中冓之言，不可详也。所可详也？言之长也。
(3) 墙有茨，不可束也。中冓之言，不可读也。所可读也？言之辱也。

此下层劳动者歌刺贵族家淫乱之诗。《毛序》"卫人刺上也"。旧注云："宣公卒。惠公幼，其庶兄顽（昭伯）烝于惠公之母（宣姜），生子五人：齐子、戴公、文公、宋桓夫人、许穆夫人。"朱熹云："旧说……顽烝于宣姜，故诗人作此诗以刺之。言其闺中之事皆丑恶而不可言。理或然也。"魏源则以为：卫文公、宋桓夫人、许穆夫人皆非宣姜所生。公子伋亦非烝夷姜所生。宣姜无通顽之事。并谓：皆刘歆窜乱《左传》之文。以此诗为"刺卫公，与《新台》同义"（《诗古微》）。

诠案：周代贵族之荒淫无耻，固不只卫国为然。即卫者，亦不只宣公为然。齐桓为诸侯之尤贤者，而其内宠有姑、姊妹不嫁者九人。况齐襄、晋献之伦乎。此诗三章，未有指人指事之语，谓为普刺贵族之诗亦无不可。从来说诗者，于统治阶级荒淫腐朽生活，多加隐蔽。于其不可能隐者，则嫁移于其阶级中某一人，以为当惩者仅此耳。作者之意未必如此。卫俗诚淫乱，中原诸国当时未必不然。卫宣诚淫乱，当时贵族之家未必不然。唯劳苦人民，衣食不足，饱暖是求，不暇为淫乱耳。此诗以墙茨起兴，语言鄙朴，可知其为劳动人民刺贵族之诗而已。

首章，"墙有茨"，指贵族所居也。当时统治阶级以氏族聚居，大者与其属民共为城邑。小者不筑城墉，但以乱石为短墙，种茨其上，以与平民之居隔绝。其中上烝上报，乱伦无耻之事，外人不能尽悉，然亦时有所闻。故诗但慨乎言之，不能实指其事也。"中冓"，毛云"内冓也"。《鲁诗》作"中夜"。《玉篇》引作"中宫"，盖《韩诗》字。《玉篇》云"中夜之言也"。《说文》"冓，交积材也。象对交之形"，盖即古之媾字。故曰"不可道也"。"所"，自指之语词。如《左传》"所不与舅氏同心者，有如白水"（重耳誓舅犯语）之所。用于此诗，则如云"其事，我可得而言。然而竟不宣露者，丑恶不可闻故也。丑字本亦作魗，古音櫹。与埽、道协。参看《郑·遵大路》篇。

次章，"襄"，古攘字。毛云"除也"。《说文》引《汉令》解衣耕谓之"襄"，谓极其力以耘耨也。马瑞辰引日本《山井鼎考》云"古本并作攘"。"详"，《韩诗》作扬。毛云"详，审也"。盖谓其事多，详言之则冗长难尽也。

卒章，"束"，谓剪除其茨，束曝以供薪用。亦喻事之结束。"读"，毛云"抽也"。朱云"诵言也"。俱是播扬之义。"辱"，毛云"辱君"。诗意盖谓：此其事已成过去，然史官应已书入，故其文不可读。读之则国人之羞也。

《南山》雄狐与《墙有茨》之丑，盖刺同一之事。但为齐为鄘之乐类不同，亦犹两《柏舟》之分属邶、鄘耶？

（三）君子偕老

三章。一章七句，一章九句，一章八句。共一百字。

(1) 君子偕老。副笄六珈。委委佗佗，如山如河。象服是宜。子之不淑，云如之何！

(2) 玼兮玼兮，其之翟也。鬒发如云，不屑髢也。玉之瑱也，象之揥也，扬且之晳也。胡然而天也？胡然而帝也？

（3）瑳兮瑳兮，其之展也。蒙彼绉絺，是绁袢也。子之清扬，扬且之颜也。展如之人兮，邦之媛也。

此卫大夫颂美庄姜之诗也。与《卫风·硕人》同义。《硕人》，国人之作，在庄公初年。此诗，大夫所作，在宣公之世。所见、所喻、所颂、所慨，各有不同，乐官分别谱为鄘、卫，亦犹两《柏舟》之分入邶、鄘也。旧说为刺宣姜者，全与文义不合，但因旧说前后篇皆刺宣姜，不能不亦强附于宣姜耳。

首章，"君子偕老"颂语也。凡妇人用其夫谥为称者，皆后其夫死而无惭德者，即得谓之偕老。庄姜送卫庄公死，而贞一无惭，卫人敬爱，故州吁不能害之。颂诗首用此句，明戴妫姊娣等之未能终其位，而夷姜、宣姜等皆有惭德，惟庄姜克当此语也。"副笄六珈"，毛云："副者，后夫人之首饰，编发为之。笄，衡笄。珈，笄饰之最盛者。"远古衣饰，今莫能详，但当依尤近于远古者之说。总之是国君夫人之服饰耳。"委委佗佗"，犹《羔羊》之"委蛇委蛇"，盛服从容行进之貌。"如山如河"者，岿然端重，宛然舒徐之意，颂语之崇高者也。"象服是宜"，谓衣服与品德称。象服，谓衣饰有山龙华虫之象。朱云"法度之服"是也。"子之不淑"，叹其无子，而抚子亦未获善终。犹诸子皆无淑德，为庄姜晚年憾事。旧说"子"指宣姜者大非。夫刺诗借用颂语者固有之。若此诗颂美语连三章，而突然夹用此面诉显斥之语，则决无此例，亦断无此理。淑者善也。无子，非善也。抚子完（桓公）不克终位，非善也。犹子州吁阻兵安忍，非善也。宣公上烝下报，秽乱成性，亦"不淑"之人矣。何必谓宣姜为不淑哉。毛云"有子若是"，亦明谓此妇人之子。郑玄以下，乃以子字为斥宣姜。

次章，"玼兮"二句，毛云："玼，鲜盛貌。揄翟，阙翟，羽饰衣也。"郑云："侯伯夫人之服"。朱云："翟衣，祭服，刻绘为翟雉之形而彩画之以为饰也。"盖与上章"象服是宜"一义。"鬒发"二句，再颂其美发。"鬒发"，毛云"黑发也"。即真发之义，以别于假发。古者人好美发。发不美者，恒以假发饰之。此言庄姜之真发盛黑如云，不屑更为假发。"髢"，假发也。朱云"人少发则以髢益之"是也。"瑱"，耳饰，旧称"塞耳"。自发际悬玉当耳门。《旄丘》诗云"充耳"是也。"揥"，今发梳，毛云"所以摘发也"。谓发之脱者如熟果可摘。古读摘如剔，与揥同音，故以为训（商，音敌）。象揥，即象牙作梳状以绾于发髻为饰。"扬且之晳"，毛云"扬，眉上广。晳，白晳"。朱云"且，语助辞"。谓眉上广额而白晳也。贵妇人头上盛饰，仅露其额。"胡然"，作者惊诧之辞。"天"，谓天神。"帝"，谓"帝子"。夏、殷、周皆奉天帝为最贵之神。天帝之子女为帝王，天帝之为帝子。诗语极颂其衣饰之美而不能及于面貌，盖已是老妇人矣。最后二句，正说明其人身份之高，与其衣饰之美足使人震眩。此其与《硕人》相异之处。

卒章，颂称其夏季衣饰，以展衣蒙于绉绤而以带束之。"展衣"，毛云"以丹縠为衣"。朱云"以礼见于君及宾客之服"。盖夏季舒缓之外衣也。"绉绤"，郑云"绤之蹙蹙者"。诠案：丝织而张弛其经纬，使轻而绉缩不平者，宜于夏衣。我国周代已能造，又且施于织葛。丝绉曰"绉"，葛绉曰"绉绤"。绉则不因汗而粘体，然薄，则易于影露其体，故不能为礼服。礼服则蒙展衣其上而继绊之，勿使飞扬也。如此衣饰，衬以清扬、白皙之貌，愈见其庄严之美。下"展"，亦即"展衣"之展。展衣宽大，人亦展然翩翩，推为一邦之选。媛，淑而美之称。全篇无一刺语。

（四）桑　中

三章。章七句。九十九字。

（1）爰采唐矣？沫之乡矣。云谁之思？美孟姜矣。期我乎桑中，要我乎上宫，送我乎淇之上矣。

（2）爰采麦矣？沫之北矣。云谁之思？美孟弋矣。期我乎桑中，要我乎上宫，送我乎淇之上矣。

（3）爰采葑矣？沫之东矣，云谁之思？美孟庸矣。期我乎桑中，要我乎上宫，送我乎淇之上矣。

此卫人讥刺贵族淫乱之诗。时间在狄入卫前。所刺非一人一事，更不能确指为某人某事。当时贵族荒淫，一般风气如此。《左传》成公二年，申叔跪遇申公巫臣，曰："子有三军之惧，而又有桑中之喜，宜将窃妻以逃者也。"足见此诗流行之广且速。正由其泛无确指，故人皆喜之而无所忌，能速流传。亦可见卫贵族之腐化堕落，以召亡国之祸也。采唐、采麦、采葑，皆劳动人民之事，而诗语用之者，盖贵族借之以期幽会。云孟姜、孟弋，皆大国嫁卫之女，可知其人为贵族也。沫者，纣之故都，朝歌之旧名，《尚书·酒诰》作"妹邦"者是。"淇"亦卫之名水。"上宫"，《孟子》："孟子之滕，馆于上宫。"赵岐注："上宫，楼也。"按上诗语，不当是滕地，盖谓贵族女子所居。

首章，"采唐"，毛云"唐蒙，菜名"。《尔雅·释草》："唐蒙，女萝。女萝，兔丝。"后儒无别释。诠案：女萝、兔丝，皆非可食之物。此唐字，当是棠之借字。故唐即棠棣，今云海棠，古云甘棠者是也。"姜"，齐之国姓。卫君世娶齐女。言孟姜，足知其为统治阶级中人。姜女不必居长，而三章皆冠孟字，亦足知其泛言贵族之淫乱，非确指有人。"期我"三句，托为男子自言。"期"，约会于桑林之中也。"要"，信誓于其私室也。"送"，纵情无忌，更自私居再远送至淇水之上也。淇水近于卫邑。足知其所刺男子为卫之执政者，微服而远淫于朝歌附近贵族之家，故曰"沫之乡"也。

次章，易云"采麦"，更远至于沫北，所期之妇女社会地位亦已较卑。"弋"，朱熹《集传》："《春秋》或作姒。盖杞女。"谓《春秋》之定姒，《穀录》作定弋也（定公十三年）。胡承珙《毛诗后笺》云："姒，本作以。《白虎通》曰：夏祖昌意以薏以生，赐姓姒。《说文》无姒字，盖即作以。弋与以，一声之转。"杞小国，其女所嫁，为卫之士大夫阶级。

卒章，易云"采葑"。沫之东，即鄘地，盖作者目见之事，故诗在鄘风。"孟庸"，旧无人得其国姓，但曰"疑亦贵姓"而已。诠按：鄘非国名，其为邑，盖古氏族聚居之族落，入商乃为鄘邑，其人本庸姓，故字邑曰鄘。"孟庸"，则仅大姓之女，非有国之姓，社会地位为更低于小国之女矣。以三章递降推之，当如此。

（五）鹑之奔奔

二章，章四句。三十二字。
(1) 鹑之奔奔，鹊之彊彊。人之无良，我以为兄。
(2) 鹊之彊彊，鹑之奔奔。人之无良，我以为君。

此卫左泄与右公子职将逐惠公（朔），同谋时倡和诗也。事在《左传》桓公十六年，及《史记·卫世家》。

首章，"鹑"，即鹌鹑，今俗云竹鸡，似鸡而小，喜群而好斗。"奔奔"，雌雄相逐貌。《左传》引作"贲贲"，用贲勇之义。亦谓其逐雌相争之状。凡鸟类，雄者相斗，俱为妒争。此以刺宣公（晋）之勇于淫奔也。"鹊"，即喜鹊，常噪鸣于檐际之鸟，古人以其鸣为妖祥之占。"彊"，古强字，《说文》云："弓有力也。从弓，畺声。"在此诗，陆德明云"音姜"。畺字本音也。此盖斥惠公（朔）之善谗。"彊彊"，则射有力，忍于中人也。"我以为兄"，则是斥宣公。"兄"，段玉裁云"古音荒"。盖据朱熹"叶虚王反"为说。诗当叶韵，故音 huāng。

卒章，移鹊句在前，而曰"我以为君"，则明斥惠公矣。二公子之怨惠公，始于宣公之世。此诗，则作于惠公即位以后。《史记》："左右公子不平朔之立也。"惠公四年，左右公子怨惠公谗杀前太子伋而代立，乃作乱，攻惠公。立太子伋之弟黔牟为君。惠公奔齐。黔牟立八年，齐襄公率诸侯纳惠公，诛左右公子。惠公，懿公之父也。故此诗，虽作于逐惠公前，亦如《新台》《二子乘舟》，至文公世乃得入于乐官。

诗言为君为兄，皆非斥妇人语。旧说"刺宣姜"者，并非。

（六）定之方中

三章。章七句。八十四字。

（1）定之方中，作于楚宫。揆之以日，作于楚室。树之榛栗，椅桐梓漆，爰伐琴瑟。

（2）升彼虚矣，以望楚矣。望楚与堂，景山与京。降观于桑，卜云其吉，终然允臧。

（3）灵云既零，命彼倌人。星言夙驾，说于桑田。匪直也人，秉心塞渊，䯄牝三千。

此卫大夫之南迁者，拟《大雅·公刘》，以颂文公迁国之诗。国新覆败，不能具雅乐，仍以风乐歌之，以振发其民心者也。

"戴公居漕，数月而卒。齐桓公率诸侯为卫伐狄，为卫筑楚丘，立戴公弟燬为卫君，是为文公。"（《史记》）"文公徙居楚丘，始建城市，而营宫室。得其时制，国人悦之。"（卫宏《续序》）"卫文公大布之衣，大帛之冠，务材训农，通商惠工，敬教勤学，授方任能。元年，革车三十乘。季年，乃三百乘。"（《左传》）文公少遭宣姜之乱，奔齐。故齐桓助之复国。其营丘，虽亦资齐之力，究其规划经度，仍出于文公。此诗专颂文公而不及齐桓，故知其为卫大夫之私颂也。作于文公之季年，已有革车三百乘时。

首章，"定"，北方之宿，所谓营室之是也。古之营造者，谓十月小雪时，定星昏中而正，于时宜于营造宫室（《郑笺》说）。"楚宫"，楚丘之宗庙。"作"，兴工也。

"揆之以日"，毛云："度日出入以知东西。南视定，北准极以南北。"朱云："参日中之影以正南北。"俱谓使用日晷测方位之法。郑云："君子将营宫室，宗庙为先，厩库为次，居室为后。"宗庙当南面，故兴工时先测定星。居室列东西，故兴工时测日景也。"树之榛栗"，为其为木主之材，籽实又供俎豆之献也。椅、桐、梓，皆制琴瑟之材。漆亦制琴瑟所必用。"爰"，语词，具"当得"之义。《郑笺》云"爰，曰也"，用《尔雅》说"爰伐琴瑟"，犹云：将可以伐为琴瑟用也。六木，皆备宗庙祭祀而植，颂其谋猷之善。

次章，述兴工前回翔相地，郑重占卜情形。"虚"，墟之古字，人聚居处也。指漕之临时居邑。升其高处，以望楚丘与堂邑，相何者最宜营建新邑。"景山"，毛云："景山，大山。京，高丘也。"朱云："景，测景以正方面。与"既景廼冈"之景同。"当从朱说，犹揆之以日影之义。河济间本兖州地，为大平原，无所谓山谷。缘历世车辙之轧轹，水流所侵刻，造成凹凸之土阜与沟壑。土阜之特高者为丘，诗语为山。土冈之厚阔者为陵，诗语曰京。非省地名为景山也（他处有之，河济间无之）。"降观于桑"者，测高之后，更下平原察其土宜。"桑"，亦地名，以种桑多，故曰桑也。殷周农业重桑与麦，故上土皆为桑田。地名曰桑者多：亳有"桑林"，汤所祷处；沫有"桑中"，奔者所集；周有"桑野"，豳诗所歌；齐有"桑下"，蚕妾所在。亦他称桑者正多。下章之"桑田"，殆即此桑也。桑之所在必近邑居。故曰"说于桑田"。此章问卜，当亦在此。"其吉，终然允臧"，谓卜语也。

卒章，"灵雨既零"，谓诸侯之助已至，非实言降雨，及时之雨为灵雨。零，落也。《左传》谓齐桓馈（归）文公乘马、祭服外，"牛、羊、豕、鸡、狗皆三百。与门材"及馈夫人鱼轩、重锦。时齐方霸，齐桓如此馈遗，则诸侯之从而馈遗者应亦颇多。故卫大夫比为灵雨也。"倌人"，《说文》："小臣也。"《周礼·夏官》："小臣，掌王之小命诏，相王之小法仪。掌三公及孤卿之复逆。正王之燕服。位王之燕。出入则前驱。……掌士大夫之吊劳。凡大事，佐太仆。"盖人君左右服事之小官。毛云："倌人，主驾者。"系就诗语推断之，其职守应不只为主驾，盖亦相人君近送吊劳之事。"星言夙驾"，谓晨星犹未没时即当驾出，赴桑田税止，以款来馈之诸侯使者也。"夙"，早也。"说"，舍止也。音税（《甘棠》篇同）。"匪直也人"，《毛传》云："非徒庸君。"郑玄以下更无训释。《朱传》云："非独此人所以操其心者诚实而渊深也，盖其所畜之马七尺而牝者，亦已至于三千之众矣。"他之说此诗者，皆以为颂文公"政行德实，故能兴国以致殷富"（《孔疏》语），所以能致骏马之多。夫诗方颂规划经营兴工之始，明是"元年有车三十乘"时耳。何能于"星言夙驾，税于桑田"之日遂能突转入季年车马之多乎？此章明是迎劳诸侯来馈之事，颂文公之德能致诸侯之助耳。马瑞辰说此句云："《大戴礼记·卫将军文子》篇曰：'直己而不直人。'直，当读如正曲直之直，谓正人之曲也。'匪直也人'，也为语词，人，对下'骍牝三千'言。言能及物，非仅能直人也。"此言近之。承上莳政务之勤，能率人以正而言，谓非徒能使人端正其态度而已。由其"秉心塞渊"，又能得诸侯助，致牝畜三千之多矣。

《燕燕》诗："其心塞渊。"《毛传》："塞、瘗。渊，深也。"《郑笺》无文。此诗，郑云："塞，充实也。"马瑞辰曰："塞者，窴之假借。"《说文》："窴，实也。从心，塞省声。"引《虞书》："刚而窴。"（在《皋陶谟》）。《史记》作"刚而实"。实为塞之本训。或作瘗者，误也。《玉篇》引诗，"其心窴渊"，盖从三家诗，用本字。"其说实迈越前人，妙得诗义。

（七）蝃蝀

三章。章四句。五十一字。

(1) 蝃蝀在东，莫之敢指。女子有行，远父母兄弟。
(2) 朝隮于西，崇朝其雨。女子有行，远兄弟父母。
(3) 乃如之人也，怀昏姻也。大无信也，不知命也。

此卫女远嫁异国，亦遭新台之变。犹怀其许嫁之人而作。旧说为淫奔之诗，与刺宣公、宣姜者，并非①。

首章，以虹喻婚约之难信。蝃蝀，双声，其合音为虹。为日光折射于水汽所成之幻象。诗以之起兴，喻其幻惑无实质。"莫之敢指"，则其人之强暴有势，莫敢抗言，系指一国之君可知。下文，因叹孤弱女子，远嫁异国，遭逢婚变，不可得父母兄弟之助，无力自主也。

次章，"隮"，升也。"崇"，终也。言虹朝起于西方，则不终朝而必雨。上章言

---

① 汉儒与朱熹，皆谓此为淫奔之诗。以虹为天地之淫气。"虹气盛，君子见戒。"（《毛传》）淫奔之恶，人不可道。"（《朱传》）然诗语所重复不已者，乃在"远兄弟父母"，无淫奔之意。何楷以为"刺宣公夺伋妇事"。方玉润以为"邶风已有新台，此不当更有诗。"判为"代卫宣姜答新台也"。谓《新台》以刺宣姜，故诗人又设为宣姜之意代答《新台》。互相解嘲，亦讽刺之一体。其意若曰：予之失节，岂得已哉。"夫此诗叙《定之方中》后，则文公以后诗也。时若宣姜尚在，已老妪矣。何容重念新台旧憾而有"远父母兄弟"之叹耶？故其说亦非也。

虹在东，谓所嫁国在东也。此言"于西"，则母国之方也。盖遥盼母国之援而不可得之意。

卒章，"乃如之人"，指原所订嫁之人。"怀昏姻"，谓其人当尚怀想婚媾。"大无信"，指夺婚者。"不知命"，自伤之词，疑所嫁者为齐桓诸子，孝公、昭公、懿公、惠公之伦；兄弟弑夺相寻，卫女许嫁前君，至而为后君所夺；婚姻随政局变化而变，故喻为蝃蝀耶。大，古太音，义并同。

（八）相　鼠

三章。章四句。四十八字。

(1) 相鼠有皮。人而无仪。人而无仪，不死何为？
(2) 相鼠有齿。人而无止。人而无止。不死何俟？
(3) 相鼠有体。人而无礼。人而无礼，胡不遄死？

当从《白虎通》说为妻谏夫之诗。作于卫文公时。卫之公室，肆为淫乱。虽亡国渡河，恶习未改。文公虽以俭礼率下，迄不能制。然其正名为嫡妻者，已微有所怙恃，故敢如此斥责其夫。一人作之，群夫人争传歌之，乐师采以入乐焉。

首章，连毛曰皮（与《召南·羔羊》之皮同音婆）。谓外表也，故以喻人之有仪。"仪"字，古音娥。疑此章原作"不死为何"。《左传》宣公二年，城者讴刺华元。华元"使其骖乘，谓之曰：'牛则有皮，犀兕尚多。弃甲则那。'役人曰：'从（纵）其有皮，丹漆若何。'"以皮与多、何为韵（那当读罗音，《苤楚》诗同。）鄘地近宋，故知诗语原当如此。后儒既读皮为疲音，仪为宜音，遂并倒作"何为"字也。朱云："皮，叶蒲何反""仪，叶牛何反"，皆是。谓"为叶吾何反"则非。顾氏《诗本音》：皮音婆。仪音俄。为音伪，则读如讹。亦协，但嫌在何讹连用，非诗法。

次章，"止"，毛云"所止息也"。郑、朱并云"容止也"。诠按：止，当作耻。古耻字原只作止。人有所不为则止，故知耻为止也。若其人仅无所止息。或容止不足观，何至即责以"不死何俟"乎？齿、耻同音。故以齿兴耻。犹下章以体兴礼。

卒章，"遄死"，谓速死。责诟尤厉之辞也。

魏源《诗古微》以此为夷姜之诗。夷姜于宣公纳媳后，自缢死。此其临死诟宣公之诗耶？若然者，亦当是文公世乃出。然夷姜亦自无耻，何能以此责人。又文公亦当不容传播夷姜如此诟谇之情。故不当取。

（九）干旄

三章。章六句。七十二字。

(1) 孑孑干旄，在浚之郊。素丝纰之，良马四之。彼姝者子，何以畀之？
(2) 孑孑干旟，在浚之都。素丝组之，良马五之。彼姝者子，何以予之？
(3) 孑孑干旌，在浚之城。素丝祝之，良马六之。彼姝者子，何以告之？

许穆夫人出嫁日，迎亲之使车且至，其女友闻报，调侃之诗也。初未入于乐官。迨许穆夫人赋《载驰》，乃并录之。故虽事在狄入卫前，叙列于鄘风之末。

首章，言：许国大夫代其君迎亲之车，至郊。问新人，将何以畀之乎？"干旄"，来使之车载干、建旄，两服两骖为四马，大夫之车也。《郑笺》云"周礼：孤卿建旃，大夫建物，首皆注旄焉。时有建此旄来至浚之郊"，为迎女也。"浚"，故卫之都邑（说在《泉水》篇）。"纰"，《毛传》"所以织组也"。《简兮》云"执辔如组"。谓驭马得法。此言：来使乘四马之车，载盾建旄，素丝之辔，驭其良马。已在浚之郊矣。美好女子，将何以应付之耶？使人给物曰畀。

次章，卫君闻使将至，遣其大夫迎导于郊，乘马载盾与旟以往。故使至都邑，共已五马。"旟"者，旗画鸟隼，行军所用。明是遣以劳卫来使意。既接，则旟载与车，故曰"干旟"，而有五良马。"予之"，谓当有以授之，进于畀之也。亲自授物曰予。

卒章，许使偕卫之大夫入城，卫君夫人遣内小臣迎劳于门内，亦乘良马，载旌以往。"析羽为旌"（《毛传》），夫人之使也。既接，亦载旌于车，明国君、夫人皆已许嫁。"祝之"，毛云"祝，织也。四马六辔"。郑云"祝当作属"，盖《韩诗》作属字。纰、组、属，俱为叶四、五、六韵用字。为义并同。"告之"，则更当以言语接之，渐进而益亲矣。告音鹄。

此诗，汉、唐、宋儒皆说为美卫文公礼请隐士，至于再三加重其礼。谓"彼姝者子"为斥隐士。考春秋及其以前并无礼聘隐士之制。《左传》"旃以招大夫，弓以招士，皮冠以招虞人"（《昭公二十年》），及《孟子》所云"齐景公田，招虞人以旌"者，皆召之之义。战国以后，乃有热衷投机者，借隐遁以干高位，夸古隐士之贤，造为人君礼聘之说。汉世乃有征辟①之制行。于是儒士之乖僻者，因妄说汤得伊尹，高宗得傅说，齐桓得甯戚，诸任用奴隶事为礼待贤者。遂并以此《考槃》等若干篇周诗为隐士之颂。徒欲以此为其友人干进之阶而已。牵强谬妄，至于以女子之称加于隐士，亦可笑已。

（十）载　驰

旧云："五章。二章六句，二章四句，一章八句。"

兹从《朱传》作四章。二章六句，二章八句。凡一百一三字。

（1）载驰载驱，归唁卫侯。驱马悠悠，言至于漕。大夫跋涉，我心则忧。

（2）既不我嘉，不能旋反。视尔不臧，我思不远。既不我嘉，不能旋济。视尔不臧，我思不閟。

（3）陟彼阿丘，言采其蝱。女子善怀，亦各有行。许人尤之，众稚且狂。

（4）我行其野，芃芃其麦。控于大邦，谁因谁极？大夫君子，无我有尤。百尔所思，不如我所之。

《毛诗》旧序云："许穆夫人作也。闵其宗国颠覆，自伤不能救。"《左传》闵公二年："卫之遗民男女七百有三十人。益之以共滕之民为五千人。立戴公，以庐于曹。许穆夫人赋《载驰》。"由有此语定局，又复协于诗之文义，故历世说诗者无异辞。

诗语恳挚，热情洋溢，当时传诵在列国间。克以促成齐桓存三亡国（邢、卫、杞，皆狄所灭）霸业。故孔子并《干旄》录之，以传其人。

唐人定本载此篇章句，不云两章六句，而分作两句言之，已可疑。朱熹《集传》云："旧说此诗五章，一章六句，二章、三章四句，四章六句，五章八句。苏氏合二三章为一章。"按《春秋传》："叔孙豹赋《载驰》之四章，而取其'控于大邦，谁因谁极'之意。与苏氏合。今从之。"所称苏氏，谓苏辙之《诗集传》。立证在《左传》襄公十八年。故可从。三家诗盖作四章。毛诗家说为五章者，误也。

首章，毛云："载，辞也。"郑云："载之言，则也。"并为已经行动之语辞。

---

① 征辟：征召、荐举之谓。汉、晋之世，朝廷或三公以下，召举布衣之士授以官职。《晋书·王裒传》："隐居教授，三征七辟，皆不就。"——整理者注。

"唁",毛云:"吊失国曰唁。"郑云:"卫侯,戴公也。"漕,即曹邑,戴公与卫渡河遗民所居。"大夫跋涉",毛云:"草行曰跋,水行曰涉。"郑云:"卫大夫来告难于许时。"朱云:"许之大夫有奔走跋涉而来者。夫人知其必将以不可归之义来告,故心以为忧也。"当用朱说。盖卫之亡,宋桓公能具舟助济,而许无所动。许虽男爵小国,春秋初世犹能与郑抗。召陵之役,亦从齐师伐楚,则亦非积弱。地近于宋,乃不能从宋桓公出兵以助姻国,君懦臣偷,卫姬痛之。实曾驱车径出,声言归唁,有赴死之志。既而许君遗大夫追之。卫姬望见军仍不出,知身亦不可得往。言"忧"者,讳言许君之懦,不忍显斥。但忧其志不申,怒忿之气自见。

次章,当用《朱传》:"嘉,臧,皆善也。远,犹忘也。济,渡也。自许归卫,必有所渡之水也。閟,闭也,止也。言思之不止也。盲大夫既至,而果不以我归为善,则我亦不能旋反而济以至于卫矣。虽视尔不以我为善,然我之所思,终不能自已也。"今按:"旋济",许至漕,当越济水(曹在河济之间)。非泛言济渡。盖已将至卫界之济,而被追回之辞。

三章,毛云:"偏高曰阿丘。蝱,贝母也。""行,道也。""尤,过也。"郑云:"善,犹多也。"朱云:"又言以其既不适卫而思终不止也,故其在涂,或升高以舒忧想之情,或采蝱以疗郁结之病。盖女子所以善怀者,亦各有道。而许国之众人以为过,则亦少不更事而狂妄人尔。"今按:蝱字从虫,不当为植物之贝母。自毛训贝母,《尔雅》因之。后世遂莫能易。查牛蝱,亦自药物,著于《本草》。作䖟䖟。《淮南·说山训》云"蝱散积血"。盖亦解郁之药也。蝱似蝇而巨,嘴管如剑,能刺穿牛皮,以吸食人畜血为生。凡牧牛之场所多有之。阿丘,盖牧牛所在,故卫姬于此采蝱耳。不当说为贝母。

卒章,"芃芃",盛长貌。言麦之方盛,感卫之憔悴。《春秋》狄入卫在十二月。则此时所见之麦为春初之"宿麦",未结实时也。"控",诉也。毛云"引也"。马瑞辰引《一切经音义》云:"韩诗云:'控,赴也。'……即谓走告于大邦耳。《左传》襄公八年云:'无所控告。'……即赴告也。"又引《春秋·隐公十年》:"宋人、蔡人、卫人伐戴。郑伯伐取之。"(经文)《公羊传》云:"'其言伐取之何?易也。其易奈何?因其力也。因谁之力?因宋蔡人卫人之力也。'是因谓因人之力。"今按:《毛传》云"极,至也"。郑云:"今卫侯之求援引之力助于大国之诸侯,亦谁因乎,由谁至乎?闵之,故欲归问之。"朱云:"自伤许国之小而力不能救,故思欲为之控告于大邦,而又未知其将何所因,而何所至乎。"旧说"谁因谁极"句者,其不能一致如此。兹别为之新诠:则此许穆夫人自言其出,虽无力救卫,亦将控之于大邦,视谁因之以存亡国，而致霸业；谁坐视而自限于六极。盖激愤之辞也。《书·洪范》："九曰响用五福。威用六极。""六极，一曰凶短折。二曰疾。三曰忧。四曰贫。五曰恶。六曰弱。"凡说诗，他本有异文者，可从异文求义。若此之因与极，无异文，本义亦自可通。即不当以同音通假说之。清儒多释极为殛，妄矣。《毛传》说为至也，亦于文不应。当从妇人忿激之言体会，是为得之。"百尔所思，不如我所之"者，言尔诸君臣虽亦筹为存卫之计，泛语多端，如其不能"控于大邦"，终无益耳。"我所之"，谓"控于大邦"，指齐、宋、鲁、郑、晋也。而"大夫君子"，反以我之出见尤乎？

《新诠》于三百六篇诗，全用旧说者只此一篇。而亦不尽用昔人训说之字义如此。

兹从宋儒说，合并为二十九章。

《鄘风》小结

《鄘风》十篇，七百二十六字。《载驰》文最多，《君子偕老》次之，《桑中》又次之。皆春秋世较晚出，统治阶层文人之作也。最少者《鹑之奔奔》，劳动人民之作也。作者之国籍，可知者为卫、齐、许。许近于宋。宋、齐、卫、许并流行鄘风之证也。孔子所录只此十篇而已。有关许穆夫人诗列于最后者，卫太师所存，计为外故也。

三、《卫风》十篇

解　题

《周书·世俘解》云："甲中，百弇以虎贲誓命伐卫。"则殷代原有卫国，与殷同亡。迨周公既平管蔡之乱，灭殷社，改封弟康叔于浚邑，命国号卫，用旧国名，亦取藩卫之义。其邑在朝歌之南。其人皆殷之余民，淫佚群饮相尚。《酒诰》诫之，终不能禁。其乐亦商之余风，而异于邶、鄘，嬛轻放诞，号为"淫声"，康叔时，为东方大国。其后渐替，至亡于狄。余民渡河者不过数百，赖齐桓率诸侯攘狄，以存之。文公导民于节俭，克复存立。其地历史悠久，文化高出列国之上，影响所及，至为广阔。言风乐者必先邶、鄘、卫。孔子游于鲁境之外十四年，居卫最久，所录卫之乐诗亦最多。《鄘风》《卫风》各不过十篇，仅当《邶风》之半。足知鄘、卫风皆后出之乐类，属于邶之支派。其特称以《卫风》者，明是康叔封后新成之乐派也。

（一）淇　奥

三章。章九句。百一十字。

（1）瞻彼淇奥，绿竹猗猗。有匪君子，如切如磋，如琢如磨。瑟兮僴兮，赫兮咺兮。有匪君子，终不可谖兮。

（2）瞻彼淇奥，绿竹青青。有匪君子，充耳琇莹。会弁如星。瑟兮僴兮，赫兮咺兮。有匪君子，终不可谖兮。

（3）瞻彼淇奥，绿竹如箦。有匪君子，如金如锡，如圭如璧。宽兮绰兮，猗重较兮。善戏谑兮，不为虐兮。

此卫乐官颂美武公之诗。武公在位时，当周宣王十六年至平王十三年（公元前

812—858)。各国文学艺术之选集中于乐官。此诗多颂乐舞威仪之美，故测为乐官所作。武公多才艺，矫饰好名，善为威仪。封建社会以此为贤。故《柏舟》诗曰"威仪棣棣"也。大抵武公自矫饰威仪，好为戏谑外，亦无他长。由于好名而多寿。名亦归之。尤以嗜乐能舞，为乐官所爱。诗篇固未称其德业。自《大学》有"道盛德至善"之语。历世说诗者从之，而讳其弑兄逼嫂之事焉。

首章，颂其刻意修饰威仪煊赫，谓如淇园之竹，琢磨成箫管，艺事之人，当奉为修业之道。"匪"，斐之假借，"有斐君子"，乃是赞其衣饰威仪之美。旧说者用"斐然成章"（《论语》）句义说为"学问"，则《大学传》所误也①。"谖"，《大学》作諠。"喧"，非美语。《史记·晁错传》"诸侯喧哗。"《晋书·羊后传》"百姓喧骇。"此言"不可喧"，盖当时人民已有议论其美饰非俭，戏谑不庄者，诗故云"终不可忘"也。《毛诗》改作谖。训"忘也"，以曲就其"美武公之德"之说。马瑞辰又曲为之说曰："萱草可以忘忧。《毛诗》作谖草。"以此为训忘之义。则"终不可忘忧"，岂即可说为颂词哉？《说文》"谖，诈也"。段注引何休《公羊传注》同。又引《息夫躬传》"虚造诈谖之策"，师古注云"谖，诈辞也"。亦只当说为"终究不能说成他是矫饰、诈伪"。"终不可"者，曾议其矫伪可知。

次章，专颂其衣饰之珍贵。"充耳琇莹"，谓其塞耳之琇为美玉。"会弁"，郑云："会，谓弁之缝中，饰之以玉。皪皪而处，状似星也。"所谓"威仪"，盖亦只如此耳。

卒章，"箦"，毛云"积也"，朱云"栈也。竹之密比似之，则盛之至也"。今按："箦"，席也。诗谓竹之老熟而密如箦笫之比，以喻其人之暮年。"如金如锡"，喻其体之强坚如铜与锡。"如圭如璧"，喻其爵位之崇高，如圭璧之价重。"宽兮绰兮"，颂其性格之雍容平易。"猗重较兮"，谓其能任人，倚重卿士。毛云"重较，卿士之车"。其人佻僖不庄，则颂云："善于戏谑，谑不虐。"终无德业可称。故曰，乐官谀颂之诗也。

---

① 《大学》载曾子曰："如切如磋者，道学也。如琢如磨者，自修也。瑟兮僩兮者，恂栗也。赫兮喧兮者，威仪也。有斐君子终不可諠兮者，道盛德至善，民之不能忘也。"此为儒家经典中，说诗之最长而明确者。故汉儒以下，莫不依此立说，定为颂卫武公之诗。然曾子时，说诗皆只断章取义，以就己意，非曾考订全篇义旨者比。曾子初未云颂卫武，只后儒以卫诗首篇，有"善戏谑"语，结合《抑》戒，定为颂卫武诗。遂强以曾子之说卫武公。当亦非曾子初意。故其说愈迂曲，而悖于史实耳。卫武能诗，因可以言"文章"。然诗之本旨，只称其善饰威仪。

（二）考 槃

三章。章四句。四十八字。

(1) 考槃在涧，硕人之宽。独寐寤言，永矢弗谖。
(2) 考槃在阿，硕人之薖。独寐寤歌，永矢弗过。
(3) 考槃在陆，硕人之轴。独寐寤宿，永矢弗告。

卫庄公荒淫，庄姜虽美淑，不能专宠。此幽怨中强自矜持之诗。以其为庄姜自作，故叙在《硕人》前。从来说者皆以为咏隐士之诗。大谬①。

首章，自言生活无聊，出游于溪涧之间以自适。《毛传》："考、成。槃，乐也。"《朱传》："槃，盘桓之意。"今按："考槃在涧"，谓克成槃游于肥泉美沟水间（参看《泉水篇》）。"硕人"者，庄姜初嫁时，卫人颂美之称。庄姜此时借以自指。旧皆训硕为大。盖硕之本义为大石。庄姜借用其称，则喻己为"石人"，谓虽见宣公淫乱无度，无动于衷也。"宽"，宽缓从容，不急不躁之义。"独寐"，谓游归则独宿。"寤言"，谓睡醒则独语。"永矢弗谖"，强抑其情之辞。"矢"，誓也。"谖"，通喧。弗谖，谓不作嫉妒喧哗之怒。

次章，言再出游于山河。至饥乃归。"薖"，《郑笺》云"饥意"。盖谓腹中空虚，无所忮求也。毛云"宽大貌"，与上章重复。陆德明云"韩诗作㛒。㛒，美貌"，亦于诗语未协。"弗过"，谓不过其面前，亦是不忮求之义。

卒章，又言游于平陆。《朱传》"高平曰陆"。《禹贡》冀州，"恒卫既从。大陆既作"。又导河"北过降水，至于大陆"。皆指卫地之平陆也。"轴"，即车轴。车轮旋转，轮辐剧动而轴若静。诗以游车行进，而石人之心若轴之不摇也。"弗告"，谓不以此情告人。妇人妒夫多内，出自天性。所谓"贤妇不妒"者，封建士大夫为人君

---

① 此诗，《毛序》但云："刺庄公也。"卫宏续之云："不能继先公之业，使贤者退而穷处。"后儒遂雷同为颂美贤者隐处之诗。《郑笺》释"永矢弗谖"为"长自誓以不忘君之恶"，"弗过"为"不复入君之朝"，"弗告"为"不复告君以善道"。硜硜然与其君若雠敌之怨。又以谖为忘，迈为饥，轴为病，若诗人万分垂怜此隐士者。朱熹觉其可笑，改说为"美贤者隐处涧谷之间，而硕大宽广，无戚戚之意"，"自誓其不忘此乐"，"若将终身"及"不以此乐告人"。自较《郑笺》为胜。而不知周代无所谓隐士。夫"隐士"者，必生活能自满足，乃能遁世自安。故隐士必属于地主阶级。秦以前无土地兼并，即不能有大地主，则安能有隐士。诚使有遁世如伯夷叔齐者，亦徒饿死耳，安得盘桓涧阿，寤歌无戚乎？况春秋以前，国君兵赋、力役、税租一切寄诸户口，其管理户籍至为严密，固不可能有逃避现实之隐士，社会歌谣又岂能咏及隐士哉。夫此诗三章，言其人"在涧""在阿""在陆"，不一其处，而以为居处之地，岂隐士亦营有三窟耶？其为不通亦甚明矣。

压抑妇女之谰言。庄姜有此诗，即庄姜之所以为贤耶？

（三）硕　人

四章。章七句。百一十二字。

（1）硕人其颀，衣锦褧衣。齐侯之子，卫侯之妻，东宫之妹，邢侯之姨，谭公维私。

（2）手如柔荑，肤如凝脂，领如蝤蛴，齿如瓠犀，螓首蛾眉。巧笑倩兮，美目盼兮。

（3）硕人敖敖，说于农郊。四牡有骄，朱幩镳镳，翟茀以朝。大夫夙退，无使君劳。

（4）河水洋洋，北流活活。施罛濊濊，鳣鲔发发，葭菼揭揭。庶姜孽孽，庶士有朅。

此庄姜初婚时，卫人从大夫入齐迎婚者，艳羡歌颂之诗。

首章，盛称其身世戚族。"硕人"，杰出者之义。"其"，语辞。"颀"，长也。郑云"硕，大也。言庄姜仪表，长丽俊好，颀颀然"也。"锦"衣，丝织有纹彩之衣。"褧"，毛云"禅也"。《说文》"檾，枲也"。引此诗。又"褧，木属也"。引《诗》作"衣锦檾衣"。盖《韩诗》作檾。《礼记·中庸》引《诗》作䌹。盖即今云苘麻所织之衣，犹葛所织者即曰葛也。毛云："夫人德盛而尊，嫁则锦衣加褧襜。"郑云："国君夫人翟衣而嫁。今衣锦者，在涂之所服也。尚之以禅衣，为其文之太著。"是依《中庸》"衣锦尚䌹"，"恶其文之太著"为说。今按：齐女嫁卫，行道悠远，故虽衣美丽之锦衣，复罩以麻织成之素襜，勿使尘污。明此时中华已有麻织品。《齐风·丰》诗同。枲与枲为两种纤维植物。枲即大麻，质较粗。我国最古之"布"，为枲所织。春秋世，始有布，苎布，质较细韧。于是贵女官尚褧衣。故知是麻初制成布时也。"齐侯"，指齐庄公。"卫侯"，卫公。"东宫"，《左传》云"卫庄公娶于齐东宫得臣之妹"是也。《史记·卫世家》"庄公五年，取齐女为夫人。美而无子"，指庄姜也。卫庄五年，当齐庄公之二十七年，是庄姜为齐姜公之女。所谓"东宫得臣"，盖齐庄公太子未得嗣位者也。《齐世家》，庄公名购（世本作赎），立二十四年而西周亡于犬戎。则庄姜之嫁，在平王之三年也。庄姜之嫁在"春秋"前四十六年。诗称"东宫之妹"者，《朱传》云："明与同母，言所生之贵也。"东宫得臣，盖齐庄公卒，禄甫嗣为太子也。"邢侯""谭公"名，世无考。《毛诗》："妻之姊妹曰姨。姊妹之夫曰私。"

次章，盛夸庄姜之美。夫人出，乘蔽车，国人不得望见。惟迎婚徒从。于长途跋涉中，上下车舆时，人得见之。"柔荑"，谓如嫩茅之软白。"凝脂"，喻其腻泽。"蝤蛴"，朱云"木蠹之白而长者"，今俗云"老木虫"，肥白柔嫩，可采而啖之蠕虫也。"瓠犀"，朱云"瓠中之子方正洁白"也。"螓首"，毛云"颡广而方"。《笺》云"谓蜻蜓也"。"蛾眉"，谓眉阔而浓，如蚕蛾之眉。"倩"，毛云"好口辅"，谓笑时口角之美。"盼"，毛云"白黑分"，谓眼珠之美也。

三章，称其既至成礼时之饰，"敖敖"，毛云"长貌"，与颀颀同义。"说"，舍也，与"说于桑田"义同。"农郊"，毛云"近郊"。郑云"此言庄姜始来，更正衣服于卫近郊"。朱云"四牡，车之四马。骄，壮貌"。"愤"，镳饰也。镳者，马衔外铁，人君以朱缠之也（俱用毛说）。"翟，翟车也。夫人以翟羽饰车。茀，蔽也。"郑云："此又言：庄姜自近郊既正衣服，乘是车马以入君之朝。皆用嫡夫人之正礼。"古者婚礼行于夜间，故迎婚至近郊，又须稍停以待时。既车至朝，则从者不得更进，唯迎亲之大夫得从之入朝，参加婚礼。"大夫夙退，无使君劳"，盖从者勖大夫之词。夙，早也。早退，无使君王劳于听政之意。从者不得入朝参加婚礼，故其诗不及行礼、庙见之事。

卒章，言庄姜媵从之盛。以途中所见景物喻其盛状。自齐入卫，当渡黄河，耽延颇久。故自"河水洋洋"说起。卫境之河北流，向碣石入海。"活活"，水流动貌。伫待渡时，见渔氏施罛得鱼之状。毛云："罛，渔罟，濊施之水中。鳣，鲤也。鲔，鮥也。发发，盛儿。葭，芦。菼，薍也。揭揭，长也。孽孽，盛饰。庶士，齐大夫送女者。朅，武状貌。"郑云："庶姜，谓侄娣。"朱云："菼，薍也，亦谓之荻。""庶士，谓媵臣。"

今按："发发"，音拨剌之拨。陆云"音补末反"。马云"鱼著网，尾发发然"是也。庶姜，谓送婚之女性。庶士，谓送婚之男性。当包括媵奴在内，而不必尽为媵奴。"庶"者，卑贱阶级之称，非谓送婚之大夫，但言齐之送婚人众耳。在长途中，差池不尽相值。此时皆聚于朝外，乃称其孽孽、朅朅焉。"朅"，陆云"欺列反"，与揭、孽为韵。

（四）氓

六章。章十句。二百四十字。

（1）氓之蚩蚩，抱布贸丝。匪来贸丝，来即我谋。送子涉淇，至于顿丘。匪我愆期，子无良媒。将子无怒，秋以为期。

（2）乘彼垝垣，以望复关。不见复关，泣涕涟涟。既见复关，载笑载言。尔卜尔筮，体无咎言。以尔车来，以我贿迁。

（3）桑之未落，其叶沃若。于嗟鸠兮，无食桑葚。于嗟女兮，无与士耽。士之耽兮，犹可说也。女之耽兮，不可说也。

（4）桑之落矣，其黄而陨。自我徂尔，三岁食贫。淇水汤汤，渐车帷裳。女也不爽，士贰其行。士也罔极，二三其德。

（5）三岁为妇，靡室劳矣。夙兴夜寐，靡有朝矣。言既遂矣，至于暴矣。兄弟不知，咥其笑矣。静言思之，躬自悼矣。

（6）及尔偕老，老使我怨。淇则有岸，隰则有泮。总角之宴，言笑晏晏，信誓旦旦。不思其反。反是不思，亦已焉哉。

卫有士人女寡，挟其赀财以嫁农村之小贸。三年后，小有违迕，此妇数责其夫相负之诗。全篇无凄婉惨楚之语，与《谷风》情词迥异，旧说为弃妇哀怨之作者，非也。诗语平浅通畅，诟谇有力，当原是士人女作商人妇，寡而挟有赀财者，悦小贸少年而嫁之。既嫁而不见爱，则挟持旧情与赀产以相责。大抵财势能力一切高于小贸之男女，但年齿已长而色不足以博爱，则为此泼辣要挟之辞以凌之。非弱者之言也。

首章，"氓"，《唐石经》作甿，为周代对农民之称谓字。"蚩蚩"，朱云"无知之貌"。抱其土产之麻布，以求兑换丝织品，农民之兼营小贸者也。因来此寡妇家"贸丝"，而相谋为嫁娶。则妇为邑居商贾之寡妻可知。谋虽未定，而情已上属，故送之逾淇水，远至"顿丘"之地。明此寡妇颇骄贵，又善于推拿擒纵。虽悦其年少而未轻许。"匪我愆期"二句，饰言："非我拒你所订婚期，你未遣媒妁来，故也。请你勿怒，更订期于秋季，以待你之媒来，再订嫁期可也。"

次章："复关"，旧皆说为男子所居之地名。按诗语当是媒复关白之义。关字本义，阖门而以横木关合之也。故凡合二人相商之事曰"关白"，合二人之私曰"关说"。上言"子无良媒"，此言"以望复关"，明是上章嘱其再遣良媒订秋期之义。若是地名复关，则去妇之居邑当远，岂可乘垝垣遂能望见哉？若还可以望见，则登高即望见耳，又何至因不见而"泣涕涟涟"？若仅初未望见，继而已望见矣，则是其素识之地，何为初乃未见？且既相望之两地，非可以对语也，又何为一经望见遂能

"载笑载言"而订迎婚之期乎？以是知"复关"非地名，唯当作"媒复关白"解也。"抱布贸丝"与送至顿丘，在春末夏初，订秋期矣，而媒复不至，当在夏季。媒复不至而至于"泣涕涟涟"，自明其虽怨期于前，盼婚之情仍真挚也。故既见媒复，则"载笑载言"矣。"尔卜尔筮"两句，明男子之久未遣媒，尚在考虑。"体"，朱云"卦兆之体"。古者，灼龟甲以观其坼兆，投蓍草以观其驾离，从而占卜吉凶，其兆与架离之式称之为体。《书·金縢》"体，王其罔害"是也。《韩诗》及《礼记》均作"履无咎言"，郑玄说为"礼也"。于此诗仍笺云："兆卦之繇，无凶咎之辞。其言皆吉，又诱订之。"意谓男子告之如此。诠案，此两句，妇人述媒人关复之言，明其娶不当有悔意也。"以尔车来"二句，谓尔来迎娶之车，非仅得人而已，我以所有财贿入车，迁移你家。尔人财两得，家乃小康矣。

三章，"桑之未落"，郑云："谓其时仲秋也。"今按：亦喻女子容色未败时也。"沃若"，茂盛而有光泽之貌。"桑葚"，桑之果实，成于孟夏。即"抱布贸丝"之时。此因三年共同生活而失爱后，追忆嫁时，而悔于轻嫁之词。《毛传》云："鸠，鹘鸠也。食桑葚过，则醉而伤其性。"古或有此不科学之传说耳。"于嗟"即吁嗟，叹词。士，谓男子。此时已泛称男子为士，不专指读书入仕之人也。"耽"，相眈之乐也。本音 dān，朱云"叶特林反"。以下四句，皆劝妇女无近男子之语；撒泼者故为激愤之言耳。意谓男子可以负心，有人同情，女子见负，人无同情者。实亦当时轻女社会之薄俗如此。

四章，以冬季桑叶黄落，喻色衰爱弛。回顾上章"桑之未落"，以发抒其愤懑之情。"三岁食贫"，谓嫁来三年，生活享受不如未嫁时之富盛。"淇水汤汤"，回忆人与贿迁时，车涉淇水，浸及车之帷裳，而女未畏退。故曰"女也不爽"。汤汤，夏秋水盛貌。渐，水浸渍也。帷裳，车帷之垂至辕以下者。"士贰其行"，责失爱为男子负心。"罔极"，谓负心且无止境。初婚时一心为一德。久而有贰心，为二其德，贰心日增，至于严重，为"二三其德"。德谓品德。同一为纯，分歧为二，驳杂为三。

五章，"三岁为妇"，与上章"三岁食贫"相应。"靡室劳矣"，言不以室家之务为劳。早作夜息，未尝有朝旦之暇。自述勤劳如此，足见虽嫁农家，未尝从事田间劳动。大抵男子初贪其贿而娶之，亦憎其齿长而不能田作而厌之。借口无子，欲更娶少女。妇人坚决不许，故为此诗。"言既遂"，谓婚媾之约已遂。"至于暴"，谓负心之变，逐步发展，至于暴虐。盖曾有相殴之事。"兄弟"二句，谓家庭勃谿后，归诉于母家之兄弟不助，但哂然笑之。似缘再嫁于少年农家子，非其母家同意，故不助之。"静言思之"二句，自伤其孤苦。

卒章，"及尔偕老"，追述曩时相订之语。"老使我怨"，言今则老矣乃使我念怨。"淇则有岸"二句，谓当有止境也。"隰"，平原。"泮"，郑云"读为畔。畔，厓也"。"总角"，《礼记·内则》："男女未冠笄者，拂髦总角"。"宴"，即《左传》"宴安酖毒"之宴，谓安于妇人之室也。"言笑晏晏，信誓旦旦"，皆新婚亲暱之状。明是男子已与一少女相暱，已订嫁入宅，而尚未行嫁娶之礼时。《郑笺》与《朱传》皆谓追述自己为童女时。旧儒尽遵之。大谬。夫此妇与"抱布贸丝"人幽会订娶，又有"贿迁"随车。嫁三年耳，已有桑叶黄陨之感。遇暴而诉诸兄弟，兄弟咥笑而不助。则为寡妇恋少年而诱嫁之，明矣。岂总角订婚之女哉？唯其有财、有势，才力足以控制其夫，故虽已恋少女而不得娶。诗语责其相恋之热如此，以明上五章所挟为怨忿之意。故下文曰："不思其反"也。"反"谓上五章所述之往事也。"反是不思，亦已焉哉"，非如即罢之意，而为有力之要挟语。暗示旧账必算，兄弟将助之耳。

（五）竹　竿

四章。章四句。六十五字。
(1) 籊籊竹竿，以钓于淇。岂不尔思？远莫致之。
(2) 泉源在左，淇水在右。女子有行，远兄弟父母。
(3) 淇水在右，泉源在左。巧笑之瑳，佩玉之傩。
(4) 淇水滺滺，桧楫松舟。驾言出游，以写我忧。

他国女子嫁卫者，怀想其女友，寄赠此诗。旧说皆依毛序"卫女思归也"之解。夫诗言"桧楫松舟"，出游淇水，则其人固在卫地，非在他地思卫明矣。其诗词、韵并美，文学趣味驾凌各篇卫诗之上。当亦大国女子所作，但莫由指其名耳。衡诗语，当是国君夫人，属贵族阶级。序次当在《氓》篇之前。盖孔子抄得在后。

首章，言淇园之竹，作钓竿最宜，我已持之试于淇水矣。思欲寄赠，憾在道远。唐人拟古"道远莫致之"，用此诗意。

次章，言远行嫁卫，失家人团聚之乐。所与为乐者，肥泉与淇水而已。"女子有行"二句，亦见《鄘·蝃蝀》，皆伤远嫁之语。

三章，言在此虽与肥泉淇水为友，每因山水之美，怀想美于容仪之人。"巧笑之瑳"，貌美如瑳也。瑳，白玉之细琢光润者也。"佩玉之傩"，行步雍容，与佩玉相称也。《毛传》"傩，行有节度"。

卒章，言怀想不已，则出游以自遣。《泉水》诗四章，亦用"出游""写忧"二语作结，盖学此诗在后。此诗作于卫国平治之时。《泉水》作于卫为狄灭之后。松材质轻，桧材质重。松材耐水，故为轻舟游行为宜。桧属柏类，不耐水，故宜为楫。

（六）芄　兰

二章。章六句。四十八字。

(1) 芄兰之支，童子佩觿。虽则佩觿，能不我知。容兮遂兮，垂带悸兮。
(2) 芄兰之叶，童子佩韘。虽则佩韘，能不我甲。容兮遂兮，垂带悸兮。

此刺贵族子弟妄自尊大之诗也。容、遂、垂、带，两章连用，知所刺者为衣冠人物。然不能依旧说为"刺惠公"（《毛序》）。惠公名朔，宣姜所生。潜杀两兄乃克即位，则其年已非童子。"垂带""佩韘"，大夫之服，则所刺为贵族子弟之滥竽于官位者，盖士人阶级所作也。

首章，"芄兰"，《郑笺》云："柔弱，恒蔓延于地，有所依缘则起。"陆玑《诗疏》云："一名萝摩，幽州人谓之雀瓢。"疑即今之忍冬（俗呼金银花）。其花香馥，故曰兰也。"支"谓支柱。贵族家园庭恒种此物，俱必有柱架支之。诗以此为兴，喻童子有其父祖作支柱，已实不能自立也。《朱传》训支为枝，谬。《毛传》云："觿，所以解结，成人之佩也。""知"，朱云："犹智也。言其才不足以知于我也。"

卒章，"韘"，《毛传》，"玦也。能射御则佩韘。"朱云："决也。以象骨为之，著右手大指，所以钩弦阖体。"即射者所佩之"扳指"。古原以革为之，故字从韦。"甲"，朱云："长也。言其才能不足以长于我也。"两章"容兮遂兮"，重言其从容得意之貌。"垂带悸兮"，毛云："垂其绅带，悸悸然有节度。"《说文》引《韩诗》作萃兮。亦云"垂貌"。此以颂语为刺之例也。

（七）河　广

二章。章四句。三十二字。

(1) 谁谓河广？一苇杭之。谁谓宋远？跂予望之。
(2) 谁谓河广？曾不容刀。谁谓宋远？曾不崇朝。

卫国为狄所破，遗民随宁庄子渡河者，感宋桓公具舟迎济，欢忭歌唱之诗。事具《左传》闵公二年。

首章，宁庄子留守，闻懿公败殁，率国人欲奔宋，"狄入卫，遂从之，又败诸河"。遗民男女仅七百三十人，临河急迫。"宋桓公逆诸河，宵济。"（《左传》）当初望见宋舟时，欢忭之情发，视渡河之易如此。视宋之近如此。《毛传》云"杭，渡也"。今按：即古航字也。原始造字时用独木舟济。故字从木。后既有舟，乃有航字。"苇"者，古人用卢苇结筏。后世遂谓渡之易如载于一苇也。"跂"，足掌离地趾支而望之义。

卒章，既渡，再言渡河之易。"刀"，小船。"崇朝"，终朝也。"宵济"，故未终朝而至宋君之前。

旧说皆依《毛序》，以为宋襄公母在卫，思宋之诗，谬也①。

（八）伯 兮

四章。章四句。六十四字。

(1) 伯兮朅兮，邦之桀兮。伯也执殳，为王前驱。
(2) 自伯之东，首如飞蓬。岂无膏沐？谁适为容。
(3) 其雨其雨，杲杲出日。愿言思伯，甘心首疾。
(4) 焉得谖草，言树之背？愿言思伯，使我心痗。

此卫女嫁为王臣妻者，其夫行役东国，既归，缅述其相思之词。

首章，颂言爱敬其夫之情。"伯"，其夫字也。《毛传》："朅，武貌。桀，特立也。""殳，长丈二而无刃。"其人，为周王前驱，盖司马之属官，如虎贲氏之类。当其选者皆魁梧有礼度，故曰"邦之桀"也。

---

① 《毛序》："宋襄公母归于卫，思而不止，故作是诗也。"旧注云："宋桓公夫人，卫文公之妹，生襄公而出。襄公即位，夫人思宋，义不可往，故作诗以自止。"《新诠》举六点驳之曰：一、《左传》《史记》皆称宋襄让位目夷。宋桓公与目夷并因其贤而决立之。无其母被出居卫之说（孔颖达疏欲证其说，迂回征引，终说不通）。二、宋桓公既贤襄公，立为太子，何得又出其母？即使以他故先时已出，亦当于立太子后召归之。三、宋桓公在位三十一年，其救卫遗民，立桓夫人母兄戴公于漕邑，在其即位之二十二年，中间只隔十年。其能先齐桓公出兵以存亡卫，实以姻故。胡为既存卫而出桓夫人？亦何能已出桓夫人而存亡卫？又已出其子而犹不召乎？四、纵是宋桓公出妻不召，襄公既立亦必迎母于卫，必不使其母企望而不能归。五、诗语豪爽愉快，不似女人忧思之作，亦无思子缠绵情致。六、《新序》载宋襄公让太子词云："臣之舅在位，爱臣，若终立，则不可以往。"不云其母在卫。是三家诗并无宋桓夫人被出归卫之说。

次章，"自伯之东"，谓行役于东方诸侯之国也。王之前驱，例不任军役。惟王亲征则从。《春秋》桓公五年秋："蔡人、卫人、陈人从王伐郑。"郑伯御之，"射王中肩"。《毛序注》以为即是此事。惟此诗序列《河广》之后，宜非卫宣公时事。疑是《春秋》僖公二十四年冬"天王出居于郑事"（襄王之十六年）。明年夏四月，晋文公纳王，始还王城。王城陷于王子带及狄后者达半年之久。伯之家属留陷城中，故忧思心痗，至于"首如飞蓬"也。若伐郑之役，虽兵败，未逾月即还王城，郑师亦未追击，且使祭足劳王。留洛之王臣家属何至遂有忧惧至于如此者哉？

三章，"其雨"两句，谓传闻王将复归者屡矣，竟不果归：如天将雨，竟复"杲杲出日"。盖王虽出居于氾，大叔带亦奉隗氏居温，不居王城。故王城屡传王归也。诸侯亦多有谋纳王者。先于晋文者，有秦穆公，已率师至河上（并见《左传》）。此"其雨其雨"之意也。"原"，念也。"言"，我也。"首疾"，犹今言"头痛"。朱云："不堪忧思之苦，而宁甘心于首疾也。"

卒章，"谖草"，即萱草。俗呼黄花，味甘腴，自古以为美味。毛云"谖草令人忘忧"者是也。"背，北堂也。"（亦《毛传》）诗言：欲得可以忘忧之草种之于北堂乎。忧思不能止，使我心为之痗瘁也。

方玉润《诗经原始》，谓此诗为"思妇寄征夫之词"。近之矣，而未是也。古无邮政，征夫寄内易，室人不可能有诗寄征夫。且无悲伤意，语具喜味，当是其夫归后慨叹之词。

（九）有　狐

三章。章四句。四十八字。

(1) 有狐绥绥，在彼淇梁。心之忧矣，之子无裳。
(2) 有狐绥绥，在彼淇厉。心之忧矣，之子无带。
(3) 有狐绥绥，在彼淇侧。心之忧矣，之子无服。

卫当乱离之际，男女奔窜，犹相调谑之诗歌也。"绥绥"，狐独行猎食貌。诗以喻独行求匹之人。《毛传》云："匹行貌。"《朱传》云："独行求匹之貌。""淇"，卫地之水，入于河者，盖狄乱后，未克逃渡河者流窜中所作。

首章，在梁，谓鱼梁之上。为女子嘲男子之词。犹云："狐在鱼梁，想吃鱼。"喻挑己之男子，欲得妻。所忧在乱离之际，尔无裳掩体耳。

次章，男答女所歌。在厉，谓在深水渡头。《匏有苦叶》诗"深则厉"，谓渡涉者提衣裳至腰带以上。犹云："狐狸，能厉涉耶？需人负汝耶？所忧在汝无带耳。"周时男女皆不著裤。女子长衣至足，约以腰带。无带，则衣解散。男女结婚，亦以带结为礼，故曰"结缡"。缡即带也。无带，谑女之语也。

卒章，为同行者共嘲之歌。犹云：在此淇水之旁，尔心荡情急之狐狸，流离琐尾，空无所有，尚寻乐耶。"无服"，不只言衣服，凡一切生活用品之使用皆曰服。古音服如偪。顾氏《诗音义》云："服，浦北反。"

古者，男女跳歌择偶，有三组迭唱之诗（说在《野有死麕》）。卫俗轻佻，习为之，虽流离奔走之际，自然发抒如此。故三章同文，仅各异两字，而含义不同。既无逐层渐进之义。则是三人组成之歌词也。

（十）木　瓜

三章。章四句。五十四字。
(1) 投我以木瓜，报之以琼琚。匪报也，永以为好也。
(2) 投我以木桃，报之以琼瑶。匪报也，永以为好也。
(3) 投我以木李，报之以琼玖。匪报也，永以为好也。

此卫遗民向列国告乏乞助，听唱之歌也。三章各异只二字，瓜、桃、李同为可食之果实。琚、瑶、玖皆玩饰之玉器，则字虽异而义仍同。盖三组迭唱，戏剧性之歌曲也。卫遗民渡河者空无所有。赖列国诸侯存恤而立国邑，一切求助于人故为此歌以慰劳来恤之人。自济河至营成楚丘，得助者十余国，非独齐、宋。故卫之乐官造此歌，屡屡对来助者歌之，以为文娱。

首章，"木瓜"，谓木制之瓜，玩物之微者也。言受施虽微，亦必厚报之琼、琚。"琼"，玉之美者。"琚"，琢玉之佩器。"匪报也"二句，犹云：非真能报也。但永不忘此好也。

次章，木制之桃，又微于木瓜。"报之以琼瑶"，则又厚于琼琚。琚，粗琢品。瑶，精制之玉器也。

卒章，"木李"又小于木桃。"琼玖"之值，更高于琼瑶。"瑶"单佩。"玖"，复佩九片，故义通于九（古之繁体玖字）。逐组提高，惟戏剧之歌如此。

《木瓜》与《有狐》皆戏剧性之民歌，故连缀之。

《卫风》小结

　　《卫风》十篇，七百七十三字，《氓》文最多。《硕人》《淇奥》次之。《河广》文最少。《考槃》以上皆贵族诗。《硕人》劳动阶层之诗，因《考槃》编列。与《氓》，皆国人之作也。《竹竿》以下，盖孔子游卫时所钞。《伯兮》属卫以外人作，故列《河广》下。亦犹《谷风》列《匏有苦叶》下也。戏剧性之民歌系于最末。故世次若混乱，太师为便于取用，编次之法因当如此。

四、《王风》十篇

解　题

周营洛邑王城，建宗庙，以为东都，号为"成周"。划伊洛一区为王畿。其地居天下中。而土地瘠薄，住民稀少，无居中控驭之力。成王既平四国，诛武庚，分徙殷之顽民以实之。故东都之畿，殷民多于土著，行用殷之旧俗。其音乐，多仍殷之旧调。历时三纪，世变风移。康王"以成周之众，命毕公保厘东郊"，加强宗周之化（说在《尚书·毕命》）。于是宗周流行之豳风、豳雅之乐，肆于东洛。久而与靡靡商俗相杂糅，殄邶、鄘、卫之余风，蜕变为东都自成之乐类。亦复与宗周旧行之豳风有别。乐官辑其名篇，题曰"王城之风"。乐档简标王字。孔子录诗遵之。汉初传诗诸家，因豳末有"国风"字，遂题曰"王风十篇"。郑玄《诗谱》未能明晓风乐流变之故，但以《春秋》褒贬之义，说《诗》文字，遂谓平王东迁后"王室之尊与诸侯无异，其诗不能复雅，故贬之，谓之王国之变风"。朱熹《诗集传》亦谓："于是王室遂卑，与诸侯无异，故其诗不为雅而为风。然其王号未替也。故不曰周而曰王。"夫平王时雅诗多矣，"赫赫宗周，褒姒灭之"，非明明为平王时之《雅诗》乎？但豳风不行于东都耳。郑、朱之说，非谬耶？

王风，糅合商风与豳雅而成新的乐种，究以商风之成分为多。而乐曲较为端重，有别于郑、卫"淫声"。十篇皆平王东迁后作。太师原录应多，孔子所录只此十篇耳。

（一）黍　离

三章。章十句。百一十七字。

（1）彼黍离离，彼稷之苗。行迈靡靡，中心摇摇。知我者谓我心忧。不知我者

（2）彼黍离离。彼稷之穗。行迈靡靡，中心如醉。知我者谓我心忧，不知我者谓我何求。悠悠苍天，此何人哉！

（3）彼黍离离。彼稷之实。行迈靡靡，中心如噎。知我者谓我心忧，不知我者谓我何求。悠悠苍天，此何人哉！

此宗周王臣之东迁者，乱后，西使于秦，见沿途景物全殊，给养不足，民不尊王，使者艰食，痛在今昔异势，踌躇难进，呼于惨叹之诗。三家旧说，纷庞无是。《毛诗》谓"闵宗周也"，稍有似处，而说者亦尽不切①。《新诠》以为三章题窾，只在稷黍两字。诸儒不辨黍稷，故不能体会诗意。黍者，黄河流域农家种之，以为细粮。具苗似粟而穗散出如稻，味美于粟。亦称曰粱。古称"膏粱子弟"。即谓食黍与肉之贵族子弟也。周秦之世，中原贵族之家，以黍为主食。稷者，与黍同类而特高大，茎、叶、穗、实均十倍于黍。然籽实营养价值较低，味不滋腴，一般作为农民之粗粮，或充饲料，贵族之所不食，平民则主粮也。此诗，言宗周旧畿（渭水平原），往时农民所种以上供者，皆为黍。当东迁前，遍地黍实离离，不可胜食。犬戎乱后，民散地荒，孑遗之民，皆种稷为粮，不复有种黍上供者。诗人此次行役所遇，人民供张，即稷类粗粮亦不易得。未免迟回瞻顾，不愿进行。而又不能赴使命。三章同文，皆曰"彼黍"者，回忆彼时王畿之黍。"离离"，垂实累累之貌。"彼稷"，则今时所见之稷也。曰苗、曰穗、曰实，不同者，自春日往，秋日还所见旧畿稷之长育变化，叹在未得饱食而已。

首章，暮春奉使，行经旧畿，供应农民指苗以示，谓稷方成苗，未能充分供给。回忆旧日享受之丰，中心为之摇荡不宁。求丰裕之享而不可得，伪为忧国忧时之吹，谓责我贪求，为不知我也。呼天问"此何人哉"者，犹言："我为何人竟至于此乎？"封建剥削阶级，养尊处优，习于享受，一旦艰于满足，辄欲呼天自诉如此。旧说"何人"为斥幽王者，非义。通篇凿凿，只在黍稷二字，不及政事，非忧国忧民者言。

---

① 齐诗家谓："卫宣公子寿，闵其兄伋之将见害，作忧思之诗《黍离》是也。"见洪迈《容斋四笔》。鲁诗同，见刘向《新序·节士篇》。韩诗谓："昔尹吉甫信后妻之谗，而杀孝子伯奇。其弟伯封求而不得，作《黍离》之诗。"见《太平御览·羽族十》载陈思王《令禽恶鸟论》。《韩诗外传》与刘向《说苑》亦载仓庚为魏文侯言之如此。皆故事与诗语毫不相应。《毛诗序》云："闵宗周也。"续序云："周大夫行役，至于宗周，过故宗庙宫室，尽为禾黍，闵周室之颠覆，彷徨不忍去而作是诗。"初得近似矣，体会犹未切也。诗语毫无悼念宗庙、宫室字。若谓旧址尽为禾黍，则行役者岂能同时见其为苗、为穗、为实之异哉。后之说者皆依《续序》，徒盲从耳。

次章，言使命既毕，再过旧畿，稷方出穗，犹未成实。预料长途艰食，忧心如醉。迟迟不欲前进。再叹求不得苦，而呼天自问也。

卒章，言出旧畿，将过函关时，稷结实矣犹未成熟。自叹竟不可得一饱。故曰"中心如噎"。噎，《说文》云"饭窒也"。今云"梗食病"。饥而不能进食之谓。

（二）君子于役

二章。章八句。六十五字。

（1）君子于役，不知其期。曷至哉？鸡栖于埘。日之夕矣，牛羊下来。君子于役，如之何勿思。

（2）君子于役，不日不月。曷其有佸？鸡栖于桀。日之夕矣，牛羊下括。君子于役，苟无饥渴。

东迁之初，宗周贵族、士大夫之家从来者甚多。其人多有农奴、家庭奴隶与家口同来。洛邑狭促，骤难安插。则命其男子之为士、大夫者，率其奴从，远戍于列国，借其资粮。妇女仍留洛中。此诗，盖留洛贵族妇女之黠奴，谄事其主者献慰之诗也。

首章，"君子"，当时奴隶对其男主人之称。《麟之趾》《殷其靁》两诗皆然。他处亦多见。"鸡栖"与牛羊生活，皆奴隶经常接触之事，奴隶主所不理。故知作诗者为贵族之"当家娃子"，非贵族之主妇。诗言：君子行役，无定期，谓戍役也。何时得归来哉？鸡已归栖，牛羊亦自山丘归来矣。此诸畜皆所以备君子之餐。而君子未归，如之何不思念之耶。谄于主妇之语也。"埘"者，新至贵族之家，官舍不能给，皆因黄土崖岸凿窑而居。即限窑内土壁间凿小龛。至暮使鸡飞升栖之，以避鼬狸，且不妨人。《毛传》"凿墙而栖曰埘"也。凡牛羊皆牧于山丘之上，至夕乃归，故曰"下来"。

卒章，"不日不月"，亦"不知其期"之义。"佸"，毛云"会也"。《孟子》云"何时而有来会期"。"桀"者，鸡多，埘不能容，则插横木窑壁间，鸡即次第飞栖其上。《毛传》谓：鸡栖于杙为桀是也。"括"者，畜栏之称。黄土区住民，凿崖为小窑，以牢牛羊，以二横木关闭之，使不得逸，故曰括。扬雄《方言》："括，关闭也"。引申为会合之义，为包举之义。

（三）君子阳阳

二章。章四句。三十二字。

(1) 君子阳阳，左执簧，右招我由房。其乐只且！
(2) 君子陶陶，左执翿，右招我由敖。其乐只且！

此太学士讥笑其师以教乐舞为乐之诗。周室东迁，已临"礼坏乐崩"之际，太学士子，重诗书而轻礼乐。乐师主教者，犹孜孜于教习乐舞。故士子有此诗也。

首章，"君子"，士子对乐师之称。"阳阳"与扬扬、洋洋，同为得意貌也。"簧"，乐器。《鹿鸣》"吹笙、鼓簧"是也。乐师执簧以招其生徒。"由房"，毛云"国君有房中之乐"，意以为使乐官歌其乐于后妃之房中者，明乐官之贱，而其人乐之。故《续序》云："君子遭乱，相招为禄仕，全身远害而已。"后世多导其说，以为隐者讥之。于文为似，而实不切。朱熹以为"房，东房也"。盖用《尚书·顾命》"东房""西房"之义，以为"此诗亦前篇妇人所作"。就诗之篇次与格局言，亦颇入理。兹不取者，为其不如论述乐官为更切。此诗之房，盖即乐官教乐之所耳。下文不言从之与否，但称其乐。则讥其未知士之不愿学也。

卒章，"陶陶"，自乐貌。"翿"，舞具。"敖"，舞位也。上章言诱人习乐。此章言诱人习舞。自非一时一事之实态，仅能括笑其勤于教人，以之为乐，而不知学者之厌其业也。

（四）扬之水

三章。章六句。七十八字。

(1) 扬之水，不流束薪。彼其之子，不与我戍申。怀哉怀哉，曷月予还归哉！
(2) 扬之水，不流束楚。彼其之子，不与我戍甫。怀哉怀哉，曷月予还归哉！
(3) 扬之水，不流束蒲。彼其之子，不与我戍许。怀哉怀哉，曷月予还归哉！

平王迁洛，宗周贵族率其农奴来依于洛者多，地不能容，禄不是给，于是命之率其奴从出戍于申、许诸国以就食。而留其室家于洛。此辈贵族，辗转就食于诸国之间，无所事事，犹叹其室家未得相随，有此歌也。

首章，"扬之水"，《毛传》："扬，激扬也。"谓山区水流陡落，触石怒腾洄漩起伏之水。所成地在伏牛山脉之间，作者见之如此，因以起兴。喻新朝政令繁激，而无实效也。"彼其之子"，作者指其爱妻，不得随同我出戍于申。私心怀念之。念何时还洛家，与之相聚乎。

次章，言申地远，近楚，不能相安，又移戍于吕。"甫"，与吕，古同音义。故《尚书·吕刑》《礼记》与《孝经》引皆作"甫刑"。马瑞辰曰："作吕者，古文尚书也。作甫者，《今文尚书》也。"吕与齐、申、许皆姜姓之国。周穆王以吕侯为相，作《吕刑》。孔安国云："复为甫侯故或称甫刑。"相传：周室王改吕为甫（唐世系表），故《崧高》诗言申甫。两国同姓，复相近也。

卒章，戍许，又移在内地，去楚益远，故知其戍为就食，非真备楚也。"薪"，析木材为燃料者也。今藏族犹谓木为薪。"楚"，刘丛条为燃料者，质轻于薪也。"蒲"，草之轻韧者，质又轻于楚。虽递轻，扬水亦不能流，是三逐层渐进之义。

诗与《君子于役》"曷至哉""歇其有佸"相应。甚易联想为夫妻遥相唱答之时。然三章与两章不同，又隔以《君子阳阳》，则乐官已定为同时唱和诗，明矣。

（五）中谷有蓷

三章。章六句。七十六字。

(1) 中谷有蓷，暵其干矣。有女仳离，慨其叹矣。慨其叹矣，遇人之艰难矣。
(2) 中谷有蓷，暵其修矣。有女仳离，条其啸矣。条其啸矣，遇人之不淑矣。
(3) 中谷有蓷，暵其湿矣，有女仳离，啜其泣矣。啜其泣矣，何嗟及矣。

此东周士有托妻于友而远出者，久游不归。其妻困甚，友亦不能相恤，徒为慨叹之诗。

首章，"中谷"，犹谷中也。"蓷"，今之夏枯草。周代曰蓷，汉代人曰萑（《尔雅》），或雉（《毛传》），并以佳为音。魏晋人曰茺蔚（郭璞《尔雅注》）。医家曰益母（本草诸家）。其物田野多多，属唇形科。二年生，方茎绿叶，冬不凋落，夏季开花，结实如角，并黑色如枯，故俗呼夏枯草。友人之妻居于谷中，谷有此草，因以起兴，非如《毛传》"陆草生谷中，伤于水"，为贫病之喻。"暵其干矣"，误以夏枯草之穗为因旱而枯，以喻此妇之贫病也。"仳"，毛云"别也"。南楚之间，"器破而未离谓之璺"（《方言》说）。此作仳离，非离叶而远别之义。"慨"，叹声。"遇人之艰难"，述女子叹语。叹所嫁者家计窘乏，艰难远出，以求仕禄也。

次章，"叹其修"者，谓再见时，夏枯草结实如卤状。卤，酒器。《周礼·鬯人》："庙用脩"，注："脩，器名，漆尊也。"又《考工记》："旅之卤。以荐酒，则谓之脩。""条其啸"，长啸也。条与修长之修，古亦通用。周亚夫封条侯。沮王信之封。《汉书·外戚恩泽侯表序》曰："孝景将侯王氏，修侯犯颜。"颜师古注："修音条。"今按：凡从攸之子，木为条，心为悠，文画为修，皆以攸为声，同具细长之义。条字原始音义俱与修同，故班固易书之。此诗上章叹与干为韵，下章泣与湿为韵。此章条与修为韵（实即修与卤为韵）。盖"啸其修矣"之倒用。谓长啸也，口嘘气，郁苦时人多为之。叹遇人不善，责其夫相负之辞。

卒章，"湿"者，夏枯草，平时干健，越年而花。花实成则茎叶亦渐糜烂。濡败，体湿。喻此妇虽艰苦支撑，终于力竭垂死。"啜其泣"，犹云抽噎而哭。人痛苦心伤，泣不成声，抽噎间作，如啜饮，故曰啜泣。"何嗟及"，犹云嗟何及悔晚之意。谓初许其夫之出游，既出而遂绝之也。

东迁时，士人阶级已众，渐不易得禄位。此僻居于山谷中者，夫妇同苦生活不足，遣其男子远出求仕，遂未复归者所遭景象。其友三遇而不能恤，叹其每况愈下，悔无及也。

（六）兔 爰

三章。章七句。八十一字。

(1) 有兔爰爰，雉离于罗。我生之初，尚无为。我生之后，逢此百罹。尚寐无吪。

(2) 有兔爰爰，雉离于罦。我生之初，尚无造。我生之后，逢此百忧。尚寐无觉。

(3) 有兔爰爰，雉离于罿。我生之初，尚无庸。我生之后，逢此百凶。尚寐无聪。

此平王时戍卒群唱之歌也。平王都洛，遣其西来丁壮，戍诸关塞以备楚。楚殊无意内犯。戍卒无聊怨叹。黠者造为此歌，以资群唱。凡群唱用歌，乐曲皆一致，章虽各有异字，含义则同，如此诗也。

首章，领唱一队之辞。"爰爰"，毛云"缓意"。诗言，山民结罝猎兔。兔则爰爰自在,雉乃投于罗中。喻戍役同农民供赋者之争。今东周民赋未用,乃以我辈客民任之。"我生之初",谓幽王初年时也。"无为",谓无军役也。为,古音同讹。《尚书·尧典》"平秩南讹敬致",《史记·五帝本纪》作"便程南为敬致"。《索隐》:"春言东作。夏言南为。"今按:为字从爪,造字时本义乃狩猎战斗之义。今所用皆引申之义。此诗犹是古音义也。诗言:我初生时,尚无军赋之役。我成长后,天下大乱,众主家流离奔走至此,一切劳动之事,莫不任之。"百罹",谓照护主人家口、车马,营造新居,营办衣食,放牧牲畜,采集薪、蔬,今复远戍异地,劳苦百端也。且幸未有战斗,但当相与安寝,勿得讹乱,以遭谴责可也。"吪,动也"(《毛传》)。与《无羊》"或寝或吪"义同。

次章,罦、造、忧、觉一韵,并周代古音,读如脬(pǎo)。陆德明云:"音俘。今之翻车大纲也。"(据注疏本。相台本作"音孚",孚字古亦读 pǎo)。凡从孚之字,罦、脬、俘,古音俱读如泡。隋唐以来乃为 fú 音。今劳动人民犹呼猪脬为"尿胞"(niào-pǎo)。又谓爪内掘为 pǎo (脬)。"覆车大网",谓大可覆车之网。"造",兴作也。"忧",在此读如扰。扰本以忧为声,古音如此。"觉",读居笑反,如教音。今日过去人民谓睡眠犹是如此。

卒章,"罿",陆德明引《韩诗章句》云:"施罗于车上曰罿。"《毛传》"罿,罬也"。《尔雅》"罬谓之罿",则亦是大网之义。"庸",力役也。毛云"用也"。郑云"劳也",亦俱力役之义。"聪",敏于听也。首章言勿闻。次章言勿醒。卒章言熟睡,故无所能闻。亦逐层转深之群唱诗体。

(七) 葛 藟

三章。章六句。七十二字

(1) 绵绵葛藟,在河之浒。终远兄弟,谓他人父。谓他人父,亦莫我顾。
(2) 绵绵葛藟,在河之涘。终远兄弟,谓他人母。谓他人母,亦莫我有。
(3) 绵绵葛藟,在河之漘。终远兄弟,谓他人昆。谓他人昆,亦莫我闻。

平王初年,宗周东洛之宗亲既多,给养不足,则使之寄食诸侯之国。当时制度,凡贵人物,虽流亡,所至,诸侯之国皆当供养之。此辈骄恣习成,享欲肆纵,每不以为满足,转怨平王不能供给,而有此诗也。于时皇父与申国从龙之臣执政(参看《小雅·十月之交》诸篇),西来之贵族结党排之。此诗盖即寄食诸国者回洛后所造,以倾皇父诸人者也。

首章，"绵绵葛藟"，自喻其属于王之宗亲，生活当仰于王禄，犹葛藟之附藟木然（用《葛生》诗意）。"在河之浒"，谓当留居成周，如葛之在水涯也。成周近河，故云。下言：今乃远于兄弟之居而寄食他国，如谓他人为父母者。虽谓他人如父母，他人亦将我不顾恤。

次章，同义。"涘"，亦水涯也。易父为母，以变韵耳。朱云"母，叶满彼反"，谓当读如你也。"有"，郑云"识有也"。朱云"《春秋传》曰：不有寡君"。文在《左传》昭公二十五年，杜注曰"相亲有也"。今按：诗言，虽谓他人母，亦不能使我有其资财。仍不能满足于仅供食宿之语也。

卒章，"漘"亦河涯之陡突者之义。"昆"，谓兄长。"闻"，有恤言之义，当读如问。《文王》诗："令闻不已。"《墨子·明鬼篇》引作"令问"。《说文》"存恤，问也"。

（八）采 葛

三章。章三句。三十六字。
(1) 彼采葛兮，一日不见，如三月兮。
(2) 彼采萧兮，一日不见，如三秋兮。
(3) 彼采艾兮，一日不见，如三岁兮。

此东周近畿樵牧青年，群歌唱和，争夸所遇，以为笑乐之诗也。东迁后，贵族之家生活骤困，青年少女，亦每入山采集，以助生活，而治容盛饰之习不改。樵牧见者，惊为艳丽，而实莫敢相亲也，但于群聚时竞争竞夸其眼福，以为笑焉。三百篇中，于文最简，侈为夸大，嬉戏趣味深长，劳动青年之歌也。

首章，首唱者言所见采葛女子，美丽摄人，使人思慕，一日如三月之久。夸戏之言也。朱熹竟真以为"淫奔者，言思念之深"，可谓迂浅之解也。"葛"，可以制衣者也。"彼"，即"彼其之子"之彼。

次章，首和者，更夸其辞，谓所见采萧女子，三倍其美。"萧"，今云苦蒿，山野随处有之，似艾而含芳香之脂，古人祭祀，以为馨香。《毛传》云"萧所以供祭祀"。《礼·郊特牲》"既奠然后爇萧，合馨香"是也。此言见采萧者，当是尤贵之妇女，流亡中不忘熏沐者也。

卒章，继和者，又更夸大其词，谓所见采艾人，艳丽又十余倍之。艾之用主为医灸。亦由其香气尤烈而醇萧，久经人采，野生虽遍，究稀于萧，采者当为尤贵之妇女，故夸言者用之。

（九）大　车

三章。章四句。四十八字。

（1）大车槛槛，毳衣如菼。岂不尔思，畏子不敢。
（2）大车啍啍，毳衣如璊。岂不尔思，畏子不奔。
（3）谷则异室，死则同穴。谓予不信，有如皦日。

此贵族家相窃，苦于难遂，女约男子同逃之诗也。

首章，"大车"，大夫之车①。"槛槛"，车行声也。《毛传》："诗言：所思者来，乘槛槛之车，已闻其声矣。衣如菼之毳衣②，已见其丽矣，岂能不尔思哉。然而不敢私会，畏我之男子，故不敢耳。"《郑笺》云："畏子大夫来听讼将罪我，故不敢也。"又云："是子男之人为大夫者。"以大车毳衣说为听讼大夫之来。朱熹亦谓："周衰，大夫犹有以刑政治其私邑者"。皆与诗语刺谬。夫周代婚制犹未牢固，民间跳歌，"奔者不禁"，安得有天子大夫治人淫奔者哉？惟淫妇畏其本夫则然也。诗语曰尔，曰子，显为两人，则"尔"指奔夫，"子"指本夫明矣。

次章，再见其人来诱，欲其私奔，亦畏而不敢。"啍啍"，音如敦。毛云："重迟之貌"。当云重迟之声。再来相窃，慎畏，故车声迟重也。"璊"，赪玉，喻毳衣之美。"奔"，谓奔就他所幽会也。

卒章，相与要订私逃异国之辞也。"谷"，谓谷食之生时。谷亦淑善之美称。要言俱生而避恶名，则异室，各自有其夫妇。断矣。"死"，言苟不畏恶名刑死，则同居共隐耳。旧说为淫奔者不敢越礼，生则不相犯，死当同葬之约。夫人死则不能自主。生尚不得相聚，死后谁其能使之同穴哉。惟合夫妇之好者，乃能得合葬耳。此

---

① 《春秋公羊传·昭公二十五年》"建大路"何休注："礼：天子大路，诸侯路车，大夫大车，士饰车。"与《毛传》"大夫之车"说合。
② "毳衣"，《毛传》，大夫之服。《周礼·春官·司服》云："男子之眼，自毳冕而下，如侯伯之服。"郑司农云："毳，罽衣也"。今按：古者编羽毛为氅衣，有领无袖，贵人外出者衣之，即所谓毳衣。晋人所谓"鹤氅"，今人所谓"披风"，彝族所谓"擦耳哇"，其遗制也。初用编羽，后亦用翻革，汉魏以后用毡罽。凡衣制之法，古今变革无常，不可细考。于此诗，知其人车服为大夫阶级可也。

明为要其男子与偕逃异国合婚之辞。中原黄土区人皆穴处，非必葬乃为同穴。同穴，又隐遁他国之义也。非如此解，则两语矛盾，不能相入。断恋与同逃，皆难能之事，故再以信誓要之。

或疑淫奔私约之词，不能著于乐诗。此固有理。然而夫妇之礼犹未巩固，女子易被黜出之世。果有放诞敢为，不满其夫之妇人，竟偕所欢以赴异国者，亦将敢于暴其事如此。恩格斯文亦载述有古代贵族窃淫贵妇之诗歌。此辈饱食暖衣，逸居无教，何事不为。相习成俗，不以为耻，则何不敢暴于诗歌。唐元微之犹有《会真记》，东周岂遂不能传此诗耶？

魏源《诗古微》亦知毛、郑、孔、朱旧说之非，别取刘向《列女传》以为此是"哀息夫人"之诗。其说与《左传》息妫事不合。不足取。

（十）丘中有麻

三章。章四句。四十九字。

(1) 丘中有麻，彼留子嗟。彼留子嗟，将其来施施。
(2) 丘中有麦，彼留子国。彼留子国，将其来食。
(3) 丘中有李，彼留之子。彼留之子，贻我佩玖。

此留邑人民颂其邑君奕世皆能率民治产，裕民生计之诗。留邑，在今河南缑氏县山谷间，《汉书·地理志》及《水经注》所谓"刘聚"是也①。马瑞辰曰："留、刘古通用。"薛尚功《钟鼎款识》有刘公簠。《积古斋钟鼎款识》作"留公簠"。按姓氏书谓周成王封王季之后于刘邑，盖即此地。《毛传》以为"大夫氏"。汉缑氏县地位崤山之南，熊耳山北，洛水上游谷中。正当周王畿内，而土瘠薄地僻，王季之后于成王为疏，应是赐食邑于此耳。刘子世能自奋，率民垦土，引种麻麦蔬果，民赖其利。东迁之后，洛阳人口骤增，民食不足，独此僻邑山陬，衣食之资丰足，故其人思而歌之。刘氏在西周无显人。至东周世，乃世为重臣，久秉国政，著于《春

---

① 《地理志》河南郡洛雒阳，其缑氏县。班氏自注云："刘聚，周大夫刘子邑。有延寿城、仙人祠。"从来神仙家伪造神异，多托云在缑氏山中。以其僻险，人不常至，则易欺也。然其地又能置县，则亦曾有人垦辟之为一区乐土。《王风》诸诗，尤可贵者是此诗也。班氏所定为"周大夫刘子邑"者，盖亦缘于鲁诗，加以地方之元传说。其字作刘，明鲁齐诗字本作刘。《毛诗》多改易古字，独作留耳。《水经注·洛水》谓："合水，北与刘水合。水出半石东山，西北流于刘聚。三面临涧，在缑氏西南，周畿内刘子国。故谓之刘涧。"

秋》。盖由有此凭借，王室不能不倚重之也。孔子游周，正当刘子当国之际，虽不曾至緱氏，亦闻刘氏之歌颂如此。故采录其诗，系于王风之末焉。

旧说此诗者，除《毛传》微近外，自卫宏《续序》以下，无不有误。朱熹竟说为淫奔幽会之诗，则尤谬矣。

首章，"麻"，今云大麻，雌者结子，古人以为食粮，《月令》秋季三月，天子"食麻与犬"是也（今世蓖麻子仅供榨油用）。牡者，剥纤维，绩为布，衣食两资之焉。诗言，丘中之有麻，彼留子所将来之种也。谓其地本无麻种，留子引种，施于栽培。"嗟"者，语词，犹云"嗟彼刘子"，为协麻韵倒在语末。《毛传》以为留大夫名字，失之。留子，往时疏族大夫，赐采颁爵，不过子耳。"施施"，马瑞辰云："按《颜氏家训》云：'江南旧本悉单为施。惟《韩诗》作将其来施施。'"是如《毛诗》古本止作"将其来施"。"施者，施于种植之义。《毛传》从《韩诗》作施施，释为"难进之意"。应仍依齐、鲁诗只存一施字。与余两章同作四字句。

次章，言留邑之麦，亦留子建国时所引种。今人不得食麦，有如彼刘子所将来者。食采之子，称其邑为国。《毛传》谓"子国为子嗟父"，亦非。要引进麦种于留邑，在引进麻种之后，皆邑君之先人，非可得称名者也。

卒章，"彼留之子"，犹云"留子"也。李之种，亦留所原无。赖留子引进之。初有麻，则衣食粗给。嗣有麦，则民食丰裕矣。其后更引入桃李等果树之种于山间，运售于城邑，民生经济益裕，渐得购入佩玖之饰，有如留子所贻也。

《王风》小结

《王风》十篇，六百五十四字。文最多者《黍离》篇，最少者《采葛》篇。自《黍离》《葛藟》《大车》三篇属于贵族统治阶层人物之作外，全属平民阶级及士人之诗。东周统治阶级之雅诗，载入《小雅》《大雅》者均有。民间亦流行有商齐之乐，如《卫风·伯兮》，为其一例。既非《王风》乐类，则不收入此部。十篇全属平王以后诗者，孔子所录仅此而已。

五、《郑风》二十一篇

解　题

郑本为宣王母弟司徒友食采之国，在宗周畿内。友死于犬戎之难。谥为桓公，食邑陷没。其子掘突娶申侯女，从申与秦、晋诸国拥立平王于洛邑，是为武公。先，桓公时忧宗周衰败，预寄孥与贿于虢、桧之君。至是，虢、桧分地以处之。是为"新郑"，今河南郑州市是也。平王三年，复征武公为司徒。遂因新郑以灭桧与东虢，重建郑国。东周初叶，郑于诸侯中最为强盛。其地本属殷畿之南鄙，流行商风与南国乐歌。入周以后，糅杂而成虢、桧之风。郑国既兴，礼乐文教更复自为风气。乐官以新兴乐曲，别为郑风。其乐靡荡悦人。与邶、鄘异趣而近于卫。故世以"郑卫"并称。与周人之雅乐更相排抵。孔子崇雅乐。所谓"郑声淫"者，谓其乐使人愉悦沉湎，非不尚之也。故于列国之诗，独传郑风二十一篇之多。秦汉以后，十三种风与雅俱灭，惟独郑风余韵流行最久。就乐艺发展变化之趋势之验其效果，郑声实较雅乐与其他风乐先进。孔子亦不能不多取其诗而弦歌之（司马迁云："诗三百篇，孔子皆弦歌之。"）。其乐久已不传，兹但考求二十篇本事。

（一）缁　衣

三章。章四句。六十九字。

(1) 缁衣之宜兮。敝，予又改为兮。适子之馆兮。还，予授子之粲兮。
(2) 缁衣之好兮。敝，予又改造兮。适子之馆兮。还，予授子之粲兮。
(3) 缁衣之蓆兮。敝，予又改作兮。适子之馆兮。还，予授子之粲兮。

郑桓公为幽王司徒，死犬戎之难。其妻孥在郐，不及。平王立之三年，复召武公为司徒。此其母与庶母饯贺之诗也。

首章，其母所唱。"缁衣"，《毛传》云："缁，黑色，卿士听朝之正服也。"宜，犹言称其身位。谓"居司徒之官，正得其宜"（毛序注）。"敝，予又改为"，谓桓公为司徒死于职，如缁衣之敝，今则予家复为司徒，如敝而复易为新衣也。"适子之馆"者，《郑笺》云："卿士所居之馆，在天子之宫。""还，予授子之粲"，毛说为"诸侯入为天子卿士，受采禄"。未允。新郑与桧、虢，即皆东周王畿之内。东迁王臣皆无土地食采，郑已有地矣，岂得更授采邑？郑云："自馆还在采地之都，我则设餐以授之。"朱熹亦云："粲，餐也。或曰，粟之精凿者。""既还而又授子以粲，言好之无已也。"皆依卫宏《续序》"善于其职，国人宜之，故美其德，以明有国善善之功"为说。尤属不切。夫公卿还馆，岂无供膳之禄养，而有待于人民之许给一餐耶？清儒又多依《礼记》"好贤如缁衣，恶恶如巷伯"立说，说为美武公"折节下士，屡适宾馆"（方玉润语），谓许所礼贤士以授餐。此则更为不妥。夫贤士将羞嗟来之食，而可以受此给餐之诱乎？《新诠》以为：粲，即"今夕何夕，见此粲者"之粲，谓美女也。"还"者，读如回旋之旋。《礼运》："五行、四时、十二月，还相为本。"有将来、行将之义。其母慰言行且选一粲者待汝于馆舍，以慰离家之情思耳。

次章，其庶母应和之辞也。"好"，美好，慕羡语气，与宜字当有分寸之别。

卒章，亦余母应和之词。"蓆"，毛云"大也"。后儒无异说。程颐曰："蓆有安舒之义，服称其德，则安舒也。"今按：蓆，即多。故许说以广多。此诗言武公父子为司徒，如重蓆也。是多之义。武公子庄公寤生，又复为平王卿士，诚多矣哉。庶母，地位愈卑，则颂语愈佞，封建家庭唱和规律如此。

（二）将仲子

三章。章八句。一百字。

（1）将仲子兮！无逾我里，无折我树杞。岂敢爱之？畏我父母。仲可怀也，父母之言，亦可畏也！

（2）将仲子兮！无逾我墙，无折我树桑。岂敢爱之？畏我诸兄。仲可怀也，诸兄之言，亦可畏也！

（3）将仲子兮！无逾我园，无折我树檀。岂敢爱之？畏人之多言。仲可怀也，人之多言，亦可畏也！

郑武公既为王室卿士，用史伯成谋，将请王命以伐桧。先造为桧仲侵郑之说，纵歌以制舆论。于是作此诗也。"将"，毛云"请也"。"仲子"，谓桧君"桧仲"。

首章，"我里"，谓新郑之邑里。"折杞"，谓虐夺其民。黄河平原住民以杞柳编制器物。折杞，则民用乏。《左传》昭公十六年，郑子产曰："昔我先君桓公，与商人皆出自周；庸次比偶，以艾杀此地，斩之蓬蒿藜藿，而共处之。世有盟誓，以相信也。"所谓"商人"，指桧民为周初自殷徙实洛邑地区之"顽民"之裔。桓公寄孥赂于桧，得桧分与留邑以居（据《公羊传》），是为新郑。故子产谓其先君率民垦辟之言如此。此诗首请勿害其民，与子产之辞如相呼应。盖武公所造舆论，固谓此地区在殷商之世原属南国，周营东都，徙商人于此以填实之。垦辟尤勤。更赖先君桓公寄孥于此，与桧人合力开垦，以成新邑。东迁后，更承王命以为郑之属民。而桧仲贪冒，屡侵郑民。主客势殊，郑不能自捍，惟有吁请桧仲"无踰我里"，无侵害我民之生计而已。"岂敢爱之"以下，谓：本属桧之地与桧之民，我岂敢私有而爱之。是乃天子已命为郑国之民矣。"父母"谓天王也。

次章，"踰我墙"，谓侵入新郑国邑。"桑"，纺织所资，亦车材与弓材，为其时建国者所珍之物资，在此诗则喻工商之业也。"诸兄"，谓同姓兄弟之族，与晋、曹、鲁、卫、虢、蔡诸国君。言我虽欲自弃其民，天王纵不言，诸公族与同姓诸侯亦必不许也。

卒章，"踰我园"，谓侵害及于宫室宗庙矣。"檀"，坚韧之木，当时制神主及造车宫室所必须有，以喻国之重器。诗言：若其入园而犹忍之，则人人皆当责我。我畏人言，必不能忍矣。

三章皆明明虚构之词。三章文义一式，则又明为群唱之歌。为诗佯为端重，而实阴狠。词似巽懦，而实毒烈。外为呼吁之语，以寓怒谴。故知其为灭桧阴谋之诡：故意使其臣民歌之，因采以献周王，诉其侵夺，请王命以伐之也。史伯教桓公之辞，著于《国语·郑一》，其中有"齐、洛、河、颍之间，子男之国，虢、郐为大。虢叔恃势，郐仲恃险，皆有骄恣怠慢之心。加之以贪冒。君若以周难之故，寄孥与贿（孥谓家庭人口。贿谓私有赀财），不敢不许。是骄而贪，必将背君。君以成周之众，奉辞伐罪，无不克矣"。此诗，即武公按"必将背君"之意所制造，为"奉辞伐罪"设阶梯。而郐由是亡矣。郐，《毛诗》作桧。

旧说此诗者，汉唐人皆谓刺郑庄公纵陷公叔段，谕祭仲勿于预家事之诗。全遵《毛序》。宋以来人，皆谓淫妇诫其奸夫之词。全依《朱传》。夫祭仲谏庄公，在叔段居京之初，诗次不当在《叔于田》前。且谏语当密，庄公何得公开以诗谢之。至于淫妇奸夫,警戒之语,至于三次、三地、三物,三畏不同,又复歌唱以播扬之。岂有此理?说诗之方向既错,则解说辞又亦无不谬。故并不可取。偶用《毛传》诂训一二而已。

(三) 叔于田

三章。章五句。五十七字。

(1) 叔于田,巷无居人。岂无居人?不如叔也,洵美且仁。
(2) 叔于狩,巷无饮酒。岂无饮酒?不如叔也,洵美且好。
(3) 叔适野,巷无服马。岂无服马?不如叔也,洵美且武。

此公叔段未居京邑时,谄事武姜者颂谀段才武之诗。其事著于《左传》隐公元年。

首章,言段每出猎,万人空巷观之。续云"岂无居人",谓虽亦有牵于职守,不得出观者。其人皆不如叔段之信美且仁也。颂出猎而曰"美且仁",亦可知其徒具车马旌旗之盛,而无所弋获。曲誉为如汤网开三面之仁耳。

次章,言叔出猎后,其原有职守之人,公退即饮酒者,闻其猎,亦俱赴观之,无复饮酒于家者。惟身份尤高者不往。仍常饮酒。然其人亦不能如叔段之美且好也。

卒章,言叔远猎于郊外之地时,邑中有马者皆驰往观之。都邑内更无乘马者。《郑笺》:"服马,犹乘马也。"(服者,装备之义)虽抑或有之(指公族、卿大夫),其人亦不如叔之美且武也。

(四) 大叔于田

三章。章十句。百一十四字。

(1) 大叔于田,乘乘马。执辔如组,两骖如舞。叔在薮,火烈具举。襢裼暴虎,献于公所。将叔无狃,戒其伤女。
(2) 叔于田,乘乘黄。两服上襄,两骖雁行。叔在薮,火烈具扬。叔善射忌,又良御忌。抑磬控忌,抑纵送忌。
(3) 叔于田,乘乘鸨。两服齐首,两骖如手。叔在薮,火烈具阜。叔马慢忌,叔发罕忌。抑释掤忌。抑鬯弓忌。

此叔段居京邑后,其左右佞倖所作,以献谄于庄公母子之诗。《左传》:"请京。使居之,谓之京城大叔。"朱熹《集传》引苏辙言曰:"二诗皆曰叔于田。故加大以别之。不知者乃以段有大叔之号,而读曰泰。又加大于首章,失之矣。"谓诗题之大字,乃乐师所加,首章之大字,乃后人所误衍。故朱氏《集传》径删首章之大字。查孔颖达注疏本,引陆德明《音义》,亦云:"叔于田,本或作大叔于田者,误。"前篇,格句、音节、旨趣,俱不同。显为段居京前后,两人讴颂之作。此篇固当称段"太叔"。应只是后两章省太字,非首章衍也。上篇三章皆言叔段在国邑时田猎,但夸车骑之美。似庄公媚于武姜之语。此篇则描绘猎事详致,是迭次从猎者,信庄公与母氏俱宠爱段,而作以献庄公母子之语。固宜称太叔也。

首章,"乘乘马",谓乘四马之戎车。太叔自衣甲驾驭,有甲士矛、矢在车上,步卒七十二人在车下以捍卫之,则是自有食邑兵赋时之出猎矣。迨围合火举,百兽奔逃,则又袒裼下车,以逐虎。徒手搏虎而献于庄公母子。献诗乃夸为"襢裼暴虎"耳。"将叔无狃"二句,佞倖并献其殷勤劝阻之语,以饰其忠爱于段之词。

次章,"乘黄",四马皆黄,则国已富,马已多矣。"两服",谓在内两马。"上襄"旧说为"上驾"(良马),《新诠》以为襄犹骧也,上襄谓其昂首奋鬣,前足高举之雄姿。"两骖",外两马稍次于两服之后,如雁行之整齐。亦誉其御术之精。言叔本善射,当驭车入火烈之围场时,又复驻车而射。"忌",语辞,与他诗之兮、且、矣、也诸语辞同,盖郑人之语音如此。《毛传》:"骋马曰磬。止马曰控。发矢曰纵。纵禽曰送。"《孔疏》云:"言发则能中,逐则能及,是叔之善御善射也。"

卒章,"鸨",善走之鸟名。毛云:"骊白杂毛曰鸨。"盖借鸟名以状其马之毛色。两服相并在前,两骖分别在侧,如首与手。"阜",盛也。猎将毕,叔马行慢,发矢已稀,禽殆尺矣。于是释其矢,弢其弓。罢猎也。毛云:"棚,所以覆矢。鬯弓,弢弓也。"朱云:"棚,矢箙盖。《春秋传》作冰。"又云:"鬯,弓囊也。与韔同。"弢,与韬同。《周颂》云:"载韬弓矢。"《秦风》云:"交韔二弓。"

(五) 清 人

三章。章四句。五十字。

(1) 清人在彭,驷介旁旁。二矛重英,河上乎翱翔。
(2) 清人在消,驷介麃麃。二矛重乔,河上乎逍遥。
(3) 清人在轴,驷介陶陶。左旋右抽,中军作好。

狄侵卫（《春秋》闵公二年），郑文公遣高克帅清邑之兵次于河上以备狄。清人思归，高克作此诗，陈河上无患，冀得召还也。已而清人怨溃，高克奔陈。《春秋》书"狄入卫"，在闵公元年十二月。同时书"郑弃其师"。《左传》云："久而弗召，师溃而归。"考诗三章，皆耀武之词，无溃败义。《左传》"郑人为之赋清人"句，在"高克奔陈"后，亦与诗不合，从来说此诗者，皆依《左传》。亦未详考也。卫宏《续序》谓："公子素恶高克进之不以礼，文公退不以道，危国亡师之本，故作是诗。"不知所据。

首章，"清，邑也。彭，卫之河上，郑之郊也。介，甲也"，《毛传》说之如此。卫境在河之南。故高克率师备狄，入驻于卫境之河上。"驷介"，戎车之四马俱披甲也。"旁旁"，驰骋车马之声也。"二矛"，长矛、短矛皆备也。"重英"，矛上装饰之旄缨，由长短排列而见其重出也。郑说"二矛，酋矛、夷矛也，各有画饰"。朱云"酋矛长二丈，夷矛长二丈四尺，并建于车上，则其英重累而见"是也。翱翔，谓河上无警，戎车但翱翔而已。

次章，"消"，亦河上地名。"麃麃"，武貌（《毛传》）。"矛之上勾曰乔。所以悬英也。"（《朱传》）"逍遥"，无所事事之游步。

卒章，"轴"，亦河上地名。"陶陶"，乐而自适之貌。旧说：戎车载甲士三人，居左为御者，居右为勇士。将则居中为中军。左者旋其车，右者抽其矢，如临战阵，中军之将则容好暇豫，毋庸紧张。其实无警故也。

（六）羔 裘

三章。章四句。四十八字。
(1) 羔裘如濡，洵直且侯。彼其之子，舍命不渝。
(2) 羔裘豹饰，孔武有力。彼其之子，邦之司直。
(3) 羔裘晏兮，三英粲兮。彼其之子，邦之彦兮。

魏源《诗古微》："美三良也。文公之时，三良为政，所谓'三英粲兮'也。文公背齐从楚，则孔叔谏之。文公不礼重耳，则詹叔谏之。所谓'邦之司直'也。又几被谮杀于齐，见烹于晋，又所谓'舍命不渝'也。诗次《清人》之后，其美三良而欲文公信任之乎？《毛序》以为'刺朝'，而诗无刺意，则以为存古。且训'洵直且侯'为君侯，亦不词。《韩诗》不渝作'不偷'，又训侯为美。知必不以为刺朝。"

(在《诗序集义》篇）兹从其意。

首章，颂美叔詹伯（詹叔）能不顾其身以赎其国，事见《国语·晋四》。

次章，颂美孔叔（即堵叔）谏郑文公逃首止之盟。事在《左传》僖公五年。

卒章，合三良而颂美之，谓叔詹、堵叔、师叔，亦即郑国洩氏、孔氏、子氏三族之彦。事详《左传》僖公七年宁母之会。

《左传》僖公二十四年，富辰谏王以狄伐郑，有曰："郑有平惠之勋，又有厉宣之亲，弃嬖宠而用三良，于诸姬为近。四德具矣。"三良，谓叔詹、孔叔、师叔。叔詹事最可称。其谏文公不礼重耳，在《左传》僖公二十三年。《国语》载其辞甚详。晋文反国，报不礼者，伐卫、曹及郑。郑伯致其师于楚，与晋战于城濮（《左传》僖公二十八年）"既败而惧，使子人九行成于晋。晋栾枝入盟郑伯。"《左传》于此役未及叔詹。《国语》则云："晋人诛观状以伐郑。反其陴。郑人以名宝行成。公弗许，曰'予我詹而师还'。詹请往。郑伯弗许。詹固请，曰：'一臣可以赦百姓而定社稷，君何爱于臣也？'郑人以詹予晋。晋人将烹之。詹曰：'……杀身赎国忠也'，乃就烹。据鼎耳而疾号曰……乃命弗杀，厚为之礼而归之。"此诗，盖即作于此时（《史记》则谓詹自杀，郑人以詹尸与晋）。特美叔詹，兼及堵叔（孔叔）。师叔事无史文。盖即如晋请成之子人九。师叔为子氏领袖，亦此役有功于郑者也。合观《左传》《国语》，诗之本事乃明，魏氏小有未到，故补明之。

（七）遵大路

二章。章四句。三十六字。

(1) 遵大路兮，掺执子之祛兮。无我恶兮，不寁故也。
(2) 遵大路兮，掺执子之手兮。无我魗兮，不寁好也。

有弃妇邀其夫于大路，揽祛告哀，挞辱不去。士人见而悯之，记其辞之惨痛如此。旧说为"思君子"者，妄矣。

首章，言遵此大路以俟君子于此。揽祛而诉曰："求无恶我。我无失德，只不能敏捷承事故也。""祛"，衣袂。"掺"，毛云"擥也"，即揽之古字，在此为执之助动词。"揽执"，谓伸手远揽而固持之，急迫之举也。揽祛，则下其身如跪矣。"寁"，毛云"速也"。陆云"市坎反"。当读如 zǎn。故扇字作翼同音，与开展之展义近。查字书，作"子感切"。又作"疾叶切"，则当读如捷。毛用捷速之义，则谓行动不敏捷，为夫所恶而被出。妇亦自承不捷也。封建社会轻于出妻，说在《谷风》篇。

卒章，其夫不听，以手殴击而排之。妇因而持其手。魗，有云读如丑（陆云"市由反"）。查上章，恶与故为韵，故恶音"鸟路反"。此章魗与好为韵，则当以寿为声，读如擣。陆德明曰："魗，本亦作殸。"殸，即古擣字，连衡不辍之义。是三家诗本作殸，毛改作魗，读音仍当如擣字。《说文》"殸，弃也"，引此诗。并云"周书以为讨"。则诗当作殸，读如擣明矣。

（八）女曰鸡鸣

三章。章六句。七十八字。

(1) 女曰鸡鸣。士曰昧旦。子兴视夜，明星有烂。将翱将翔，弋凫与雁。

(2) 弋言加之，与子宜之。宜言饮酒，与子偕老。琴瑟在御，莫不静好。

(3) 知子之来之，杂佩以赠之。知子之顺之，杂佩以问之。知子之好之，杂佩以报之。

此士客于友人家者，贤其夫妇和美好客，著其唱答语言以致赞美之诗也。

首章，农家将弋禽款客，夫妇相助之辞。"女曰鸡鸣"，催其夫起也。"士曰昧旦"，其夫恋眠，推曰天未明。女复云"子兴视夜"，再促之。士起视曰"明星有烂"，言星光未灭。女再曰"可徐往沼际，弋凫雁款客"。"翱翔"，徐行也。天将明未明，正弋凫雁之时。

次章，"弋言加之，与子宜之"，士出发前语也。"加"，中也（用《朱传》）。言我准能弋得，交你烹调。"宜言饮酒，与子偕老"，女子答语，犹"烹调饮酒之乐，愿至于老"，温慰婉变之至也。"琴瑟"二句，友人之赞语，谓夫妇和乐如调琴瑟。贞静美好，无瑕可指。"宜"，毛云"肴也"，朱云"和其所宜也"，皆治肉调味之义。

卒章，友人饮食间，揭所闻语而致报答也。知此饮食之来，由贤夫出猎，故取杂佩以报之。"顺之"，言贤妇顺夫意烹调款宾，亦取杂佩以报之。《毛传》："问，遗也。"俱赠以杂佩之，知贤夫妇好之也。"杂佩"，毛云："珩、璜、琚、瑀、衡牙之类。"朱熹云："吕氏曰：非独玉也。觽、燧、箴管（针筒）凡可佩者，皆是也。"右人衣无纽扣，又复宽大，但结衽而以带束之。带宽大，悬佩累累，日用杂具皆备，而以玉为多。谓有五德比于君子，故士大夫多佩焉。近世藏族衣服犹多如此。此诗所赠，皆谓玉佩。解赠而曰"知子之好之"者，亦取玉比君子之义。

旧说不明周诗有集言之体，又曲从毛序"刺不悦德"求解，故多不中。

（九）有女同车

二章。章六句。四十八字。
(1) 有女同车，颜如舜华。将翱将翔，佩玉琼琚。彼美孟姜，洵美且都。
(2) 有女同行，颜如舜英。将翱将翔，佩玉将将。彼美孟姜，德音不忘。

郑文公踕，娶齐桓女，此其催妆诗也。《左传》僖公二十三年："郑文夫人芈氏、姜氏劳楚子于柯泽。"故知郑文娶齐女。古者婚夕，男女能诗者唱和相挑，称催妆诗。周代谥文者率皆由能诗，故知此诗本事如此。

首章，"有女同车"，谓新迎，同车归也。"舜"，毛云"木槿也"，赞女色美如木槿之花。"将"，谓相将同归。"翱翔"，舒徐貌。"佩玉"句，赞其衣佩之美。"孟姜"，姜姓诸侯之长女。郑文公之元年，当齐桓公之十四年，宜所娶为桓公长女也。总赞其"信美也，且都也"。容色之美为美，仪态之美为都。

卒章，"英"，亦花之义。"佩玉将将"，迎婚既至，相将升堂。此章闻佩玉声，则为下车步行可知。"德音不忘"，颂齐桓许婚，为不能忘。

《毛序》为"刺忽也"。《朱传》云"疑亦淫奔之诗"。他儒不出二说。魏源独言"刺文公"。得其人矣。而失其义（谓刺其"结援于楚，复婚文芈"）。兹衍其说为颂齐桓公。

（十）山有扶苏

二章。章四句。三十二字。
(1) 山有扶苏，隰有荷华。不见子都，乃见狂且。
(2) 山有桥松，隰有游龙。不见子充，乃见狡童。

此郑国山野，男女调笑，女子嘲谑男子之歌。汉唐儒皆说为刺郑昭公忽君臣之诗。夫此诗三十二字中，四举植物，皆双名，乃劳动人民语言，非士大夫阶级之诗也。当时下层劳动人民不知国家内政外交得失，安得为此以刺上哉。凡周代动植物名称，出于中原文士之口皆只一字，惟译四夷称语为两字。出于劳动人民之口者亦皆两字。劳动人民能习士大夫语言，又所见物类庞多，故必用双音乃易区别。士大夫接触之物类少，故犹坚持古人所用之单字名称。即如此诗，虽明确指在山在隰之四种植物，封建士大夫之号博物者，求解二千余年，迄无能指实其形状。则谓此为执政阶层刺上之诗，岂得成立？朱熹《集传》谓为"淫女戏其所私者"，近之矣。然因其脱离劳动群众既远，不知山野率真之人，男女调笑固自如此，非"淫女"也。

首章，"扶苏"，苴也。体细弱，纤维软美，苗似紫苏，茂则相扶而生，故曰扶苏。《毛传》曰"扶胥，木也"。《尔雅》"辅，小木"。钱大昕曰："长言为扶苏，急言为辅。"究莫能指为何物。徒以在山，拟以为小木耳。诗言：山则有扶苏可绩，原隰有荷花可观。喻人情所好，美物也。我亦欲得美男如子都者也。今不见子都，乃见此"狂且"何哉。"子都"，郑庄公时美男子。故《毛传》云："世之美好者也。"《孟子》："不知子都之姣者。无目者也。""狂且"，与下章狡童对文。不当用"其乐只且"之且字作解。毛云"且，辞也"，非义。《新诠》以为当说为"狙公赋芧"之狙。与"狡童"对。谓其狂躁而丑如猴也。

卒章，女友相和之词。谓山则有桥松之苍翠，隰则有红草之繁茂，人情恒欲得富有之男子。今我所遇者非富有之子充，乃遇此干瘦之狡童何哉！"桥"，陆德明云："本亦作乔。毛作桥。其骄反。王云，高也。"谓所见王肃本，作乔，高也。惟毛本作桥。《毛传》："龙，红草。"《朱传》："一名马蓼。叶大而色白，生水泽中，高丈余。"今按：马蓼花，赤红色，故曰红草。其叶鞘包茎，白色。非叶色白也。"游龙"，郑云"红草放纵支叶于隰中"。"子充"与"子都"对文。古人实有号子都者。亦当有实号子充者。《孟子》云："充实之谓美。"谓富有也。今藏族犹谓商业为"充"，经商者为"充本"。子充与狡童对。朱云："狡狯之小儿。"盖言：童子则无所有，徒为狡诈虚伪之饰而已。

（十一）萚兮

二章。章四句。三十二字。

（1）萚兮萚兮，风其吹女。叔兮伯兮，倡予和女。
（2）萚兮萚兮，风其漂女。叔兮伯兮，倡予要女。

此郑厉公获傅瑕。讽以纳己，因并属瑕寄郑卿大夫，行贿劝贰之诗也。初，郑庄公娶邓女，生太子忽，是为昭公。又娶宋雍氏女，生子突。庄公卒，卿士祭仲立昭公。雍氏有宠于宋。宋庄公使人诱执祭仲，要之以立突。祭与宋盟，以突归，立之。是为厉公。昭公忽奔卫。厉公立四年，恶祭仲专国，谋杀之。不遂。出居边邑栎。祭仲复迎立昭公。栎恃宋援，郑人不敢伐。昭公二年，为其卿高渠弥所弑死。祭仲不敢入厉公，乃更立昭公弟公子亹为君。子亹元年，齐襄公会诸侯于首止。子亹往会，齐人杀子亹。祭仲召子亹弟公子婴于陈而立之（《左传》作子仪。此从《史记》）。立十四年。"故从亡厉公突有栎者，使人诱劫郑大夫甫瑕（《左传》作傅瑕。在庄公十四年）。要以求入。瑕曰：'舍我。我为君杀郑子而入君。'厉公与盟，乃舍之。"（《史记·郑世家》）《左传》："郑厉公自栎侵郑，及大陵，获傅瑕。傅瑕曰：'苟舍我。吾请纳君。'与之盟而赦之。六月甲子，傅瑕杀郑子及其二子，而纳厉公。……厉公入，遂杀傅瑕。使谓原繁曰：'傅瑕贰，周有常刑，既伏其罪矣。纳我而无二心者，吾皆许之上大夫之事，吾愿与伯父图之。且寡人出，伯父无裹言。入，又不念寡人。寡人憾焉。'对曰：'先君桓公，命我先人，典司宗祏。社稷有主，而外其心，其可贰如之。苟主社稷，国内之民，其谁不为臣。臣无二心，天之制也。子仪在位十四年矣，而谋召君者，庸非二乎。庄公之子，犹有八人，若皆以官爵行贿劝贰，而可以济事。君其若之何？臣闻命矣！'乃缢而死。"（《史记》作："入而让其伯父原曰：'我亡国外居，伯父无意入我，亦甚矣。'原曰：'事君无二心，人臣之职也。原知罪矣。'遂自杀。厉公于是谓甫瑕曰：'子之事君，有二心矣。'遂诛之。"

校对左、司马所记，似各有来源。然其先为贿爵劝贰则同。盖其先获傅瑕时，讽以此诗。并嘱之持归以要其同列诸臣，原繁不从，故实既入先杀之（此当从《史记》，或鲁诗有是说也）。由原之辞正，而并杀瑕也。

首章，"萚"，即竹笋之箨。从艹之字，魏隶恒省作从卄，盖王肃本字如此。笋成竹，则箨自因风而落。诗以喻子仪之衰，突势养成，郑诸臣将如箨之从风陨落。谓当改图也。"叔兮伯兮"，周之天子常如此称诸侯。诸侯亦常以此称公卿，贵族统治之封建社会，例称同姓为伯父、叔父，异姓为伯舅、叔舅。"倡予和女"，谓汝等发难于内，我将相应于外也。

卒章，"漂"，谓飘落于风，犹飘落于水也。"要"，谓要之以盟信，"许之上大夫之事"。盟于傅瑕者，转寄于诸大夫。不从者则当如箨之落。故杀原繁之辞曰"愿与伯父图之"。曰"又不念寡人"。

旧说此诗者纷庞多端，毛云"刺忽"。朱云"淫女之词"。魏源云"刺文公"。更有说为"刺庄公"者及与女子求爱者。无一有当于文理。旧次在民间诗后者，盖厉公初不欲以诗入乐。传世既久，而后乐官收录之也。

（十二）狡　童

二章。章四句。三十八字。

(1) 彼狡童兮，不与我言兮。维子之故，使我不能餐兮。
(2) 彼狡童兮，不与我食兮。维子之故，使我不能息兮。

此轻薄妇女调笑女友热恋其夫之歌耳。

首章，嘲其偶因其夫不与之言，则郁思而不能进食。

卒章，嘲其夫偶或不与共餐，即郁怨而不能安眠。皆笑其相爱之痴。模拟其本人情意以为戏谑。故辞意似苦痛，而语调则轻松愉快。旧说为"刺忽"者，固非。说为"淫女见绝"（《朱传》），与"刺文公申侯"（魏源），亦谬。

（十三）褰　裳

二章。章五句。四十四字。

(1) 子惠思我，褰裳涉溱。子不我思，岂无他人？狂童之狂也且！
(2) 子惠思我，褰裳涉洧。子不我思，岂无他士？狂童之狂也且！

郑有赴女子之约订婚未成者，女子诟之之词。后遂以为男女跳月群唱之歌。

首章，"褰裳涉溱"，谓男子赴约褰裳涉水而来。可感矣。而所要近苟，则怨而去之。女谓："子不我思，岂遂无他人爱我乎。"既去而诟之曰："狂童也，其轻率也如且。"且，在《君子阳阳》陆氏音"子余反"。于《山有扶苏》及此诗。则皆音"子余反"为读狙。同义。

卒章，"涉洧"，则又是郑之另一地方，不能仍是"涉溱"之人。而歌词相同，即可知非实有之事，而为借用相传故事，造为群唱之歌，供跳月者用也。

旧说种种不一，要皆以为士大夫刺其君之诗。夫褰裳而涉，非士大夫阶级所有之事，即亦不可能设想如此之诗。朱熹谓是"淫女语其所私"，殆近之矣。而不可通章为一事。凡两三章同文之诗，皆群唱虚拟之词。似此如实之诗语而两章同式，则当定为踏歌之群唱。朱氏未能知。

（十四）丰

四章。二章章三句。二章四句。六十字。

（1）子之丰兮，俟我乎巷兮。悔予不送兮。
（2）子之昌兮，俟我乎堂兮。悔予不将兮。
（3）衣锦褧衣，裳锦褧裳。叔兮伯兮，驾予与行。
（4）裳锦褧裳，衣锦褧衣。叔兮伯兮，驾予与归。

卫士人为齐执政者所招，初未肯往。嗣复欲就之，乃托为婚媾之言为诗以献执政。旧说为婚姻之实事，浅矣。方玉润《诗经原始》云："此寓言。非咏婚也。世衰道微，贤人君子隐处不仕。朝廷初或以礼往聘。不肯速行。后被敦迫，驾车就道，不能自主。发愤成吟，以写其胸中愤懑之气，而又不敢显言贾祸。故借婚女为辞。……仕进至亦可矜已。不然，昏礼纵缺，亦何男俟乎堂而女不行耶。"（驳朱熹之说）近是矣，而误用后世避世之事以说古诗。诗语明白爽快，与唐人之"洞房红烛"正同，安有愤懑之气，贾祸之畏？

首章，《毛传》："丰，丰满也。巷，门外也。""不送"，《郑笺》："悔予不送是子而去。"《新诠》以为：丰、昌，皆地名。"昌"见《齐风》。明言其相见处。

次章，毛云"昌，壮盛貌"。非。"将"，相将俱行也。两章"子"字，俱明言来迎新者。"予"字，"我"字，皆嫁者自指。若果为实事，则此两人在两章为一事，又何得分言俟巷、俟堂？一丰、一昌，而复一送、一将，恍如对两个亲近男子言之乎？是惟寓言之诗得如此耳。

三章，"锦褧"，嫁者之衣。"叔兮伯兮"非对本夫之称，在诗之意，如呼送亲者，命之驾车出嫁。

卒章，重复其词，如呼迎亲者，驾车同归。世绝无此新娘。亦绝不能同时一再呼送迎者上道。以此订为托婚寄意之献诗。士有九能，"升高能赋可以为大夫"。故知周代士之求进者有献诗之礼。盖春秋中世，士类多而禄位不足时，有此事象。

（十五）东门之墠

二章。章四句。三十二字。

(1) 东门之墠，茹藘在阪。其室则迩，其人甚远。
(2) 东门之栗，有践家室。岂不尔思？子不我即。

此亦郑人踏歌跳月所用之乐诗，歌往时男女爱悦相诱之语。其本事不可知，要是郑国东门外之男女婚会旧歌。

首章，男诱女也。言东门外有土坛，除地祭日之坛也。"茹藘"，毛云"茅蒐也"。朱云"一名茜，可以染绛"。室迩人远者，男子言，识所恋之居，近在东门墠（坛同）近阪下，有茹藘为标识，虽常往徘徊，而其人不可得而亲接。

卒章，女答男也。言：亦知尔家在东门外栗树下。"践"，毛云"浅也"。朱云"行列貌"。马瑞辰云："《太平御览》引《韩诗》作靖。云'靖善也'。……《艺文类聚》引《韩诗》作竫。竫亦善也。"盖谓善美之家庭。明相知有素也。岂不思子，子不来即我耳。即，就也。

（十六）风　雨

三章。章四句。四十八字。
(1) 风雨凄凄，鸡鸣喈喈。既见君子，云胡不夷？
(2) 风雨潇潇，鸡鸣胶胶。既见君子，云胡不瘳？
(3) 风雨如晦，鸡鸣不已。既见君子，云胡不喜？

此郑人当灭灾祸急迫时，得执政劳恤慰问者至，狂喜欢呼，群唱之歌。《竹书纪年》周襄王十三年（鲁文公五年，郑穆公之六年），"洛绝于泂"。泂，郑地，《左传》作向。本王畿濒河之邑，桓王以易郑、邬、刘、蒍、邘田（《左传》隐公十一年）者也。绝，犹决也。河改道，则旧河之下游绝。洛水下游平坦，当夏秋大水，往往决而成灾。疑诗即记洛决成灾之事。北方河决，所泛地人民皆泅聚高阜待粮。大牲畜不及携，携鸡鹜等小牲畜易。故凡灾民聚处，鸡声、风声彻夜。河决由于暴雨，故诗三言三者之声势。

首章，"喈喈"，鸡声。鸡字以奚为声。奚古音如喈。今广东人犹呼鸡为喈。三江人亦呼鞋如偕，字作鞵。"君子"，当时人民对官吏之称呼。"夷"，悦也。

次章，毛云："潇潇，暴疾也。胶胶，犹喈喈也。"《广韵》引诗作"鸡鸣嘐嘐"。盖鲁齐诗有如此者。谓母小鸡之声也。与瘳叶韵。疾除曰瘳。

卒章，言风雨来于晦夜。鸡皆惊鸣不已。灾民急迫时也，而君子劳问至，则喜可知矣。全是北方水灾时景象。及今皆然。旧说此诗者多不中。

（十七）子　衿

三章，章四句。四十九字。

(1) 青青子衿，悠悠我心。纵我不往，子宁不嗣音？
(2) 青青子佩，悠悠我思。纵我不往，子宁不来？
(3) 挑兮达兮，在城阙兮。一日不见，如三月兮！

此国学教师易人，去职之师伤学子废学之诗。《毛序》云："刺学校废也。"子产不毁乡校，则郑之学校未废。但继任教者旷职耳。

首章，《毛传》："青衿，青领也，学子之所服。""悠悠"，朱云："思之长也。"亦即忧思之意。系念其弟子。"不往"，谓已去职，不到学校。"子"责其弟子。"嗣音"，毛云："嗣，习也。古者，教以诗乐，诵之歌之，弦之舞之。"谓自练习为"嗣音"。

次章，毛云："佩，佩玉也。士佩瓀玟，而青组绶。"责弟子虽继任旷职，诸子讵不可以来质疑问难于我乎？

卒章，毛云："挑达，往来相见貌。"朱云："挑，轻儇跳跃之貌。达，放恣也。"当用朱说。"城阙"，谓城上，阙上。周时国邑必有阙，一曰象魏，在朝门外，令教则悬于此，令民观之。筑土而城，两相对如门，故曰两观。此言学子无所事事，佻达游眺于城与阙上。因叹从恶如崩，一日不见，堕落如三月之久。"一日"两句，用东周初《采葛》诗原语，当是春秋世习于诗乐之士所作。故可以定为退职乐正之诗。

（十八）扬之水

二章。章六句。四十八字。

(1) 扬之水，不流束楚。终鲜兄弟，维予与女。无信人之言，人实迋女。
(2) 扬之水，不流束薪。终鲜兄弟，维予二人。无信人之言，人实不信。

此郑穆公招公子瑕之诗也。疑即上篇乐官代作。两章首句与《王风·扬之水》

同文，亦如上篇"一日不见"句之用《王风》成语。当同为春秋中世郑人之习于诗乐者所作。旧说以为刺昭公忽，与"淫者相谓"，皆有未合。魏源以为"讽子瑕。子兰争国之诗"。当是。

郑文公有三夫人。宠子五人，皆以罪早死。公怒，尽逐群公子。庶妾燕姞生子兰，奔晋。晋文公爱幸之，强入子兰为太子。文公卒，子兰立，是为穆公（《史记》）。文公又娶苏侯女，生子瑕，为文芊所爱，而文公恶之。子瑕奔楚。文公卒之明年（《左传》僖公三十三年）。楚侵陈蔡。遂伐郑，将纳子瑕。"门于桔柣之门。瑕覆（车）于周氏之汪。外仆髡屯禽之以献。文夫人（文芊）殓而葬之郐城之下。"（《左传》）此诗，盖楚侵郑时，穆公作以招子瑕，并陈于文芊之诗也。文公三夫人者，先娶齐女孟姜，有诗。复以亲楚，娶文芊。子皆有宠而以罪死。又娶于江，生子士，被楚人酖杀。又报于郑子之妃，生子华、子臧，并早死。文公即位之三年，杀母弟须，及昭公忽之子。又以戴公、桓公之族尽逐武、穆之族（《左传》宣三年）。故当穆公即位时，郑之公族自子兰、子瑕外，唯戴桓之族存。戴桓为西周世之祖先，于郑为最疏。则诗云"终鲜兄弟，维予二人"之义，为子兰给子瑕语，为不可移易者也。穆公时，晋楚争霸，文公先得罪于晋与周王，故迫而事楚。楚又因子瑕故偪郑。晋远不能救。穆公为此诗以招子瑕，并陈文芊，欲以缓楚之师，为必然矣。瑕自车覆被禽诛，文芊犹殓而葬之。则文芊因袒子瑕而召楚师，又可知。然诗为对子瑕语，非讽文芊。

首章，借《王风·扬之水》成文，喻冲激之水不可以流楚薪。劝其勿恃楚援也。"无信人之言"，谓兄弟至亲勿为他人所间。'迋'，《毛传》"诳也"。陆氏《音义》云"求往反"。亦读如诳。《说文》："迋，往也。从辵，王声，《春秋传》曰：'子无我迋。'"（《左传》昭二十一年）盖春秋世迋、诳通用。

卒章，重言之，易流薪在后者，谓借外力不足恃，如扬之水，不惟不能流楚，即更重之薪亦不能流也。后句"信"读如伸。

（十九）出其东门

二章。章六句。四十八字。

(1) 出其东门，有女如云。虽则如云，匪我思存。缟衣綦巾，聊乐我员。

(2) 出其闉阇，有女如荼。虽则如荼，匪我思且。缟衣茹藘，聊可与娱。

此歌郑俗。踏青、跳月，男女野会择配。本南国旧俗。郑人因之。此诗为夫妇同往东门问俗之士人，相与倡答之歌。

首章，士歌谓如云之女，非我所慕，我汝之缟衣綦巾，聊足自乐也。《毛传》："缟衣，白色，男服也。綦巾，苍艾色，女服也。"《朱传》："缟衣綦巾，女服之贫陋者。""聊乐我员"，员读如云，语词也。《韩诗》作魂。亦是云字音。凡语词，重在写音，不拘字形。

卒章，女歌和。《毛传》："闉，曲城也。阇，城台也。"亦谓城门之外。"荼"字在周诗屡见，含义各自不同。此诗荼字，盖亦众盛活跃之貌。故言热烈曰"如火如荼"。"茹藘"，毛云："茅蒐之染，女服也。"朱云："可以染绛，故以名衣服之色。"合观两章，男子为缟衣，女子缟衣苍艾色之中，朴素之士人夫妇也。夫妇和乐，足以相娱，则不羡踏青之男女也。

（二十）野有蔓草

二章。章六句。四十八字。

(1) 野有蔓草，零露漙兮。有美一人，清扬婉兮。邂逅相遇，适我愿兮。
(2) 野有蔓草，零露瀼瀼。有美一人，婉如清扬。邂逅相遇，与子偕臧。

此男女跳月习用群唱之歌。男女通用。盖古时已有之旧歌。跳月恒在初昏露零之时，会者皆不期面集。赞美他人，但曰眉目清扬，姿态婉美。结语，但曰适、愿、偕臧，皆通绾泛适，人人可用。不著任何山野人物特点。当是乐官所造，欲导乐事于庄严之歌。

首章，漙，露多貌。朱云："清扬，眉目之间婉然美也。邂逅，不期而会也。"（《朱传》）"适我愿兮"，言初相悦。

卒章，"瀼瀼"，盛貌。"臧"，善也。"与子偕臧"，言可以结婚，同归于善，是庄严语，故知为古乐官作，欲以导俗于善道者。

（二十一）溱 洧

二章。章十二句。九十二字。

(1) 溱与洧，方涣涣兮。士与女，方秉蕑兮。女曰观乎？士曰既且。且往观乎！

洧之外，洵吁且乐。维士与女，伊其相谑。赠之以勺药。

（2）溱与洧，浏其清矣。士与女，殷其盈矣。女曰观乎？士曰既且。且往观乎！洧之外，洵吁且乐。维士与女，伊其将谑。赠之以勺药。

郑当春秋中叶，简定之世，境安民乐。乐官采风者观于溱洧之上，志其实际情形如此，以纪一方风俗，非有所劝刺。旧说为"刺乱"（《毛序》）；为"淫奔者自叙之词"（《朱传》）；甚至谓"男女相弃，各无匹偶，感春气并出，托采芬香之草，而为淫泆之行"。"女情急，故劝男使往观于洧之外"，"因相与戏谑，行夫妇之事。"（《郑笺》）可谓荒谬绝伦矣。诗语全是旁观记叙之辞。长近百字，回翔以纪民俗。盖东周较晚出之诗。乐官所作，孔子所录，何至于细描野合如《郑笺》哉？

首章，"溱与洧"，郑郊二水名。"涣涣"，毛云："春水盛世。"郑云："仲春之时，冰以释，水则涣涣然。"蕳，毛云"蘭也"。《孔疏》引陆玑疏云："其茎叶似泽兰，广而长节。节中赤，高四五尺。汉诸池苑及许昌宫中皆种之。可着粉中藏衣，著书中辟白鱼。"今按：此士与女方共秉蕳同赏，盖夫妻同游者也。游溱复洧，于洧上得香草，共持赏之。非如郑说为"男女相弃，各无匹偶，感春气并出，托采芬香之草而为淫泆之行"。"女曰观乎"，谓见洧水之外。士女如云，邀同往观也。"士曰既且"，郑云："既，已也。士曰：已观矣。未从之也。"马瑞辰曰："劝其息也。盖士初未去，但言曰止息。"《大雅·假乐》"民之攸墍"，毛传："墍，息也。"《左传》昭公二十一年引作"民之攸暨"，杜注"暨，息也"。墍、暨、既是一语之异字。凡记录语言字，重在以字适音，不必缘字以求义。士不欲往，故女又复促之曰："姑同往观乎？彼洧之外，信吁且乐矣。"吁，毛云"大也"。谓大言之声，今云嘈呶是也。谓彼男子呶闹快乐也。三且字不同音义：先且字，语词。次，姑且之义。此且字，又复之义。下文"维士与女，伊其相谑"，观者之语，指洧外众多之男女。"赠之以勺药"者，谓观者不欲久观而去，非谓实有所赠也。马瑞辰云："古之芍药，非今之所云芍药。……《释文》引《韩诗》曰：'芍药，离草也。言将离别，赠此草也。'"今按：崔豹《古今注》曰："芍药，一名可离，故将别赠以芍药，犹相招则赠以文无。文无一名当归也。"正与《韩诗》以芍药为离草义合。《稽古篇》引董氏谓勺药为江蓠。则将离即江蓠之转音耳。当以此说纠正《郑笺》"将别则送女以芍药，结恩情"之谬。盖士人夫妇不以洧外男女笑谑为然，愤然云之之辞，"赠之以勺药"犹云"付之一笑"，"报之以嗤"之类，鄙斥之义也。踏青、跳月，本原始恋爱之习俗。封建社会形成后，士流不屑为之。此诗与《出其东门》皆此辈士流所作。

卒章，与前章同文义音节，易涣涣为"浏其清"，则是冰全解以后之水流矣。时则踏青者更多。"殷"，众也。"盈"，盈野无隙地也。明与上章非一时。而余文同者，又似与上章为一事。此又可知诗为旁观者忆游慨叹，综述其所见之辞，非志一人与多人之实事。旧说此诗者皆欲凿凿然指实其文，为未达矣。

《郑风》小结

《郑风》二十一篇，一千零六十六字。《大叔于田》字最多。《将仲子》次之。皆统治阶级之作。《山有扶苏》《萚兮》《东门之墠》三篇字最少。《溱洧》二章九十二字，纪一方风俗，固宜详也。

自《缁衣》至《山有扶苏》十篇。自郑东徙时起，从统治阶级而士而平民排次可循。惟《有女同车》一篇为后时，且统治阶级之诗。排次未当。疑是《毛诗》说为"刺忽"而妄移乱之。原编当是在《山有扶苏》之下。其上九篇，孔子壮年教学于鲁时，自鲁太师所抄录也。《有女同车》《箨兮》以下，则其晚年游郑所续钞得之于郑太师者。亦自文公诗以下，递及于劳动人民之作。而乐官之诗附在末也。《扬之水》夹在乐官诗中者，盖亦乐官所撰故也。

六、《齐风》十一篇

解　题

武王封师尚父吕望于营丘，以御东夷。是为齐太公。太公善于经国，"因其俗，简其礼，通工商之业，便鱼盐之利，而人多归齐"（《史记·齐世家》）。成王时，管、蔡、殷、奄与淮夷叛，周公东征，使召康公命太公为东伯，得专征五侯之地。四国既平，分奄溥姑之地予齐，遂成霸国。其地西逾济水，南有岱、蒙，东北尽海。民富国强者数十世。然世尊周室。哀公被谗，为周夷王所烹，于是有鸡鸣之诗。周既东迁，王室陵替，桓公率诸侯以朝周，号为五霸之首。

齐之风乐，相传始于夏孔甲时，号为"东音"（《吕氏春秋·音初篇》说）。时当成汤初兴之际。其后国虽隶属于商，风乐仍与商有别，凡济水以东，海岱之间，民间音乐，自成风气。直至秦汉，言乐者犹以"商齐"并称（见《荀子》与《大戴礼》）。

孔子壮年试仕于齐，习于齐乐。《齐风》十一篇，即其肄习于齐太师者也。所录皆齐桓以前之诗。其后出游十四年，未更至齐，故诗亦未能更增。其十一篇次第，亦依齐太师旧次未乱。大抵以入乐先后为序。原歌应多，孔子只选习其一部分如此耳。

齐鲁同为东方大国。鲁本奄地，习南乐。徙国初，用豳声，不能普及。国人从习齐风者多。故《齐风》中亦多有鲁国人诗。

（一）鸡　鸣

三章。章四句。五十一字。

（1）鸡既鸣矣，朝既盈矣。匪鸡则鸣，苍蝇之声。

(2) 东方明矣，朝既昌矣。匪东方则明，月出之光。

(3) 虫飞薨薨，甘与子同梦。会且归矣，无庶予子憎。

齐哀公为纪侯所谮，惧，不敢朝周。其夫人勉之行，入朝而烹①。其夫人伤之，托为大夫夫妻相警之言，以寄其痛忿之情也。

首章，托为闻鸡鸣声，促夫兴起语。又以其夫苍蝇之对，喻其畏谗人之口。夫鸡三鸣而后天曙。天曙乃有苍蝇飞动。诗言"鸡既鸣"，则是初鸣时也，安得已有"苍蝇之声"？即此，已可知其托词寓意，非谓实事如此。"匪鸡"二句，托为其夫答语。夫鸡声、蝇声，大小悬绝。即远地鸡鸣，声波所至，亦无疑为蝇声之理。况其夫既未起视，则又安得以蝇声对答哉？盖人情莫不恶蝇之萦扰污秽，从来用以比喻谗口。《小雅·青蝇》即承此诗为斥诉谗人之歌。作者盖以鸡鸣喻周王之召。以蝇声喻纪侯之谗。如云：王之召我，由纪侯之谗也。

次章，再喻东方日出，为"天王圣明"。谓朝周王者皆获昌盛。是劝哀侯朝周，勿畏谗口之意。"匪东方则明"二句，同上再设为其夫答语，以喻哀侯先见之明。盲：非日出光也。"月出之光"，喻天子未明，阴犹用事，不欲往也。

卒章，设为男子先语，"虫飞"，乃指青蝇。"薨薨"，众多混乱貌，亦喻谗说之众。故不欲往。"同梦"，谓同寝处不离。"会且归"二句，妇人勉其行，云：入朝，不久当还。不朝，反将得罪。马瑞辰曰："庶，幸也。《大雅·抑》诗，'庶无大悔'传'庶，幸也'。无庶，即庶无之倒文。……予、与，古今字。'予子憎'，《正义》引定本作'与子憎'。与，犹遗也。'无庶与子憎'即庶无赠子憎。"谓入朝则庶几不憎恶子也。

---

① 《竹书纪年》周夷王三年，"王致诸侯。烹齐哀公于鼎"。《史记·齐世家》："哀公时，纪侯谮之周。周烹哀公。而立其弟静，是为胡公。"哀公名不辰。《索隐》曰："世本作不臣。谯周（《古史考》）亦作不辰。宋忠曰：'哀公荒淫田游，史作《还》诗以刺之也。'"外此别无史事。《集解》引徐广曰"夷王时"，与竹书纪年合。司马迁但云"周王"，时《纪年》尚未出土故也。郑玄《诗谱》谓太公"后五世，哀公政衰，荒淫怠慢。纪侯谮之于周。懿王使烹焉。"

按：《周本纪》："穆王立五十五年崩。子共王繄扈立。……共王崩，子懿王囏立（《竹书纪年》，共王十二年陟）。懿王之时，王室遂衰，诗人作刺。懿王崩。共王弟辟方立，是为孝王（《竹书》谓懿王名坚，在位二十五年）。孝王崩，诸侯复立懿王太子燮，是为夷王。夷王崩子厉王胡立。"（《竹书》谓孝王在位九年。夷王在位八年）。皆不言烹齐侯事。《索隐》注"诗人作刺"，引宋忠曰："时王室衰，始作诗也。"盖汉儒见三百篇中无康、昭、穆、懿、孝、夷诸王之雅。而齐有《鸡鸣》与《还》诗，谓是齐哀公世作，以为当懿王之世，故史迁有语。宋忠（汉末，三国初人）既以《还》诗为哀公时作。在夷王时，遂谓《鸡鸣》一篇是懿王世诗。郑玄又并谓哀公为懿王时死。大抵齐、鲁、韩诗皆有此说。故马迁据以记烹哀公事而未详何王。汉儒皆未得见魏之《竹书纪年》，故但能依诗说推测耳。孔颖达作《诗谱正义》，不用《竹书》，但凭《史记》推之曰："云懿王立，'王室遂衰'，自懿王始。明懿王受谮烹矣。且本纪称：懿王之时诗人作刺，得不以懿王之时，鸡鸣诗作而言懿王时乎？"以郑玄推测之意，掩《竹书》具体之文。亦谬。

旧说此诗者，纷无定论。或言贤妃警其君早朝（毛、郑、朱）。或谓刺谗，（魏源）。或谓贤妇警其夫入朝（方玉润）。其共同之失，在于不知周诗有假问答之言为一章之辞者，竟全部说为"贤妃""贞女"一人之语，故其说义半非也。《续序》提示哀公夫人之作，得其世矣，而未得其辞义，真说为"风夜警戒相成之道"。是史事未明所致。

（二）还

三章。章四句。六十九字。
(1) 子之还兮，遭我乎峱之间兮。并驱从两肩兮，揖我谓我儇兮。
(2) 子之茂兮，遭我乎峱之道兮。并驱从两牡兮，揖我谓我好兮。
(3) 子之昌兮，遭我乎峱之阳兮。并驱从两狼兮，揖我谓我臧兮。

齐有贵族女子嗜猎者，悦另一贵族之雄武男子。成婚后，赋其结爱之经过如此。齐、鲁诗作"营"（《汉书·地理志》）。《韩诗》作"嫙"（陆德明《释文》）。《毛诗》作"还"。齐人读营如员音，故三家诗异字。当以营为正。诗盖作于胡公徙治薄姑之时。《史记·齐世家》云："胡公徙都薄姑，而当周夷王之时。哀公之同母少弟山，怨胡公，乃与其党率营邱人袭攻杀胡公而自立，是为献公。献公元年，尽逐胡公子，因徙薄姑都治临淄。"（周夷王烹哀公而立胡公。故子山怨之）临淄营丘为一地之二城。胡公虽自营丘徙都薄姑，故都之人民与商业犹盛。故贵族富商恒往来于两地之间。诗中之营，即营丘也。

首章，诗中男子亦嗜猎，因往猎于营丘，携两猎犬，过峱山，遇此女子亦出猎于山下。相悦，揖而赞之。峱，山名。《齐诗》作巎。班固《地理志》曰："周成王时，薄姑氏与四国共作乱，成王灭之，以封师尚父，是为太公，诗风'齐国'是也。临淄名营丘，故《齐诗》曰：'子之营兮，招我虖巎之闲兮。'又曰：'俟我乎著乎而。'此亦舒缓之体也。"据此，则《毛诗》作"还"，并训为赞其人"便捷之貌"，为臆改，非诗本义也。"并驱从两肩兮"，犹云："两肩并驱以从。"肩，《说文》引此诗作豜，云"三岁豕、肩相及者"，盖用《毛传》"兽三岁曰肩"之义。《吕览·知化篇》云："今释越而伐齐，譬之犹惧虎而刺猏。"高诱注，亦用"兽三岁"之说。于是说此诗者，皆说从为"从禽"（逐野兽）之义，谓男女二人"并驱而逐二兽"（《毛传》）。夫从禽逐兽，奔突电迅，兽类尚难辨别，况能识其年龄哉？且三章皆用"两"

字,岂三次所逐之兽皆为两头,又复并奔而不相离异趋者乎?《新诠》以为肩(猏或豣)为猎犬之名色,非"三岁兽"之谓。猏、豣,皆大兽之义,《豳风》"献豣于公",《传》云"大兽公之"。盖此人之猎犬高大,呼之为"猏"。女子闻其呼犬之名,入于此诗耳。"揖我"初相见,犹未便相亲,亦未便偕驱,但一揖相接而赞美之曰:"女公子轻捷哉",誉以挑之。女子不嗔其唐突,窃喜于内,情思萌矣。"儇"者,嬛轻、利捷之貌。《毛传》谓女子先赞男子便捷(还),此男子"誉之者,以报前言还也"。未协。

次章,男子既知女子恒猎于猺山,则俟其出,即亦托言出猎以邀于猺之下。然亦未便即请共猎也,故托言将往茂林而再遭遇。此次又易二猎犬,名色为"牡"。牡虽为牝牡字,亦可用为兽名。良马之驭称"四牡",即以牡为马名色之例。若从毛郑说为从禽。则奔驰之野兽,谁能辨其为牝牡哉?"谓我好",则赞语益亲矣。

卒章,"昌"亦地名,三次追逐时之托言也。"两狼",以猎犬似狼为名色。今所谓狼犬是也。野兽之狼,群行猎食。奔逃则四散,无两狼两驱不离之事,故知言"并驱"为赞猎犬也。"臧"者,淑善也,"谓我臧",则非一字之誉,盖有多辞赞之,人已亲密谈心之谓也。

凡《周诗》。三章同文、同调,仅易数字,如一意之重复者,必属群唱之歌。虽同文调,仅易数字而非一时、一地、一事者,如此诗,各有事物可指,则叙事之诗,所谓赋体是也。

(三)著

三章。章三句。五十七字。
(1)俟我于著乎而,充耳以素乎而,尚之以琼华乎而。
(2)俟我于庭乎而,充耳以青乎而,尚之以琼莹乎而。
(3)俟我于堂乎而,充耳以黄乎而,尚之以琼英乎而。

此女子自赋嫁时所见婚礼中,其婿执礼仪容。三易其充耳之纮舆瑱。是贵族公子也。

首章,《毛传》云:"俟,待也。门屏之间曰著。素,象瑱。"《笺》云:"我,嫁者自谓也。待我于著,谓从君子而出,至于著,君子揖之时也。我视君子,则以素为充耳。谓所以悬瑱者,或名为纮,织之,人君五色,臣则三色而已。此言素者,目所先见而云。"纮,音如担。见《淇奥》"充耳琇莹"诠释。

次章,《郑笺》:"待我于庭,谓揖我于庭时。青,纮之青",谓青色之纮。《毛传》:"琼莹,石,似玉,卿大夫服也。"

卒章,"琼英",毛云:"美石,似玉者。"《笺》云:"犹琼华也。"

朱熹于此诗,全用东莱吕氏(祖谦)之说。云:"婚礼,婿往妇家亲迎,既奠雁,御轮,而先归,俟于门外。妇至,则揖以入。时齐俗不亲迎,故女至婿门,始见其俟已也。"于次章曰:"谓婿道妇及寝门,揖入时也。"于卒章曰:"升阶而后至堂。此婚礼所谓升自西阶之时也。"要依《毛序》"刺时也"。与《续序》"时不亲迎也"。参合《士婚礼》说诗。今去古悠远,亦不暇考周代婚礼,自当参照旧说释文。惟谓"刺时"与"刺不亲迎"则不当从。窃谓此诗仅为放诞女子,笑其婿之仪态耳。齐俗本不亲迎,则齐人之诗讵乃刺之?大抵作者即上篇之作者,盖齐公族之女,因猎嗜,悦卿大夫如高氏、国氏之男子而嫁之。上章为其催妆诗,以付婿者。此篇为婿知其能诗而再索之。因歌婚礼所见以为笑耳。齐卫贵族女子大都能诗,屡见于国风。卫诗靡丽而齐诗舒缓,诚如班固所云,孔子直以此二诗为齐风代表,亦知其是一人之作,并取之也。

(四)东方之日

二章。章五句。四十二字。

(1) 东方之日兮,彼姝者子,在我室兮。在我室兮,履我即兮。
(2) 东方之月兮,彼姝者子,在我闼兮。在我闼兮,履我发兮。

此轻佻贵族男子恋爱成婚之夕所赋催妆诗。或即《营》诗之男子答新妇《著》诗之辞。

首章,以"东方之日"起兴,喻"彼姝者子"可爱如朝起之日也。马瑞辰曰:"古者喻人颜色之美,多取譬于日月。诗'月出皎兮'《传》'喻妇人有美白皙也'。宋玉《神女赋》:'其始出也,耀乎若白日初出照屋梁。其少进也,皎若明月舒其光。'义本此诗。""彼姝者子",指新妇。"在我室",谓已却扇、合卺也。"履我即",谓已受履来归,使当夫唱妇随,所谓"出嫁从夫",周之礼制也。《毛传》:"履,礼也。"《郑笺》:"即,就也。"皆缘亲迎时有授屦、履屦之礼为义。① "我",男子自称(毛郑以为女子之辞。非)。

卒章,"在我闼",谓已入我闺闼,名分定矣。"履我发"者,旧说"发",行也(《毛传》)。"言蹑我而行去也"((朱传))。今按:新人既已在闼,即不能如郑说"以礼来,则我行与之俱去"。亦不能如朱说为跟我行去。盖发者,猎人捕兽之机栝,践之则机发。此言既已成礼,则如履我之发,为我所得也。周制重男轻女,男子娶妻,视同俘虏。此男子既以恋爱得贵族好女,狂喜放恣,相戏而为此语耳。

(五)东方未明

三章。章四句。四十八字。

(1) 东方未明,颠倒衣裳。颠之倒之,自公召之。
(2) 东方未晞,颠倒裳衣。倒之颠之,自公令之。
(3) 折柳樊圃,狂夫瞿瞿。不能辰夜,不夙则莫。

此齐大夫怨其君召令不明之诗也。

首章,言天犹未明,君召甚急,仓促畏乱,至于颠倒衣裳。"颠之倒之"之原因,由于"自公召之"。诗语甚明。旧说"群臣颠倒衣裳而朝,人又从君所来而召之"(《郑笺》)。拆一语为二事者,谬(《朱传》同)。

次章,易字而重复其文以足三章之数,盖乐官作耶?乐以三章为率,故乐官之诗恒三章。疑刺齐君嗜乐而不恤乐师之诗。"未晞",亦未明也。"令之",即召之也。

卒章,"折柳樊圃"者,谓赴召甚急,仓促就乘,未及持鞭。御过樊圃,折柳以代鞭。齐地多柳,乘者恒折柳为鞭。直西至鲁、豫、关中皆然。"樊圃"者,农民蔬

---

① 新迎有授履之俗,出公羊家言。刘向《说苑》曰:"夏,公如齐逆女。何以书?亲迎,礼也。"(以上《春秋》庄公二十四年《公羊传》文)其礼奈何?曰:诸侯以屦二两,加琮。大夫、庶人以屦二两加束脩二,曰:'某国寡小君使寡人奉不珍之琮、不珍之履,礼夫人贞女。'夫人曰:'有幽室数辱之产,未谕于傅母之教,得承执衣之事,敢不敬拜祝。'祝答拜。夫人受琮,取一两屦以履女;正笄衣裳而命之曰:'往矣。善事尔舅姑,以顺为宫室,无二尔心,无敢回也。'女拜。乃亲引其手授夫乎户。夫引手出户。夫行,女从。拜辞父于堂。拜诸母于大门。夫先升舆执辔,女乃升舆,毂三转,然后夫下,先行。"云云。查《仪礼》并无此文。盖何休注《公羊传》所补,而刘向采之。亦可能即为刘向自说如此。其"授屦"之说,应确有依据。故儒家恒训礼为履。诗言婚姻者,亦多以履为喻。《郑笺》因而释"履我即兮",为"以礼来,我则就之"。无论公羊家说是否可靠,核此诗语,亦只当以履为践履之履。诗语虽轻薄而殊质素,应不至有以履为礼之纡曲含义。况上文既云"彼姝",则此"我"即不应亦是女子"嫁者自谓"(上篇《笺》语),而当是嫁者之婿。

圃在行道侧者，皆因道旁柳为樊篱以限行人。"狂夫"者，当时士大夫对农民之通称。如"狂夫之言，圣人择焉"之狂夫。谓刍荛、农牧之野人也。农民早起治圃，骤因行人折柳，惊见车马匆遽，而瞿瞿然顾望之。瞿，鸟视貌。谓圆睁其目，怒视而不言也。"辰"，谓时辰之正。"莫"，与暮字通。"不能辰夜"，犹云不合于夜之正时。"不夙则暮"，谓经常于过早过晚之时召之。

《续序》《郑笺》皆谓斥"挈壶氏不能掌其职"，"狂夫不任挈壶氏之事"，大谬。《周礼》挈壶氏属夏官，司壶漏者。若朝事之时，则春官鸡人司之。方相氏之"狂夫四人"，则司禳祓殴疫之事，又与鸡人及挈壶氏无关。卫宏、郑玄所据皆《周礼》不知其何以乱说至此。朱熹以后，不更遵用挈壶氏之说，而犹多依违于《传》《笺》旧义，则亦惑矣。

（六）南　山

四章。章六句。一百字。

(1) 南山崔崔，雄狐绥绥。鲁道有荡，齐子由归。既曰归止，曷又怀止？
(2) 葛屦五两，冠绥双止。鲁道有荡，齐子庸止。既曰庸止，曷又从止？
(3) 蓺麻如之何？衡从其亩。取妻如之何？必告父母。既曰告止，曷又鞠止？
(4) 析薪如之何？匪斧不克。取妻如之何？匪媒不得。既曰得止，曷又极止？

此齐国人民怒斥齐襄公之歌也。

齐襄淫于妹，杀鲁庄事，书于《春秋》，详载《左传》。此诗为刺此事，固无可疑。历世说诗者，亦无异议。惟于作诗之人皆依《续序》谓是齐之大夫。今审诗语，当是齐国人民所作。

首章。以"南山"起兴者，泰蒙连山，齐鲁界也。齐人谓之南山，鲁人则谓之东山。此诗"南山崔崔"，喻齐为大国也。"绥绥，求匹之貌"（《朱传》用毛郑说）。刺齐襄骛于淫泆也。"鲁道有荡"，旧谓"齐鲁间道路平易，以为刺文姜兄妹往来聚会之频数"。《新诠》以为，言鲁行周公之道，有王者荡荡之风。故齐人慕之而许嫁文姜。此"齐子"之所来归也。末二句，言既已嫁女于鲁矣，何为又怀思之，至于送嫁至欢乎？（《左传》桓公三年）此讥齐僖公之溺爱其女，致遂其淫泆也。

次章，"葛屦五两"，从无能为允当之说者。《毛传》："葛屦，服之贱者。冠绥，服之尊者。"究不明"五"之为义。《郑笺》云："喻文姜与姪娣及傅母同处。冠绥，喻襄公也。五人为奇，襄公往从而双之。冠屦不宜同处，犹襄公文姜不宜为夫妇之道。"此说令人喷饭。陈奂《毛诗传疏》，释五两为午绞。"谓屦綦带也"。其说亦纡曲回远，而卒不可通。今按："五两""双绥"，当时劳动人民讥一女两夫之隐语也。《说苑》言，周制亲迎，纳屦二两。母氏取一两屦，履其女，示遣行也（说在《东方之日》，诠注）。女母取其一两以履女，亦必赔男屦一两以贻男。故凡一嫁娶，用屦三两，再嫁亦如之。"五两"讥女子有明暗二夫。谓当受双方纳屦，而只行婚礼一次，故已两夫而只用五屦，冠绥则有一双也。"冠绥"，亲迎者之饰。言双，则明为二夫矣。本篇"止"字，皆语词，犹前诸诗之只、兮、也、矣、且等字。"庸"，旧云用也，"用此道嫁于鲁侯。襄公何复送而从之"（《笺》语）。马瑞辰曰："《君子阳阳》传'由、用也'。庸训为用，即为由矣。谓由之以嫁于鲁也。《说文》'从，随行也''繇，随从也'。由，或繇字。《左传》桓公十八年：'公与夫人姜氏如齐。'是夫人姜氏从公如齐之事。诗'曷又从止'，正指夫人从公如齐而言。"此说最得诗意。故此章为鲁人刺文姜也。如为齐人之作，则与"从公如齐"之义不协。

三章，言藝麻之道，欲土之松细。故必纵横交叉以耕之。"衡从"，当读如横纵。以喻耕之定法，以兴娶妻之必告父母。"取"，古娶字。"告"，读工毒反。"鞫"，《毛传》"穷也"。《郑笺》"盈也"。历世遵用之。义实晦蔽难通。今按劳动人民语言求之，即《蓼莪》"母兮鞫我"之鞫也。齐襄假母命以召文姜于鲁。文姜从公如齐。故诗以"告父母"与"曷又鞫止"为对语，以相诘问。又明是齐人责齐僖夫人母子之词。

卒章，言娶妻如析薪，薪材自是一体，斧析而分之。犹媒氏之合婚于彼姓，使女离其母家。鲁桓既因媒氏而得娶文姜矣，何为又如齐而遘凶短折哉。"极"，即《洪范》"威用六极"之极。"凶短折"为一。鲁桓与文姜如齐，齐襄复通焉。桓怒责文姜。齐襄使力士彭生乘桓公，拉杀之于车上。在位仅十八年，可谓凶短折矣。旧说"极止"者，皆从《毛传》作"至也"。《郑笺》为之说曰："女既以媒得之矣，何不禁制而恣极其邪意令至齐乎。"失《洪范》六极之义。

（七）甫　田

三章。章四句。四十八字。

（1）无田甫田，维莠骄骄。无思远人，劳心忉忉。
（2）无田甫田，维莠桀桀。无思远人，劳心怛怛。

(3) 婉兮娈兮，总角卝兮。未几见兮，突而弁兮。

此农民困于军赋，刺上之诗也。齐之农民，每家受田一分，地面或宽而瘠薄，或腴而狭促，要以供五口之家耕种，得衣食所需及租赋所费。劳力强者宜受宽瘠之分，是为甫田。投劳力多，可以多获。劳力弱者，宜受狭腴之田，虽惰亦获产不减。受分既定，当世守之，不容弃徒。此诗言：先人力强，受此甫田。今则兵役频繁，壮丁从役，妇弱耕之，力不足以薅草，何能多获。"甫"，即古铺字。"甫田"，犹云土薄如铺土之田，谓山原之田也。薄田一份，面积必大，故《毛传》训甫为大也。又云："大田过度而无人功，终不能获。"得其义矣。而《序》云"大夫刺襄公"则非也。其诗但叹农壮不得耕，而无贫困、伤亡之叹。盖齐桓公世军赋之民所作也。齐桓霸业，衣裳之会为多。少于作战。

首章，"莠"，野生妨禾之草。"骄骄"，高大貌。妇弱困于耕耨，则思丁壮从役之远人。然无益也，远人不可得归，徒使人忉忉然劳于心耳。

次章，"桀桀"，强壮貌。"怛怛"，旧云"犹忉忉也"。今按，当读如惕音，叶桀韵，并尤惧之意。重复上章之意足三章之数，当是乐官司教者作诗。

卒章，似突变其指，而实与上二章鳞爪相属，更具点睛之妙。盖言见邻人之子，素见其为婉娈之童子，今突见其著武士皮弁之冠。谓尚未成龄之童子，其家苦于无人应役，则亦使其著武士之冠以应军赋。则农村壮力之乏可知矣。

齐桓公图霸，无年不会盟诸侯，兴兵役，事征伐，北至山戎，南至召陵、淮徐，虽多为衣裳之会，伤亡不多，而民赋亦已不堪矣。

（八）卢　令

三章。章二句。二十四字。

(1) 卢令令，其人美且仁。
(2) 卢重环，其人美且鬈。
(3) 卢重鋂，其人美且偲。

此齐国猎户讥笑执政田猎措施之诗。三章同调，亦群唱之流行民间者也。

首章，"卢"，猎犬名色之一种，体小而色黑，细长矫捷，嗅觉锐敏，齿牙犀利，为我国古代育成之良种，今川边田湾地区尚有人培育之。"令令"，《说文》引此诗作

"獜獜",健捷之貌。当是据齐、鲁诗。《毛诗》改作令令,训"缨环声"。与下两章相适。于义为胜。猎犬当放纵自如,乃有利于猎兽,令徒为之装饰,颈项系铃、缨,以利兽之耳目,使其逃匿。美则已甚美矣,而又复仁于野兽如此。猎而仁于野兽,刺之尤深刻者也。

次章,"重环,子母环也"(《毛传》)。饰猎犬以项圈,更加以重环,伤犬之性,使不得快意于捕捉野兽。徒为美饰以炫异于人民,非使用猎犬之义。"鬈",《毛传》"好貌"。朱云"须鬓好貌"。皆依美字求义。《郑笺》云:"鬈,读当为权。权,勇壮也。"依"无拳无勇"(《巧言》)为义。当依郑说。谓此辈猎人虽昧于猎道而位在执政,有权也。鬈、拳、权同音,刺诗不便言权,借拳、鬈字。

卒章,"鋂",毛云:"一环贯二也。"重环而更加以锁环,故云贯二,美愈多而犬愈困矣。"偲",毛训"才也"。郑云"多才也"。皆隐佞字之义。故《广雅·释言》云:"偲,佞也。"《论语》:"不有祝佗之佞,而有宋朝之美,难乎免于今之世矣。"佞亦多才之义。毛郑用之。《朱传》则云:"偲,多须之貌。《春秋传》所谓于思,即此字,古通用耳。"则直与次章重复。未为允协。刺诗用颂语,为卑贱阶层对统治阶层刺诗之通例。周秦后文字每有反义者(如治为乱,舍为乞,佞为多才亦是其例),由刺诗也。此诗之猎者,富贵有势,貌若多才而实愚昧可笑,故曰"美且多才"。鄙之之甚也。

(九)敝 笱

三章。章四句。四十八字。
(1)敝笱在梁,其鱼鲂鳏。齐子归止,其从如云。
(2)敝笱在梁,其鱼鲂鱮。齐子归止,其从如雨。
(3)敝笱在梁,其鱼唯唯。齐子归止,其从如水。

此鲁国人民刺庄公迎娶齐女(哀姜)婚礼盛况之诗也。野人不识国君婚礼铺排,但见其从者之众。为此群唱,亦如刺文姜之《南山》诗也。汉、唐、宋、明诸儒皆说为齐人刺文姜者,大谬。何楷、孙家淦、魏源说为刺哀姜,得之。

首章,"敝笱",讥庄公之父桓公娶文姜,不能制其淫行,反为之杀身。如笱之在鱼梁,不能得鱼,反为鱼所破坏。今庄公又复娶于齐,而得齐侯之爱女,如敝笱之又得大鱼,其能不失败如故乎?"鲂",多脂之鳊鱼,河济下游多。有已见《汝坟》诸诗。"鳏",巨口之虎鱼,与鲶同类而特凶猛,恒栖于激流,吞食他鱼(今俗呼为猫鱼）。泰山诸水中有之。虎鱼恒独泳水中，故古以喻无妻者。鲂、鳏同笱，亦喻鲁君之危在室内也。"齐子"之称，与《南山》同，谓齐君之女公子。"归"，谓来归于鲁。故知其亦鲁人之诗也。"鳏"读如矜。

次章，"鱮"，亦鲶之属，体小于鲶，而色淡黄，巨口扁腹则相似，亦吞食小鱼者。其项下双鳍有具锐刺之锯骨。俗呼"黄刺股"者是也。"其从如云"，远望之盛状也。此云"如雨"，则谓驰骋如狂雨骤至也。

卒章，"唯唯"，毛云"出入不制"。郑云"行相随顺之貌"。朱云"行出入之貌"，谓已至时也。凡选用之形容字，不必皆有确义，只以表发声之音，此则为叶"如水"之韵用字，不可凿为之说。但可说为齐人惊呼之声可也。

（十）载　驱

四章。章四句。六十四字。
(1) 载驱薄薄，簟茀朱鞹。鲁道有荡，齐子发夕。
(2) 四骊济济，垂辔沵沵。鲁道有荡，齐子岂弟。
(3) 汶水汤汤，行人彭彭。鲁道有荡，齐子翱翔。
(4) 汶水滔滔，行人儦儦。鲁道有荡，齐子游敖。

鲁庄公即位之二十四年，齐桓许嫁其兄襄公之季女（哀姜）于鲁。鲁庄公盛其婚礼，亲往齐国迎之。齐亦盛饰以遣其女。此鲁迎婚之众与齐送婚之众道中群唱之歌。旧说为刺齐襄或文姜者，并非。

首章，言齐女出发之盛况，鲁人之歌也。《毛传》："薄薄，疾驱声也。簟，方文席也。车之蔽曰茀。"《朱传》："茀，车后户也。朱，朱漆也。鞹，兽皮之去毛者。盖车革质而朱漆也。""鲁道有荡"，用《南山》诗成语。此诗在《南山》后二十余年，明亦鲁人之作。"齐子"，指哀姜，与《敝笱》同。在途称子，庙见后乃称夫人，故又与《南山》之称文姜同。"发夕"，毛云"自夕发至旦"。谓哀姜嫁从之多。兼以庄公在齐，待其出发，齐之宫廷扰攘彻夜。即夕已发，达旦乃尽也。今按：发，古音如拨，与上薄、鞹为韵。"发夕"犹"夕发"，达旦乃成行也。发字韵。夕字音不变。《朱传》云"叶祥仑反"，非是。周诗多有倒第二字为韵之例。诗乐重韵字，不必以末字为韵。此章重在发字，则夕不为韵。

次章，亦众人赓和之词。群唱必有赓。"四骊"，言齐子之车四马纯黑。"济济"，美盛貌。"垂辔",安行舒缓之状。"泝泝",毛云"众也"。朱云"柔貌"。要之,皆言送行者众。齐之戚族祖送哀姜于郊者多,由恺悌于其诸姑姊妹故也。"岂弟",即恺悌古字。

三章,"汶水",齐鲁界上水。主流属鲁,入于齐境之济。齐国亦有"牟汶",为汶水支流之一。此章"汶水汤汤",谓牟汶之水盛大。《毛传》云:"汤汤,大貌。彭彭,多貌。"两国人众多。同至齐界。故曰"行人彭彭"。鲁庄迎亲至此,当先归俟著。齐人亦当返国者多。哀姜骄慢,流连景物,舒缓其行。故曰"齐子翱翔"。《春秋》庄公二十四年"夏,公如齐逆女。秋,公至齐。八月丁丑,夫人姜氏入"。自亲迎至庙见,阅时一季,沿途徜徉之日盖多也。

卒章,"汶水滔滔",鲁境之汶水,更盛大也。"行人儦儦",齐之送行者归去已多,所留皆雄武之士,儦儦然众也。

四章,凡两起两和。乐师合为一篇。不及入鲁后成婚之礼。明是送迎武士所歌。至鲁而遣散,故其歌止于途间。

(十一) 猗 嗟

三章。章六句。七十二字。

(1) 猗嗟昌兮,颀而长兮。抑若扬兮,美目扬兮。巧趋跄兮,射则臧兮。
(2) 猗嗟名兮,美目清兮。仪既成兮,终日射侯。不出正兮,展我甥兮。
(3) 猗嗟娈兮,清扬婉兮。舞则选兮,射则贯兮。四矢反兮,以御乱兮。

此齐桓公称鲁庄公威仪技艺之诗。迎娶哀姜后,齐太师作为乐歌以致于鲁。故鲁太师亦有之。

首章,"猗嗟",毛朱并云"叹辞"。马瑞辰曰:"猗者,美之之词。嗟者,语词也。"此赞颂之诗,当从马说。"昌",毛、朱并云"盛也"。《丰》诗传"昌,盛状貌"。"颀",长貌,与"硕人颀颀"同义。身材颀长,虽逊抑其身,人犹当仰而望之,故曰"抑若扬"也,"扬",马瑞辰云"好目貌",引《方言》:"好目谓之顺。燕、代、朝鲜洌水之间谓之盯,或谓之扬。"《硕人》美女子之目曰"盼兮"。此美男子之目,曰"扬兮",与下文"巧趋跄兮"为对。既称其外表之美不一,又惊其善射,则内慧亦备矣。

次章,"名兮",《毛传》:"目上为名。目下为清。"《朱传》:"名,犹称也。言其威仪技艺之可名也。清，目清明也。"马云："《韩诗》作颠。《玉篇》：'颠，眉目间也。'《集韵》引诗'猗嗟颠兮'，俱本韩诗。"又云："名、明，古通用。《檀弓》：子夏丧明，《冀州从事郭君碑》作'丧子失名'。名当读明，明亦昌盛之义。"亦以《毛传》之说为非。今按：《朱传》之说是。缘庄公有善射之称，此章咏其射，故以"猗嗟名兮"领起也。射重在目准，故续赞其目也。"仪"，谓射礼之仪，仪既备，则当射矣。故续云"终日射侯"，未尝出正也。"侯"，张布为射之的。绘圈数于中央。中心数环为"正"。占全侯面积三分之一（依《郑笺》说）。"不出正"，则射皆中的也。"展"，毛云"诚也"（在《君子偕老》篇）。郑云："言诚者，拒时人言齐侯之子。"今按：郑说穿凿太甚。殊可发笑。《春秋》桓公三年七月"公子翚如齐逆女"。九月"夫人姜氏至自齐"。六年"九月丁卯，子同生"即庄公也。时为齐僖公二十五年，文姜未与其母兄"诸儿"会接，安得有人疑谤为齐襄（诸儿）之子。纵使当时有人疑之，亦何能使齐桓亦疑之。纵使齐桓亦疑之，又何至为此诗以拒人之疑谤，明说"他实在是我妹夫鲁庄之子"哉。展者，盖颂美之发语词，有得意夸诩之义。《毛传》省其文曰"诚"耳，犹云"诚不愧为我甥"耳。

卒章，"娈兮"，毛云"娈，壮好貌"。谓鲁庄虽顾长，品貌亦美好也。"清扬婉兮"，与《野蔓野草》同文同义。当以此诗为早出，是郑人学齐风之证也。庄公多才艺。不惟善射，亦复善舞。"舞则选兮"，朱云："选。异于众也。"今曰"选手"之义也。"射则贯兮"，谓善射而有力，矢贯于的也。"四矢反"者，《郑笺》云："反，复也。礼，射三而止。每射四矢，皆得其故处，此之谓复。"《朱传》云："礼射，每发四矢。"（毛云"乘矢"）三发，则十二矢，每矢一乘，皆贯革一穴而过为四矢反。"以御乱兮"，犹言"可以御乱矣"。

《齐风》小结

《齐风》十一篇，六百二十三字。文最多者《南山》，其次《猗嗟》。文最短者《卢令》，其次《东方之日》。作诗最早者，《鸡鸣》，在夷王世，可定。《敝笱》之作，当为最晚。《卢令》以上八篇，皆齐人所作。《敝笱》《载驱》两篇。鲁人所作。鲁国自无风乐，士大夫习雅、颂，平民习南乐，皆以近齐之故，兼习齐之风乐。故《齐风》兼有鲁诗。然鲁人于齐为国外，故齐太师叙两篇于《齐风》之末。凡此十篇，皆孔子壮年在齐所习，录其诗以教弟子者也。《猗嗟》一篇，则鲁太师所固有，孔子晚年，自卫反鲁后，录之，故殿齐风之末。

七、《魏风》七篇

解　题

　　魏国故地，在今山西同蒲地区。殷周曰"西河"，秦汉曰"河东"。魏城南临河，与王畿相望。北为郇、耿及晋。东为虞国。故殷芮属邑也。《左传》桓公三年："芮伯万之母芮姜，恶芮伯之多内宠也。故逐之。出居于魏。"四年，"王师、秦师围魏，执芮伯以归。"又闵公元年，"晋侯作二军，公将上军，太子申生将下军，赵夙御戎，毕万为右，以灭耿、灭霍、灭魏。还为大子城曲沃，赐赵夙耿。赐毕万魏"。由是魏为晋之属邑。后世发展为晋六卿之一。又后与韩赵二氏三分晋地，成战国七雄之一。

　　西河本夏声地区。商灭夏，殷王整甲徙都于此，始作西音（《吕氏春秋》之说，《竹书纪年》则谓"帝廑四年作西音"）。用商之乐，兼夏之声以为新风，是为魏风。孔子所录《魏风》之诗篇，皆东迁初年之作。盖选钞之于周太师所，非魏风之全也。

（一）葛　屦

　　二章。一章六句。一章五句。四十四字。

（1）纠纠葛屦，可以履霜？掺掺女手，可以缝裳？要之襋之，好人服之。

（2）好人提提，宛然左辟，佩其象揥。维是褊心，是以为刺。

　　此魏之贵妇为夫缝裳，怨其爱不偿劳之诗也。旧说为"刺褊""刺俭"者并非。

　　首章，"纠纠"，《毛传》"犹缭缭也"。古人著屦皆多其带系，故以纠纠状屦。屦者今谓之鞋。古以丝制为上，葛次之，麻为下，平民则只草制。尤贵者冬有皮屦。《毛传》云"夏葛屦。冬皮屦。葛屦非所以履霜"，就贵族衣制言之也。若平民，冬夏皆著草屦，又岂辨葛屦之不可履霜哉。故曰：为此刺诗者，贵妇之词，非刺俭也；

但以葛屦履霜，喻我贵妇而为婿缝下体之服，做奴隶之事。"掺掺"，柔美貌。《说文》引《诗》作"攕攕女手"。李善《文选注》引《韩诗》作"纤纤女手"。女子之手，固当从事缝纫，而此诗加"可以"字，盖贵妇之意，本自以为不可，而居然以此纤手为之也。既逢成裳，又为之要。要，裳上领缘也。再为之襋。襋，裳要相系之小带也。"好人"，犹云良人，亦如今云"爱人"。《郑风》"琴瑟在御，莫不静好"，《卫风》："永以为好也"，并是相爱悦之义。诗言：爱其良人，不惜亲为制裳。贵族妇女偶制成一裳，即自以为功。

次章，接咏此著裳之夫婿，气象安舒，威仪有增。乃犹不见爱，曾无言色相慰。方当为之系裳时，竟转身向左，自佩其象牙之绾发。为有褊心故，当即撒娇而咏此诗以怨之。

此诗作者，为劳甚微，而责望甚苛。居位似卑，而意态殊恣。寥寥两章，语调不齐，而音节甚练，意趣婉深，娇而不怒。可知其为有才有色，娇养恃宠之贵族妇女，本自心甚褊隘，而反以褊心责人。魏之早亡，正可由此类贵族生活推求其理。

（二）汾沮洳

三章。章六句。六十九字。

(1) 彼汾沮洳，言采其莫。彼其之子，美无度。美无度，殊异乎公路。
(2) 彼汾一方，言采其桑。彼其之子，美如英。美如英，殊异乎公行。
(3) 彼汾一曲，言采其藚。彼其之子，美如玉。美如玉，殊异乎公族。

魏地狭民稠，农产不足自给，工商业发育最早。农村过剩之劳动力，远出采集可食之物与工业原料。其入晋境者，羡晋地之宽富，与其贵族衣服仪貌之奢侈。回顾本国贵族之俭啬而鄙之，故有此群歌之诗。

汾者，晋国之水。云绕魏芮四五百里。在其出峡南流至曲沃，新绛附近，渐折流向西之部，古原属沮洳之地，经晋之祖先疏导开垦，始成沃壤。入春秋世，乃成大国。故魏人称晋国人以"汾沮洳"。此诗之作，当在晋文侯时。文侯当幽王之末，国势强盛，故魏人羡之。其时贵族为绝对的统治阶级，故称羡其贵族，即如称羡其国家。

首章，魏人称晋地，故曰"彼汾沮洳"。"言"，自述之发语词也。"莫"，《毛传》"菜也"。《诗正义》引《陆玑疏》云："莫，茎大如箸，赤节。节一叶。似柳。叶厚而长，有毛刺，今人缫以取茧绪。其味酢而滑。始生，可以为羹，又可以生食。五方通谓之酸迷，冀州人谓之干绛，河汾之间谓之莫。"《本草》，陶隐居注羊蹄云："又一种极相似而味酸，呼为酸摸。"今按：莫，即羊蹄，与酸摸同属蓼科植物。酸摸高二尺余，嫩茎与叶皆可茇食。羊蹄茎较高大，叶长尺余，不可食，而纤维柔细，可取棉纺绩。生于下湿地，有称为"水大黄"者（同时称酸摸为"山大黄"）。盖即此诗所云之莫也。魏人采之，盖用以纺织，故远采于汾沮洳。《本草》称以羊蹄，遂失莫之旧名。酸摸即因莫名而别加酸字，明其可食。魏之采羊蹄者，见晋之贵族衣服车马之丽，财帛挥霍之侈，一切不似魏国贵族之俭啬，从而羡之。曰"美无度"，言其美不可度量也。"公路，主君之耗车。庶子为之。"（《郑笺》）《朱传》云："掌公之路车。晋以卿大夫之庶子为之。"

次章，"彼汾一方"，夏殷称异民族之地为方。此诗以晋为方。晋地宽旷，多有野桑。《唐风·鸨羽》亦云"集于苞桑"。魏人采野桑为车材，远至晋境者，亦夸称晋贵族之美。"如英"，与"如玉"皆借美物以为赞颂。《毛传》"万人为英"。《朱传》"英，华也"。当从朱义。"公行"，毛云"从公之行也"。《笺》云"从公之行者，主君兵车之行列"，亦贵族所任职也。

卒章，"汾曲"，正是汾折西流之处，指曲沃与绛，晋都邑所在，公族聚居处也。"藚"，《毛传》"水舄也"。今云泽泻是也。音续。或遂误为续断者，谬。续断为菊科植物。山野多有，非沮洳地所产。"公族"，毛云"公属"，泛称国君之同族者。郑云："主君同姓昭穆也。"朱云："掌公之宗族。晋以卿大夫之嫡子为之。"要之，都是贵族之代称。

《左传》宣公二年："初，骊姬之乱，诅无畜群公子。自是，晋无公族。及成公即位，乃宦卿之适（嫡）子，而为之田，以为公族。又宦其余子，亦为余子。其庶子为公行。"何楷《诗世本》遂谓晋成公时之刺诗。亦谬。夫《左传》既言"自是晋无公族"，则为骊姬之乱以前，晋固有"公族"地。魏亡于献公之世，正是存国于骊姬乱前，固当是与晋皆有公族之时。且封建制度，有国君即有公族。晋之暂时无公族者，一时群公子被逐杀皆尽，故暂无公族耳。至于公路、公行，则虽无公族亦当有此职官，岂得谓此诗为晋诗，或成公时之刺诗哉？魏风固亦晋地之风乐。此七篇诗，则固魏未亡时之诗。

（三）园有桃

二章。章十二句。九十六字。

（1）园有桃，其实之殽。心之忧矣，我歌且谣。不知我者，谓我士也骄。彼人是哉，子曰何其。心之忧矣，其谁知之？其谁知之，盖亦勿思。

（2）园有棘，其实之食。心之忧矣，聊以行国。不知我者，谓我士也罔极。彼人是哉，子曰何其。心之忧矣，其谁知之？其谁知之，盖亦勿思。

此失业之士自负有才不用，怨望于执政，行市狂歌之诗。在国风中，特开一章长达四十余字之例。音节甚佳，而文无华彩，盖士之娴于乐艺者所作。作诗时间，当去晋之灭魏不远。由其诗语之忮刻而空浮，可知其人非为求用，仅如卖歌者之诐词。未可即以"贤士忧国"谥之。更非刺俭与褊急之诗。

首章，"园有桃"，高诱注《吕氏春秋·重己篇》引诗作"园有树桃"。《初学记》引诗亦同。是古本原有树字。《毛诗》删之。删之为胜。旧说，以园之有桃，喻国君任用大臣而得桃食。以园桃之实为殽馔，是讥俭啬。《郑笺》云："魏君薄公税，省国用，不取于民，食园桃而已。不施德教，民无以战。其（被）侵削之由，由是也。"审诗语固无此义。世亦断不能有如此之国君。《新诠》以为起兴两句，但谓，国君树桃则食桃，树枣则食枣，如云"种瓜得瓜，种豆得豆"，以刺用人非贤，则亦必自食其果耳。盖士不见用者，狂歌于市之辞，欲有所刺而不敢明言，但泛言他物以起兴。《毛序》固云"刺时也"，又云"兴也"。知《郑笺》与后世雷同之说皆非矣。此歌士，自言忧之，而不实指何事，有如卖歌者虚弄之辞耳。"不知我者"以下，托为他人责语，责曰：汝士也，而骄慢妄言。"彼人"，隐指执政。"是哉"，谓执政不误。"子"，斥歌者。"曰何其"，谓欲何所指斥。朱释云"彼之所为已是矣，而子之言独何为哉"，"其，语词"。"心之忧矣"以下，托为歌者答语。曰：我之所忧，谁能知耶。人之不知，盖亦不思而已。"诚思之，则时不暇非我而自忧矣。"（《朱传》）

卒章，"棘"，今华北呼为"酸枣"者是。进化成乔木则为枣。退化成灌木则为棘。其茎、叶、花、实、一切与枣相似，但肉薄而酸，小儿亦摘食之。以棘实为食，则刺之尤深矣。"聊以行国"，谓由于我心忧之，而不得申其志，则姑且行歌于国中，以求知者。"罔极"，犹言"伊于胡底"，谓流荡无归宿，不知所届也。

周人嗜乐歌，春秋世已有以乐歌博食于市者（如云伍员吹箫乞食于吴市）。魏地狭促而人众，士人不能尽用，溢流于负贩、行歌乞食与求作舍人食客者较早。此即士人行歌卖艺者所造之诗。后世平话家，说故事前，例有虚叹世事一章诗辞，盖即滥觞于此。士人阶级，志在求仕禄。禄不可得，退而不能耕种，则行歌谋食者为必有。然其初为之者，必故为才而不用之牢骚诗词以自标其身份，而又不能指实讥议何事，但为此空虚之言以招摇欺世耳。晋既灭魏，录存此歌，以明魏之当亡。遂得列于乐官。

（四）陟 岵

三章。章六句。八十一字。

（1）陟彼岵兮，瞻望父兮。父曰：嗟！予子行役，夙夜无已。上慎旃哉，犹来无止！

（2）陟彼屺兮，瞻望母兮。母曰：嗟！予季行役，夙夜无寐。上慎旃哉，犹来无弃！

（3）陟彼冈兮，瞻望兄兮。兄曰嗟！予弟行役，夙夜必偕。上慎旃哉，犹来无死！

此魏之农民，从役远戍，思念父母兄弟，托为梦中情景以陈其伤痛之诗。作者盖在童龄，犹未娶而诗艺则已成矣。设词渺幻而情致深刻，天真恳挚之极。

首章，言陟岵望父，竟得见之，父如平时勉以勤于其事，慎于言行，并祝其归来。《毛传》："山无草木曰岵。"《郑笺》："夙，早。夜暮。无已，无懈倦。"《朱传》："上，犹尚也。"此两字古通。故上古之书曰《尚书》。"旃"，毛云"之"。"犹，可也。"谓：慎尔言行，可能归来，终不止于戍所也。

次章，《毛传》"山有草木曰屺"，"季，少子也"。设为母言，则呼曰季，明其母爱之深，怜其幼也。"无寐"，则警戒尤切之辞。"无弃"，亦祝得相聚之词。正是慈母口吻。

卒章，托言梦兄。兄云"必偕"者，童子尚且从役，则其兄先已从役可知。但非在一处，故兄言必能相偕。朱云："必偕，言与其侪同作同止，不得自如也。"尤合于前两章语气。然诗语安排未必如此机械。就下文"无死"言，则当以偕归为义乃合。毛云："父尚义。母尚恩。兄尚亲也。"谓作者所拟语气得体。

（五）十亩之间

二章。章三句。三十字。

（1）十亩之间兮，桑者闲闲兮，行与子还兮。

（2）十亩之外兮，桑者泄泄兮，行与子逝兮。

此魏国行役远戍军士，相约逃归之谣。与上章皆当作于晋灭耿、霍与魏之年。魏与耿之间，本有郇国。而《左传》于该年不言灭郇。盖魏先以并郇。并郇，则魏境北至涑水，奄有盐池，故闻晋军伐耿，即征赋出戍于北界以备晋。由军心涣散，多有溃亡，故晋从而并灭魏也。两章，盖军士造为群唱之歌，作一唱一和格局。

首章，"十亩"者，国君之桑园，犹籍田之称千亩也。国君例有公桑供后妃养蚕之用。后妃既不养蚕，则许人民采用而课其查茧丝。魏地人民养蚕者多。故公桑之采摘者闲闲然往来自得。此常年情景也。戍者利用之以激动同戍者思乡之情。因为之暗语曰："行与吾子同逃还家耳。"

卒章，"十亩之外"，则个体家民自树之桑也。"泄泄"，谓如流泉，量虽不大而相属不绝。亦蚕事正忙之义。"逝"，一去不反之谓。两篇疑皆一人所作。

旧说此诗者，纷纷异趣。或云作者居于桑下。或云受田十亩。或云贤者归隐。或云夫妇偕隐。或云淫奔之约。或云劳人踏歌。皆就诗中一二字造意。核于全篇文义，即不可通。实未达于间与外，闲与泄，还与逝之义者，即不足说此诗。

（六）伐　檀

三章。章九句。一百四十四字。

（1）坎坎伐檀兮，寘之河之干兮，河水清且涟猗。不稼不穑，胡取禾三百廛兮？不狩不猎，胡瞻尔庭有县貆兮。彼君子兮，不素餐兮！

（2）坎坎伐辐兮，寘之河之侧兮，河水清且直猗。不稼不穑，胡取禾三百亿兮？不狩不猎，胡瞻尔庭有县特兮。彼君子兮，不素食兮！

（3）坎坎伐轮兮，寘之河之漘兮，河水清且沦猗。不稼不穑，胡取禾三百囷兮？不狩不猎，胡瞻尔庭有县鹑兮。彼君子兮，不素飧兮！

魏国之君，征用民力，伐檀造车于河干，利用河水运售于曹、卫、陈、宋等平原地区，兑换商品。派有贵族官吏监理之。经商官吏贪赃，侵渔，所得较国君更多。人民终岁劳苦，仅得糊口，故相与造为此群唱之歌，以泻愤怒。至魏亡时，已成流行之民歌。晋太师采录之，以志魏国政务之恶。

首章，"檀"，今云椐木，或榉木，木质淡黄色，甚坚韧，为上好车材。魏之东境中条雷首诸山中盛产之。"坎坎"，攻坚之声。"寘"，与置同。山中伐檀，运其材于河干，造车之处。造车之处必于河干者，便于装船运售于东方平原诸国也。"河水清且涟"句，乃为一章兴语。他诸篇恒以首句起兴，此篇以第三句为兴，言河水清涟，以兴司事官吏之不廉。"涟"，《毛传》云"风行水成文曰涟"。《尔雅·释水》引诗作"河水清且澜漪"。盖齐、鲁诗之字如此。又释云"大波为澜小波为沦"，亦齐鲁诗家说也，与《毛传》小异，要皆言水纹可爱。马瑞辰云："以河水之清涟，喻君子之廉洁，有异于在位者之贪鄙。"涟与廉同音。后世谓官吏不贪者曰"清廉"，即缘此诗"清且涟"为义。"猗"，语词。三家诗或作漪（《尔雅》引），或作兮（汉石经残片）。《尚书·泰誓》"断断猗"，《大学》引作"断断兮"。此下，问语两条，极见劳动人民从古已有之智慧，为积累感受经验而自然得之。《毛传》云："种之曰稼。敛之曰穑。一夫之居曰廛。"谓一夫受田百亩之地也。后儒皆缘之为说，并机械地说为"诸侯大夫之邑有三百户之制"（郑玄注《礼记》语）。今按：三百，周人习用为最多数之代词，不可以确数说之。下两章不曰廛而曰亿，曰囷，正可明诗人但言其量之大，便用协韵之字，不得遂以为实数。"县"，古悬字。秦汉以来始用为郡县字而别制悬字以别之。"貆"，毛云"兽名"。郑云"貉子曰貆"。朱云"貉类"。今按：即今人所呼之"獾子"，盗食田禾之兽，与野豕同类而小，皮可为裘，肉亦可食。此诗言"庭有悬貆"，亦但谓其人不猎而有猎获之兽耳。随手拾字以叶韵，亦如下两章之悬特，悬鹑也。"彼君子"，指司造车经商之职官。"不素餐"，讥其饮食习于丰腴，皆自剥削劳动人民得来。如答上之两问曰："贵族官吏享用侈泰，徒自此道中来。"刺诗之混涵而尖刻者也。

次章，"伐辐"，谓制造车辐。作制车木工之语。古征民力造车，自伐木至造车完成，皆民力为之，初无工农之别。群唱之歌，三章，恒托为三人之辞。其实为一人所作。"河侧"，亦河干也。"清且直"，毛云"直，直波也"。"三百亿"，毛云"万万曰亿"，郑云"十万曰亿"。皆用后世算家数家之数位以说古代劳动人民之语言，故无不谬。周代劳动人民，但以亿、万为不能想象之多数。安知所谓万万、十万哉？即周代之算家，已造用亿万等计数之字，亦仅用于天算之假想，岂作此诗者所曾如实计算之哉？亿与辐（古音读如偪，今音读如福。福之古音亦读偪）、侧、直、特、食、皆ǐ母之音，古为一韵。《毛传》云"兽三岁曰特"。后之说者无异辞。今按：特，但谓大兽耳，不当凿言三岁之兽。

卒章，"轮"，车轮。自伐檀至作辐、作轮，古无分工。诗但举三事为异文以便群唱耳。凡凿言之者，皆谬。"漘"，毛云"厓也"。"囷"，贮米之囷囷。北方土燥无久雨，贮谷者但于广场上围篾圈覆圆顶贮之，称为囷囷。"鹑"，竹鸡，与雉同类。"飧"，毛云"熟食曰飧"。

此诗写劳动人民受贵族剥削痛苦，极其深刻而著名。封建诸儒说之者多端，要皆为士大夫阶级曲解之言，不能得作者旨趣。最先用阶级观点分析此诗者为郑振铎氏。其《伐檀》篇云："这首诗里的'君子'，正是诗人讽刺的对象。"一语凿破汉宋诸儒之谬说曲解（全文在《汤祷》小册子内）。余冠英、游国恩诸人继起，所有传益，成为近世说诗诸人树立新观点的前导。但诸人毕竟仍是文学家，只从文学方面去体会诗旨，对于周代社会情形则研究未到。郑氏把"君子"说成"地主或官绅之流"，是未适当。西周末世，魏地只有个体农户，自魏君外，无所谓地主。即此诗所刺之官吏，亦只能是食禄的贵族。于时奴隶社会已崩溃，土地兼并犹未发生，不得云有地主。余氏改用"贵族"字，得之矣。游氏说是奴隶之诗，也是不合实际。其时只有农奴（自由农民），无奴隶生产制。凡从事生产者皆为受田供赋役之农民。还有将三章物名凿然确定，亦失群唱歌谣叠章、泛指、重沓其辞以为义之诗格，兹故不惜烦言以订正之。

魏虽早灭于晋，未久即复自为国。但复国后诗乐无传耳。其国俗民风固当相承也。《史记·货殖列传》曰："白圭，周人也。当魏文侯时，李克务尽地力，而白圭乐观时变。故人弃我取，人取我与。……能薄饮食，忍嗜欲，节衣服，与用事僮仆同苦乐。趋时若猛兽鸷鸟之发。"足见魏地俭啬而尚工商之风，由土地狭促不足以容耕农使之然也。自魏为诸侯之国时，已有国营经济之工商业。发展至魏文侯时，周人白圭而重用于魏。周亦狭促之国也。白圭用奕世积累之经验，以发展魏之工商业，与李克之尽地力相辅，于是战国之初，魏为最富强。是当春秋初世之魏国，已行国营工商业制，合于社会发展之道，本无足刺。特由封建贵族为之，则其弊不胜言，应如此诗。不知此者，未足以说此诗矣。

（七）硕　鼠

三章。章八句。九十六字。

（1）硕鼠硕鼠，无食我黍。三岁贯女，莫我肯顾。逝将去女，适彼乐土。乐土乐土，爰得我所。

（2）硕鼠硕鼠，无食我麦。三岁贯女，莫我肯德。逝将去女，适彼乐国。乐国乐国，爰得我直。

（3）硕鼠硕鼠，无食我苗。三岁贯女，莫我肯劳。逝将去女，适彼乐郊。乐郊乐郊，谁之永号。

此魏属邑之民憎其官吏贪残，相约叛投邻国时群唱之歌。疑是郇邑之民，在晋灭耿时叛投于晋所作。郇民叛而魏国亦亡，故魏诗终于《硕鼠》。疑是郇邑者，魏之北为郇，郇之北为耿，史言晋灭耿、霍、魏而不言郇，是郇先灭于魏故也。郇为魏邑，必以贵族重臣治之，厚责其赋税以实魏之府库。重征其粮食以济魏邑之所乏。民困而无告者三年，适当晋师灭耿，魏国方危，故其民敢于群歌相招，以赴晋师。晋太师因得录存其歌以示魏之当亡。

首章，"硕鼠"，指魏之方面重臣治其邑者。大抵魏之公族，习于产业，贪婪成性，故亦不能宽缓于农民。农民安土重迁，忍苦之下者已三年，故曰"三岁贯女"。《毛传》"贯，事也"，朱云"习也"。《隶释》引汉石经残碑，作"三岁宦女"。盖鲁诗文。则毛说合古义。言"三岁"则是斥此贪虐之重臣剥削之久。魏灭郇时间虽不可知，此人之主此邑之政已三年，则可定。"逝"，决心离去之辞。"乐土"，指晋地。魏人之不满于魏而称羡晋之富乐，已见于《汾沮洳》。今既决往投之，亦当有晋人招之以甘言，故曰"爰得我所"也。

次章，"食我麦"，与上章之"食我黍"，下章之"食我苗"，皆为剥削农民之代辞。"爰得我直"，毛云"得其直道"。郑云"直犹正也"。朱云"直犹宜也"。皆非诗义。《新诠》以为直与值，古今字。汉人于价值字皆作直。此诗言农人终岁劳苦，所得不偿劳值。适晋则赋敛轻，能得我值耳。

卒章，"劳"，当读如慰劳之劳。谓虽安慰劳问之语亦无也。"乐郊"，谓晋之郊，汾曲之地是也。"谁之永号"一语点睛，最为明快。言：昔年任汝剥削，我辈哀号而莫恤。今则我辈皆去，彼硕鼠者，更无剥削对象，则不能生存。强邻在境，民皆欲叛，长久号泣者将为谁人乎？《郑笺》释永为咏。《朱传》言"既往乐郊，则无复有害已者，当复为谁而复永号乎"，皆失之浅矣。

郇后为晋邑，明著于《左传》僖公二十四年与成公六年。成公六年，"晋人谋去故绛。诸大夫皆曰：'必居郇瑕氏之地。沃饶而近盐。国利君乐。'"即谓故郇国也。近盐，谓近于盐池（解池）。韩献子曰："夫山泽林盐，国之宝也。国饶则民骄佚。近宝，公室乃贫。不可谓乐。"所言正是郇魏亡国原因。郇邑在涑水下游，原野腴沃，又近解池，故其国早亡。魏得其地，更有山林、水运、工商之利，公室愈富而民终贫困，故复亡其国。韩献子之说，盖深有鉴于郇魏之事，故能总结为此说也。合此七篇诗义，魏虽无史，其社会情实亦可知矣。

《魏风》小结

《魏风》七篇，五百六十字。《伐檀》篇文最多，亦犹《谷风》，虽劳动人民之诗，冤郁既厚，则其辞亦多也。《十亩之间》最短，逃意已定，心境愉快，则要言不烦矣。七篇中六篇皆劳动人民群唱之歌，体现当时魏地社会情事最详。故魏虽小国早亡，其诗亦少，然在三百篇中价值最高。

八、《唐风》十二篇

解　题

周成王封小弱弟虞于唐，曰唐侯。故地在汾水上游之晋原，今云太原是也。至子燮改号晋侯。其地偪于戎狄。至曾孙成侯，从居曲沃。周宣王时，晋鳌侯居冀。（并据《诗谱》）幽王初，晋文侯立。国始强盛。文侯卒，子昭侯立，封文侯弟成师于曲沃。至曲沃武公遂灭冀，代为晋君。其子嗣位，即晋献公。献公灭魏及耿、霍诸国，益强大。至文公重耳遂霸诸侯。

当西周末，汾水流域属晋，涑水流域属魏。魏之经济、文化高于晋，而强武逊之。民风则大体相似。亦各自有其诗乐。皆西音，各为商风之一支派。《唐风》十二篇，多属曲沃灭冀前后之诗。不称晋风而曰唐者，乐官好用国之旧称，以志其朔，犹周畿之诗称"豳"，宋国之诗称"商"也。

孔子未尝入晋，魏、唐、秦风之诗皆自周太师得之。其所录习只此诸篇也。

（一）蟋　蟀

三章。章八句。九十六字。

（1）蟋蟀在堂，岁聿其莫。今我不乐，日月其除。无已大康，职思其居。好乐无荒，良士瞿瞿。

（2）蟋蟀在堂，岁聿其逝。今我不乐，日月其迈。无已大康，职思其外。好乐无荒，良士蹶蹶。

（3）蟋蟀在堂，役车其休。今我不乐，日月其慆。无已大康，职思其忧。好乐无荒，良士休休。

晋文侯自奔亡中，率党夺国。既得国，适值岁暮，饗其勋臣，得意狂欢，为此劝饮之乐诗也。《史记·晋世家》："穆侯卒，弟殇叔自立。太子仇出奔。殇叔三年，周宣王崩。四年，穆侯太子仇率其徒袭殇叔而立，是为文侯。文侯十年，周幽王无道，犬戎杀幽王。周东徙。……"（文侯勤王。平王作《文侯之命》，在《尚书》。又作《彤弓》之诗，在《大雅》）旧说咸从《毛序》，云"刺僖公"。《续序》谓"刺俭不中礼，故作是诗以闵之，欲其及时以礼自娱乐也"。今按：《春秋》僖公，《史记》皆作"釐公"。《毛传》"僖公"，即《史记》之晋釐侯也。釐侯在位十八年，当厉宣之际，别无史事记载。《续序》亦徒就《史记·货殖传》"纤俭，习事"，《汉书·地理志》，"深思"，"俭陋"，敷衍其说耳，与此诗文义并不相应。夫文侯之所以谥文，为其能诗也。此诗狂恣欢快，劝人及时行乐；复云"好乐无荒"，明是人群劝饮之诗。故冠唐风之首。结合文侯史事，固不当为刺诗。《朱传》说为劳动人民之诗，尤无可取。

首章，"蟋蟀在堂"，夏历十月，周历十二月时也。用《豳风·七月》之义，知作者为习于诗艺之人。"日月其除"，谓今岁之日月将尽。历家谓岁末之一日为"除日"，"夕为除夕"，是也。"莫"与暮，古今字。"聿"，遂也。"无已大康"者，国宁、岁丰、民乐之世为康。小宁曰小康，大宁曰大康。"无"，或然之词。言其或已获大康矣，职当各思其所居之事而已。"好乐无荒"，言行乐亦当有节制。"好"，旧读"呼报反"，动词。当作状词，读如本字，犹云善于行乐。"荒"，大也，泛滥扩大无底止之谓也。"瞿瞿"，周顾貌。言良士能兼顾阔视，不沉溺于一偏之行也（旧说多不可用。兹新为诠释）。

次章，"逝"，去不还也。谓岁终之除夕也。今读为 shì，与迈、外韵不协。字当以折为声。折有 shé 与 zhē、zhé 三音，读去声则为 zài。此逝字，古音当如此。"蹶蹶"，《毛传》云"勤而敏于事"。陆云"俱卫反"，则当读如鳜（guì）。窃谓：当读如拜（bài）。蹶，足不伸也，今俗字作跬。儿戏蹶足跳行为跳蹳蹳。蹶子曰蹳子。皆蹶字古音读 bài 之遗音。周、秦、汉人用反义，以蹶为敏耳。

卒章，"役车其休"者，谓夺国已得，将不复用兵，军赋无征，与民休息也。"慆"，陆云"吐刀反"。朱云"叶佗侯反"，则当读如偷也。马瑞辰曰："右慆声读近悠。故与休、忧为韵。"《毛传》"慆，过也"（朱同）。按，《说文》慆为心悦之义，于此不协。当是毛用假借字。晋人谓悔灭为韬，读入声如偷也。"休"，美善也。"休休"，当为美善貌。毛云"乐道之心"，朱云"安详之貌。"凡《诗》中迭字，表声、表貌，皆无定义，唯当因文以求其意。

（二）山有枢

三章。章八句。九十一字。

（1）山有枢，隰有榆。子有衣裳，弗曳弗娄。子有车马，弗驰弗驱。宛其死矣，他人是愉。

（2）山有栲，隰有杻。子有廷内，弗洒弗埽。子有钟鼓，弗鼓弗考。宛其死矣，他人是保。

（3）山有漆，隰有栗。子有酒食，何不日鼓瑟？且以享乐，且以永日。宛其死矣，他人入室。

此晋文侯时，新贵奢靡者，嘲旧时大夫士俭啬者之诗。晋魏旧俗纤俭。士大夫习成自然。文侯倡为奢乐。其旧时相从亡命之士，一旦骤富贵，相尚以奢侈，而为此诗。与上篇同趣。上篇狂喜之余，犹具矜庄之诫。此篇则徒事讥笑，明非文侯之诗，但其从新贵之嘲谑也。魏人《汾沮洳》诗，有"美无度"赞声，盖可知此诗为晋俗实变之所由。然亦仅贵族统治阶级已变，平民则仍旧俗。故《汾沮洳》所美者只贵族官吏。其民间，则至汉世犹以"纤俭习事"称也。

诗三章皆以材木不可胜用为兴。亦可知晋之富强在于地之广饶，又由于初封原是华夷杂居之边区，人口稀，地未尽辟。迨其既辟，则富强必致。周世诸侯，霸者必起于边区，其理亦在于此。

首章，"枢"，刺榆。与榆同类，而材质色泽文理不同。其小枝，初出如针刺。性耐寒，故生于山。木材较榆坚韧，比于檀木，为造车之上材（榆亦车材）。"曳"，谓拖裳及地如曳。"娄"，《玉篇》引此诗作搂。陆德明《释文》云"娄，力俱反，马云牵也"（盖引马融《诗传》）。今按：当用马说，读如提。古人衣长而宽。行则拽提之。裳更长于衣，则曳于地以行也。"宛其死矣"，毛云"宛，死貌"。朱云"宛，坐见貌"。陆云"本亦作苑"。苑，枯也。今按：宛，语词耳。周诗"宛然""宛在""宛彼"，皆语词。在此诗，"宛其"，犹云"当其死矣"。"愉"，享乐之义。"是"，是物，指上云"衣裳"，他人以是为愉快之享受。

次章，《毛传》："栲，山樗。杻，檍也。"孔颖达《正义》引犍为舍人、郭璞、陆玑诸疏注，谓山樗似樗，叶差狭。盖即今之臭椿，易长而疏韧之木也。其所言杻或檍，即今人所谓"牛筋子"，一曰"傲檀子"，为最强韧之木材树，古作弓弩用之。

唐人呼曰"万岁"，即缘古称曰檍之称（亿万年不朽败之义）。"廷"，庭除。"内"，内室。"洒埽"，则居之舒适也。"钟鼓"，乐器。李善《文选注》引作"子有钟鼓，弗击弗考"。马瑞辰谓："今刻本下鼓字当作攷，从攴，与从支之鼓字有别。"今按：字书"鼔，击鼓也。字当作鼔，作鼓者亦伪。音恺。击鼓曰鼔，击钟曰敲。《说文》"敲，横擿也"，又或作㪣，今通用为叩字。此诗作考。毛云"击也"。《集韵》谓"考，古作攷"。攷，敲，㪣，并从攴，古今音变，作字遂不同耳。"他人是保"，谓保有，犹今云占有也。

卒章，"漆"，漆树，制琴所资。"栗"，制木主之材，果亦佳美。古之贵族酒食燕飨，恒有乐人奏乐。故曰："何不日鼓瑟？"加一日字，谓日日从事于燕乐也。《朱传》："永，长也。人多忧则觉日短。饮食作乐，可以永长比日也。"

（三）扬之水

三章。二章六句。一章四句。六十二字。
(1) 扬之水，白石凿凿。素衣朱襮，从子于沃。既见君子，云何不乐。
(2) 杨之水，白石皓皓。素衣朱绣，从子于鹄。既见君子，云何其忧。
(3) 扬之水，白石粼粼。我闻有命，不敢以告人。

此晋人相招以投附曲沃桓叔之歌。旧说大抵皆同。或有以为叛民不可能自暴其谋而形之歌咏，别为忠于晋昭公者警告之歌（宋严粲，清魏源等如此推断）。不知《唐风》诸篇多为曲沃并翼后乐官搜辑之诗乐。正如《魏风》之多录叛民之谣，正所以明其得国由预得民心故也。

《左传》桓公二年云："惠之二十四年，晋始乱，故封桓叔于曲沃。靖侯之孙栾宾傅之。……惠之三十年，晋潘父弑昭侯而立桓叔。不克。晋人立孝侯。惠之四十五年，曲沃庄伯伐翼，弑孝侯。翼人立其弟鄂侯。鄂侯生哀侯，哀侯侵陉庭之田。陉庭南鄙，启曲沃伐翼。"又桓公三年，"春，曲沃武公伐翼，次于陉庭。……逐翼侯于汾隰。骖絓而止，夜获之，及栾共叔"。又桓七年，"冬，曲沃伯诱晋小子侯，杀之"。又"八年春，灭翼"。"冬，王命虢仲立晋哀侯之弟缗于晋。"又，九年"秋，虢仲、芮伯、梁伯、荀侯、贾伯伐曲沃。"《史记·晋世家》："昭侯元年，封文侯弟成师于曲沃。曲沃邑大于翼。翼晋君都邑也。成师封曲沃，号为桓叔。桓叔是时年五十八矣，好德，晋国之家皆附焉。……七年，晋大臣潘父弑其君昭侯而迎曲沃桓叔。桓叔欲入晋，晋人发兵攻桓叔。桓叔败，还归曲沃。晋人共立昭侯子平为君，是为孝侯。诛潘父。孝侯八年，曲沃桓叔卒，子鱓代桓叔，是为曲沃庄伯。孝侯十五年，曲沃庄伯弑其君晋孝侯于翼。晋人攻曲沃庄伯。庄伯复入曲沃。晋人复立孝侯子郄为君，是为鄂侯。……鄂侯六年卒。曲沃庄伯闻鄂侯卒，乃兴兵伐晋。周平王使虢公将兵伐曲沃庄伯。庄伯走保曲沃。晋人共立鄂侯子光，是为哀侯，哀侯二年，曲沃庄伯卒。子称代庄伯立，是为曲沃武公。……哀侯八年，晋侵陉庭。陉廷与曲沃武公谋，九年，伐晋于汾旁，虏哀侯。晋人乃立哀侯子小子为君，是为小子侯。小子元年，曲沃武公使韩万杀所虏晋哀侯。曲沃益疆，晋无如之何。晋小子之四年，曲沃武公诱召晋小子杀之。周桓王使虢仲伐曲沃武公，武公入于曲沃，乃立晋哀侯弟缗为晋侯。……晋侯（缗）二十八年，齐桓公始霸。曲沃武公代晋侯缗，灭之。尽以其宝器赂献于周釐王。釐王命曲沃武公为晋君，列于诸侯。于是尽并晋地而有之。由沃武公已即位三十七年矣，更号曰晋武公。"

合观两史，晋翼与曲沃争国。历时六十九年，各三四世。曲沃以附庸小邑而并强晋，周天子数使虢仲以军助翼讨曲沃，终不能克，翼仍覆灭于曲沃。此其间岂无社会原因哉？盖晋文自侯始强而好兵，屡用其民。民不堪命。时农民充当军赋、力役与田租，受害最深。故农民集中之狭乡曲沃先叛。在春秋前，鲁惠公二十四年，《左传》云"晋始乱"者是也。昭侯以桓叔抚之而定。桓叔"好德"故也，所谓"好德"，能厚施而薄敛，恤农惠工之谓也。而翼之君臣，仍文侯时之故态，奢靡无制，侈取其民，则民安得不叛翼以就曲沃乎？曲沃非兵强也，人心固而已。故兵屡出而败，退保曲沃，则强敌亦不能克，终以此夺得晋国。周天子卒不能制。如此七十年中，晋民私投附于曲沃者之多，可以想象。此诗作于何年，虽不可定，要当哀侯之世，晋人已由密约之隐语变为民间之群唱，故翼之亡如鱼烂矣。武公既得并晋，赂周王，岂能不陈献此诸民谣以自明其得民之实，与翼之必亡哉。

首章，"扬之水"，与《王风》《郑风》同文。以《王风》为最早出（东周初）。晋民用其语以喻激愤之情。"白石"云云，喻水激汤石，石为磨损，凿凿然，兀无所有，如晋民也。"素衣朱襮"，《毛传》"襮，领也。诸侯绣黼丹朱中衣"。谓曲沃桓叔。"子"，承桓衣制而称。"沃"，曲沃，犹云"素衣朱襮者，我愿从你于曲沃"。既见曲沃君而歌此诗。足见曲沃固先使人招之。

次章，"朱绣"，亦谓衣之色与领之绣。《诗本音》云："《仪礼·士昏礼》注，引《鲁诗》作綃。《郊特牲》注同。""于鹄"，犹言"予欲到之处，如射之中鹄"。仍指曲沃。旧说鹄为"曲沃邑也"，非义。"云何其忧"，犹云更何所忧。《诗本音》云：

"此章以平上去入通为一韵。"

卒章,"粼粼",毛云"清澈也"。朱云"水清见石貌"。喻人情皆知所当向。"我闻有命",谓曲沃有所使命。则秘之,不以告于人。忠于曲沃也。

(四) 椒 聊

二章。章六句。四十四字。
(1) 椒聊之实,蕃衍盈升。彼其之子,硕大无朋。椒聊且!远条且!
(2) 椒聊之实,蕃衍盈匊。彼其之子,硕大且笃。椒聊且!远条且!

此亦晋人歌颂曲沃君之诗。以椒聊之甘香,喻曲沃,愿其发展远及也。旧说椒聊为一物,谓今之花椒。何楷《世本》定为二物,谓聊即朹,今云山查。据《尔雅》"朹,檕梅。朹者聊"。清儒郝懿行等皆从之。今审诗语,椒聊非二物,所谓朹、朹、梂、梀字,亦非山楂,盖皆果房之称。《尔雅》又云"栎实梂",谓栎、栗、槲类之壳斗曰梂也。梂又作梀。《尔雅》"椒榝丑梀。桃李丑核"。谓椒与茱萸同有梀,桃与李同有核。椒之芳香,不在其果实而在果房(梀)。今云椒房,或椒壳,古云"椒聊"也。

首章,"椒聊之实",谓椒树成熟之果实。人之所重在其聊(梀),故称椒聊。"蕃衍",谓孳生众多。"盈升",谓一枝之量可以盈升,兴曲沃之德悦人,而势强盛。"彼其之子",犹《汾沮洳》句,指不同国度之人曰"彼"。此其字指曲沃君。"硕大无朋",谓其德与势皆无能与比。"且",语词。犹云:"椒聊呵,把枝条远伸吧。"意为祝愿曲沃抚循之人能达于己之居地。盖翼之属民盼附曲沃之诗。

卒章,"匊",掬之古字。两手合承而取之也。"笃",厚也。谓曲沃君之名德不唯大于声势,而又笃于柔远也。

(五) 绸 缪

三章,章六句。七十五字。
(1) 绸缪束薪,三星在天。今夕何夕,见此良人?子兮子兮,如此良人何?
(2) 绸缪束刍,三星在隅。今夕何夕,见此邂逅,子兮子兮?如此邂逅何?
(3) 绸缪束楚,三星在户。今夕何夕,见此粲者。子兮子兮?如此粲者何?

此晋公卿贺婚者调笑新妇之作。一娶三女，为周代诸侯婚制。诗言"三星"，谓三女也。疑是晋孝侯婚时，曲沃庄伯遣使入贺。使者恃曲沃之强，欺孝侯之弱，故敢于放肆调谑于婚房如此。

首章，"绸缪束薪"，谓使节奔驰以结好于男女之国成此婚也。马瑞辰云："诗人多以薪喻婚姻。《汉广》'翘翘错薪'以兴'之子于归'。《南山》诗'析薪如之何'以喻娶妻。诗'东刍''束楚'，《传》谓'以喻男女待礼而成'是也。""三星"，谓一娶三女。"在天"，谓本远在异国，如在天上。旧说者，皆实指在天之参星或心星。非。"良人"，朱云"夫称也"，系据《孟子》"良人者，所仰望而终身也"文义。"子兮"，谓向三新妇问："何以处此良人？"调谑之语也。与《干旄》"何以与之"文义相似。

次章，"束刍"，亦束薪之义。"在隅"，谓此三星已自天上降在室隅。谓新妇初嫁合卺，局促在一隅也。"邂逅"，《郑风传》"不期而会"也。在此诗，指贺婚之客，亦即作者对新妇自指，谓三星将憎此调谑之贺客，然亦复如之何哉？

卒章，"束楚"，亦束薪也。"在户"，谓三星已入室。"粲者"，《周语》密康公之母曰："三女为粲。粲，美物也。"《毛传》云："三女为粲。大夫一妻二妾。"此章"子兮"，调新郎也。

（六）杕　杜

二章。章九句。七十四字。

（1）有杕之杜，其叶湑湑。独行踽踽，岂无他人？不如我同父。嗟行之人，胡不比焉？人无兄弟，胡不佽焉？

（2）有杕之杜，其叶菁菁。独行睘睘，岂无他人？不如我同姓。嗟行之人，胡不比焉？人无兄弟，胡不佽焉？

此曲沃武公灭翼前，招诱晋室及其臣民助己之诗。以杕杜自喻，不讳强盛。自谓踽踽，招同姓偕行者，人民已附，以此更招其贵族也。

首章，《毛传》"杕，特貌。杜，赤棠也"。"湑湑"，《朱传》"盛貌"。"踽踽"，无所亲也。曲沃君自称失亲人之助。复自辩云："岂无他人"之助，只不如我之血统近亲之同道为乐也。翼君与曲沃君本皆文侯同母兄弟之裔，故曰"同父"。而晋之九宗五正，坚决助翼，反抗曲沃，故诗如此。"嗟"，呼问词。"行之人"，谓行路之人，指在职官吏。"胡不比焉",招诱语也。谓彼方叹在独行,引手求助。则识时势者胡为不比之同行乎。"人无兄弟",谓兄弟相攻,是曲沃无兄弟也。正须人相俅助时也,胡不起而助之乎?!

卒章,"菁菁",叶盛也。"睘睘",无所依也。"同姓",同祖也(并见《毛传》)。

诗似谦逊求助,而实自夸其强盛,与志必并翼。似与翼之职官议亲求助,而实如招降之檄。非真自伤孤独也。晋自文侯以下,献公以前,所有诗乐,非曲沃方面所欣赏者即不得入于乐官,更不至献之于周天子。旧说诗者,未能解此,妄测多端。如云刺晋君不能亲其宗族(毛、郑)。云刺献公尽灭桓庄之族(魏源)。云自伤兄弟失好无助(朱熹、姚际恒、方玉润)。甚至谓刺晋武公兼并宗国。力赞九宗五正之忠于翼侯,"五举而始终不服,亦五攻而去之"(亦魏源文)。以为刺曲沃是"春秋之义"。皆未能分辨支持翼君者仅属九宗五正之贵族阶级,而支持曲沃者乃广泛之平民阶级。此曲沃之所以能并翼,而翼虽借周王之威灵,虢君之力助,五攻、五反而终不能免于覆灭也。

(七) 羔 裘

二章。章四句。三十四字。
(1) 羔裘豹祛,自我人居居。岂无他人?维子之故。
(2) 羔裘豹褎,自我人究究。岂无他人?维子之好。

此晋之执政受曲沃武公招抚者,答《杕杜》表愿归附之诗。上篇《杕杜》,虽国君作,例当在篇首。徒以此篇为唱答一事,故比排于此。亦武公陈诗周王时原次也。

首章,"羔裘豹祛"者,古裘制:羔皮为体,貂皮为祛。祛者,衣之边缘部分,在上曰领,连领而下为袂(今云大襟边缘),最下曰裾(今云脚褊),与袖口部分皆袪也。用掌宽豹皮缘袪,是为"豹袪"。今藏族衣服仍如此。诗言:羔裘虽美,仍待豹袪之缘饰。喻曲沃虽强,仍有赖于我辈之归附,乃能蔚为诸侯之国。"自我人居"者,承上句,言仍待我人而乃成为盛服也。"居居",读如裾裾。《荀子·子道篇》:"子路盛服见孔子。孔子曰:'由,是裾裾何也?'"《家语·三恕篇》亦载,作"倨倨"。《韩诗外传》亦载,作"疏疏",皆同此诗居居音义,而异其字。盖三家诗分作倨倨,疏疏也。《毛传》从刺在位者求解。谓"居居,怀恶不相亲比之貌",不足取。"岂无他人",用上篇原语,亦示非必附子乃可,正是答诗,相应为对抗语调。"维子之故",谓:度他人未必可信赖,维子可信赖,故愿附子。语调示抗而情实降时,贵族自高其身价之恒态如此。翼人抵抗曲沃三十余年,而后有受招欲降者,故其措辞不能甚柔驯,如此乃为得体。

卒章,"豹褎",谓袖口之豹袪。"究究",亦谓须得我人而更美。犹今云衣服考究。两章"我人"皆我众之义。"好",当读如厚。古好字有厚之音,故相好即谓相厚。在此诗,与袖、究韵。陆云"呼报反",非是。

此诗,旧只毛、卫、郑说:"刺在位不恤其民。"朱云:"此诗不知所谓,不敢强解。"他人皆依《毛传》之说。

(八) 鸨 羽

三章。章七句。八十七字。

(1) 肃肃鸨羽,集于苞栩。王事靡盬,不能蓺稷黍。父母何怙?悠悠苍天,曷其有所。

(2) 肃肃鸨翼,集于苞棘。王事靡盬,不能蓺黍稷。父母何食?悠悠苍天,曷其有极。

(3) 肃肃鸨行,集于苞桑。王事靡盬,不能蓺稻粱。父母何尝?悠悠苍天,曷其有常。

周桓王元年至十八年,屡命虢公等及王臣助晋军讨曲沃。晋之农民心向曲沃,而迫于王命及翼君臣威逼,数从军,荒废农务,故有此歌。军中士人所作也。知为士人作者,"王事靡盬"句,屡见于小雅之《四牡》《采薇》《杕杜》《北山》诸篇,皆西周幽王以前诗,习其诗者,乃得用此成语。持此语以说此诗,则可知其非泛言"君子下从军役、不得养父母"(《续序》语)之诗也。

首章,"鸨",水禽,今呼野雁,大于雁,背羽黄褐色,有黑斑。脚趾有蹼。不能栖于林木,但能游息沙水间,故《毛传》曰:"鸨之性不树止。"(谓不止息于树)"栩",栎类(壳斗科植物)。诗言东周之王,但能辖伊洛一区,实力不能服诸侯,犹鸨之但可游息水间,不可以入山林。今王乃屡出师以助翼侯讨曲沃,徒劳吾人于军役,犹水禽之飞集于丛生之栩林,宁有益于威重乎?"盬",盐之古称。《左传》成公六年,"郇瑕氏之地沃饶而近盬",谓涑水流域之地与安邑盐池接近也。食盐本结晶体,接触湿气则渐溶而靡。"靡盬",谓王事不振,如盐之化解为液体,靡则无力也。

王事已如靡盬，而仍用兵于外，徒使我等不能从耕种以养父母，父母将何以为生乎。因呼天而问曰："何时使农民得仍耕于其所有之土地乎！"

次章，同义旨，群唱之歌故也。"曷其有极"，犹云"何时为行役之尽期耶？"

卒章，"鸨行"，谓鸨群飞行所成之行列。"曷其有常"，问何时有常。农民以耕种为常业，艺稻粱，养父母为常事。由此诗可知西周末期晋地已普遍种稻矣。

此诗，或亦是曲沃君所作，教晋民之暗附者歌之以瓦解周王与翼侯所征用之民兵。其效果似甚大，为曲沃卒能灭翼之一原因。

（九）无 衣

二章。章三句。三十字。

(1) 岂曰无衣七兮？不如子之衣，安且吉兮！
(2) 岂曰无衣六兮？不如子之衣，安且燠兮！

曲沃武公既灭翼，尽以其宝器因虢公行赂于周釐王，求王命为晋君。此其致虢公之诗。

首章，言既已灭翼。奄有晋之封域，非无七命之服也。只憾尚无王命耳。"子"，指虢公。时西虢之君为周王卿士。诗颂其衣"安且吉"者，自明其仍尊王室，知受王命者乃能安享，否则将受诸侯讨伐，为不吉也。《周礼·春官》："典命，掌诸侯之五仪，诸臣之五等之命。上公九命为伯，其国家宫室车骑衣服礼仪皆以九为节。侯伯七命，……子男五命，……王之三公八命。其卿六命。其大夫四命。及其出封，皆加一等。"《毛传》说"七兮"云："侯伯之礼七命，冕服七章。"与《周礼》说同。

卒章，《毛传》："天子之卿六命，车旗衣服以六为节。"旧云此诗"章三句"者，断为"七兮""之衣""燠兮"为句。是乐节之章句。按新标点句读，则只两句，两读。即两衣字为读，两兮为句。"七兮"，谓晋侯当得七命之服。六兮，谓曲沃原晋之附席，仅相当于天子之卿。是谓与虢公爵相当，而不如虢公接近天子者之安且温暖。

（十）有杕之杜

二章。章六句。四十八字。

(1) 有杕之杜，生于道左。彼君子兮，噬肯适我？中心好之，曷饮食之！

(2) 有杕之杜，生于道周。彼君子兮，噬肯来游？中心好之，曷饮食之！

此曲沃武公灭翼前，招徕游士之诗也。

首章，《朱传》云："噬，发语词也。""此人好贤而恐不足以致之，故言此杕然之杜，生于道左，其荫不足以休息。如己之寡弱不足恃赖。则彼君子者，亦安肯顾而适我哉。然其中心好之则不已也。但无自而得饮食之耳。"惜其未能结合于晋武公史事。论体会诗语，则已深得其意矣。

卒章，唐定本与宋《集传》皆仍作"噬肯来游"。相台本作"逝肯来游"。当依定本字。《毛传》："周，曲也。"

与《杕杜》同用"有杕之杜"起兴。与《邶》《鄘》之两《柏舟》同。彼二诗写于一人，分用《邶风》《鄘风》，则同标题为《柏舟》。此二诗同用《唐风》之乐，亦同出于一人，则分题为《杕杜》与《有杕之杜》以别之。犹《郑风》之两《叔于田》分题以《叔于田》与《大叔于田》然。由此，可知诗章标题，乃乐官所定，非作诗者自有命题也。

（十一）葛　生

五章。章四句。七十六字。

(1) 葛生蒙楚，蔹蔓于野。予美亡此，谁与独处。

(2) 葛生蒙棘，蔹蔓于域。予美亡此，谁与独息。

(3) 角枕粲兮，锦衾烂兮。予美亡此，谁与独旦。

(4) 夏之日，冬之夜。百岁之后，归于其居。

(5) 冬之夜，夏之日。百岁之后，归于其室。

此盖士人美妇为势家所夺，悲思痛伤之词。"予美"，指其归。"亡此"，自此失去也。"此"，指其居室。期以百岁同归，则其归犹生存也。旧说皆以为怨妇思夫之诗。魏源且谓"妇寡而能以死自誓"。皆非。

首章，葛生而蒙于楚丛之上，喻豪势之家压倒卑弱之民。"蔹"，《本草》曰"白蔹"，《说文》之苓字是也。今人呼为"野葡萄"，蔓生，掌状复叶，夏开小花，结实似葡萄。初绿，渐变紫色，熟时转白，故曰白蔹。别有鸟蔹、黑蔹，大体相似，皆不可食。"蔹蔓于野"，谓蔹亦蔓生植物，乃不得有所蒙附，但蔓延于平野。喻已失偶之凄凉也。"谁与独处"，与读如欤。谓予美自此失去，独处于此者谁欤？自吊之词也。

次章，"棘"，即酸枣，亦低矮之丛生植物。"域"，毛云"茔地也"。"息"，止也。既言生居之所，又即其预期同穴之处。

三章，"角枕""锦衾"，言与美妇共寝处。"独旦"，朱云"独处至旦也"。

四章，夏之长昼，冬之长夜，倍思予美。不可复聚矣！然知其心不相忘，虽迫于势，百岁之后犹当魂归于此居。《郑笺》"居，坟墓也"（朱同）。与次章"于域"相应。

卒章，毛云"室，犹居也"。郑云"室，犹冢圹"（朱同）。《新诠》以为居室。魂归居室，与三章相应。

（十二）采 苓

三章。章八句。九十三字。

(1) 采苓采苓，首阳之巅。人之为言，苟亦无信。舍旃舍旃，苟亦无然。人之为言，胡得焉。

(2) 采苦采苦，首阳之下。人之为言，苟亦无与。舍旃舍旃，苟亦无然。人之为言，胡得焉。

(3) 采葑采葑，首阳之东。人之为言，苟亦无从。舍旃舍旃，苟亦无然。我之为言，胡得焉。

晋献公太子申生遭骊姬谮害。大臣士蒍、狐突、梁余子养、先丹木等，劝生出亡。此盖其人献于申生之诗也。毛郑旧说为刺晋献公听谗。近而不切。惟魏源之说得之。① 兹申其文义。

首章，"首阳之巅"，魏云："劝之为夷齐，犹劝之'为吴太伯'也。"《左传》闵公元年："士蒍曰：'太子不得立矣。……不如逃之，无使罪至。为吴太伯，不亦可乎……'"太伯与夷齐皆古代让国出亡之事例。伯夷叔齐，饿死于首阳事，著于《史记》。"人之为言"，马瑞辰曰："《正义》原从定本作伪言。'人之伪言'，犹《沔水》'人之讹言'，《正月》'人之讹言'，讹亦作伪也。王肃诸本作'为'者，亦当读伪。《广雅》'伪，为也'。《月令》'毋或作为'，《郑注月令》作'诈伪'。《左传》定公九年，'子为不知'，《释文》'为，本作伪'。是古伪与为通之证。""苟亦无信"，谓人讹言将杀太子，苟以为不足信。"舍旃"，谓舍此而去。"苟亦无然"者，言去国、则讹言终不成为事实。能全身而不伤其亲，亦使人之讹言不得验也。

次章，《毛传》："苦，苦菜也。"《朱传》："苦菜，生山田及泽中，得霜，甜脆而美。与，许也。"

卒章，"葑"，毛云"菜名也"。已见《谷风》诗。"从"朱云"听也"。

《唐风》小结

《唐风》十二篇，八百一十字。最多者《蟋蟀》。文最少者《无衣》。全以作诗时世先后为序。属文侯世者二篇，曲沃与翼争夺时事者八篇。属献公世者一篇。其一篇《葛生》，时世不明。士人诗而列叙于贵族公卿之《采苓》诗前，则当亦是献公以前诗。无晋文公时诗者，疑皆晋文所辑以献于周天子，传其先人美事。其后不复献诗，故周太师乐档中晋诗只此。

---

① 魏源《诗古微·魏唐答问》云："献公信谗之事，无大于杀申生。而三举首阳，盖劝申世子以夷齐之行耳。首阳，晋地。即河北蒲坂之雷首山。其南王屋山，济水所出。故曾子言：'伯夷叔齐居河济之间。'《庄子·让王篇》：'夷齐北至于首阳之山，遂饿而死。盖夷齐自孟津扣马之后，遂渡河而北，西行至雷首之阳。故歌曰：'登彼西山。'蒲阪，舜都，故有'黄、农、虞、夏'之叹。春秋时本魏地。晋献公灭魏而有其地。故诗举本境古事为讽。其士蒍辈之词乎？当时梁馀子养、先丹木、狐突、重耳，皆有此劝。而士蒍为最先。曰：'不如逃之。无使罪至。为吴太伯，不亦可乎。'讽之为太伯，犹之为夷齐也。采苓、采苦、采葑，即托采药以行之意。世子终守待死之恭，而不知陷亲不义，故再三言'舍旃、舍旃'，以速之。'人之为言，胡得焉'，言：姬之谮不可辟也，公之惑不可回也，侯命之说亦不可执也。三章不易一词，明无二策，无转计也。孔明告刘琦曰：'君不见申生在内而危，重耳、夷吾在外而安乎。'正同诗旨。"

九、《秦风》十篇

解　题

《吕氏春秋》言：殷整甲始为西音。"长公（辛余靡）继是音以处西山，秦穆公取风焉，实始作为秦音。"是秦风实创始于穆公时，西音之别支也。吕氏以秦相国志秦之声乐，为说应可靠。穆公时，秦国已奄有西都王畿故地，去殷末已四百余年，而犹能承商风之西音以为秦风者，盖周人初实沿用商乐之西音。故高诱注曰："西音，周之音也。"周承西音以为豳风。秦得周畿，故又因豳声以制为秦风。然则穆公以前诸诗，皆非乐诗，至穆公乃入乐也。

郑玄《诗谱》，谓周孝王时封非子为附庸、邑之于秦谷（今甘肃天水地区）。"至曾孙仲，宣王又命作大夫，始有车马礼乐侍御之好。国人美之翳之，变风始作。""秦仲之孙襄公，平王之初，兴兵讨西戎以救周。平王东迁王城，乃以岐、丰之地赐之，始列为诸侯。"郑依卫宏《续序》，以二南为"正风"，十三国为"变风"。此谱以《车邻》为美秦仲之诗。但就诗序推论，与《吕览》抵牾。

《新诠》以为秦之有诗，始于东周初年秦襄公之世。其有诗乐，则始于其子文公之世。《吕览》之"穆公"，盖"文公"之字误也。秦襄公世已得西畿之地。勤王燕飨著于雅诗。则至其子文公之世不能尚无诗乐。文公之所以谥文，正由能诗。则秦风之乐又岂以待至其玄孙之穆公世始制成哉？

（一）车　邻

三章。一章四句。二章六句。共六十字。

（1）有车邻邻，有马白颠。未见君子，寺人之令。

（2）阪有漆，隰有栗。既见君子，并坐鼓瑟。今者不乐，逝者其耋。

（3）阪有桑，隰有杨。既见君子，并坐鼓簧。今者不乐，逝者其亡。

秦襄公与晋文侯勤王，至东都，同受平王燕飨。此晋文侯即席赠秦襄公之诗也。旧说为"美秦仲"者，非。刘瑾谓"秦仲初为大夫、寺人等官，非所宜有"（见《诗经原始》引）。明丰坊伪撰《申培公诗说》，谓"襄公初为诸侯，周大夫与燕，美之而作"，是善审诗语者。何楷《诗世本》列为平王时诗，亦谓是美襄公也。

首章，《毛传》："邻邻，众车声也。"陆德明曰："邻，本亦作隣。又作𨏉。"盖《鲁诗》作隣，《韩诗》作𨏉。诗称秦勤王军之众盛。"白颠"，毛云"的颡"。朱云"额有白毛"。指秦襄所乘之马。今世西马之良者。额有菱形白毛，是秦世已经育成之良种。"寺人"，周王内臣，司传达王命。平王初迁洛，郑、晋、秦、申、许、齐、卫、鲁、曹、宋诸侯皆会。秦襄爵最卑，晋文侯初未注意。迨知秦师之强武有功，乃与燕见，故谦言先之未见者由王命多务，不暇及也。"君子"，指秦襄。"寺人之令"，谓王命。

次章，"阪有漆，隰有栗"，与《唐风·山有枢》之卒章同文，但易山为阪。阪亦山坡之义。疑两诗出于一手。非晋文侯，即其代笔人也。"既见君子"，谓于王飨燕会中相见。"并坐鼓瑟"，谓并坐而听鼓瑟。瑟者，风乐之主导乐器。秦襄未必能之。文侯或擅长，然已作人君，则不自鼓瑟于燕会之际。应是并坐而食，听乐人鼓瑟也。"今者不乐"二句，正与唐风之《蟋蟀》《山有枢》同趣，故知其必为晋文侯诗。"耋"，陆云"田结反"，与经、垤同音。毛云"老也。八十曰耋"。"逝者其耋"，谓过此，则将衰老，不复能享此乐矣。

卒章，"簧"，亦乐器名，毛云"笙也"。原谓笙中金箔片为簧，后世凡装于管乐之小管曰簧。此"鼓"字，谓吹气鼓动之以发声。凡燕享之乐，必三章。故重"既见"之意，以重及时行乐之劝。"逝者其亡"又重于其耋也。

（二）驷驖

三章，章四句。四十八字。

（1）驷驖孔阜，六辔在手。公之媚子，从公于狩。

（2）奉时辰牡，辰牡孔硕。公曰左之，舍拔则获。

（3）游于北园，四马既闲。輶车鸾镳，载猃歇骄。

周之使臣从秦文公猎于秦之北园。此其罢猎时谢燕之诗也。秦自襄公始列于诸侯，克预聘享之礼。其子文公始有庙祀（初为鄜畤，用三牢。见《史记·秦本纪》）。有祠祀即当有乐歌。文公于平王十八年，"大败戎师于岐。来归岐东之田"（《竹书纪年》文。《秦本纪》在文公十六年）。则周王不能不以王命复之。终文公世，王使入秦者应多。《黍离》之诗，即其一也。此诗辞意简傲，颂而不谀，宜非王使不能如此。旧说秦人美襄公者，必非。

首章，颂秦君善御，及其车马骑从之盛。《朱传》云："驷䮲，四马皆黑色如䮲也。""孔，甚也。阜，肥大也。""六辔"者，"两服两骖各两辔，而骖马两辔纳之于觖，故惟六辔在手也。""媚子"，《毛传》："能以道媚于上下者。"朱云："所亲爱之人也。"《卷阿》："媚于天子。媚于庶人。"均谓能使人愉悦为媚。故《郑笺》云："媚于上下，谓使君臣和合也。"

次章，言猎获之丰，与秦君猎技之高。周制，国君春蒐、夏苗、秋狝、冬狩，各有其时，猎取有的，以奉宗庙，神乃享之。《毛传》云"冬献狼，夏献麋，春秋献鹿、豕、群兽"是也。"奉时辰牡"，谓献于庙者合于时献之制。"辰牡"，合于献时之牡兽。"公曰左之"，言公之善猎，命射者自左射之，同时自所驭之车亦绕向左方，于是射者发矢而获禽。"舍拔"，即发矢之谓。毛云"拔，矢末也"。矢末扣弦，发射则矢末离弦。故曰舍拔。

卒章，言罢猎时景象。"北园"者，盖秦北山狩苑之行馆，供秦君食息之处。罢猎，则憩于此。"既闲"，谓罢猎，卸车，释马，闲而饲之。马栏曰闲。旧说为"闲习"者，非。"輶"，轻便也。驱逆之车曰輶车。"鸾"，铃，声如鸾也。"镳"，马衔。輶车不载武士，但一人御之，一马挽之，马衔系铃，振鸣以骇兽，或自后驱逐野兽或迎面横阻野兽，故曰"驱逆之车"。是"輶车鸾镳"之义。"载猃歇骄"，谓輶车归时载从猎之犬。《毛传》云："长喙曰猃。短喙曰歇骄。"今按，"载猃"与"歇骄"对辞，当以猃与骄为猎犬之名，猎罢则已疲，故载于车以歇其力。《毛传》此云非诗义。

（三）小　戎

三章。章十句。百二十一字。

（1）小戎俴收，五楘梁辀。游环胁驱，阴靷鋈续。文茵畅毂。驾我骐馵。言念君子，温其如玉。在其板屋，乱我心曲。

（2）四牡孔阜，六辔在手。骐駵是中，騧骊是骖。龙盾之合，鋈以觼軜。言念君子，温其在邑。方何为期？胡然我念之。

（3）俴驷孔群，厹矛鋈錞。蒙伐有苑。虎韔镂膺，交韔二弓，竹闭绲縢。言念君子，载寝载兴。厌厌良人，秩秩德音。

秦宁公伐荡社，其夫人鲁姬留平阳（时秦之都邑），寄此诗，致其思念之情也。《史记·秦本纪》："宁公二年，公徙居平阳（今岐山县地），遣兵伐荡社。三年，与亳战。亳王奔戎，遂灭荡社。四年，鲁公子翚弑其君隐公。十二年，伐荡氏，取之。宁公生十岁立。立十二年卒。葬西山。生子三人：长男武公，为太子。武公弟德公，同母。鲁姬子生出子。宁公卒，大庶长弗忌、威垒、三父废太子而立出子为君。出子六年，三父等复共令人贼杀出子。出子生五岁立，复立故太子武公。"关于鲁姬之事仅此。此段史料，或系出于《世本》或系得自秦史官之书。原不著鲁姬之事，然可据以分析鲁姬是何人物。

襄公子文公，始用华夏礼乐。在位五十年。其太子静公早卒，有子嗣位，是为宁公，立时年十岁。辅之者，当即大庶长弗忌、威垒、三父等（威垒亦官名），皆文公所任有功之将相，故虽幼君当国，仍能伐灭荡社。荡社者，西戎亳王所庇护之近边公社，与亳战，胜，乃得并之。时宁公年十二三，不能轻戎事。更数年，宁公已娶夫人，生子矣。荡社之族逃戎中者，屡扰秦地。三父等乃拥宁公亲往征之。深入戎中，阅时当久，乃可能灭荡氏，全取其地。于时宁公大约二十岁左右，又已取鲁姬矣。宁公二十二岁卒，鲁姬生出子已五岁。则娶鲁姬当在宁公十六七岁时。

鲁在诸侯中独能用周礼，号称诗礼之国。公族妇女多能诗。秦文公大兴礼乐。大庶长弗忌等承之。其欲远婚于鲁，盖亦具沟通文化以利于朝聘会同之意。非鲁愿远嫁其女于秦。秦或是求婚鲁女于周王，鲁以王命故，遣此能诗乐之女也。秦襄公卒于平王初年。文公之卒，当在平王末年，或桓王初年（平王在位亦五十年），正鲁德公之世。公子翚弑隐公，在桓王八年，正应是秦出子十余岁时。《史记》于秦纪，不记他国事，惟其与本国有关者乃书之。于此乃特书鲁公子翚弑隐公事，盖即由与娶鲁姬相关。所娶之鲁姬，或是隐公之女，或是桓公之女，抑或是公子翚及其他公族之女，为具有高文化之秦君夫人，则可定。此就现存史文分析当时情势，可以估定此诗之作者为鲁姬也。

更就诗语推之：诗三章，侈言车马之制，钜细毕详，有似一篇戎车赋。此贵族习于乘车者所作甚明。其文繁重，音节甚美，而字多重复，显为贵族女子，青年小慧，优于声乐者所为之诗。非文化初兴之秦国人士所能作。又三章皆以"言念君子"

作结，自属女子思念其从戎良人之诗。固非秦大夫所作。更不得拟为征士之妻所作。"载寝载兴""温其如玉"，皆青年夫妇热恋之辞，与十余岁小夫妇恋情符合。

秦人记其先代史事，及妇人者甚少。穆公以前，惟有此鲁姬。足见此女在秦之地位，不仅大国之女而已，实又宁公之所尊畏，力足以制大臣、移旧俗之一权势妇人也。其所以能此，则由其文化高，在秦若兼君、师之位故也。是故，宁公虽已立太子，而大臣三父等于其死矣，竟废太子而立此五岁之出子。岂非以其母之故耶？苟非鲁姬之意为之，则又胡以不于出子死后，亲自篡位，而仍立其自己所废之故太子武公？又况是杀出子而立之乎。人情若非图自篡位，必不无因而废太子以立无知之幼君。如其果认为幼君当立，则立之已六年矣，非欲自篡其位，何能杀之。既杀之矣，亦尚有德公可立，又何为立其先所废之故太子以就杀身之祸？由此推寻，即可知废太子而立出子，是鲁姬之意，非三父等意。既以事出子六年，而复杀之以立武公，乃三父诸臣之本志。事之六年乃得杀之而立武公者，出子十岁前，长于母氏鲁姬宫中，不得而杀之。迨其十岁后与大臣亲接，乃有隙可乘而杀之。如中毒、拉杀、坠溺之类，足以欺鲁姬者，故鲁姬不能问也。既立武公，鲁姬乃知其谋，故逼使武公责其杀出子而戮之。纵是武公自以杀出子罪诛三父，亦必由有鲁姬之故存在。此史事之易明者。然则宁公时代之鲁姬，盖亦犹汉之吕后，唐之武韦，非寻常庸碌一夫人也。分析此诗，亦足以知其人。

首章，盛称秦君出发时戎车仪制，以明其思念之深。《毛传》："小戎，兵车也。俴，浅。收，轸也。五，五束也。楘，历录也。梁辀，辀上句衡也。一辀五束，束有历录。"《朱传》："收，轸也。谓车前后两端横木，所以收敛所载者也。凡车之制，广皆六尺六寸，其平地任载者为大车，则轸深八尺。兵车，则轸深四尺四寸，故曰小戎俴收也。五，五束也。楘，历录然文章之貌也。梁辀，从前轸以前稍曲而上，至衡，则向下勾之，衡横于辀下，而辀形穹隆上曲，如屋之梁。又以皮革五处束之，其文章历录然也。"（古车制，余无所究习，近世亦已无究习之必要，故全录《毛传》与《朱传》之所发明，以助理解）《毛传》曰："游环，靷环也。游在背上，所以御出也。胁驱，慎驾具，所以止入也。阴，掩轨也。靷，所以引也。鋈，白金也。续，续靷也。"《朱传》曰："以皮为环，当两服马之背上，游移前却无定处，引两骖马之外辔贯其中而执之，所以制骖马使不得外出。《左传》曰'如骖之有靳'是也。胁驱，亦以皮为之，前系于衡之两端，后系于轸之两端，当服马胁之外，所以驱骖马使不得内入也。阴，掩轨也。轨在轼前而以板横侧掩之，以其阴映此轨，故谓之阴也。靷，以皮二条，前系骖马之颈，后系阴服之上也。鋈续，阴板之一有续靷之处，消白金沃灌其环以为饰也。盖车衡之长六尺六寸，止容二服，骖马之头不当于衡，故别为二靷以引车，亦谓之靳，《左传》曰'两靷将绝'是也。"毛云："文茵，虎皮也。畅毂，长毂也。骐，骐文也。左足白曰骓。"朱云："车中所坐虎皮褥也。畅，长也。毂，车轮之中，外持辐内受轴者也。大车之毂，一尺有半。兵车之毂，长三尺二寸。故兵车曰畅毂。"毛氏生于习见之世，故其文简。朱氏去古未远，故能更准确以为发明。车制是其日常所习用，故其说诗能准。然亦由其为释此诗故能加以细察体会耳。他人虽日日乘戎车，仍不能说之详确如此。

"言念君子"，谓回想良人出发时车制。"温其如玉"，想及良人之仪态。"在其板屋"，谓知秦军已入戎中。其地多森林，乏陶瓦，羌戎皆劈木为"瓦板"以覆屋。君子深入其地逐羌戎，处其板屋。非如此间宫室之适，使我心伤乱也。毛云："西戎板屋。"班固《地理志》云："天水、陇西，山多林木，民以板为室屋。及安定、北地、上郡、西河（皆今甘肃与陕北之地），皆迫近戎狄，修习战备，高尚气力，以射猎为先。故秦诗曰：'在其板屋。'又曰：'王于兴师，修我甲兵，与子偕行。'及《车辚》《驷驖》《小戎》之篇，皆言车马田狩之事。"班氏说"板屋"，得之矣（其《车辚》字非《毛诗》字。盖鲁诗作辚）。

次章，《毛传》："黄马黑喙曰骊。"《郑笺》："赤身黑鬣曰骐。中，中服也。骖，两骓也。"《朱传》："骊，黑色（马）也。盾，干也。画龙为盾，合而载之，以为车上之卫。必载二者，备破毁也。觼，环之有舌者。軜，骖内辔也。置觼于轼前以系軜，故谓之觼軜，亦消沃白金以为饰也。"是次章为悬想其在征途中车上情致，以致思恋之情。"温其在邑"，毛云"在敌邑也"。国君虽出征，居处必在人户聚集之处。言邑，以别于在国之时。"方何为期"，郑云："方今以何时为还期乎。"朱云："方，将也。将以何时为归期乎？何为使我思念之极也。"朱义为胜。

此章韵拗。疑是鲁姬杂用秦鲁方音。《诗本音》云："阜，四十四有。手同。骖，二十二覃。合，二十七合，转音含。軜，二十七合，转音南。邑，二十六缉，转音乌含反。念，五十六㮇，转音奴占反。之，此章以平去入通为一韵。中字不入韵，《集传》叶诸仍反。非。……"转音太多，仍有未协之中字。实难据用。

卒章，《毛传》："俴驷，四介马也。孔，甚也。厹，三隅矛也。錞，镦也。蒙，讨羽也。伐，中午也。苑，文貌。"《朱传》："俴驷，四马皆以浅薄之金为甲，欲其轻而使于马之旋习也。""厹矛，三隅矛也。鋈錞，以白金鋈矛之下端平底者也。""虎韔，以虎皮为弓室也。镂膺，镂金以饰马当胸带也。交韔，交二弓于韔中，谓颠倒安置之。必二弓，以备坏也。闭，弓檠也，《仪礼》作紲。绳，绳。滕，约也。以竹为闭，而以绳约之于弛弓之里，檠弓体使正也。"是卒章为悬想其君子从役中，归息之状。"载寝载兴"，言其起居作息之劳。"厌厌"，安和貌。"秩秩"，有条不紊也。言念我良人，起居安和，部署有序。郑云："既闵其君子寝起之劳，又思其性与德。"

中华，从古习于车战。地平坦，亦利于行车。四方边裔之区，则多山岳，林地，其人善于骑射，不行车。秦国在天水盆地，不知用车。秦仲得雍岐之地，始有车骑之制。一切仍当粗糙质朴。此诗所言，则中华贵族所用戎车之制。鲁人所素知。秦地当时固亦已有。然亦惟中华嫁来女子能辨之耳。秦人妇女不可能详述如此。此亦判这鲁姬之诗之一据也。

（四）蒹 葭

三章。章八句。九十九字。

（1）蒹葭苍苍，白露为霜。所谓伊人，在水一方。溯洄从之，道阻且长。溯游从之，宛在水中央。

（2）蒹葭凄凄，白露未晞。所谓伊人，在水之湄。溯洄从之，道阻且跻。溯游从之，宛在水中坻。

（3）蒹葭采采，白露未已。所谓伊人，在水之涘。溯洄从之，道阻且右。溯游从之，宛在水中沚。

晋大夫丕郑使秦，内附于秦穆公，求纳公子重耳。此其归渡河时报穆公诗也。其事，载《左传》僖公九年十年，及《史记·秦本纪》。兹撮其要如次：

秦穆公九年，晋献公卒。里克与丕郑欲纳重耳。荀息承献公志，立奚齐。里克杀之。又立卓子。里克又杀之。荀息死焉。公子夷吾使郤芮赂秦地以求入。既立而倍秦约，使丕郑聘秦，求缓赂。丕郑至秦，闻夷吾杀里克，恐。因说穆公曰："晋人不欲夷吾，实欲重耳。今背秦约而杀里克，皆吕甥、郤芮之计也。愿君以利急召吕、郤。吕、郤至，则更入重耳。便。穆公许之。使人与丕郑归召吕、郤。"（用《史记》文）其时秦东境至河，与晋以河为界。秦晋往来自河曲渡（今之枫林渡）。由晋入秦者，自上游顺流而斜下，则易达。自秦入晋者，则顺水至河曲，利用河水东折之洄势，撑至北岸，亦易达。故诗言"溯流"，谓自晋向秦也。"溯洄"，谓自秦向晋也。"伊人"，谓秦穆也。"在水一方"，谓秦国也。"蒹葭"起兴者，丕郑以秋日归晋，渡河时所见景物如此。河曲处，东岸缓浅，西岸激促，蒹葭生于晋岸，故丕郑以之喻晋，而以雨露喻秦。

首章，"蒹葭"，河岸所见之芦苇。"苍苍"，衰败之色。"白露为霜"，喻秦纳夷吾于晋如雨露之施，夷吾倍约而杀里克，如湿润之露变为肃杀之寒霜。"伊人"，一心向往之人。谓穆从丕里之请以纳惠公（夷吾）。惠公既入而背秦。秦在河水之一方。晋人盼之而未能援助者，隔水故也。"溯洄"，毛云"逆流而上"。谓返晋之行，为道长而多艰阻，斥惠公也。"溯游"，毛云"顺流而涉"。谓自晋从秦，则伊人宛如近在河水之中央，喻相依之情挚也。

次章，"凄凄"，凋零之色。"晞"，干也。"未晞"，喻秦之施惠于晋，意犹未艾。惠公已背德，又许纳重耳。"水之湄"，犹言水之彼岸。朱云"水草之交曰湄"。"跻"，升也。升行则费力为多也。"坻"，小渚也。亦在水中央之意。

卒章，"采采"，朱云"言其盛而可采"。今按，诗语谓收割时至，犹"采采芣苢"之言也。喻此行必获吕、郤，覆夷吾，纳重耳。"白露未已"，喻秦之惠晋未已。"涘，厓也"（《毛传》）。"右"，毛云"出其右也"。郑云"言其迂回也"。朱云："不相直而出其右也"。今按：周世尚左、卑右。"道阻且右"，谓此行之难，尤在吕、郤当政，已位卑而地疏。非云吕、郤，则不可倒夷吾。旧儒不得此诗作者是丕郑，只从"刺襄公不用周礼"（汉儒），与慕隐士（宋儒以下）求说，故不可能得此一解。"沚"，亦水中洲渚之义。

于时献诗，以三章为礼，取其便于入乐。故丕郑重叠其词。且以明宛转依赖之意。与群唱诗歌之重叠不同。

（五）终　南

二章。章六句。四十八字。

(1) 终南何有？有条有梅。君子至止，锦衣狐裘。颜如渥丹，其君也哉？

(2) 终南何有？有纪有堂。君子至止，黻衣绣裳。佩玉将将，寿考不忘！

秦穆公好猎。尝骤至终南民家息。山民惊而歌此诗也。穆公时国邑在雍，即今之宝鸡。故其猎能至终南。史称其至岐，失善马，发现被野人剥食。因赐野人酒，抚而赦之。追韩之役，势危迫时，食马野人三百人为之推锋争死。于是解围而虏晋君（见《秦本纪》）。可以想见秦穆素时行猎，从而抚循其民之风致。故华夷皆称其贤。终南山民之有此诗，宜非穆公不属。旧说以为"戒襄公"者，必非。《朱传》但云"秦人美其君之词，亦《车邻》《驷驖》之意"亦未贴切。

首章，山民初见穆公，犹不相识，但以其衣服与从骑，知其为官长，迎而致问之辞也。其语质朴坦率，决不如迂回弯曲之强解。"终南何有"，犹言：我等终南山下居民能何所有，而劳贵人之亲至耶？山民见官人至，即以为是有所征取，故其发语如此。又自答云："有条。"即"蚕月条桑"之条。北地无竹。筐筥汲器皆用桑柳幼条编制之。"有梅"，即"墓门有梅"之梅。野生者，当时被视为棘类，山民绕宅植之，如今云生篱，利其叶枝之刺（梅李之小枝皆作刺状）与花之悦目，果之调味（古以梅盐调味）。言他无长物，应非贵人来临之地。又见来者并无求取，但有抚问，乃知其可敬，而歌"君子至止"。羡其衣服。又素闻秦君贤而赭颜，因呼曰"其君也哉"，惊喜之至也。

卒章，"有纪有堂"，《毛传》："纪，基也。堂，毕道，平如堂也。"《郑笺》："毕，终南山之道名。边如堂之墙然。"《朱传》："纪，山之廉角也。堂，山之宽平处也。"皆就山之地形求义，于诗语毫无关切，徒见牵强。马瑞辰《诗笺通释》云："按上章言有条有梅，谓山有茂木。以类求之。纪当读如杞梓之杞。堂当为甘棠之棠。纪与堂皆假借字。《左氏春秋》桓公二年，'杞侯宋朝'，《公》《穀》并作纪侯。三年，'公会杞侯于郕'，《公羊》作纪侯。吴夫概奔楚，为棠谿氏，《左传·定公五年》作堂谿。是皆杞与纪，棠与堂古得通借之证。《白帖》终南山类引诗正作'有杞有棠'。盖本三家诗。"此说远胜汉宋诸儒。虽然杞与棠对此章诗，仍无关切之义。诗语简朴，岂能有如此重复之闲文占一章三分之一哉。窃谓纪与堂，皆民居之称。山民既知来者是秦之贤君，欲留之食息，而有此章之诗，则非泛言山与树类也。"纪"者，盖谓聚族公有之祠祀之所。当时周之遗民聚族而居于终南者，保持宗法世族关系，有公共之祠、祀其祖先，岁时祠祀，纪理支派世系之谱。故称其处曰纪。"堂"者，各户自有之堂屋，犹羌、彝民族之"火堂"，既供其家神，又烧火一盆供宾客家人休息寝处。是延宾入室之辞也。君既入室，解其狐裘，露见黻衣绣裳，与闻佩玉锵锵之声。知其的是秦君，则颂其"寿考不忘"矣。多龄为寿，多子为考。山民之颂语，如此简朴。"不忘"，但是"不亡"之字。西羌之俗，祝人不死。周人盖习之。今羌氏藏民多有以"寂墨"（不死）命名者是也。犹祝"万寿无疆"也。传诗者不解其意，妄写作"不忘"耳。旧说诗者好用通假解释梗塞字义。乃皆无人及此，亦足异矣。山民非能文也。此亦其口说之意，穆公从者录其情趣及语言以付乐官，乐官更为润色剪裁以便于合乐。故有"君子至止""佩玉将将"诸诗意浓郁之文，非即其本语如此。

（六）黄　鸟

三章，章十二句。一百三十八字。

（1）交交黄鸟，止于棘。谁从穆公？子车奄息。维此奄息，百夫之特。临其穴，惴惴其栗。彼苍者天，歼我良人！如可赎兮，人百其身！

（2）交交黄鸟，止于桑。谁从穆公？子车仲行。维此仲行，百夫之防。临其穴，惴惴其栗。彼苍者天，歼我良人！如可赎兮，人百其身！

（3）交交黄鸟，止于楚。谁从穆公？子车鍼虎。维此针虎，百夫之御。临其穴，惴惴其栗。彼苍者天，歼我良人！如可赎兮，人百其身！

《左传》文公六年："秦伯任好卒，以子车氏之三子奄息、仲行、鍼虎为殉。皆秦之良也。国人哀之，为赋《黄鸟》。"由有此传，后世说诗者更无异说。

首章，哀子车奄息。"交交"，《毛传》："小貌。黄鸟以时往来，得其所。人以寿命终，亦得其所。"《郑笺》："黄鸟止于棘以求安己也。此棘若不安则移。兴者喻臣之事君亦然。今穆公使臣从死，刺其不得黄鸟止于棘之本意。"今按：此国临葬圹者哀愤之诗也。"交交"，鸣声也。此黄鸟是搏黍，小鸟也。与《葛覃》黄鸟之为黄凤者不同。搏黍小，故可止于棘上，黄凤则不能。此当辨者一也。马瑞辰曰："《文选·嵇叔夜赠秀才入军诗》：'咬咬黄鸟，顾畴弄音。'李善注引诗'交交黄鸟'。又引古歌'黄鸟鸣相追，咬咬弄好音'。《玉篇》《广韵》并曰'咬，鸟声'。《毛诗》作交交者，假借字耳。"此当辨者二也。诗颂三良之伟大，而乃以搏黍之小鸟起兴者，兴句为从事葬埋之人，皆当时从役之小民，痛无力相救，与下文"临其穴，惴惴其栗"相应。亦与"如可赎兮，人百其身"相应。非有其他意义。此当辨者三也。秦兴于西戎奴隶社会之中，历襄、文、宁、出、武、德、宣、成、至穆公之世，虽已变同华风，而奴隶制残余犹存。凡奴隶社会，奴隶主每拔奴隶之慧黠者司家政，材武者作捍卫。宠用成势，虑后嗣不能制之，则托言地下需用，命之殉葬。今世发现古代陵墓四周坑道中，多有骸骨刺戾作撑拒至死之状者，可以想见其迫死活埋之惨状。故诗曰"临其穴，惴惴其栗"。盖亦奴隶未殉葬者从事埋葬时目见其惨状者之歌。《左传》说为"国人哀之"者，犹未允当，此当辨者四也。《秦本纪》言："武公卒，葬雍平阳，初以人从死。从死者六十六人。"又"穆公卒，葬雍，从死者百七十七人"。则此次死者固不止三良而已。群歌此诗之奴隶，或亦即同被活埋于圹穴中，故有临穴惴栗之语。大抵奴隶哀其同类而歌，国君恶其欲赎而并埋之，故有如是之多人从死耶？此亦当辨之史事也。秦自穆公以后未再有殉葬之记载。则此诗之哀鸣，似亦留有甚大之影响。此又当辨之史事，惜在文献不足，莫由辨之。

次章，哀仲行。云"百夫之防"。《毛传》"防，比也"。郑云"防，犹当也，言此一人当百夫"（朱同）。今按：防，捍卫也。能捍卫百夫，则善战守者也。

卒章，哀鍼虎。"百夫之御"，与"百夫之防"同。守为防，战为御。自首章之"止于棘"，次章"于桑"，此章"于楚"，皆惟以协三人名之韵，非有要义。

（七）晨　风

三章。章六句。七十二字。

(1) 鴥彼晨风，郁彼北林。未见君子，忧心钦钦。如何如何？忘我实多。
(2) 山有苞栎，隰有六驳。未见君子，忧心靡乐。如何如何？忘我实多。
(3) 山有苞棣，隰有树檖。未见君子，忧心如醉。如何如何？忘我实多。

此秦康公令狐败后，劳先蔑、士会来奔之诗也。事具《左传》文公六年七年，及《史记·秦本纪》。兹约述其文：秦穆公卒，晋襄公亦卒。襄公之弟名雍，秦出也，在秦，为亚卿。秦康公元年，晋使先蔑、士会如秦迎雍，将立之。康公以兵送雍，至令狐。晋人变计，立灵公，而以兵袭秦师。战于令狐。秦师败还。先蔑、士会奔秦。晋自惠公、怀公，屡因秦立而复背秦。文公亦资秦得立。晋襄，文公子也。初即位，即袭败秦师于崤。兹役，晋自废其太子而迎立子雍于秦。既入境，复变计，又不礼遣，而以兵突袭击败之。先蔑、士会亦出意外，仓促随溃师奔秦。秦君知二人非共谋赚秦者，自必燕飨而劳慰之，冀得其力以报晋也。三章，皆以"忘我实多"为结，激愤之情跃于辞上。诗文不佳者盖秦君所自作，习文艺犹未深达也。

首章，"鴥"，疾飞貌。"晨风"，鹯也（并《毛传》）。喻晋报政赵孟为鹯，疾飞贪戾，转变迅飚，无定向也。"郁彼北林"，喻晋国在北。郁者，隐蔽之义，喻晋阴狠，突袭，如鹯之隐伏也。秦人谓鹯为晨风，本于羌语。旧说晨风喻隐君子，释郁为茂盛，殊悖于诗义。"未见"二句，言初闻令狐变起，我军溃败时，甚忧两人之不能免。"钦钦"，钦佩之怀想也。"如何如何"二句，谓：晋之背德者屡矣。兹来迎雍，固亦曾虑其背德中变，故以军卫送之。不意其竟出乘夜突袭。晋无信义，忘我之德，累积四世，何其多矣。《左传》："秦康公送公子雍于晋曰：'文公之入也，无卫，故有吕、郤之难。'乃多与之徒卫。"（晋文公初即位，吕、郤畏逼，将焚公宫以作乱。寺人披以告。晋侯潜会秦伯于王城。吕、郤不获公，乃如河上，秦伯诱杀之。文公之位乃定。事在《左传》僖公二十四年）诗云"如何如何"，本旨如此。

次章，"苞栎"，谓严栎，不克成乔本。"六驳"，毛云："驳如马，倨牙，食虎豹。"孔颖达《诗正义》引陆玑《毛诗草木鸟兽虫鱼疏》云："驳马，梓榆也。其树皮青白驳荦，遥视似驳马，故谓之驳马。"《朱传》遵之，是。毛郑说为动物，非。此诗谓二人在晋不克展其才德，归秦，则矫然出众，如隰之有六驳也。"靡乐"，即失子不乐之意。

卒章，《毛传》："棣，唐棣。檖，赤罗也。"《朱传》：檖，"实似梨而小，酢可食。如醉，则忧之又甚矣"。今按：棣，不可食。檖，似棣，今云刺梨，实可食。喻物随环境不同而异其质，人之爱憎亦不同。

（八）无 衣

三章。章五句。六十字。
(1) 岂曰无衣？与子同袍。王于兴师，修我戈矛，与子同仇。
(2) 岂曰无衣？与子同泽。王于兴师，修我矛戟，与子偕作。
(3) 岂曰无衣？与子同裳。王于兴师，修我甲兵，与子偕行。

秦康公修怨于晋，屡用其民，士会为此诗使歌于军中，励士气也。康公于穆公丧次，受先蔑、士会之请，以兵送公子雍归立。而晋人变计，袭败其军于令狐。先蔑、士会奔秦，已见《晨风》篇。事在周襄王之三十二年，即《春秋》文公七年。其明年"夏，秦人伐晋，取武城，以报令狐之役"。逾年，"春，晋人伐秦，取少梁。夏，秦伯伐晋，取北征"。又二年，"秦为令狐之役故，冬，秦伯伐晋，取羁马。晋人御之。秦用士会谋，挑赵穿，战于河曲，大破晋师"（并《史记》文。《左传》在文公十二年）。士会为秦用，大为晋患如此。此诗作秦军士相助励语之群歌。文义深入而浅出，鼓动性强，音节和谐，当为千古军歌之首选。非惟秦军士不能作，即秦康君臣亦不能为。宜其亦为士会所教也。旧说无及此者，为《毛序》"刺用兵"所蔽故也。

首章，言：我岂因为自己无衣，而与诸君同着此军服乎，由与诸君同具敌忾故也。故当我王兴师报仇时，相与各自修理戈矛，踊跃赴事，以报令狐之役也。《毛传》"袍，襺也"，其字从衣、从茧，义为装茧绪之衣，即所谓纩衣（以纩为表里，而絮茧绪），军士之冬衣也。盖秦君所须。古伐国，农民供军赋、车马、戈矛。国家为军容整齐，则颁发军衣与旗帜。羁马之役，秦军冬出，故所须军服为袍、袴。后世称军服为战袍，缘此诗也。

或疑"王于兴师"，是谓周王。因以为此诗是秦人应周王征调之役。此不通之说也。诸侯不称王，华夏人所奉教条如此，若夫四夷之国，大者吴、楚、巴、蜀，小者如义渠、丹梨、徐、淮夷君，莫不自称曰王，人民之称其君曰王者多矣。即如诸夏王等诸侯，只宋为公。列国史籍，孰不称其君曰公哉。秦本西戎部落，自襄公始赐伯爵，而史籍俱称其君曰公，其国人固自称之曰王耳。士会拟军士相唱和之辞，安得不称之曰王哉？

次章，"同泽"，《毛传》"润泽也"。《郑笺》作襗，云"亵衣，近污垢"。《朱传》云"裏衣也。以其亲肤，近于垢泽，故谓之泽"。今按：泽与襗同音（陆云"除革反"）。《说文》"襗，绔也"。古者，裳而不绔，甚不便于劳动；尤于战斗不利，故战士必宜着绔。应征供赋之农民本无袴，秦君为之颁发袍绔。当时无"绔"之称，通呼曰襗者，《毛传》作泽字耳。与污垢、润泽之义无关。夫汗衣，必人所自有者，若亦必由国家一色同制，则应征者岂赤身而至哉。若非国家颁给，则千百军士之亵衣安能尽同乎？"同作"，谓同作战。"矛、戟"，与戈矛并言战具。毛云："戈长六尺六寸。矛长二丈。"朱云："戟，车戟也，长丈六尺。"

卒章，"同裳"者，古人上曰衣，下曰裳。今谓之裙。军士虽着绔，仍有原衣之裳，亦依习惯扎于袴外，但高扎之，故曰同裳。今世蒙古衣制，窄袖、长袴，古人谓之胡服，清代定为平民衣式。惟朝鲜衣制犹存古华夏样式。说"裳"者可以援想之。"甲兵"，谓甲胄与兵器，包括戈、矛、戟、钺、弓、矢言之。"偕行"，读如行列之行。

（九）渭　阳

二章。章四句。三十二字。

(1) 我送舅氏，曰至渭阳。何以赠之？路车乘黄。
(2) 我送舅氏，悠悠我思。何以赠之？琼瑰玉佩。

秦康公六年，大举以报令狐之役，因遣公子雍随军返晋以励士气。此其劳军至渭阳，赠子雍之诗也。旧说诗者一致依《毛序》定为秦康公做太子时送重耳返晋之诗，有不可通者数点：1. 重耳返晋，在周襄公十七年。又十五年，穆公卒，康公立。此诗何乃不列于《黄鸟》前，反列在《晨风》《无衣》之后？2. 舅氏二字，可作第二人称，亦可作第三人称。若夫"赠之"之字，则必是对第三人称。绝不能曰面对舅氏而曰"赠之"。惟遣使赠遗之诗，得云"赠之"耳。则不能为太子送舅之诗明矣。3. "路车乘黄"，诸侯之车也。《礼·坊记》："父母在，馈献不及车马。"康公方为世子，安得即有此诗？4.《仪礼·觐礼》："同姓大国，则曰伯父。其异姓，则曰伯舅。同姓小邦曰叔父。其异姓小邦，则曰叔舅。"舅氏二字，固不必即为母舅之专称。子雍亦晋文之子，晋襄公弟，现当纳为君，援异姓称舅之例，固当呼为舅氏也。

首章，追述令狐之役，襄公亲送子雍至渭阳，赠以诸侯仪制之车马。"曰至渭阳"，犹云曾送至此也。是晋使来迎新君，故以路车及四马皆黄之乘赠。诗追述此，亦张皇旧事以激军民同仇之情也。

卒章，言今复来送舅氏至此矣。令人长思旧事，宿恨不可忘也。今不可能纳为晋君矣，故不更为路车之赠，但能赠以琼瑰之佩。又所以激子雍同忾，军士同仇之情也。《毛传》云"琼瑰，石而次玉"。则非"路车乘黄"之比，仅是对卿大夫之赠。明两章是两事而同一人也。诗语明显。旧说诗者为《毛序》"康公念母也"一语所蔽，遂莫及此。

（十）权　舆

二章。章五句。四十字。

（1）于我乎！夏屋渠渠，今也每食无余。于嗟乎！不承权舆！

（2）于我乎！每食四簋，今也每食不饱。于嗟乎！不承权舆！

秦袭宗周故地，物资饶给，而穆公好用客士。蹇叔、百里奚、由余、孟明、士会、丕豹、公孙枝之徒皆以客卿致秦于强盛。故秦厚礼客士。迨士会逃归，而康公耻之。秦人亦多言客士之费，康公乃削其供养之礼。游说寄食之士，骤感其薄，而赋此诗也。旧说皆承《毛序》谓刺康公礼贤不终。夫所谓"贤者"，无事于安民强国之计，乃徒断断于生活享用之礼，则是所谓"徒哺啜者"者，安见其为贤者乎？若谓刺秦君不能承穆公之志，则得其意矣。盖康公亦曾自悔其薄于客士，而复优给，并以此诗付乐官谱歌之，以志其过。故孔子选录为秦风终篇。此亦犹郑国以溉渠疲秦之谋露，而秦君逐客，又复因李斯之书而除其令。秦之克以强大统一，始终资于客卿。其制开于穆公，其事著于士会。故关于士会之诗，秦风得四篇焉。

  首章，《毛传》："夏，大也。"《朱传》："渠渠，深广貌。"言初处之于夏屋，则居处饮食之厚可知。《郑笺》谓："屋，具也。渠渠，犹勤勤也。言君始于我厚，设礼食大具以食我，其意勤勤然。"虽缘附古礼为说有据，其实迂回不通。所谓"道在迩而求之远"，经师之通病，不适用于明快质达之风诗。"不承权舆"，谓不能遵承初制。《毛传》："权舆，始也。"《尔雅》同。或释其说曰："造衡始于权。造车始于舆。"马瑞辰曰："即虇蕍之假借。《尔雅·释草》：'葭，华蒹。蒹，薕蕟。其萌，虇蕍。'……本蒹葭始生之称。因而凡草之始生通曰权舆。"今按：《尔雅》，汉武帝时人编纂先秦以来说经诸家之训诂，为丛书，我国最早出之经学辞典也。采于齐、鲁、韩、毛四家诗传者最多。三家诗于此篇多作"虇蕍"字。只《毛诗》改作"权舆"，大戴以下汉儒遵用之耳。"虇蕍"，或是羌秦土语，呼芦苇之始生者。录音字以简便易识为胜，故《毛诗》改用权舆，而释云"始也"。秦诗如"晨风"为鹯，"六驳"为榆，"权舆"为始，皆用地方土语以利通俗。此当知也。

《秦风》小结

  《秦风》七百一十八字。《黄鸟》文最多，劳动人民感喟至深切处，则辞亦繁也。《小戎》次之，文人之文故也。《渭阳》文最少，《权舆》次之，皆两章，初只自寄慨叹，未拟合乐故也。十篇均依时世次第，自襄公至康公未乱。不似他诸国风之先统治阶级，次卿大夫、士、民，乐官之作殿之，外国人作又殿之。是秦乐官叙乐之特致。

十、《陈风》十篇

解　题

陈国在郑之南，宋蔡之间，本伏羲氏故地。武王灭纣，定南疆，封舜后妫满于此①。都于宛丘之侧，是曰陈胡公。尚武王长女大姬。虽用周俗为治，而民间犹存南俗。南俗尚巫，亦犹商俗之尚巫也。故陈之商乐渊源于巫风。郑玄《诗谱》谓："大姬无子，好巫觋，祈祷鬼神之乐，民俗化而为之。"当是大姬为其民俗所移，非民俗导自大姬也。

（一）宛　丘

三章。章四句。四十九字。

（1）子之汤兮，宛丘之上兮。洵有情兮，而无望兮。
（2）坎其击鼓，宛丘之下。无冬无夏，值其鹭羽。
（3）坎其击缶，宛丘之道。无冬无夏，值其鹭翿。

陈用周礼以治南国之民，化导未易。推行周礼之乐官每见民间巫风流行而叹。此即陈之乐官慨叹国邑巫俗之诗也。

首章，"子之汤兮"，指巫师作法。"子"，谓"子仲之子"，说在下章，当时之名巫也。此诗非对巫之语，但从旁称述之。疑原是"子仲之汤兮"，省其字，则但云"子"耳。亦可疑是钞脱仲字。三家诗与毛诗文字每有小异与衍脱。衍者如"大叔于

---

① 《左传》襄公二十五年记子产曰："昔虞阏父为周陶正，以服事我先王。我先王赖其利器用也，与其神明之后也，庸以之女大姬配胡公而封诸陈，以备三恪。"三恪，谓蓟、黄帝后，祝、尧后，陈、舜后。

田"，脱者如"雨无正"。尚多有他例。此亦可疑。"汤"者，旧皆从《毛传》云"荡也"。谓此人常游荡于宛丘之上（《朱传》文用《郑笺》之说）。与下二句毫不相应。兹释为子仲氏之巫法，全文乃安。"汤"谓其作态热烈如沸汤也。抑陈人宋人俗语谓祈祷为汤。缘汤用巫法祷雨于桑林，后世巫师因谓祈祷为汤耶？《风俗通·王霸篇》："汤者，攘也。"孔颖达《尧典序·疏》引《谥法》曰"除虐去残曰汤"。则巫法祈禳之称为"汤"，理有可能。用之以释此诗，乃允当耳。子仲作法于"宛丘之上"，为陈国祈祷也。"洵有情兮"，犹云信其情在于为民祈祷，心可嘉也。然而无益，讥其无效验，曰"而无望兮"也。此章，似由陈人因天旱或瘟疫，延子仲氏之巫禳除，作法于宛丘之上，累日无效，讥之而作。

次章，讥宛丘下之另一法道场。宛丘为陈国邑附近胜地。游观者多。居民缘之成邑聚，俗皆信巫，坎坎击鼓之声不绝。巫师作法必击手鼓也。"无冬无夏"，言四时皆然。举四时者，或以"春、秋"，或以"冬、夏"，皆错举二时而四时自见。"值"，遇见也，"鹭羽"，巫师作法之冠饰。白鹭头上有长羽十数枚，洁白甚美，落后民族之巫师用以饰其法冠，犹中世纪欧洲妇女以白羽为帽饰也。无冬无夏遇见巫师在宛下作法。明陈国人民迷信巫法之深。

卒章，言宛丘附近田间农民亦迷信巫法。故其行道两旁终年恒见有标志巫法祈禳之"鹭翿"。鹭翿者，用白羽装饰之幢。巫师所植，谓能驱魅者。旧说鹭羽鹭翿皆巫舞指挥之具，则是两章含义全同，此章为赘辞矣。且巫师作法歌舞，恒只一人，最多不过三五人，安用执翿为之指挥哉。是释《君子陶陶》之翿，不适用于此诗也。

《毛序》："宛丘，刺幽公也。淫荒昏乱，游荡无度焉。"郑玄《诗谱》遂谓：胡公"五世至幽公，当厉王时政衰，大夫淫荒，所为无度，国人伤而刺之。陈之变风作矣。"查《史记·陈涉世家》："慎公当周厉王时。慎公卒，子幽公宁立。幽公十二年，周厉王崩于彘。二十三年幽公卒。子釐公孝立。"未及幽公任何行事。大抵采其世次于《世本》。若各世行事，则当时已无考矣。《毛序》之言"刺幽公"者，亦不过因其恶谥，妄为之说耳。此诗慨陈之土俗，不曾有时间世次之迹。毛氏何所据而指为幽公之刺哉？列国风诗，除《豳风》外，无早出在宣王前者。陈不当有厉王世诗。

（二）东门之枌

三章。章四句。四十八字。

（1）东门之枌。宛丘之栩。子仲之子，婆娑其下。

(2) 榖旦于差，南方之原。不绩其麻，市也婆娑。

(3) 榖旦于逝，越以鬷迈。视尔如荍，贻我握椒。

此诗文义险僻，多用陈国土语及巫觋术语，甚难解释。从来说诗者随意立说，分歧甚大。大抵毛、卫以为刺陈之贵族淫乱。班固《地理志》用鲁诗说为巫风。郑玄、朱熹皆随卫宏说为男女巫聚会。王符《潜夫论》、颜师古《汉书注》，皆以为刺崇巫之俗。从而解说文义，亦各不同。

兹番诗语。盖亦乐官之作，慨叹巫俗顽固之诗也。首章，讥名巫子仲氏之徒作法。二三章亦定子仲氏之影响。慨巫风流行之弊也。判为乐官作者，乐官之诗恒为三章，虽只二事，亦必折而三之。又周之乐官司教育、正风化，皆重周之礼乐而恶商之"三风"（巫风、淫风、乱风）故也。

首章，言：东门之白榆树下，与宛丘之栩树下，均曾见子仲氏之巫人，在彼作法。《毛传》："枌，白榆也。栩，杼也。"《说文》无杼字，有柔字，云"栩也"。以此知《毛传》此杼字为"柔"（柔）字之伪。凡谷斗科植物，其果实之苞谷（古云皂斗，今云谷斗，俗呼"青冈盌"），皆含多量之鞣酸（一曰丹宁酸）。三千年前，我国劳动人民已知用以染皂色，故称为"皂斗"。又已知用鞣革，故有柔字。字从矛从木。谷斗皆有刺，故字作柔，而义为柔软也。凡栎、栗、槲、橡、栩、榛诸树，皆谷斗科植物也。杼字，见《大东》诗，是机织持纬之具，非木名。《毛传》："子仲，陈大夫氏。婆娑，舞也。"《郑笺》："之子，男子也。"《朱传》："子仲之子，子仲氏之女也。"今按：子，宋承商殷之国姓。盖宋公族之式微者，承商风遗俗，行巫道于民间，遂成名巫。宋陈联境，陈人亦信奉之。或有瘟疫突厉，延之祷禳。诗人频见其舞蹈作法于国邑附近各大树下。上篇"子之汤兮"一章，所见正同。但文不同，所在地点亦微异耳。

次章，志巫人娱神祈禳于邑外之原野，与上篇"坎其击鼓"章相应。"榖旦"，谓善日（吉日）之朝晨。"于差"，《毛传》无训。《释文》引《韩诗》作"于嗟"，引王肃本，亦作"音嗟"。是"吁嗟"字，毛写作"于差"耳。马瑞辰引《周官》女巫，"旱暵则舞雩"。《月令》"大雩帝"，郑注：雩，吁嗟求雨之祭也"。又引《郑志》："答林硕难曰'董仲舒曰：雩，求雨之术，呼嗟之歌。'呼嗟犹吁嗟也。"然则是陈国曾因旱祈雨，延子仲师徒以巫法行之。上篇之"洵有情兮，而无望兮"咏宛丘上作法之子仲氏也。此篇之"榖旦吁嗟"，咏陈国原野求雨之巫也。

"南方之原"，《毛传》："原，大夫氏。"《郑笺》："以南方原氏之女可以为上处。"

（用《简兮》"在前上处"为舞之前列之义）《朱传》以"南方之原"为舞地。陈奂《毛诗传疏》，引《春秋》庄公二十七年"公子友如陈葬原仲"，《公羊传》"陈大夫也"，为说。为《郑笺》作证。遂谓此章为咏原氏巫女之诗。于下文甚合。然若合下章审之，则所咏亦子仲氏之事。或其弟子行巫禳者，非谓有原氏巫女也。"南方"者，华夏人谓陈为南国故地。古谓四夷族落曰方。陈国位颍水中游，平原广野、农村所在，因旱祈雨，不必凿言原氏之巫。"不绩其麻，市也婆娑"，《朱传》云："既差择善旦以会于南方之原，于是弃其业以舞于市而往会也。"其说又使"市"与"原"两义抵牾。今按："市"也，炫售具技，使民众聚观如市之谓也。巫人吉旦吁嗟于南方之原，使农民男女弃其业以围观之。《潜夫论》引此诗，作"女也婆娑"，直谓巫女不绩其麻，而起学巫祝鼓舞事神。应亦非也。麻为陈国之主要农产，主要商品，家家种之，人人绩之，不必妇女乃事绩麻。当时巫舞一人，实以男子为之者多。此诗"不绩其麻"，固可以责巫。至于聚观成市，则非只责巫之一人，甚明矣。"婆娑"，字从上章，则亦是"子仲之子"矣。

卒章，是诗之作者亦往观南原此巫送神之事。"于逝"，巫语"送神"之谓也。巫法大雩，联数日。初则吁嗟而歌以迎神。嗣则婆娑而舞以娱神，因为祈请之祝歌。期中得雨，则以为神之应验。或未雨，则亦云神犹未许，当再择日祈之。俱必择吉送神。诗谓"穀旦于逝"是也。"越以鬷迈"，谓观众次第散去。陈奂曰："越，读同粤，于也。《尔雅》'粤，于也'，《采蘩》《采蘋》《击鼓》皆云'于以'，此云'越以'，皆合二字为发语之语之辞。"《毛传》："鬷，数。迈，行也。"胡承珙《毛诗后笺》云："毛意训鬷为数，盖读如'数罟'之数。《豳风·九罭·传》'绠罟'，《小雅·鱼罛·传》作'数罟'。知鬷有数义。数者，促数。"盖诗谓数数散去观众为"鬷迈"。前儒枉作曲解。虽胡氏已得鬷字之义，亦由就《郑笺》说为"男女促数会聚而行"，则亦谬矣。

"视尔如荍"者，诗人嘲巫神之语。"尔"，指巫所奉之神，束草为之，绘绢裹之，羽毛饰之，送神复烧火，即世所谓"刍灵"也。"荍"，毛云"芘芣也"。朱云"又名荆葵，紫色"，谓今之锦葵也。用男女之词说此诗者，皆取《郑笺》"我视女之颜色，美如芘芣"为义。审诗语，尔、我字义，不当如此。其字从草从收。今齐鲁人谓刈禾堆积为荍，稿堆亦曰荍。盖本义为收割之稿草，即刍也。诗谓刍灵之实质只是刍藁，虽硕大，只如藁堆耳。"贻我握椒"者，谓巫初迎神来，供以芳香之椒。《离骚》"巫咸将夕降兮，怀椒糈而要之"是也。南国巫法，供神以椒糈，亦犹北方祀神之有薰燎、郁鬯也。迨既焚刍送神，则巫以供神之物分给从祀之人。此诗作者观其送神，亦得分赠椒子一撮，云是神所贻。故曰"贻我握椒"。承上"神尔如荍"，为尔我也。若谓男女之辞，则方称其美之下，即云"贻我"为不辞矣。

（三）衡　门

三章。章四句。四十八字。
(1) 衡门之下，可以栖迟。泌之洋洋，可以乐饥。
(2) 岂其食鱼，必河之鲂？岂其娶妻，必齐之姜？
(3) 岂其食鱼，必河之鲤？岂其娶妻，必宋之子？

旧皆以此为高隐者诗。汉人著述碑铭恒用此义。大抵三家诗亦是此说，兹审诗语，作者实怀有甚大欲望，徒以望不得偿，强自克制，以就卑官薄禄，作此诗以自解耳。诗中再言河鱼。陈之国境去河甚远，陈人不能羡慕河鱼。即此可如作者为虢、桧或其他沿河地区亡国之贵族，奔亡在陈，勉就末职微禄以资苟活者，自解慰之诗。《毛序》谓"诱僖公也"。僖公即鳌公，据《世家》，在宣王时。史无事迹。卫宏谓其"愿而无立志"。未知所据，亦莫详所指证。若谓此诗作者是无大志之人，则可以。

首章，"衡门"，《毛传》："横木为门，言浅陋也。"意谓门无户板，但横一木别内外。从来唯困马、圈牛如此耳，不能禁鸡犬、人物之出入，则失门之用，虽赤贫士，亦不为此门也。更别求解，则贵族富室多藏厚亡之室，垣墉深固、门户坚实尤虞不足，则横巨木于门内，铁环关之，加铜锁焉。此诗所言，盖即后者富贵豪势家之"衡门"也。"衡"之本义为"天秤"，亦即最原始核定轻重之器，其用重在一平衡之横木，故衡又训横。衡之发展，变固位增减之"砝码"为移动衡量之权锤，为用益便，是之谓"权"。《孟子》"权然后知轻重"是也。更殷周世，有衡无权，故伊尹相汤号为"阿衡"。战国以后，通谓执国政者为"当权"，亦古阿衡之义。是故此诗之"衡门"，实即后世所谓"权门"也。"栖"，居止也。"迟"，待命也。旧说为"游息"者，非也。"泌"，水名，陈国都邑中小水，自宛丘下涌出为泉，供陈人汲饮，为颍水之一小支流也。"洋洋"，当释如《孟子》"始则栩栩焉。稍则洋洋焉"之洋洋，是悠然自得貌。《毛传》"广大也"，非义。泉水细流，安得有广大之义乎？"乐饥"，郑云："泌水之流洋洋然。饥者见之。可饮以疗饥。"陆德明云："乐，毛音洛，郑，力召反。"谓郑玄读乐饥为疗饥。"瘵"，古疗字也。见《说文》。朱云："泌水虽不可饱，然亦可以玩乐而忘饥也。"皆可取之说。诗言"可以"，正明其志不以为可，而勉强以为可也。

次章，言食鱼者，以黄河之鲂鱼为美。则诗人为沿河之贵族，旧常食河鲂者可知。今则不可能再食河之鲂矣，则自慰解曰，但得食鱼可也，何必黄河之鲂哉。又言娶妻何必齐之姜女，即齐国公族之女。则其人原亦是公族，可以结婚于齐之姜女者也。今失其地位，则娶不必为齐之姜。喻得有妻室，成家以居即可。

卒章，重次章之意以足三章，与上两章同一风格，疑三篇同是一人所作。宋国亦大国。子姓，故以齐之姜与宋之子并称。黄河下游多鲂鱼。中游多鲤鱼，并为黄河特产之美味。今世豫晋陕人犹以食"黄河鲤"为口福。

汉碑"栖迟"，多书作"㭊徥"（娄寿碑，孔彪碑）或"㭊伲"（《隶释》繁阳令杨居碑）。泌水、抑或作"泌邱"（蔡邕、郭林碑，同巨胜碑）。要皆以肥遯不仕为义。大抵是三家诗异字。《诗》至汉世曲解与窜易已多，《毛诗》犹其贤于达旨者，故能独行千余年，然而岂即足遵哉。如此秦陈诸篇，可以见其不足矣。

（四）东门之池

三章。章四句。四十八字。
(1) 东门之池，可以沤麻。彼美淑姬，可与晤歌。
(2) 东门之池，可以沤纻。彼美淑姬，可与晤语。
(3) 东门之池，可以沤菅。彼美淑姬，可与晤言。

汉阳诸姬亡国后，有避居于陈国东门池上者，子孙犹保持贵族体度，然亦不能不渐与平民接近。有女子淑美和易，为陈国劳动人民子弟所倾慕，此其相与群唱之歌，亦犹《王风》之有《采葛》也。《水经注》曰："沙水又东经长平县故城北。又东南经陈城北，故陈国也。……城之东门内有池。池水东西七十步、南北八十许步，水至清洁而不耗竭，不生鱼草。水中有故台处。《诗》所谓'东门之池'也。"《元和郡县志》与《太平寰宇记》并载陈州东门池。姬姓在周为王族，虽陵替至东迁后，亦必聚居于王畿，托周王与霸国保护。陈国于藩服为最深入于南方者，不当有王族寄居于此，至于凌替为樵牧所嘲弄。故疑是"汉阳诸姬"国亡后奔陈，乐居于东门池上。初亦受陈君礼待，历世既久，渐夷近于平民，故有劳动青年慕之而为此歌也。

首章，《毛传》"池，城池也"，谬。当依《水经注》。"沤，柔也"，谓沤麻于水，蜕其角皮，存其柔韧之纤维，如鞣革之称为柔也。言"可以"，则未然之词。东门池为旧时贵族游观名胜，固非沤麻之池，而诗言"可以"者，以兴下文"彼美淑姬"之"可以晤歌"。"淑姬"，《释文》作"叔姬"。要是王族之甚疏远之女子。王族女子，从不容与劳动青年接近。由此叔姬零落已甚，已渐与陈之劳动青年接触，故青年辈相与狂歌，谓可以与之相晤跳歌也。

次章，"沤纻"，谓沤苎麻之皮也。枲为我国最早育成之纤维作物。今人呼为"大麻"。沤取纤维作布，为古代人民衣料。牡麻为枲，母麻为苎（一云苎麻，抑或作荨）。苎麻供取子用。其皮粗硬，纤维短，一般只供绳索原料，是称为纻。《说文》"檾之属，细者为绖，粗者为纻"是也（檾，即苘麻，今云青麻。为中华人继枲育成之麻种。汉以来之布，多用檾麻编织）。孔颖达《诗正义》，引陆玑《琉》，以纻为"苎麻"。误。苎麻系热带原产，三国时吴越已经引种栽培，中原则犹未也。中原之种苎麻，在宋元之际，见《农桑辑要》（元代官撰之农书）。周之陈国不能有苎麻。"晤言"，谓聚会谈话，亲于聚晤踏歌也。

卒章，"沤菅"，陆德明云："菅，古颜反。茅已沤为菅。"盖凡草类盖叶之可沤取纤维者皆为菅。又退于沤纻矣。"晤言"，谓聚晤无所不谈，又进于晤语也。

（五）东门之杨

二章。章四句。三十二字。
(1) 东门之杨，其叶牂牂。昏以为期，明星煌煌。
(2) 东门之杨，其叶肺肺。昏以为期，明星晢晢。

此陈国民间流行跳月导唱之歌。当跳月男女尚未盛集时。先至者歌唱以为导。盖先代民间歌手所创，后世恒遵用之。其词泛泛，即景成文，具召歌之意。旧说"刺时"，及责"负约不至者"，俱非。

首章，"牂牂"，毛云"盛貌"。郑云："三月中也。兴者喻时晚也。失仲春之月。"今按：牂牂，犹将将，谓杨叶经风相击之声也。《郑风》"佩玉将将"，《周颂》"磬管将将"，皆以状声。杨叶善鸣，自暮春至深秋落叶前，鸣声不绝。跳歌时之景色也。"昏以为期"，谓跳月循例，日昏即集。今则已明星煌煌，入夜深矣。

卒章，"肺肺"，与芾芾、旆旆通。《召南》"蔽芾甘棠"，《大雅》"荏菽旆旆"，其字皆从市，音沛，并叶盛之貌。"晢晢"，字从日，折声。与《小雅》"庭燎晢晢"同。明也，与《鄘风》"杨且之皙也"字有别（皙，从白，析声）。《诗本音》云：

"音制,《君子偕老》同。"疑非。

（六）墓　门

二章。章六句。四十八字。
(1) 墓门有棘,斧以斯之。夫也不良,国人知之。知而不已,谁昔然矣?
(2) 墓门有梅,有鸮萃止。夫也不良,歌以讯之。讯予不顾,颠倒思予。

丰坊伪撰《鲁诗说》云:"泄冶谏陈灵公,孔宁、仪行父谮而囚之。冶作是诗。"旧说此诗者,一致以为刺陈佗之事。几无异说。朱熹《集传》疑之,但云"所谓不良之人,亦不知其何所指"而已。惟丰坊作此判断,实远胜于刺陈佗诸说。兹取其意。

首章,"墓门",《毛传》:"墓道之门"。魏源引《左传》襄公二十五年,郑师入陈:"陈侯扶其太子偃师奔墓……遇贾获载其母妻,下之而授公车……与其妻扶其母以奔墓,亦免。"谓:"是陈墓门,古木翳荟可以避兵。故（亦）可以为行淫期会之地。"虽仍用以说陈佗,而指实墓门为地名,则可取。盖少皞氏之故墟,丛棘杂树乱生之处。陈人指为先君所葬地也。诗以"有棘"喻佞人在君侧,如棘刺绕先君之墓,直当用斧以斩去之耳。"夫也不良",指灵公君臣淫于夏姬之事。泄冶谏语（载《左传》宣公九年）。"旦闻不令",不良之义也。其淫于夏氏,国人无不知。故曰"国人知之"也。灵公拒谏曰"吾能改矣"。而淫纵不改。与"知而不已"句合。泄冶,南人之贤者也,质实不文,诗语只慨言"谁昔然矣"（矣读如耶。昔,谓古昔谁人如此。是南人语法）。与谏词之质朴亦相似。《左传》但云"二子请杀之。公弗禁,遂杀泄冶"。未言"囚之"。据《春秋》书"陈杀其大夫泄冶",则当是囚而后杀。故《穀梁传》曰:"称国,以杀其大夫,杀无罪也。"

卒章,言鸮萃止于梅,喻谗谮加于己身也。梅有枝刺,喻谏臣。鸱鸮恶鸟,喻孔仪之谮。"歌以讯之",谓作此诗以质讯之。盖欲以陈于灵公之诗。"讯予不顾",犹言讯而仍不我顾,则予死后,君必有悔而"颠倒思予"之时也。与上章"谁昔然矣",皆倒置其主语,南人语法也。《朱传》云:"讯之而不予顾,至于颠倒,然后思予,则岂有所及哉。"

《诗本音》曰:"讯,《释文》云'讯又作谇。徐音息悴反'。……《广韵》引此诗作'歌以谇止'。《楚辞章句》引此,亦作'谇予不顾'。"其结论为"古人以二字通用"。引据甚繁。其说可正讦为谇者，于义无改。

（七）防有鹊巢

二章。章四句。三十二字。

(1) 防有鹊巢，邛有旨苕。谁侜予美？心焉忉忉！
(2) 中唐有甓，邛有旨鷊。谁侜予美？心焉惕惕！

此陈国人民哀叹泄冶中谗之歌也。丰坊以为"泄冶被谗，内子忧之而作"，亦近于是。他说为"刺宣公"（续序与《郑笺》），"此男女之有私而忧或间之之词"（《朱传》），"悦人也"（魏源）。皆非。

首章，言鹊巢必在树上，而今有人谓河堤上有鹊巢。旨苕必生于原隰，而有人言在高亢之邛丘。谓谗人之言不近情理如此。"防"，朱云"人所筑以捍水者"。"苕"，苕饶也，茎如劳豆而细，叶似蒺梨而青，其茎叶绿色可食如小豆藿。按：即今四川田间生长之苕菜。"旨苕"，谓苕之嫩美者。"邛"，陆云"其恭反"，谓高丘干燥之处，绝不能有旨苕。"侜"，毛云"侜张，诳也"。谓造谣进谗。"予美"，指泄冶，国人所颂美。"忉忉"，忧貌。"心焉忉忉"，未知冶已被杀时作也。

卒章，"中唐"，毛云："中，中庭也。唐，堂涂也。"朱云："庙中路谓之唐。"旧解唐与甓者纷纷，牵涉古代建筑与陶制。兹惟用《毛传》。"甓，瓴甋也"，陶制之容器，不当在庙祀之道。"鷊"，毛云"绶草"。《说文》作虉。《尔雅》作虉，并云"绶草也"。当是三家诗异字。总之，是可食之野菜，今不能详矣。"惕惕"，亦忧思恐畏之貌。

《诗本音》云："甓、鷊、惕，俱二十三锡韵。"

（八）月　出

三章。章四句。四十八字。

(1) 月出皎兮，佼人僚兮。舒窈纠兮，劳心悄兮。
(2) 月出皓兮，佼人懰兮。舒忧受兮，劳心慅兮。
(3) 月出照兮，佼人燎兮。舒夭绍兮，劳心惨兮。

此诗含义深隐，文字晦僻，自毛郑以下莫能得其旨。明何楷列此诗于定王之世，定为刺陈灵君臣淫于夏氏。魏源从之，其义乃明。兹依魏氏之说阐明其义。

首章，"月出皎兮"，喻夜淫于夏氏。"佼人"，指陈灵公君臣。"佼"，犹"狡童"之狡，避其字，易人旁，盖陈大夫所作，为其为君，讳犬旁字耳。微子《麦秀歌》（《史记·宋世家》今本作箕子）谓纣为"狡童"。此诗谓灵公为佼人也。"僚"，即同僚之僚，谓君臣朋淫为僚也。"舒"，徵舒也。诗人谓"徵舒之怼而危之也"（魏源《诗序集义》）。"何楷曰：'诗之言舒，与下篇夏南，同为明斥。经有明文，不必更藉三家为证矣。'"（同上）"窈"，幽远也。"纠"，愁绪也（并《朱传》文）。谓夏徵舒愤怨纠结，必将发难。"劳心悄兮"，诗人自言窈为之忧，悄然劳念。

次章，"懰"，叶皓韵，朱云"叶朗老反"。陆氏云"音柳，好貌"。字书无异说。今按：陆说与诗音义皆不合。当依刘字求义，盖谓其一心径赴之决绝，如处刘。盖依陈人语言所造之新字，但当依文以求义。故毛郑俱无说也。"忧"，当读如扰，亦陈人所造字，"忧受"，谓忍受也。"慅"，音骚，《说文》"动也"。盖与懰、忧同为刘、忧、骚之别字。

卒章，"燎兮"，谓燃燎火，夜淫于夏氏之庭中。"夭绍"，犹言"绝续"，谓徵舒意将横决，而复又不敢、恶念起伏、绝续无定，势至险也。"惨"，《朱传》云"当作懆"。顾炎武、戴震亦云。马瑞辰曰："字之从㬎，从参者，声近而义亦同。释诗者当曰惨读若懆，不必易其字也。""劳心惨兮"，谓我心懆扰不安，急之也。

《左传》宣公十年："陈灵公与孔宁、仪行父饮酒于夏氏，公谓行父曰：'徵舒似女。'对曰：'亦似君。'徵舒病之，公出，自其厩射而杀之。二子奔楚。"明年，"楚子为陈夏氏乱故，伐陈。……杀夏徵舒。"徵舒，淫妇夏姬子也。其文足为此诗注脚。

（九）株　林

二章。章四句。三十一字。

（1）胡为乎？株林从夏南。匪适株林，从夏南。
（2）驾我乘马，说于株野。乘我乘驹，朝食于株。

陈灵公与孔宁、仪行父之御人所作刺其君臣荒淫之诗也。似当时即已传歌于民间，文辞质朴而讽刺深刻，宜其为一带名诗。

首章，三人之御士，恒道之语也。当读为"胡为乎？株林从夏南"。意谓，驾车胡为？往株林，就夏南耳。灵公君臣日常之事如此而已。"株林"，王应麟《诗地理考》曰："《郡国志》陈县注：'陈有株邑，盖朱襄之地。'《太平寰宇记》：'陈州南顿县西南三十里有夏亭。城北五里有株林。'《元和郡县图志》：'宋州柘城县，本陈之株邑。诗株林是也。'"今按诗意：株邑当在陈之郊外，马程半小时可达。故朝发乘，可以就食于其地。为夏姬母子之居邑，楚庄所谓少西氏之邑也。林木茂美，故称株林。《世本》：陈公子夏之后别为少西氏。《姓谱》："陈宣公庶子西，字子夏。其孙徵舒以祖父之字为氏。大抵株林为公子夏之邑，故姓夏，亦曰少西氏。公子御叔娶郑女夏姬，生徵舒而寡。夏姬美于色，善修饰，多才艺，故灵公君臣淫焉。""夏南"，毛云："夏徵舒也。"郑云："从夏氏子南之母。"盖徵舒字子南。诗不云从夏姓，但称夏南，不显斥为淫于夏姬也。"匪适株林"，二句，复自答云岂为株林从夏南哉。隐未言者从其母也。诗意之隐而显也如此。

卒章，三人之御人恒自道其职守如此也。"乘马"，四马之车也。何休曰："礼，大夫以上至天子，皆乘四马。"（《公羊传·隐公元年》注）"说"，读如"税于桑田"之税。舍也，即上宿之义。灵公三人宿于株林，其御归宿于家。次晨则乘小马赴株林早餐以俟命。故曰"乘我乘驹，朝食于株"。郑云"马六尺以下曰驹"。"乘驹"，谓御夫自备之车，驾四驽马而已。

夏姬事，载《左传》宣公十年至成公二年。

（十）泽 陂

三章。章六句。七十二字。

(1) 彼泽之陂，有蒲与荷。有美一人，伤如之何。寤寐无为，涕泗滂沱。
(2) 彼泽之陂，有蒲与蕑。有美一人，硕大且卷。寤寐无为，中心悁悁。
(3) 彼泽之陂，有蒲菡萏。有美一人，硕大且俨。寤寐无为，辗转伏枕。

陈之人民，憎孔宁、仪行父导楚师，益复追思泄冶之忠，为此诗以悼之也。夏徵舒既杀陈灵公，自立为陈侯。孔宁、仪行父奔楚。明年十月，楚师入陈，杀夏徵舒而取夏姬，以陈为县。旋因申叔时谏，乃复封陈，迎太子午于晋而立之，是为成公（《史记》）。"乡取一人以归，谓之夏州"，"纳公孙宁、仪行父于陈"（并《左传》宣公十一年）。陈人创钜痛深，而孔仪仍当国，不敢怨。故但痛哭于泄冶之死以刺之。诗三章与《宛丘》三篇同风格，盖亦习于诗乐者所作也。

首章，陈国多泽陂，故诗以泽陂喻陈国。蒲与荷，皆水生植物之可爱者，叹二人之不成蒲与荷，即以反衬泄冶之忠。"有美一人"，乃确指泄冶。刺诗之巧者也。美，亦"谁侜予美"之美。"伤如之何"承上"一人"为句，具有无限悲痛情感。不言所痛何事，但道其痛之深切，至于"寤寐无为"，唯有"涕泗滂沱"。即可知其非寻常伤感。由其不敢斥言所痛，即可知其痛在当时仗外力的执政者之不去矣。国破人俘，而谗佞不去，此所为深痛也。

次章，"卷"当读如拳，与《巧言》"无拳无勇"之拳同。谓"勇力也"。（《巧言》郑笺）。谓泄冶人格伟大而强毅尚气力也。"悁悁"，毛云"犹悒悒也"。《说文》"悁。忿也"。当用许义。

卒章，"俨"，有威仪也。"辗转伏枕"，睡不成眠也。枕字以冘为声。今转入寝韵矣。

《陈风》小结

《陈风》四百五十六字。文率简短，最多者《泽陂》，伤之深也，亦才七十二字。最少者《株林》，三十一字。此缘南国近人习于简短之诗歌。篇次全依世次。孔子游楚，闻泄冶、夏南之事，故录之独详，达五篇之多。亦憎其巫风，知跳月之俗，复各取两篇（《东门之池》，亦被用为跳月时歌为必然）。非陈风仅此十篇也。

十一、《桧风》四篇

解　题

桧，本作郐，妘姓国。传为重黎之后，世居河洛之间，虎牢附近。西周末尚为强国。东周初为郑所灭。郑玄《诗谱》，以桧与郑合为一谱。桧诗终，郑诗乃出，地实一国，风乐前后小异而已。

桧既为朝歌与王城间之古国，则其风乐亦应与《卫》《王》为近。而《郑》又承之。按《魏》《唐》联次例，《桧风》当序《郑》前。毛诗以其与《曹风》各只四篇，便于竹简分什，故割缀之。乐民旧档或不如此。三家诗亡，无可取证矣。

（一）羔　裘

三章。章四句。四十八字。
(1) 羔裘逍遥，狐裘以朝。岂不尔思？劳心忉忉。
(2) 羔裘翱翔，狐裘在堂。岂不尔思？我心忧伤。
(3) 羔裘如膏，日出有曜。岂不尔思？中心是悼。

周代军赋之制，寄于农户，始有士人阶级形成。士人阶级，服役于统治剥削阶级，得分享其剥削矣；而仍有所忻羡者，则更高级之剥削享受也。此即桧国士人羡慕统治阶级优游享乐，而若不能致，为此自悼思勉之诗。当作于西周末世。孔子即以力争进入统治阶级教士，故特录此诗为桧国冠首耶？旧说为"大夫忧国"者，浅矣。

首章，"羔裘"，稚羊皮所鞣制裘，裘之易得而软美者也。统治阶级以为燕居游息之服。"狐裘"，珍贵，则以为朝服。"尔"，谓如此生活，我岂不思得之哉。然而不能得之，徒有劳心苦思其取得之道而已。《防有鹊巢》之"心焉忉忉"，《月出》之"劳心悄兮"，皆习此诗者借用之语。可知《桧风》流行亦广。应不只此四篇。

次章，"在堂"，毛云"公堂也"。"忧伤"，求不得苦之所伤感也。

卒章，言羔裘之质软美如膏，色泽与日光反射。不必狐裘可贵，即此已足够享受。谓不必官大衣狐，但能富有得衣此羔亦足。然而亦不可得，自以为可怜可悼也。

自士人阶级成立，即当普遍有此心理。此种心理，足以促成士人阶级之发展前进。秦汉以来封建社会之成熟，亦即封建士人贪欲增长所由形成。在孔子当时视之，为有进步面；自今世观之，则社会罪恶之渊泉矣。是亦当分别论之者也。

此诗之作，约与魏风《伐檀》同时，皆在西周末世，社会阶级发展蠢然欲变之时。魏在孟津之北，桧在孟津之南，皆黄河中游，南北两岸之地，相去不甚远，为当时华夏中心地区。《伐檀》为劳动人民痛心之辞。此诗，则士级人物追求之欲望也。虽同是表现为促成社会发展之两种潜力，究以作者阶级地位不同，其思想表现亦即迥异。此亦治周诗者所当知。

（二）素　冠

三章。章三句。四十七字。
(1) 庶见素冠兮，棘人栾栾兮，劳心博博兮！
(2) 庶见素衣兮，我心伤悲兮，聊与子同归兮！
(3) 庶见素韠兮，我心蕴结兮，聊与子如一兮！

桧女叔妘，嫁为郑武公夫人，助武公欺桧。初不意其遂至亡国也。迨见桧君素衣出降，而自痛悔，歌此诗也。

《国语·周语》，襄王十七年，欲以狄女为后。富辰谏曰："昔鄢之亡也。由仲任；密须，由伯姞；邻，由叔妘。……"韦昭注："邻，妘姓之国。叔妘，同姓之女，为邻夫人。唐尚书云：'亦郑武公灭之，不由女亡也。'昭谓《公羊传》曰：'先郑伯有善乎邻公者，通于夫人，以取其国。'此之谓也。"今按：周代诸侯不娶同姓为夫人。韦注谓叔妘为邻夫人，亦望文臆测耳。郑桓公听史伯谋，寄孥与贿于邻。孥即妻孥，今云家口。桓公死犬戎之难而武公获免，则为先寄居于邻可知。邻仲妻之以女叔妘，而居之郑邑，亦理之必然。《公羊传》之"通于夫人"，谓郑伯通谋于夫人叔妘，以愚弄邻君，便其受孥与贿，分之居邑。又造为侵其孥贿之谣，以为

"奉词伐罪"之借口。等等。妇人爱其夫而谋为之国邑，以损其母兄之邦，固亦有也。故曰"郐由叔妘"也。迨既知郐由之亡国，父兄系累，其痛心忏悔之情，固当有之。此诗辞义沉痛，情感真挚。盖其词也。苏辙谓"桧诗皆为郑作"，其已见及此耶？

首章，"素冠"，旧说者皆谓是丧服。因谓此诗为刺不能行三年之丧。今按："三年之丧"，儒家理想之丧制耳，虽至汉代以法律规定之，奖惩激励之，尚不能普遍贯彻，而谓周代已有刺不能三年者乎？此诗三章所言素服，谓国君出降，素服待罪，如《史记》所云："子婴系颈以组，白马、素车奉天子玺符降轵道旁。"用微子降周之服是也（后世记国君出降者，莫不如此）。郑武公为平王卿士，媒蘖郐君之罪，以王命讨之。郐仲素服出降，待罪于周王。王遂以其地赐郑伯。叔妘不意郐之遂亡，已不可救。欲自赴死以盖前愆。"庶见"者，幸获见之也。"棘人"，指郐仲父子，叔妘之父兄也。素冠待罪，如坐针刺，故曰棘人。"栾栾"，毛云"瘠貌"。"劳心"，自言忧劳痛苦之心。"慱慱"，毛云"忧劳也"。按诗语，当是搏转伤痛之意。

次章，"素衣"。面大于冠，尤能夺目。故使之悲伤。悲甚，便欲与之同归于死。

卒章，"韠"，《说文》："韍也。所以蔽前。"按：即芾也。今藏族人民犹用之。方幅有带，系于裳外，贵贱皆有之。《礼·玉藻》："韠，君朱，大夫素，士爵韦。"素韠，则已失君位矣。故叔妘痛之。"蕴结"，隐痛深结，不能解也。"如一"则同罪也。"聊与"者，甘愿之辞。

郑灭郐事，除《国语》《郑世家》与《公羊传·桓公十一年》外，尚有《韩非子·内储说》《竹书纪年》及刘向《说苑》，多以为是郑桓公（名友）事。考桓公从史伯计，寄孥与贿于虢、郐，在幽王末年，王室已衰乱时。未几即遘犬戎之乱，战殁。而其子武公未及于难，家口亦全者，盖从孥寄居在新郑故也。既居郐，则娶郐女而得郑邑居之，为理所易解。今本《竹书纪年》，谓幽王二年"晋文侯同王子多父（即桓公友）伐郐，克之。乃居郑父之丘，是为郑桓公。"三年，"王嬖褒姒"。此必沈约所为窜乱。不然亦魏史之误也。宣王子友（多父）之封于西郑，久矣。不待克郐而后居郑父之丘，乃为诸侯。且其文在诸条中特冗长，又与魏或晋事无关，应非《纪年》所当有。即以其文言之，亦不过王室用兵征郐，克之。非即灭之以为郑国也。谓为史伯之谋开端可也。谓为史的之谋结，则大谬不然矣。《韩非》《说苑》之郑桓灭郐说，明是武公之误。武公平王三年乃为司徒。然后灭虢、郐。平王六年"迁于溱洧"（亦《竹书》文）。则《国语》之"郐由叔妘"，是武公事，非桓公事，明矣。

（三）隰有苌楚

三章。章四句。五十一字。

(1) 隰有苌楚，猗傩其枝。夭之沃沃，乐子之无知。
(2) 隰有苌楚，猗傩其华。夭之沃沃，乐子之无家。
(3) 隰有苌楚，猗傩其实。夭之沃沃，乐子之无室。

桧灭于郑，其贵族地位骤变。而家人妇子犹以向时生活享用责之，故其人自叹如此。诗意深隐，文士之作也。汉儒说为疾恣，大谬。《朱传》谓："政烦赋重，人不堪其苦，叹其不如草木之无知而无忧也。"得其似矣。诗中固无"政烦赋重"之意。方玉润《诗经原始》，结合桧亡言之，谓桧破民逃，"自公族子姓以及小民之有室家者……相与号泣路歧，故有家不如无家之好，有知不如无知之安"。可取在"公族子姓"部分。若小民，在当时言之，绝不因一姓之覆亡而流离逃徙者。或且因灭国抚民而获稍苏焉。此则非方氏所知。

首章，"苌楚"，毛云"铫弋也"。朱用《孔疏》之说曰："今羊桃也。子如小麦，亦似桃。"今按：羊桃，小树。诗人向未加以注意，今乃觉其繁荣自得而羡之。人之心境变化故也。"猗傩"，毛云"柔顺也"。"夭，少也。沃沃，壮佼也。""沃沃"，朱云"光泽貌"。诗言由其无知，故能照常猗傩，沃然夭好。"子"，指苌楚。"乐"，犹言羡也。

次章，羡苌楚之无家，明自己家室之累苦也。

卒章，重前章之意。是习于乐诗者之诗法。陈风如此格局者多，桧、陈地近，故也。华人文士，名物习用一字。此诗三言苌楚不变，盖用南人名称。陈、邶皆殷代南国之地也。

（四）匪风

三章。章四句。四十八字。

(1) 匪风发兮，匪车偈兮。顾瞻周道，中心怛兮。
(2) 匪风飘兮，匪车嘌兮。顾瞻周道，中心吊兮。
(3) 谁能亨鱼？溉之釜鬵。谁将西归？怀之好音。

此桧大夫刺周王助郑灭桧之诗也。

首章，幽王二年，王子多父与晋文公以王命伐郐，削其邑以予郑伯（《竹书纪年》），为寄孥贿之所。平王三年，郑伯为王卿士，再以王命伐郐，遂灭其社稷。故诗以两章言"匪风""匪车"。匪风，非当有风也。匪车，非当有之车也。毛云："发发，飘风；非有道之风。偈偈，疾驱；非有道之车。"《汉书·王吉传》：吉谏昌邑王曰："古者，师行三十里。吉行，五十里。《诗》云：'匪风发兮，匪车揭兮。顾瞻周道，中心怛兮。'说曰：'是非古之风也，发发者。是非古之车也，揭揭者。盖伤之也。'"王治《韩诗》。则此所举《韩诗》之文义也。大体亦与《毛诗》同。皆未及亡国之义，盖犹守断章旧习故也。"顾瞻周道"，结合上文，是大道之义。审诗旨意，则当如毛郑说为宗周之王道。"中心怛兮"，陆云"怛，都达反"。《韩诗》作懘。当读如掣、渿音，与发、偈叶。怛则不叶（发读如拨，偈读如曷）。毛虽作怛字，仍当读如懘。

次章，毛云："回风为飘。嘌嘌，无节度也。"朱云："嘌，漂摇不安之貌。""中心吊兮"，谓国亡当吊也。再伐而桧亡，故曰吊也。

卒章，言将以郑伯治桧为贤耶，抑将复存桧社稷耶？夫治国如烹鱼，若将遂令郑伯治桧，则我等亡国大夫已先为之洗涤釜鬵，将从而观之矣。"亨"，古烹字。鬵，釜类，烹饪之器。老子云："治大国如烹小鲜。"《毛传》云："亨鱼，烦则碎。治民，烦则散。知亨鱼，则知治民矣。"同是用古语为义。"西归"，谓返于宗周之道。谓文武成康之道，在于众建诸侯，以卫王室。不容相侵夺。亡国当存，绝祀当续也。诗意含蓄，义正词婉。"怀之好音"，谓盼其能发好音，主张公道。言西归之好音，明是东迁后作，故可定为桧亡国时，其臣子向王城呼吁之诗。

《桧风》小结

《桧风》四篇，一百九十四字。字数相当，风格相同，应是短时间内并发之诗。不出幽平之际，即亡国前后。足以补郐之史事，觇当时中原核心地区之社会情俗。论其风旨，实有优于郑卫之处。

十二、《曹风》四篇

解　题

武王诸弟，叔振铎以雄武称。故既诛纣，封振铎于曹。邑于兖州陶丘之北，是为定陶。北监武庚，东拒徐奄，以捍洛邑与管、蔡、齐、宋相扶助以镇东方。迨管、蔡、徐、奄以武庚叛，曹与齐、宋不应。周公东征，平四国，建鲁于曲阜。曹与齐、宋俱得分奄之地，并为大国。

曹既土地平衍，腴沃、居天下中，五方辐辏。定陶成为商业名都。其农民则安于精耕细作之小农生产。地方富乐，厌军事，故富而不强。人嗜趋利而不急公。国君依违霸国之间，无所振作。晋公子重耳过曹，共公不礼。其后返国，霸诸侯，掳共公，分其田以予鲁宋诸国（《春秋》僖公二十八年）。晋厉公亦执曹伯（成公十五年）。宋人亦曾执曹伯。未竟春秋之世，曹已先亡[①]。

曹之风乐，为鄘之变体，属于东音一系，在十三国风序次。宜在陈、齐之间，孔子周游，虽数遇曹，不悦其诗，只录四篇。传诗者以其简薄，并桧为一册。当时鲁乐官所掌或尚有其他小国简篇合册。故季札观乐"自桧以下无讥"也。

（一）蜉　蝣

三章。章四句。四十八字。

（1）蜉蝣之羽，衣裳楚楚。心之忧矣，于我归处。

[①]《史记》于曹事极略，仅依《世本》左传为"曹叔世家"附"宋世家"后。而于《货殖传》曰："夫自鸿沟以东，芒砀以北属钜野，此梁宋也。陶、睢阳亦一都会也。昔尧作游成阳（如淳曰，在定陶），舜渔于雷泽（徐广曰在成阳），汤止于亳（在宋），其俗犹有先王遗风。重厚，多君子，好稼穑。虽无山川之饶，能恶衣食，致其俗藏。"（班固《地理志》同）司马迁游历所见如此，足以知此地区社会之特点。惟所谓"先王遗风"，则蛇脚之累也。

(2) 蜉蝣之翼，采采衣服。心之忧矣。于我归息。

(3) 蜉蝣掘阅，麻衣如雪。心之忧矣，于我归说。

陶之风俗，商贾奢侈，农民俭啬。士大夫出于农村，与其君亦持俭德。此其讥笑商贾之诗也。

"蜉蝣"，小昆虫也。幼虫，栖水中三年，乃化为成虫，大小似蚊，体绿或黄黑色，多有斑纹。群飞岸间交尾产卵即死。成虫活不过数小时。《夏小正》《毛传》《说文》皆谓其"朝生夕死"。《淮南·诠言训》谓"蜉蝣不过三日"，犹失其实。当是"三时"之伪。由其生命之短，无损益于人类生产，故泽国之劳动人民虽皆见之，不以为意。惟文士怪其早死，侈谈之。缘是，知此诗为士大夫阶级作也。

首章，"羽"，谓蜉蝣之翅。鲜美有光彩，故以喻商人之"衣裳楚楚"。毛云："楚楚，鲜明貌。""我"，自指也。诗借俭素之农民为辞。是诗人自指，亦即以指农民。"归处"，犹言归宿。《郑笺》云："君当于何依归乎？言有危亡之难，将无所就往。"系依二序刺曹昭公立义。《朱传》："此诗盖以时人有玩细娱而忘远虑者，故以蜉蝣为比而刺之。言蜉蝣之羽翼，犹衣裳之楚楚可爱也。然其朝生暮死，不能久存，故我心忧之，而欲其于我归处耳。"体会诗意较切，而不知其是刺商贾，故仍不能当。诗之本意，谓：虽衣裳鲜美，究不免于同归于死。是俭素自守者不屑为华美侈泰，无所羡慕于彼之义。亦是"不忮不求，何用不臧"之态度立言。故孔子取之，以为《曹风》首篇也。

次章，"翼"，谓蜉蝣之后翅。蜉蝣后翅小薄，亦鲜美有色泽，故云"采采衣服"。毛云："采采，众多也。"谓美衣之多。"息，止也。"（《毛传》）

卒章，"掘阅"，毛云："容阅也。"郑云："掘阅，掘地解。谓其始生时也。以解阅喻君臣朝夕变易衣服也。"今按：《说文》引诗作堀阅。云："堀，突也。"然则掘阅者，谓蜉蝣之突然出生，突然死灭，曹之地方语为"堀阅"，《毛诗》作掘阅字耳。目见为阅，经过时间亦为阅。蜉蝣幼虫生水中三年而后羽化，突自水际起飞，而人始觉之。飞而交尾，雄者即死。雌者产卵于水，尽，亦即死。俱不饮食，故曹人谓之突阅耳。"麻衣如雪"者，有种白色蜉蝣（"白衣客"）最为人所注意，故诗特举之。"归说"，笺云："说，犹舍息也。"是当读说为"税于桑田"之税。陆云："音税。协韵，如字。"谓虽当释为舍息之税，但协阅、雪韵，仍当读如说之本字。朱云"叶输蓺反"是也。今按：说，古同悦字。"归处""归息""归悦"皆死之义。《汉书·杨王孙传》："且夫死者，终身之化，而物之归者也。归者得至，化者得变，是物各反其真也。反真冥冥，亡形亡声，乃合道情。"归者，人之所当悦也。故与"处""息"同义。是诗语本义为悦，不必释为税止。

（二）候　人

四章。章四句。六十四字。
(1) 彼候人兮，何戈与祋。彼其之子，三百赤芾。
(2) 维鹈在梁，不濡其翼。彼其之子，不称其服。
(3) 维鹈在梁，不濡其咮。彼其之子，不遂其媾。
(4) 荟兮蔚兮，南山朝隮。婉兮娈兮，季女斯饥。

此曹之士仕为候人者，刺其君卖官鬻爵于商贾之诗。时间在昭公之世，或其以前。旧以晋文责曹共公谬于赏罚为说者，非也。

《左传》僖公二十八年："晋侯围曹……三月丙午入曹。数之以其不用僖负羁，而乘轩者三百人也。"《史记·晋世家》取用此文，作数之以其不用僖负羁言，而用美女，"乘车三百人也"，盖用《鲁诗》家说，因"季女、婉、娈字"，增窜"言，用美女"四字。后之说此诗者，遂援《史记》为定论。今按：审详《左传》《国语》《史记》文，僖（釐）氏实为共公时当权者，非共公疏远之。晋入曹，执共公，在僖公二十八年，即晋文即位之四年，曹共公之二十一年。为其出亡过曹，共公不礼遇也。其前五年（僖公二十三年），重耳在楚。楚令尹子玉请杀之。楚成王不许。又："请止孤偃。王曰：'不可，《曹诗》曰：彼己之子，不遂其媾，邮（尤同）之也。夫邮而效之，邮又甚焉。效邮非礼也。'"（据《国语》）是此诗于晋人执曹共公前四年已经流行入楚。则不能是共公时诗也。更与不用僖负羁言无关，可知。亦由当时晋文（重耳）已闻曹有此诗，故责曹君以赤芾秉轩者三百人，与不用僖负羁言为二事。更不能谓是赤芾三百为美女。史迁从《鲁诗》，误也。细审诗语，只是候人愤怨陶之商贾，仗富买爵之诗。说此义者，当先明曹国陶邑商业兴盛情况：

曹为农产丰富之国，布帛谷粟之生产，超出人民生活需用额以上，而"无山川之饶"，盐铁竹木之用仰于外地。故商贾竞趋之。当时小农经济，每因时季关系。生产与消费之间有所裕乏，不能自调，势不能不仰贷于商贾，利息恒至倍蓰。迨当斥其有余物资时，亦不惜贱价。商贾因缘废居剥削，坐致不赀。此封建社会孕育资本主义初期之规律也。故范蠡虽已灭吴霸越，而弃官居陶，号"陶朱公"，"十九年之中，三致千金"。"子贡既学于仲尼，退而仕于卫，废著（即废居）鬻财于曹鲁之间……所至国君无不分庭与之抗礼"（并《货殖传》文）。顾当时社会各部门发展未能平衡，商贾积财已多，自亦无所用之（尚无土地兼并之事）。故陶朱"三致千金，再分散与贫交疏昆弟"。弦高解牛以犒秦师。子贡富而好行其德也。陶之商贾，既富赀财，无出路，但美其衣服，不足以满侈欲，则贿买官爵以利招摇，为可以设想之事。诗言"三百赤芾"固是曹爵之滥，亦正可见买爵者之多，非其贵族职官能如此之众也。

首章，"候人"，毛云："道路送宾客者。"《周礼·夏官》："候人，各掌其方之道治，与其禁令，以设候人。若有方治，则帅而致于朝。及归，送之于竞。"序官为"上士六人，下士十二人，史六人，徒百有二十人"。盖即后世亭长驿丞之类。职官之尤卑者也。"彼"，在此为发语词，亦候人自呼也。"何"，读如荷，本古荷负之字。"戈"，战具。"祋"，木制仪仗之祋也。又为驾牛羊之牧具。宾客往来时所携之具，候人俱当为之搬运。虽有胥徒，或不能给，则候人亦携运之。士人不甘劳役，故其自怨如此。"彼其之子"，指买爵者。"三百"，当时习用为甚多数之辞，非实数至足三百。"赤芾"者，毛云："芾，韠也。一命，缊芾黝珩。再命，赤芾黝珩。三命，赤芾葱珩。大夫以上，赤芾乘轩。"（韠，已说在《素冠》篇）皆谓卿大夫之爵命。曹国爵命之滥如此，则为鬻爵可知。

次章"鹈"，勾嘴水鸟，善没水捕鱼。渔人驯养之鱼鹰是也。诗言：鹈当没水捕鱼，而乃高居于鱼梁之上，不使其翼濡湿。喻买爵者之无才德以称其位，徒尸其职而无所事，衣冠招摇而已。

三章，"咮"，陆云"涉救反"。毛云"喙也"。"不濡其翼"，谓身不入水。"不濡其咮"则虽自梁上探嘴于水以取鱼亦不肯矣。"不遂其媾"，毛云："媾，厚也。"郑云："遂，犹久也。不久其厚，言终将薄于君也。"朱云："遂。称。媾，宠也。"遂之为称，如今人谓遂心曰称心

卒章，《毛传》："荟蔚，云兴貌。""隮，升云也。"相台本作跻，而传作隮。《朱传》字亦作隮。《蝃蝀》"朝隮于西"。应是本字作隮，跻为讹字。然音义并通。"南山"，毛云"曹南山也"。《后汉书·郡国志》：曹南山在曹州济阴县东二十里。盖芒砀之北有小山，曹人谓之南山也。诗言，买爵者如朝日之南山初见时，云气蔚然拥蔽之。以喻商贾子弟之美好，能夺少女之宠。则士人之仕者自更无由得好官，虽候人亦兼荷祋之役也。

（三）鸤鸠

四章。章六句。九十六字。

(1) 鸤鸠在桑，其子七兮。淑人君子，其仪一兮。其仪一兮，心如结兮。
(2) 鸤鸠在桑，其子在梅。淑人君子，其带伊丝。其带伊丝，其弁伊骐。
(3) 鸤鸠在桑，其子在棘。淑人君子，其仪不忒。其仪不忒，正是四国。
(4) 鸤鸠在桑，其子在榛。淑人君子，正是国人。正是国人，胡不万年。

晋人执曹伯后，曹大夫作此诗献于晋文公，请归曹伯也。哀怨得体，拟雅为之。国小无雅，乐官以风乐歌之。

首章，"鸤鸠在桑"，设喻之词也。《召南·鹊巢》与此同谓"鸤鸠，秸鞠也"。《朱传》谓此鸤鸠即布谷。亦即杜鹃之谓，已详《召南》。杜鹃科鸟类既不营巢，亦不育子。即无所谓母爱。此诗反复颂言此鸟母子之情，即不当是实见之，但设词为喻耳。且鸤鸠与鸠不同，每产不过二卵，而此诗言有七子，益足知其借鸟设喻，实非曾见此鸟者。更非曾知此鸟者。以此可定诗非劳动人民所作，而为脱离事物实际之士大夫之诗。言七子者，当是指最亲之七国。查武王同母弟十人。除伯邑考与管蔡外，有鲁、曹、郕、霍、卫、郱六国，合武王为七。晋为武王之子封国，于七国亦为最亲，此"其子七兮"之义也。若鸤鸠，则每产不过二卵，安能有七子哉。"淑人君子"，谓晋侯霸主也，乞人之辞，过情以称之。"其仪一兮"，谓威加海内，当视诸侯如一体，正威仪、定惩奖，不当有所偏惑也。"心如结兮"，谓当执一不移，不因他故而动摇。称之，即所以责之，所谓言婉而意戆也。

次章，以桑与梅对比。桑，高树，良材，蚕丝之本，曹人之所珍重。以喻大国尊严，天下所属望。梅为有刺枝之树，籽实酸涩，在当时未为人民所重，比于荆棘。《墓门》与此诗同。诗以喻曹君之困在梅棘。故不复言"七子"，而但曰"其子"（时卫君亦被执。故亦不云"一子"，但其子）。"淑人君子，其带伊丝，其弁伊骐"，皆谓晋君威仪棣棣，与上章"其仪一兮"作渲染，以重其义。《毛传》："骐，骐文也。弁，皮弁也。"《笺》云："其带伊丝，谓大带也。大带用素丝，有杂色饰马。骐，当作琪，以玉为之。"朱云："骐，马青黑色者，弁之色亦如此也。《书》云：'四人骐弁。'今作綦。"

三章，"其子在棘"，喻七中有处于荆棘之上者，较在梅更艰难矣。而在桑上之鸤鸠仍在桑上，喻同宗一系之大国地位未变。则当不忒其仪以慰列国之望。"忒，疑也。"（《毛传》）朱云："仪不忒，则足以正四国（四方之国）矣。《大学传》曰：'其为父子兄弟足法，而后民法之也。'"《左传》僖公二十八年，天王策命晋文为侯伯之词曰："王谓叔父，敬服王命，以绥四国，纠逖王慝。"诗云"正是四国"，用王策命辞意以责晋文也。

卒章，"其子在榛"，喻更困敝。梅棘多刺而叶疏，榛则叶实皆刺而郁密也。"正是国人"，谓曹国之人。结言，释曹君反位，使国人知罪而戴晋德，则可以正是国之人。正是一国，则天下归仁，有不歌颂霸君万年者乎？"万年"，犹云万岁。

（四）下　泉

四章。章四句。六十四字。

（1）冽彼下泉，浸彼苞稂。忾我寤叹，念彼周京。

（2）冽彼下泉，浸彼苞萧。忾我寤叹，念彼京周。

（3）冽彼下泉，浸彼苞蓍。忾我寤叹，念彼京师。

（4）芃芃黍苗，阴雨膏之。四国有王，郇伯劳之。

此诗，与《鸤鸠》格局一致。皆四章，上篇四言"淑人君子"，此篇四言怀念周京；上篇言"正是四国"，此篇言"四国有王"；上篇四以鸤鸠育子为兴，此篇四以灌溉苗稼为兴；言外之情亦俱相似；可以定为曹人受晋文掳其君而削割其地之残酷处分时，向外呼吁之诗。且或系同时一人之作，《鸤鸠》以献于晋文，求释其君。《下泉》则献于周天子，责晋以曹地分给宋、鲁诸国，违周初封建诸侯，带砺山河之谊也。

旧说此诗者，纷纷莫得要领。明末，何楷定为周敬王时，曹人美晋荀跞纳王于王城之作。谓下泉即翟泉，郇伯即荀跞。谓三百篇终于下泉。其说颇为清儒所重，几成定论。兹不取之。说在附注①。

《左传》僖公二十八年，晋先轸献激楚之策曰："我执曹君而分曹卫之田以赐宋人。楚爱曹、卫，必不许也。喜赂、怒顽，能无战乎。"晋文公悦之。"执曹伯，分曹卫之田以畀宋人。"又三十一年"春，取济西田。分曹地也。使臧文仲往。宿于重馆。重馆人告曰：'晋新得诸侯，必报其共（谓报赐予诸侯之恭顺者）。不速行，将无及也。'从之。分曹地，自洮以南，东傅于济，尽曹地"。谓分曹地殆尽，故鲁亦得济西至洮之田。由鲁公与齐侯、宋公、蔡侯、郑伯及卫、莒之君从晋文盟于践土，又会于温（有陈秦二国），朝王，又会王人盟于翟泉、为恭，故得分曹地。然则若齐宋及秦之从晋战胜楚师于城濮，俾晋克定霸局者之当更多分得曹卫之田亦可知矣。依此情势以审诗语，则其意亦甚明了。两诗实皆委婉有力，曹君之得归，曹国之克存，二诗盖有力焉。

---

① 求何楷《世本》未得，只录马瑞辰引文如次："何楷《诗世本古义》据《易林》蛊之归妹，云：'下泉苞粮，十年无王。荀伯遇时，忧念周京。'此诗当为曹人美晋荀跞纳敬王于成周而作。其说，以自《春秋》昭二十二年王子朝作乱，至昭三十二年城成周，为十年无王。《左传》天王使告于晋曰：'天降祸于周，俾我兄弟并有乱心，以为伯父忧。我一二甥不遑启处，于今十年。勤戍五年。勤戍五年。余一人无日忘之。'与《易林》十年无王合。又以昭二十三年，'天王居于狄泉'，即此诗下泉。郇伯，即荀跞也。荀，即郇国之后，去邑称荀也。称荀伯者，《左传》昭三十一年，'晋侯使荀跞唁公'，'季孙从知伯如乾侯'。知伯即荀跞也。诸荀在晋，别为知与中行二氏。故又称伯。荀伯，犹知伯也。美荀跞而诗列《曹风》者，昭二十五年，晋人为黄父之会，谋王室'具戍人'。二十七年，会扈，'令戍周'。三十二年，'城成周'，曹人盖（当作皆）与焉。故曹人歌其事也。"（以上马氏引何楷文意。下为马氏自所补充）今按：《易林》说诗，多本三家。何楷以《左传》证之。似亦可备一说，昭公二十二年，"王猛入于王城"。《公羊传》"王城者何，西周也"。二十六年，冬十月，"天王入于成周"，《公羊传》"成周者何，东周也"。孔广林曰："称成周，不称京师者，敬王新居东周，非故京师矣。"此诗"念彼周京"，似王新迁成周，追念故京师王室之词。自是以后，诸侯不复勤王，故列国风诗终于此。亦可为何氏增一证也。

朱彝尊《经义考》引何楷《世本·自序》："诗亡于《下泉》，正当敬王之时。盖自是而周不复兴矣。平王迁王城。敬王下都。愈趋愈下，圣人所以投笔而自废也。"其自序又云："凡余说诗，是不一术。先，行之翰墨以研其文。既，证之他经以求其验。既，又考之山川谱系以撼其实。既，又寻之鸟兽草木以通其意。既又定之点、画、形、声，以正其误。既，又襞引诗赋断章，以竟其变。诸说兼详，而诗中之为世为人，若礼若乐，俱一一跃出。"何氏用心之苦，工夫之深，可以信其如此。然而毕竟受时代环境与封建思想所局限，徒多穿凿自喜之说非能得《周诗》真义者也。其于此篇，实不足取。夫所依据，专在以《左氏》证《易林》。《易林》为汉人占卜用书之繇词。可资说诗参考，而绝不可专据以说诗。一也。用《左传》证《易林》"十年无王"之说，亦实与《左传》实质不合。《左传》自昭公二十二年以下，详载王室乱事，于王子猛（悼王）之立与卒，王子朝及敬王丐之立与争战，至昭公二十六年敬王入成周，子朝败走，非一日无王。即敬王告晋之词，亦只"勤戍五年"，非十年无王也。时敬王之立十年矣。其不足取二也。郇伯为文王之昭，明著于《左传》僖公二十四年。与晋之荀跞并无血系可考。即使其出于一系，亦不能谓诗之"郇伯"便是晋之知伯（荀跞别称。）知伯之伯，伯仲叔季之字次，郇伯之伯，则公、侯、伯之爵称也。又晋定王室之乱，用兵多次，有关荀跞者，昭公二十三年"晋籍谈荀跞率九州之戍及焦、瑕、温、原之师以纳王于王城"。二十六年，"晋知跞、赵鞅帅师纳王"，皆非跞一人专其事，诗何以独称郇伯，而不及籍谈与赵鞅？其不可通。三也。诗言"郇伯劳之"对"四国有王"而言。与跞先后两次定王事义完全不合。四也。冀豫衮徐地区涌泉甚多，皆有专名，何能遂谓下泉即是狄泉。五也。孔子去鲁，外游于卫、郑、鲁、蔡、陈、楚诸国者十四年，乃返鲁正乐，故所录诗，每有属于当时太师所辑得者，如《竹露》《四月》，为敬王世诗，皆有明文可征。若《下泉》作于晋文之世，则尚早于《四月》一百三十年左右。即如说为敬王十年之诗，亦尚早于《四月》五六年，未得为诗年代之下限。则何楷所未能考者。六也。

首章，言泉水当用以灌溉耕地。今所用以灌粱者，非稻粱而唯苞稂，可乎？《毛传》："冽，寒也。下泉，泉下流也。苞，本也。稂，童粱，非溉草，得水而病也。"朱云："苞，草丛生也。稂，童粱，莠属也。"今按：水之用于灌溉者，必节节下引，故曰"下泉"。冽者，清冽之谓。"苞"字，在诗皆丛生非材之义。稂，即"五谷不熟，不如稂稗"之稂。今云"稗子"是也。《尔雅》从《毛》释为童粱，是秦汉人土语。谓其实颖壳光洁如童秃也。《小雅》"不稂不莠"，稂是华语正字。"忾"，郑云"叹息之意"，与慨之音义并同。忾字含义较为激烈，故曰"同仇敌忾"。"寤叹"，犹言兴叹。不言"念我周京"，而曰"彼"者，谓西周旧京，即宗周镐京，思文武成康之旧政也。时周东迁洛，以王城为京师。责王不能持文武成康之制，故曰彼周京也。

次章，"苞萧"谓丛茂之蒿类，生于山野，无用灌溉。喻齐、宋等大国毋庸分曹卫地以益之也。京周，犹言宗周，大之，故曰京也。

三章，"包蓍"，蓍草，与蒿同类，鲁国所产。苏颂《图经本草》曰："其生如蒿，作丛，高五六尺，一本一二十茎，至多者五十茎。生便条直。秋后有花出于枝端，红紫色，形如菊花。结实如艾实。"今按：蒿、艾、蓍，皆菊科植物，苏颂所言如实。凡用《易》筮，必用蓍草。今之习易卜者，犹必向山东曲阜求蓍。音尸，式伊切。故一云筮草。诗言"苞蓍"，谓鲁分曹地也。"京师"，亦谓旧京。时晋文召周王于河阳，朝王不于王城，而执卫侯于王所。故诗三言京周，明王制之庄严，寓责晋之意。

卒章，亦以灌溉为喻。惟不曰下泉而谓"阴雨"，喻王政当如云行雨施普润禾黍也。"四国"，四方诸侯之国。"有王"，有王命之事，谓文武成康之世，诸侯应召朝会于宗周，王必命郇伯迎而劳问。以致绥抚之谊。今诸侯朝王于河阳，晋文既锡命为伯矣。而曹卫兄弟之国君幽囚失地，天子不言，讵宗周劳徕诸侯之义乎？"郇伯"，文王之子封于郇，仍留仕于周，司劳徕之事。诗人记旧事，以明宗周规模，以讽今之不然也。

《曹风》小结

《曹风》四篇，二百七十二字。其三篇皆四章，文最多者《鸤鸠》。他三篇各章字量相当。文皆雅淳。无劳动人民之诗。

十三、《豳风》七篇

解　题

周之先世，在夏殷时为西戎小部落。有公刘者，自称后稷曾孙，居邰，以善耕稼著闻。其后徙居豳，字亦作邠，在泾水中游陇山下支谷间。善于组织人力，兴产业、致富盛，建成原始公社。又后古公亶父避狄难，迁邑于岐山下之周原，建成国家。是为太王。其子季历，孙姬昌，并为殷之西伯。其工农商业生产之盛，凌驾殷上。昌乃自称受天命，建国号周。是为文王。其子武王姬发，遂灭殷纣，统一天下。

太王时，已有风乐，属于西音一派，乐官称之为豳风。文王徙邑于丰，自制雅乐，承夏声，与商风立异。而民间仍自流行豳风。文王命其季子周公旦留守岐周旧庙。旦嗜诗乐。既与乐官选译南国之歌为华言，又辑岐豳奴隶旧歌为豳诗八章，仍以豳风之乐曲歌之。是为《豳风·七月》。其后辅成王，东征平叛，复得《豳风》六篇。孔子并习而录存之，即今传之《豳风》七篇也。

乐官喜用旧名，以志其朔。故晋国之诗曰唐，宋国之诗曰商，而西周畿内之风诗曰豳。请其风乐创制于豳地也。凡西周之风诗亦皆曰豳。孔子只录习此七篇，他皆不传。非豳风只此七篇而已。旧亦有称周之雅诗为"豳雅"，周之颂诗为"豳颂"

者①，然雅颂非豳地所创，故其称究不通行。

（一）七　月

八章。章十一句。三百八十三字。

（1）七月流火，九月授衣。一之日觱发。二之日栗烈。无衣无褐，何以卒岁？三之日于耜。四之日举趾。同我妇子，馌彼南亩，田畯至喜。

（2）七月流火，九月授衣。春日载阳，有鸣仓庚。女执懿筐，遵彼微行，爰求柔桑。春日迟迟，采蘩祁祁。女心伤悲，殆及公子同归。

（3）七月流火，八月萑苇。蚕月条桑。取彼斧斨，以伐远扬，猗彼女桑。七月鸣鵙。八月载绩，载玄载黄。我朱孔阳，为公子裳。

（4）四月秀葽。五月鸣蜩。八月其获。十月陨萚。一之日于貉，取彼狐狸，为公子裘。二之日其同，载缵武功。言私其豵，献豜于公。

（5）五月斯螽动股。六月莎鸡振羽。七月在野，八月在宇，九月在户，十月蟋蟀入我床下。穹窒熏鼠，塞向墐户。嗟我妇子，曰为改岁，入此室处。

（6）六月食郁及薁。七月亨葵及菽。八月剥枣。十月获稻。为此春酒，以介眉寿。七月食瓜。八月断壶。九月叔苴。采荼薪樗，食我农夫。

（7）九月筑场圃。十月纳禾稼。黍稷重穋，禾麻菽麦。嗟我农夫，我稼既同，上入执宫功。昼尔于茅，宵尔索绹。亟其乘屋。其始播百谷。

（8）二之日凿冰冲冲。三之日纳于凌阴。四之日其蚤，献羔祭酒。九月肃霜。

---

① 《周礼·春官》："籥章掌土鼓豳籥。中春，昼击土鼓，吹豳诗，以逆暑。中秋夜迎寒，亦如之。凡国祈年于田祖，吹豳雅，击土鼓，以乐田畯。国祭蜡，则吹豳颂，击土鼓，以息老物。"郑玄以为，"豳诗""豳雅""豳颂"皆在《七月》篇中，即以其首章"三之日于耜"至"馌彼南亩"为豳雅。以第六章"十月获稻"至"以介眉寿"与末章"跻彼公堂"以下为豳颂。其余各章为豳诗。马瑞辰驳之曰："豳诗，指《七月》之诗。《籥章》特言豳诗以别之，将以明乎豳雅、豳颂之不为《七月》诗也。祈年吹豳雅，祭蜡吹豳颂，盖祈年用雅，以豳籥吹之，因曰豳雅。祭蜡用颂，以豳籥吹之，因曰豳颂。"
　　今按：旧之学者，不明《周诗》皆得称《豳诗》之义，说"籥章"者，佐郑与驳郑诸说皆成徒劳。《籥章》之义，只是说明豳风起源时，乐器为土鼓与苇籥。土鼓即缶，西方之古乐器，陶制，响声似鼓。籥本南国创制之管乐，豳人习之，而地不产竹，乃以芦管代之，故云豳籥。太王居豳时，民间流行风诗之乐器如此。其后虽发展为雅、为颂，乐器繁多。然社会所重，仍在此二者。民间一般流行之乐器设备，亦必主此二者，或仅此二者。故祈年虽用雅诗，仍去众乐，但以土鼓节之，苇籥吹之。祭蜡虽歌颂诗亦仍去众乐，但以土鼓节之，苇籥吹之。祈年与祭蜡，皆领导"田夫野老"举行之事。"田夫野老"所习之乐器惟此，则即以此娱之。此"籥章"之法也。二雅、周颂诗中，多有祈年报赛乐章，若《甫田》《大田》《噫嘻》《丰年》之属，述籥章职守者，称之为"豳雅""豳颂"。谓其用乐器之简单如豳风耳。雅、颂乐器繁多，而各控于一谱。琴瑟、笙磬、钟鼓、吾柷、缶籥皆备，而合奏此同一之乐谱。各乐器单自奏之，亦是此谱。一诗有一谱，故合奏、单奏，无不可者。明此义，则郑说之误，不必用烦言辨之矣。

十月涤场。朋酒斯飨,曰杀羔羊。跻彼公堂,称彼兕觥,万寿无疆!

此诗八章,长达三百八十余字,超过一般风诗字量。核其所述,亦八章各自为篇,非述一时一事之诗。且每章皆可分为上下两部分,并不连贯。谓全诗为八篇十六章,亦无不可。而必总为一篇者,盖周公旦一人一次所纂辑成之乐章。文士当少年时,好积累,尚诞侈,喜政纂旧文为己作故也。

殷代豳岐奴隶之歌,原当已有数十百阕。皆从事生产劳动之人,信口歌唱。初无记录,但相习群歌以慰疲乏而已。周公旦少年居岐,辑录当时奴隶之歌,有关岁时节序生产劳动之次第,足以刺激劳动者乐观情绪之辞。改纂为八章豳风之歌,饰乐人于岁时祭飨之会演奏之以正民间杂乱之旧歌,亦是因其俗以教其民义。即《周礼》籥章所言之"豳诗"也。奴隶社会,例留用奴隶之慧黠者于家庭,悍质者则命以田野耕种之事,而以田畯督之。故夏殷遗积之歌谣,作于家庭奴隶者独多。田间奴隶,恒蚩蚩无所造作。因而周公之所蒐辑者,特详于家庭劳动部分,于农事殆全阙之。旧说此诗者,殆一致以为此是周公陈王业以教成王。夫周之王业,莫大于重农事,岂此诗三百余字不言稼穑之体者哉?

审周公辑成此诗之目的,主要在于教民(当时之奴隶)熟习岁时生活之时序。俾其人于歌乐之间,习历法之用。其时虽历法已明,尚无文书颁行国中。在《夏小正》《吕氏春秋》《小戴·月令》《淮南·时训解》诸书编造以前约千年左右,先有此篇之嚆矢。则周公此诗在当时社会中,应当享有其荣誉也。顾周公旦亦只当时之贵族公子耳,固不能深习劳动人民之生活,亦不精通于历法,但取旧民歌之具有时序意义者,割截而缀合之,以为八章十六节之乐章,中间颇有公刘世遗存之歌,则夏历也。太王、王季时歌,则殷历也。"文王受命"以后乃有周历。所辑旧歌中,皆杂有之。使后儒之说此诗者,文量重逾五车,迄无一人能通为一说。

诗文既繁而费解,故折为八章,分别诠释如下:

首章,盖取旧歌四阕,缀合为两段,纪年节前后之事。"七月""九月"两句,当是一旧歌,原当有八月一句,被删。特取"授衣"句以冒下文。"流火",《毛传》云:"火,大火也。流,下也。"历世说者皆沿之阐述。陈奂《毛诗传疏》后出说之最详。其言曰:

火,东方心月,亦曰大火。《四月篇》"六月徂暑",传云:"六月火星中,盛暑而往矣。"本《月令》及《左传》昭公三年为说。考《尧典》:"日永星火,以正仲夏。"《夏小正》："五月初昏，大火中。"与《诗》《月令》《左传》皆不合。盖大火在唐、虞、夏，以五月昏，中。六月，西流。周以六月昏，中。七月西流。其候逐岁渐差。诗虽作于周初，然公刘在夏末，时大火或已西流也。《春秋》哀公十二年"冬十二月螽"。《左传》："火伏而后蛰者毕。今火犹西流，司历过也。"《杜注》云："火伏在今十月。犹西流，言未尽没，知是九月。历官失一闰。"案：火伏在九月。春秋之季，火伏在十月。九月犹西流，其候又差矣。此即后世岁差之法。

陈氏谓"七月流火"，是公刘时语，而周公追述之。考订已精。语尤简核。优于其诸家。然而是徒劳也。夫心星，二十八宿之一，随天体转动。盛夏则初昏时在天之正中。虽云"大火"，光实微弱，且逐日一轮回转，地上视之，如日影之移，其动难觉。安得谓之"流火"。又况，文人学士研习天文历法者，数十年苦钻，犹或不能通其变，而可谓上古之劳动人民已知此星，谥此名字，咏于诗歌乎？惟近人郑振铎先生，直接以流星解说之云："七月的夜里，望着流星流过天空，已经入秋了。"是达诂矣。流星为行近地球之小游星发热自焚现象。火光飞流，或倏见而灭，或长画径天，或近地有声，或为陨石坠地，焚毁草木。其径行天空如流火者，夏秋星夜频频见之。任何劳动人民皆能见之，皆可以呼为流火。夏之六月，为殷之七月，周之八月，当夏之末，为流星最多之时。故知此诗本殷代民歌遗句，周公用之也。"九月授衣"，《毛传》："九月霜始降，妇功成。可以授冬衣矣。"亦以殷正言之。"霜降"夏正八月节。殷正为九月，周正则十月也。奴隶社会之制：秋末，奴隶主奖给奴隶有功者冬衣一次。

"一之日"四句，为奴隶所歌之另一诗，用缀于"缀衣"之下，以申周行奴隶改良主义之义。《毛传》："一之日，十之余也。一之日，周正月也。二之日殷正月也。"《朱传》："一之日，谓斗建子，一阳之月。二之日，谓斗建丑，二阳之月也。变月言日，言是月之日也。"陈奂云："十之余日者：十，十月也。数起于一，终于十。复以十月而数其余月。一之日，十有一月之日，二之日，十有二月之日。皆以纪夏正也。"如此以日为月之曲解，是曲释周公作诗之意，强不通而通之的典型妙论。几于使人迷惑，莫能异议。曾无人涉想卒章之"一之日凿冰冲冲，二之日纳于凌阴"，世有十一月凿冰，十二月乃纳于凌阴者乎？一诗而兼用三代之历，一章四句中，乃有月、日之异其文。则周公为疯人乎？

《新诠》以为：奴隶们于历法不甚了了，其歌唱劳动过程，但分为若干阶段。曰一之日、二之日，谓工作程序之次第也。其于气候变化，亦只如此。"一之日觱发，二之日栗烈"，犹今云"前几天寒风起，还好一点。再几天寒潮来，会冻得人发抖"。似这样的冬寒快到了。"无衣无褐，何能活得过今年呢？"本奴隶们忧寒之歌。原语如此。周公拾取以缀于"授衣"之下也。《毛传》："觱发，风寒也。""栗烈，寒气也。"马瑞辰曰："《说文》：'滭，风寒也。'泼字注云：'一之日滭泼。'滭泼，盖本字。《毛诗》作觱发，假借字也。《桧风》'匪风发兮'亦泼之假借。滭通觱，犹《采菽》诗'觱沸槛泉'，《说文》作滭沸也。泼通作发，犹《硕人》诗'鱣鲔发发'，《说文》作鲅鲅也。"今按：三家诗作滭泼，《毛诗》改字作觱发，音同。盖谓初结冰时，冰坼所发声。凡水之结冰，初在上层（或外层），嗣渐达于内下层。结产之水分子，膨胀数倍，上层冰已固定，下层之水乃结冰，则膨胀使上层冰坼裂，滭泼作响。华北陕、晋、冀、豫诸地，每当初冬河湖结冰，夜间恒闻此声。故甚古已造有"滭泼"字，俱从冰，而叠韵，明其为冰坼之声也。《毛诗》改字作"觱发"，而训为"风寒"，谓寒风之声为觱，失诗本义。当依许氏，从三家诗作"滭泼"。"栗烈"，亦当作"溧冽"字。《说文》以溧冽二字相连，次于滭泼之下，明亦是用此诗之字。《诗正义本》亦作溧冽。及栗烈，不作"烈"字。惟陆氏《释文本》与今本作栗烈。形容寒气，固以用冽字为允。栗烈者，谓寒甚使人战栗之气色，非状声字。故《毛诗》改作栗烈字，无碍于状色。凡冰初积时，当放散热气于空中，故自初结冰至冰坼未止期间，空气并不甚寒。迨冰结厚尺以上，其下之水继续结冰，则力不足以破坼上层之冰，亦无暖气外泄，是乃进入最寒之时。故豳之劳动农民，自古以结冰与冰坼作声为天寒之第一阶段，曰"一之日滭泼"，以冰坼声止以后为第二阶段，曰"二之日栗冽"。即在豳岐之地，两阶段时间之划分，南与北不相同，山与谷地不相同，山阳与山阴不相同，林地与裸地不相同，或差数日，或差一月，是固不可以月份规定之，况当时之奴隶亦不知其属于何月耶？人类初对岁时变迁之感觉，固只能分别其阶段如此耳。

"三之日"二句，又是别一奴隶古歌，述年度开始后之生活行动。周公割之缀于此章，构成一四时行动之轮廓。故虽曰"三之日""四之日"非即与上文"一之日""二之日"本自连属也。上文明是无衣无褐奴隶自怜之歌。此下则农事愉快之歌，意，固不相缀也。"三之日于耜"以上，原歌当另有一之日、二之日两句，大抵是"一之日索绹，二之日祈年"之义。周公割去，以"三之日于耜"承上文"二之日"也。上文是殷世之诗，所言滭泼、栗冽是冬季事。此诗被删之二阶段亦冬季事，故可相续。"于耜"，毛云"始修耒耜也"。其时耕具惟耒与耜。耜亦即以板缚于耒以为之。其缚宽，宜于造沟洫。《夏小正》正月，"农纬厥耒"，谓缚镈于耜也。《月令》

季冬，"修耒耜"。均谓立春前后，农民在室时修理耕具。言耜，可以概耒也。立春为夏正正月节，然遇闰则常退于季冬（十二月）。亦农事之工序，不可机械定于何月之明证。惟任何地方，当春气将至前，农民皆属修理农具阶段，则一矣。"四之日举趾"，谓农事起，耕种奴隶皆当"毕出于邑"，从事田间劳动。是惊蛰、春分之时，夏历之二月，周正之四月也。以此知原诗为周文王称受天命，"改正朔"以后之诗。为耕种奴隶或田畯所作。其上文原有"一之日索绹，二之日祈岁"等类似之句，乃为"三之日于耜，四之日举趾"。为"冬毕入于邑"（《汉书·食货志》述古奴隶生活之文）以后，"春毕出于野"以前，习唱之歌，周公删缀之也。

"同我妇子"以下，又别是一歌。《大雅》之《甫田》《大田》两篇同有，皆作"曾孙来止，以其妇子。馌彼南亩，田畯至喜"。言奴隶主于其田间奴隶每年临秋获时，与其家人妇子，率家庭奴隶，制成美食躬往田间劳问一次。疑周公而截割此二诗之文，缀于此章，完成一个年度时序。其文与"三之日"二句又不相属，亦如"七月"二句与"一之日"四句之强割相缀也。

次章，歌家庭奴隶采撷出外之事。仍用上章首二句领起，明周之所重用于奴隶者，为农桑之事，以其为衣食之本源也。"春日载阳"，谓春暖也。"有鸣仓庚"，黄鹂发情求偶，将产卵之时期也。《吕氏春秋》仲春"苍庚鸣"。《月令》同，苍作仓。《夏小正》"二月，有鸣仓庚"与此诗同文。是同用古诗之证。时间亦皆为二月。庚，古音冈。与筐、行、桑同韵。"女"，女奴也。"懿筐"，毛云"深筐也"。朱云"懿，深美也"。今按：懿亦作懿，无深之义，有专门一义。初蚕柔桑，不用深筐。懿筐，谓专用为采桑之筐也。"微行"，毛云"墙下径也"。朱云"小径也"。今按：《孟子》云"五亩之宅树之以桑"，毛郑依以为训，误矣。孟子所言，个体农户之树桑，不适用于奴隶社会。奴隶社会之桑，皆奴隶主所造之桑林，其下无径道，信足所之采之。"微行"，谓无路之桑间。微当训无。"柔桑"，幼嫩之桑叶，初蚕所宜也。

"春日迟迟"二句，是另一旧诗之词。与下文"悲""归"，不同韵，义更不相属。但皆为旧女奴之诗，周旦割缀为一章也。《毛传》云："迟迟，舒缓也。蘩，白蒿也，所以生蚕。祁祁，众多也。"毛云"白蒿所以生蚕"者，谓古时孵蚕，怀蚕卵纸于衣胸间，以取暖气。虑其过燥，故置白蒿于纸间，以调剂温度。非谓蚕食白蒿。周初已有此法，故周公因上文以缀此二句。然非适合也。果使其意如《毛传》言，则用蘩殊有限，一人采之足胜，安得用祁祁众盛之多女哉。故《新诠》以为：此下为另一诗所述之另一事。采蘩便是采"清明菜"，蒸馎饦，非为养蚕（参看《召南·采蘩》）。

"女心伤悲"二句，又是用另一旧诗词语。由上文采桑、采蘩皆女奴事而缀合耳。所悲之由，说者种种。《毛传》："感事苦也。春，女悲，秋，士悲，感其物化也。殆，始。及，与也。豳公子躬率其民同时出，同时归也。"《郑笺》："春，女感阳气而思男。秋，士感阴气而思女，是其物化，所以悲也。悲则始有与公子同归之志，欲嫁焉。"《朱传》："盖是时公子犹娶于国中，而贵家大族联姻公室者，亦无不力于蚕桑之务。故其许嫁之女，预以将及公子同归，而远其父母为悲也。"及其他汉唐宋儒，大抵皆以归为"于归"，用封建社会联姻之俗，以说殷周时间之古诗。竟不顾奴隶社会阶级森严之历史。而谓为"风俗之厚，而上下之情，交相忠爱如此"（《朱传》），皆谬。另一说：谓是女奴悲将徒媵。"公子"为豳公之女公子。清人姚际恒曰："此采桑之女，在豳公之宫，将随女公子嫁、为媵，故治蚕以备衣装之用。而于采桑时，忽然悲伤，以其将及公子同归也。"魏源曰："经不以疑词感人。'殆及公子同归'，既于女公子为协。则下章之公子裳裘，皆女公子也。"考证多辞，非不雅博，独不明奴隶社会奴隶在家与出媵，同受奴隶待遇，有何可悲。《葛覃》媵奴是一片愉快之气。《江有汜》之女奴，以不得从媵之怨。盖奴隶从媵，易其主人，可望新其待遇，无不乐者。更何至于悲伤哉？清儒主从媵之说者多，亦未达于时代情理者也。近人郑振铎氏云："她心里在伤悲，将要同公子到他家里去了罢？"（《汤祷》），游国恩等《中国文学史》云："当时的劳动妇女，不仅以自己紧张的劳动为奴隶主创造了大量的财富，而且连身体也为奴隶主所占有，任凭他们的践踏和糟蹋。"皆谓女奴悲在将被公子奸污。夫奴隶本无人身自由，其遭主人公子随意糟蹋者固多有之。然而未闻有因此而伤悲者。正如封建宫廷之宫女，能有因被逼幸而悲惧者乎？且，"殆"者，或然之辞也。未必其然之事，亦至于大伤悲，则必大忧之事矣。人之大忧莫过于死。此盖女奴见其公子病危，忧在殉葬而伤悲耳。"归"，即"百岁之后，归于其居"与"聊与子同归兮"之归。奴隶社会，女奴不得嫁公子。而诗云同归，非殉葬而何？（参看《曹风·蜉蝣》卒章诠语）

上两章，皆由"七月流火，九月授衣"起句。其下各摘三篇旧歌缀合为上下两章之二事。首章，为男奴之旧歌。次章则女奴之旧歌。共冠之"九月授衣"则男女之所共同。此周公编制两章之意也。

诗重首三。此诗首三章皆以"七月流火"起句者，古时民歌如此不仅一诗。其下当有如"八月载绩""八月其获""八月在宇""八月剥枣""八月断壶"之句，各为一首时令之歌。由流火经天，人人能见，故各皆以"七月流火"起句。上两章同出一旧诗。下文当为男奴女奴授衣事，故截割为农桑两章冠首。此章亦述蚕桑之事，则另缀"八月萑苇"篇句。"萑苇"，今云芦荻，或芦苇，皆可以制养蚕之曲箔，故用于"蚕月"句上。与下文不同韵，可知其亦断句缀合之集句诗矣。此句无动词者。上古语法未具，劳动人民之歌，但使其意知为收割萑苇而已。《毛传》云："薍为萑，葭为苇。豫畜萑苇，以为曲也。"曲字，古文作⼕，象陈蚕箔，为半环以绕人。故《朱传》云"将以为曲簿"。簿，即蚕箔，古今字。

"蚕月条桑"，《郑笺》："条桑，枝落采其叶也。"亦是省去动词之文。盖用更一旧歌之语以伸其意曰："取彼斧斨，以伐远扬。"斧与斨，皆伐枝之具。口圆者曰斧。方者曰斨。故毛云："斨，方銎也。""远扬"，毛云："远，枝远也。扬，条扬也。"凡桑枝条之远出与高扬者，必新枝之柔条。采之，可以编制筐筥诸器。"蚕月"，蚕盛之月，需桑量大，人之手摘不易供给，则斫远扬条枝置箔上，俾蚕缘食其叶。叶尽，乃用其条于编织。中华养蚕之古法如此。"猗彼女桑"，毛云："荑桑也。"郑云："少枝，长条不枝落者，束而采之。"朱云："小桑不可条取，故取其叶而存其条，猗猗然尔。"今按：当读如"绿竹猗猗"，同"猗傩其枝"之猗，于可反。"女桑"，谓载椹之枝，犹云母桑也；则不剪伐，听其猗傩茂盛。蚕食椹则病，故伐取条桑者避载椹之枝。如此解释，文义乃能与上二句相属。毛、郑、朱三说皆未允当，不知养蚕之道故也。

"七月鸣鵙。八月载绩。"又是另取旧歌，自为一韵。《毛传》："鵙，伯劳也。载绩，丝事毕而麻事起矣。"《郑笺》："伯劳鸣，将寒之候也。（鵙）五月则鸣。豳地晚寒，鸟物之候，徒其气焉。"今按：鵙，《夏小正》作"五月鸣鴂"。《月令》与《吕氏春秋》同谓季夏，"鵙始鸣，反舌无声"。《诗正义》谓："蝉及鵙皆以五月始鸣。"仲夏即五月，与《夏小正》鴂始鸣合。诗云"七月"，则当是周之七月，夏之五月也。此诗之八月，亦即夏正之六月。一章兼用三代历文即纂前后六七百年诗歌为一篇之证。诗云"载绩"，即是绩丝（非谓绩麻）。夏季农事正忙，麻犹未熟，所绩者丝也。田间奴隶正忙，家庭奴隶不问田事，则绩新成之丝。故以缀于"蚕月"之后。旧儒宗毛者，执"丝曰纺，麻曰绩"为言。不知此后世之语言也。周时不如此说。《尔雅·释诂》："绩，继也。"《说文》："绩，缉也。"《玉篇》："缉，续也。"凡纤维，皆有一定长度，绩者使其相续接，或纺、或拧，或撚，或缫，皆续也。我国衣料，丝早于麻，凡从糸之字，皆为丝而设，初无丝曰纺，麻曰绩之说。周初之诗，安得有此分别哉？

"载玄载黄"三句，一韵，所言为染丝之术。又当另是一旧诗之文。用以缀于"载绩"完成蚕桑业务全份。全章无麻事含义。麻在当时虽已为衣，皆素色，不染。

故此诗言绩染，皆丝事，无麻事也。《毛传》云："玄，黑而有赤也。朱，深缫也。阳，明也。祭服，玄衣，纁裳。"

第四章，上半章言农事时令，记以"月"。下半言猎事，用"日"记其程序。明是用不同时不同作者之两篇诗歌缀成。"四月秀葽"四句，为述时令之诗。中失六、七两月。或是自为两篇所缀合，故成两韵。

"葽"，《毛传》："不荣而实曰秀。葽，葽草也。"《说文》："葽，草也。刘向说此味苦，苦葽也。"何楷引邱光庭云："《月令》孟夏'苦菜秀。'今验四月秀者，野人呼为苦葽。正与《说文》引刘向说苦葽合。""蜩"，毛云"蟬也"。《夏小正》"五月，唐蜩鸣"。《月令》仲夏之月，"蝉始鸣"。螗蜩，即夜蝉，似蝉而小，鸣声咋咋，早于蝉鸣。此云五月，亦夏正也。"八月其获"，谓收粟与黍。"十月陨萚"，谓初冬笋萚自脱坠，亦皆夏正。足见皆是公刘世之古歌。

猎事七句，当同出于一诗，只记冬春之猎，用与上半章之夏秋二季诗合成四时。一之日，冬猎也。"于貉"谓取毛皮供制裘之猎事。狐、狸、貉皮皆裘材。貉为最珍。故统冬猎曰"于貉"。于貉，犹于耜，于者为也。貉难得。得者献于奴隶主。狐狸易得，则献为公子之裘。中当有节省句。二之日，春猎也。"其同"，郑云："君臣及民，因习兵，俱出田也。"朱云："竭作以狩也。""载缵武功"，犹言讲习武事。人多所得兽分组堆积，大兽则献之奴隶主，小兽则以飨诸猎者。《毛传》云"豕一岁曰豵，三岁曰豜。大兽公之。小兽私之"，是也。

第五章，专辑以虫鸣辨时季之歌为之。《毛传》："斯螽，蚣蝑也。莎鸡羽成而振讯之。"《郑笺》："自七月在野至十月入我床下，皆谓蟋蟀也。言此三物之如此，著将寒有渐，非卒来也。"《朱传》："斯螽，莎鸡，蟋蟀，一物随时变化而异其名。"今按：宋儒侈言格物致知，而朱熹之昧于察物如此！其真能察物通变之儒者，如吴之陆玑、晋之郭璞、唐之苏颂、明之李时珍、清之郝懿行等，世不多见。诗之草木鱼虫，经诸人校订者，差可信，不似毛郑孔朱之空疏矣。然尚无科学方法以归纳之。年代久远，语言流变，亦即莫能详究其实义；仍不可因之以得事物之真，徒回旋于文字之间，于诗义无甚裨补。按今世昆虫学言之：螽、莎鸡、蟋蟀皆属直翅目。前两种属螽斯科，右前翅有透明之发声镜，脚股摩之则振动而作鸣声。螽形大，善跳，常栖芦丛间，食其叶及芽，不善鸣。其与螽斯相似而善鸣者，曰叫姑姑，昼夜皆鸣，小儿多喜笼养之。其出，在夏秋间。一种头小、腹大，长腿善跳，栖于林薮，夜鸣悠扬，嗜食瓜类花。其内翅红色者，曰红娘子，又曰纺织娘，小儿最喜养之。另一种体细长，触角更长于身而常向后者，曰络纬，亦夜鸣有美声。如此夜鸣而有美声之虫皆莎鸡类。因其善鸣，故古时劳动人民称曰"莎鸡"。蟋蟀科昆虫，体皆短小，尾部于产卵管外更具有尾毛二条，直翅短至不能蔽其尾节，与螽斯科昆虫显然不同。性畏阳光，好穴居。有一种在晚秋之夜亦善鸣，小儿亦喜养之。称为油葫芦。一般蟋蟀，鸣声唧唧，简调刺耳。然雄者好斗。亦有人畜于土缶，观其相斗为乐。甚至赌博。蟋蟀科虫类翅上无声镜，但用前翅相摩作声；七月夏秋间，天气尚暖，则穴于野草间。八月，则渐移近居民屋宇院落间。九月，则入居户内墙壁。其形与土色相混，皆由其鸣声而易知。十月入冬，则无声，蛰居于床下温暖处越冬。发土者往往见之。诗言秋月蟋蟀移徙过程，皆用夏历。当是公刘时已有之诗歌。原歌当云"七月蟋蟀在野"，以下相承至十月为一句。周公改编时删二字，移于"十月"句。（原诗或是"十月"无声，入我床下）凡主语绾多数仔句者，例当在首句。若移于尾句，以上绾，或古有此语也。

"穹窒熏鼠"以下，取另一古歌谣，承十月言之。十月在夏历为三冬之始，农事毕，谨藏之时也。在周正为一岁之终。故诗曰："曰为改岁，入此室处。"明是周历岁时之歌。与上半夏正物候之歌合为一章。其为集旧歌谣为新诗章又甚明矣。"穹窒"，毛云："穹，穷。窒，塞也。"《说文》用毛说。后世说诗者遂以为定训。《新诠》以为不然。穹者，穹窿，空之也。窒者，鼠穴。凡从穴之字，与从宀（音绵）字皆有通义，缘原始人类亦穴居。造字时，宀与穴义近，但微别耳。人居曰室，鼠居曰窒。上古人语本自如此。人恶鼠穴，见则塞之。缘是，窒有闭塞之义。其本义只鼠穴之称耳。诗所用者，窒字本义。而汉以后儒生以引申之义训之，故辗转难通也。夫鼠之掘穴，有空阔能容数斗物者，出入之口甚多，彼亦知穴中当使空气流通，故不作单户穴也。因而鼠穴，塞一口，又作一口，塞之无益。古人治鼠，但用熏灌之法。灌水法亦鲜效。因鼠亦能于穴内作排水道，使灌水不能害。惟熏烟法最能驱鼠。其法当于穴口凿空为穹窿，使能容多量毒烟。留小口通风，用毒草燃烟，抽入贮之。陆续煽入。使穴内烟稠浓，则鼠皆从他穴逃走。鼠出之口，烟亦当出，虽极隐蔽，亦易发觉。于是塞之，则全部洞口可尽塞。鼠乃不能复入。其不出者，亦皆毒闷死。如此治鼠，每次可保一冬无害。此"穹窒熏鼠"之义也。若鼠穴诸口皆穷塞之，岂熏鼠之义哉？况鼠穴非可以人力堵塞者乎。"塞向墐户"，毛云："向，北出牖也。墐，涂也。庶人荜户。"当云：奴隶聚居之室，土为床壁，荆荜为户。有牖开于四方。入冬，则塞此牖以避寒风，泥涂其荜户，以杜寒气。周灭纣前，仍是奴隶社会，无个体农户，亦无士与庶人之别。"妇子"，当时奴隶主呼其男女奴隶之词。耕田奴隶，春毕出于邑，冬毕入于邑。周人对奴隶较宽和，故有此温慰之诗歌，曰

"入此室处"也。

第六章，全用劳动人民享用其劳动果食之歌谣缀合而成。亦显然分为两个单元，亦兼用殷周相异之历候。"六月食郁"，至"十月获稻"，殷代之旧谣也。"郁"，即郁李，一曰海李，又有雀李、车下李、薁李等名，文人则呼为棣。小树，叶似榆，五月结实似李，大才如樱桃，食之甜美。富室贵家园庭中多有种植供观赏者。夏正五月，殷历为六月也。"薁"为何物，古今说者不一。《齐民要术》引陆玑《诗义疏》云："樱薁，实大如龙眼，黑色，今车鞅藤实是。"车鞅藤究为何物，则鲜言之者。李时珍《本草纲目》与清代增订之《群芳谱》，皆谓婴薁即野葡萄。凡藤蔓植物，造字者每多从草，亦每从木，婴薁，与樱薁为一物，可定。野葡萄果熟即黑，此明清人推断依据也。然野葡萄味恶而有毒，不可入口，则非《毛传》《陆疏》所称之婴薁明矣。今按：劳动人民所食之野果，仲夏熟者，盖即"刺莓"，今俗云"薅秧苞"。中稻苗成，当薅草中耕时熟。亦有两种：木条大灌木具密刺者所结之粒大，味美，为"木莓"。即陆玑所谓樱薁也。刺茎匍匐横行，近地而不贴地，果实较小者为刺莓。皆复果，如圆珠载于一托盘上，未熟时绀赤，既熟者转暗黝。是即《毛传》所谓婴薁也。余乡居多年，皆目见而口尝之。木莓难得，刺莓遍地皆有。郁与薁同音，同时熟，不见实物者，但凭书本推断，最易误为一物，故郁李亦被人书作薁李。赖诗明言其为二物，得以分明。余留心观察植物，已六十余年，亦迨居乡两年乃能辨之，则格物岂易言哉！"葵"，今云苋葵，俗名"冬苋菜"，春种夏成，四时可食。夏历七月葵盛可烹。"菽"，大豆。七月新豆荚子初孕，亦可烹食。"剥枣"，击枣落，谓收枣时也。或曰：食枣者，绕核而啮之，如剥也。关中种稻，十月收获。诗言十月获者，当是殷代旧歌。殷十月，夏正九月也。应是缀合夏殷旧歌，故阙九月。既获稻，则农事息。蟋蟀入室，农民归处，进入夏正十月物候。周正为岁暮之月，酿酒以供祭享，故云"春酒"。又是用周正以续夏历之歌。《毛传》："眉寿，豪眉也。"《郑笺》："介助也。"《朱传》："介眉寿者，颂祷之辞也。"郑说：介眉为"养老"。今按：谓酒可以上寿。卑贱者献酒祝尊贵者，称为上寿。在此诗，为介寿。眉者，谓尊长，如头面之眉，不劳动而居上位，威仪之主体。故向之献酒为"介眉寿"。非谓养老。

"七月食瓜"以下，为另一歌谣本语。《毛传》云："壶，瓠也。叔，拾也。苴，麻子也。樗，恶木也。"古以瓠瓜老熟之壳剜空为壶，以盛酒浆。如此老熟之瓠，手不能摘，须以刀断之，故曰"断壶"。麻之收子者称为苴麻。麻子可食，是谓之苴。叔，摘也。"采荼"，谓采野菜之可食者。"薪樗"，谓取不中材用之木为薪。以薪为动词，"薪之樗之"之义。郁、薁、葵、菽、枣、稻、春酒，皆奴隶主阶级得享之物，家庭奴隶偶得分赐。瓜、瓠、苴，新出者皆以供上。农耕奴隶得分享之者，以为美味。农事既毕，则采荼薪樗，储备大量野菜与恶柴，以供冬入于邑之农夫冬季食物。"食我农夫"三句，皆十月开始之事。不言十月者，三冬皆然，不只十月也。此三句，将家庭奴隶与田间奴隶待遇不同之情实暴露。

第七章，全属田间奴隶执役勤劳之事，亦系取农民旧谣数首缀合而成。"九月筑场圃，十月纳禾稼"，原当是一首农民月令之歌。与第六章各月之歌，皆农耕奴隶或田畯所作。"场圃"者，黄河流域秋冬无雨。谷物成熟前，农民预选平阔便于管理之地，筑土使紧密，辊轴辗使平固。收割时，堆积禾稼于场上，待冬日农闲乃取以铺平，运辊轴碾之，使籽粒与茎藁脱离。是为打场。乃用羊角木叉掠去其藁，扫积籽粒糠秕于一处，用畚抛扬之。实重则直落，糠秕则远落，以此分离共糠秕，是为扬场。如此完结收获后，明春仍为耕地。栽培短期作物，秋日再行筑场。此种作业，行之于今四千年未变。"九月"，殷之九月，即仲秋之月，夏正之八月也。殷正十月，即寒露、霜降之月（夏正之九月）。在豳土，农作物收刈殆尽。稻最晚成，亦已刈成。"纳"，纳于场也。黍，黍子。稷，高粱。豳土之主要农作物也。"重穋"，《毛传》云："后熟曰重。先熟曰穋。"《说文》引诗作"黍稷穜稑"。《周礼·内宰》"而生穜稑之穜"。郑司农注："先种后熟谓之穜。后种先熟谓之稑。"后郑引诗"黍稷穜稑"。盖鲁诗字如此。后世皆以穜稑释此诗重穋。今按：《周礼》"穜稑之穜"，谓宜湿、宜燥之品种，非先熟后熟之谓也。农民莫不愿其种之早熟。诚有先种而后熟者，必被淘汰，安是采献于国君哉。《毛诗》重穋，自是古诗本文。鲁韩诗易为种稑，并用先熟后熟立义。许慎与二郑因并《周礼》为一说。于《诗》义实不通。《诗》有"黍稷稻粱"文。上文亦曾有"获稻"。则此何不曰"黍稷稻粱"与"禾麻菽麦"平列八种实物。而乃夹用先熟后熟之虚义二字哉！审诗，当以重穋断句。"重穋"者，黍稷为豳地主要作物，收量大，故堆置场圃上时，必以穗向外，重叠其藁束，整齐如砌墙垣。今之秋场仍是如此。重，谓重叠之如方垣。穋，谓禾穗向外穋穋顺序垂下之貌。至于其他杂粮，禾、麻、黍、麦，当时豳地少种植、收量少，则附置于重穋之间，或径先收藏入室，不为重穋，诗亦附记于重穋句下而已。以上统言"纳禾稼"之内容。豳地小麦夏熟。此所言麦，谓青稞，在豳秋熟（说详《思文》"贻我来牟"解）。

"嗟我农夫"以下，系用另一农谣截句，缀续于"纳禾稼下"，与上章"农夫"相应。亦同作奴隶主温慰田间奴隶语气。"上入执宫功"，毛云："入为上，出为下。"笺云："同，言已聚也。可以上入都邑之宅，治宫中之事矣。于是时，男之野功毕。"今按：毛说大体不差，惟嫌于以封建社会制度说奴隶社会。"都邑"当云"邑中"。

宫中，当云"奴隶主家庭"。"男"字当作农夫，指田间奴隶，亦男女并有，非独男子。《汉书·食货志》记古代奴隶生活，未知采自何书，大体与此诗相应。如云："春令民毕出在野。冬则毕入于邑。……入者必持薪樵，轻重相分。班白不提挈。冬民既入，妇人同巷相从夜绩。女工一月得四十五日。必相从者，所以省费燎火，同巧拙而合习俗也。男女有不得其所者因相与歌咏，各言其伤。"亦系用封建社会之思想认识整理奴隶社会遗俗之记载。疑其言出于《鲁诗传》，而鲁诗家所采则虢文公所著《神农书》言，盖犹及见西周奴隶主庄园农耕制度之记述也①。"昼尔于茅，宵尔索綯"，言宫功之事。郑云："女当昼日往取茅归，应作绞索以待时用。""亟其乘屋"，谓治屋顶之事。豳地虽多木材，当时尚不知烧瓦与作瓦屋。民屋皆于屋顶平架横木，铺薪，盖土，夯使紧密。入冬冰冻前，则大筑夯一次，使土燥紧，则冬虽压雪，屋顶之土紧密少含水分，则雪不能伤。明春雪融水解，屋亦不漏。否则雪水入土顶而冰，使土粒疏松崩解，明春水直下注于屋内矣。今之北方民居及西藏房顶仍复如此。"亟"，急也。"乘"，外也。（并《毛传》）。升屋打土，治屋顶也。冰结土内，则硬固不可治，故初冬当急治屋顶。此亦宫功之一也。"其始播百谷"，文与上不相接。当是缀诗时有所删节，存其最末一句（所删节，当如"三之日于耜"之类。然原句不可得矣）。言"其"者，当为而犹未之辞。言准备一切，开春即复出于野，"始播百谷"也。"百谷"者，一切食粮作物之总称。豳地冬季寒日长，春秋温和日短促。农作物皆于夏季育之，无论黍、稷、粟、糜、稻、麻、菽、瓜菜与青稞皆然。惟冬小科夏收。若春小麦，亦是秋日刈获。是即所谓"百谷"也。

卒章，集岁暮之旧歌，以轻松愉快笔调述奴隶燕飨之事。上半从凿冰起至羔酒止，为一旧歌之节录。为首当有"一之日"句被删去。查凿冰工序，第一步当为清洁池水。凡治冰，皆于初冬冰冻前预先清除水中积秽。无论凿于河渠，于池沼，皆先除去其水中乱柴、朽木、薪垢、淤泥等诸秽碍物，使水清洁。此种工序亦曰涤场，豳地当于十月行之。疑上句为"一之日涤川溶溶"，被删。缘下文有"十月涤场"而删其重也。次一工序为"斩冰"。《周礼》"凌人掌冰。正岁十二月，令斩冰。三其

---

① 班固此文中，引《七月》诗"四之日举趾"三句，及"十月蟋蟀入我床下"，与"嗟我妇子，曰为改岁，入此室处"句。故疑其是鲁诗家说。又其《艺文志》，农家书，首列《神农》二十篇。次《野老》十七篇。自注云："六国时诸子，疾时怠于农业道耕农事，托之神农。"考先秦农家，许行为巨擘。《孟子》称："有为神农之言者，许行，自楚之滕。"则许行之前尚有《神农》之书，为许行所宗。孟子亦曾见其书，故，知许行所主张与之相同。班氏谓"六国时诸子"，依此推知耳。今所知：六国时先于许行者更无农家巨子。惟《国语》载谏宣王不籍千亩之虢文公，其词与后世诸子及汉晁错、贾谊等所引"神农之言"旨趣相合。故知其书是虢文公所造也。其言农道之部，《亢仓子》亦载之（是唐代人伪书。然是曾见神农书者。）另一部分论耕艺事，《吕氏春秋》亦多选录，颇与野老书相乱。马氏玉函山房辑佚书，有《神农》与《野老》两种。可参看。

凌。春始治鉴"，是也。周正十二月，夏正为十月。此诗云"十月涤场"。"二之日凿冰冲冲"，谓周正十二月涤水场。冰结厚尺而斩之。斩冰用长柄铁锥，向下冲之，使冰冻依凿向粉碎一线，沿之开裂，则可取也。第三工序为藏冰。预为冰窖于阴晦之处。运所凿冰块叠贮其中，盖以苇箔，覆以泥土。使不受日热影响，则冰不融。偶有融化，则降温至零度以下而复冰，终不融进。藏冰至仲春（夏历二月，周历四月），例行"伐冰"之礼。奴隶主用一羔羊，祭冰窖，取冰，治鉴，以荐韭于祖庙。《吕氏春秋》与《月令·仲春》并云"天子乃献羔、开冰。先荐寝庙"是也。《周礼·凌人》云"治鉴"者，谓祭礼荐庙之物，皆用冰盘盛之，以御暑防腐。冰置盘中如镜，可以见物，故曰冰鉴。诗曰"四之日其蚤，献羔祭韭"，谓"伐冰"也。一作"发冰"，亦即"开冰"。冰在窖，或小融，水复冰，则冰块相胶，出冰时亦须用铁锥冲取之。故曰"伐冰"。《孟子》"伐冰之家，不畜牛羊"是也。"冲冲"，犹冲冲也。"凌阴"，冰窖也。"其蚤"，谓早起，仲春，冰出窖易化，故蚤取之也。蚤、早，古通用。"献羔"，开冰。"祭韭"，荐鲜韭于寝庙。伐冰之礼也。羔既献，即当以飨凌人。此章当是治冰奴隶之歌。

"九月肃霜"以下，农夫受飨之歌。与凌人半章对比。"肃霜"，谓严霜。豳地季秋而霜。"十月涤场"，谓扬场事毕，田功毕成，场圃空净。则奴隶主飨其耕种奴隶一次。"朋酒"，毛云："两樽曰朋"，则所享为田畯，非农夫皆得飨饮也。"曰杀羔羊"，则亦如飨凌人之礼，下酒只一羔羊与两樽酒之费。农夫所享之微如此。此"涤场"之祭，但田畯与耆年农民受之耳。随复有大享于公堂之上，则农夫皆有酒食。故曰："跻彼公堂，称彼兕觥。"于是农夫皆颂云"万寿无疆"矣。大抵，奴隶主乡飨其耕种奴隶，年凡二次。其一为春社祈年后，"馌彼南亩"。飨农夫于田间。另一次，为秋社报赛后，行涤场之祭。祭后举行大猎一次，于冬尝日，许所有奴隶升堂称觞上寿一次，随即有酒食飨之。或即已是周正之除夕矣。然此亦惟岐周施行奴隶改良主义者乃有之耳。故周公纂辑此诗，为之沾沾自喜如此。

从首章至此。可以察见此诗汇夏、殷、周三代物候之民歌所纂成。其目的在于表彰岐周施行奴隶优待之措施，与奴隶劳动之乐观情绪。为音节方便关系，剪裁旧歌之处甚多，以求各章字量之一致。语调偏取愉快，以利于激励奴隶情感。八章略具首尾。而各章又复自为单元。首章，田间男奴事也。次章，家庭女奴事也。三章，蚕事也。四章，猎事也。五章，物候之属于虫类者。六章，物候之属于草木者。七章，冬季之奴隶生活。卒章，奴隶劳动的慰劳。每章又分上下章，各述一事，取其二三字为纽带以相缀属。如首章以授衣与馌飨为二事，用一之日，二、三、四之日相缀。次章为采桑与采蘩二事，以女奴同一相缀。卒章为治水与涤场两事，以羔羊一物相缀。例，不必尽举。此周公编纂之意也。由其不明历法与农事，故取舍旧文不尽得体。缀属颇有差谬。然赖是保存上古奴隶生活之歌谣一部分，为研究社会发展历史之原始资料，则是可珍之点。是以逐章为之辨订，将以扫旧说之谬，存古史之真实焉。

（二）鸱鸮

四章。章五句。八十七字。

（1）鸱鸮鸱鸮，既取我子，无毁我室。恩斯勤斯，鬻子之闵斯。
（2）迨天之未阴雨，彻彼桑土，绸缪牖户。今女下民，或敢侮予。
（3）予手拮据，予所捋荼。予所蓄租，予口卒瘏。曰予未有室家。
（4）予羽谯谯，予尾翛翛。予室翘翘，风雨所漂摇，予维音哓哓。

《尚书·金縢》："武王既丧，管叔及其群弟乃流言于国曰：'公将不利于孺子。'周公乃告二公曰：'我之弗辟，我无以告我先王。'（孔传：辟，法也。告召公、太公，言我不以法法三叔，则我无以成周道，告我先王。）周公居东二年，则罪人斯得。于后，公乃为诗以贻王，名之曰《鸱鸮》。"此孔子所订此诗之本事。后世说者，从而一致认为周公居东时所作。而解说文义则纷纭不同。兹亦不能有何新意，但推当时周公情势，以测诗语实质，求胜于诸家旧说耳。

周公旦者，武王诸弟中最多才艺，著德能，负威望，而性格坚强之政治改革家也。武王时，与太公望，召公奭同以三公辅政，最亲而尊。武王崩，成王年虽已长，周公仍专国政。成王亦信赖之，非有嫌猜也。周公之政，主为改变奴隶生产制为封建农奴制。先行于王畿之六乡大遂。管叔蔡叔为其同母兄弟，恶之，遂以管、蔡与徐、奄等十七族之民奉殷纣子庚叛周，坚守其奴隶生产制。同姓诸侯亦有惑于管蔡流言而应之者。周公乃不能不率师东征。先居洛邑，倚未叛之鲁、卫、曹、宋、虢、陈诸国，使召公衔王命赐齐太公为方伯，得专征五侯九伯之君以助周。阅时二年，东方形势乃变。既出兵，武庚、管、蔡及十九族皆溃。移军讨奄，三年乃平奄。召公相成王居守，亦与王皆东出以助周公。周公无后顾之忧，故克平乱。然初居东时，除鲁伯禽（时国在鲁山，去洛近）足恃外，前敌势张而后方有动摇，周公处境甚艰。对于成王、召公所统之大后方，盼能稳定不摇，以支柱前方，则尤恳切。故为此诗以勖成王与召公。自道其处境之难，以明国本之当力求稳国，是此诗之志也。非有哀、怨、乞怜或悔过之意如旧说也。

首章，"鸱鸮"，泛指殷君武丁与其他坚持奴隶生产制之顽民。"既取我子"，喻已夺去王室之管蔡等诸侯。"无"，同毋，禁止辞。"我室"，喻王室。言恶鸟已夺去我巢内幼鸟，不能允许其毁坏我的王室先王所定之制度。说明东征目的在此。《毛传》云："鸱鸮，鸋鴂也"。鸋鴂即善于织巢之小鸟，今云"巧妇"，非能夺子毁室之恶鸟，于诗义不合。《朱传》云："鸱鸮，鵂鶹，恶鸟，攫鸟子而食者也。"当用朱说。谓即"猫头鹰"，夜飞攫食鸟鼠之凶鸟也。"恩斯勤斯"，谓善鸟之母哺育其子之恩情劳苦。"鬻子"，谓巢中残存之子，粥粥然可悯。喻国家未被夺去部分之臣民，益当爱护。鬻与粥，古义通。在鬲为鬻，出鬲为粥。粥粥，不能自立之貌。

次章，勖勉成王与宗周诸臣稳定后方。仍是冢宰令教语气。犹《无逸》之训诫成王。故《书》曰："王亦未敢诮公。"盖曾有人以此诗请成王诮让周公，而王未许也。"彻"，毛云"剥也"。朱云"取也"。周代取民之法曰彻。以此为剥取义。"桑土"，《毛传》说为桑根。谓剥取桑土之须根以葺巢，取其细韧。今按：诗意虽以鸟为营巢自喻，亦谓防鸱鸮之夺子耳。毛既说鸱鸮为巧妇，又谓如此营巢，是如言鸱鸮趁天之未雨营巢御侮矣，与诗义悖。诗意，盖谓受鸱鸮夺子之害者，苟能未雨绸缪，即可无害。虽借鸟寓言，亦明指人事。故诗语亦用"牖户"字。鸟巢纵极巧者，亦不有牖户。则"桑土"者，亦未可遂脱土字之义而去指桑根，只能是言"桑根土"。桑根之土，与桑之须细根纠缠，足助泥涂之固结，故可以绸缪牖户之罅隙也。牖户无隙可入，则下民不可能相侮。喻国家先事预防之重要也（家，古音姑）。

三章，言东征辛苦不恤者，为周之国家尚未稳固，新立制度犹未完成，如鸟尚无巢，人之无家，不能不极力以经营之也。亦借鸟言自喻云：我之两手爪劳乏于捋荼矣。我之口喙疲病于蓄租矣。胡为劳困如此？因我尚未有家，故不能不亟为之也。"拮据"，手困乏。"捋"，犹采拾也。"荼"，即"采荼薪樗"之荼。在此为枯枝败叶之义。两"予"相承为一句。"蓄租"，谓口含哺养小鸟之物。朱云："蓄，积。租，聚也。"周人取逐民之谷物以养其宗亲子弟，曰租。故以鸟衔哺幼之虫谷，亦曰"蓄租"。"曰"，犹言"因为"，答语词也。因为我巢为鸱鸮所破，故当忙于修治完好也。

卒章，言当前为国家危难之际，故我哓哓饶舌，发为警诫。仍是托鸟语自指曰"予"。"予羽谯谯"，《释文》"谯，字或作燋，同"。马瑞辰以为即憔悴借字。当是。凡双声叠韵字，皆录语音为形容，无实字。可任取协于文义之字用之。"予尾翛翛"，《正义本》作消消。故《正义》曰："予尾消消而敝。"又曰："消消，定本（谓颜师古定本）作翛翛。"陆云"翛，素彫反"，亦正音消。《毛传》："翛翛，敝也。""予室翘翘"，《毛传》："翘翘，危也。"今按：俗语，物之高起者为翘，音似峣，高起则危。马瑞辰云："翘与峣，声近而义同。"居室翘然已危，加以风摇雨飘，则危甚矣。我亦惟有哓哓然忧惧呼吁而已。

（三）东　山

四章。章十二句。一百九十三字。

（1）我徂东山，慆慆不归。我来自东，零雨其濛。我东曰归，我心西悲。制彼裳衣，勿士行枚。蜎蜎者蠋，烝在桑野。敦彼独宿，亦在车下。

（2）我徂东山，慆慆不归。我来自东，零雨其濛。果臝之实，亦施于宇。伊威在室。蠨蛸在户。町疃鹿场，熠熠宵行。不可畏也，伊可怀也。

（3）我徂东山，慆慆不归。我来自东，零雨其濛。鹳鸣于垤，妇叹于室。洒埽穹窒，我征聿至。有敦瓜苦，烝在栗薪。自我不见，于今三年。

（4）我徂东山，慆慆不归。我来自东，零雨其濛。仓庚于飞，熠熠其羽。之子于归，皇驳其马。亲结其缡，九十其仪。其新孔嘉，其旧如之何？

　　周公率王畿乡遂之士东征三年，平十七国，徙鲁于奄，存曹，树卫，封宋，营洛而归。虽得诸侯之助，毕竟以畿内之力为多。伤亡之余，痛定思痛，加以归途阻雨，欲归未得，哀怨之声固应多矣。周公乃蒐集士卒三年中叹念乡土室家之歌，仍《豳风·七月》之例，纂为慰劳之诗四章，利用战士还家之思，以激发其乐观情绪。四章皆成于归途零雨之中，即皆以"零雨其濛"四句弁首，顺军士之情辞，为同情之伤感，因逐步导入还乡之乐。俾一军尽歌之，欲其转伤感为愉快，士气反克以振作焉。四章皆用军士之故谣，故尤能使之兴奋也。

　　诗中景物风趣，与《七月》多有相似，可知其皆邠、岐、丰、镐劳动人民本语。又与《七月》皆包罗广阔之长歌，文辞编组复杂，音节和谐流畅，又可知其非劳动人民自作之原歌，而必为富有文学修养之贵族文士所纂辑者也。曰"徂东山"，曰"来自东"，虽无《毛序》，亦可定其为东征旋师之军中歌词。则判为周文公旦所纂历年士卒旧歌，为必然矣。旧说为非周公作者，及为周公得士之情，先其未发而歌之者，与周大夫美周公劳归士者，成王劳归士者，皆执片面绎推之说，故其所释文义往往不能自通。

　　此诗与《七月》。有根本不同者一点：《七月》八章，三百八十余字，无一字一句可定为人民之私产与室家之乐。此诗四章,不足二百字,则无一字一句所反映者不是农民私有财产与室家之乐。以此可知:《七月》,为奴隶社会奴隶之旧歌纂成;此诗,为封建社会农奴从军者之旧歌纂成。据此以划分周代社会发展之阶段,最为明确。两诗皆纂成于周公之手,非其一生世中,周之社会已由奴隶社会跃进入封建社会也。试以《周礼》之文衡之,应只周王畿六乡、六遂已行封建农奴生产制。周公东征所率,即此六乡六遂之农民军队故也。周公东征在成王元年(公元前1115年)。设乡遂制度建于灭纣之后,即成王十二年(公元前1122年),则其间相距仅七年。纵使文王称受天命时即已行之,亦不过二十八年(相传文王受命九年而崩)。此种由奴隶解放进为自由农户之农民,一心拥护推行新政之周公。从之东征,三年劳苦而不怨叛者,其故在此。夫以文王之三子。与殷之顽民十七族,及奄、徐、蒲姑之君,合力以拥戴传统五百年之殷王武庚,于纣亡七年之岁,以立国于周王政力尚未深达之地,加以主少国疑,谣诼相煽,而能三年平定者,应非周公之力所能致,盖由所用之兵能以死护卫其新建之制度,而管、蔡、殷、奄诸国之奴隶军队则不愿出力以反抗其心所向往之农奴制度也。此诗与《七月》并存之可贵,正在于此,在于能作殷周社会划分时代之证人,如此是明妥也。

首章,"我徂东山"者,东征三年,以东山之役最为艰久。《竹书纪年》:成王元年秋,"武庚以殷叛,周文公出居于东。二年,奄人、徐人及淮夷入于邶以叛。秋,大雷电以风,王逆周公于郊。遂伐殷。三年。王师灭殷。杀武庚禄父。迁殷民于卫。遂伐奄。灭蒲姑"。四年,"王师伐淮夷,遂入奄。五年春正月,王在奄,迁其君于蒲姑。夏五月,王至自奄。迁殷民于洛邑。遂营成周"。据是,则东征三年中,伐殷只半年。① 余时军皆在奄。奄国都在曲阜之东山,《孟子》谓"孔子登东山而小鲁"

---

① 马瑞辰《毛诗传笺通释》:"考订东山为奄国地。举证六条,多取材于《书序》,而未及《竹书纪年》。故颇有谬见。兹取其四条:《逸周书》:'周公相天子,殷东徐奄从三叔为乱。'其证二也。《尚书大传》曰:'武王杀纣,继公子禄父及管蔡流言。奄君薄姑谓禄父曰:武王已死,成王幼,周公见疑矣。此百世之时也。请举事。'然后,禄父及三监叛。是三监之叛,奄实倡之。其证三也。《说文》:'郁,周公所诛。在鲁。'《左传定公四年》:'因商奄之民,命以伯禽,而封于少皞氏之墟。'《皇览》:'奄在鲁。'《括地志》:'兖州曲阜县奄里,即奄国之地。'又《补后汉书·郡国志》以鲁为古奄国。是鲁地即奄地也。《鲁颂·閟宫》诗,一则曰'俾侯于东',再则曰'保彼东方',三则曰'遂荒大东'。知鲁之称东,则知奄之在东。故赵岐《孟子注》云'奄,东方无道国'。其证四也。《孟子》言'孔子登东山而小鲁',而《诗》亦曰'我徂东山'。鲁既得奄,则东山属奄。阎氏《四书释地》云:'或云费县西北蒙山,正居鲁境之东。一名东山。'是东山即蒙山。其证五也。"今按:曲阜之东境皆山,属泰山南之蒙山山脉。古盖有称其山为东山者。阎氏以费县北,蒙阴县南之蒙山为鲁东山,犹失之远(约远二百里)。蒙山最高处称为龟蒙,今犹为山东省之名山胜地。谓为东山之主峰可也,非奄君所守之东山也。"孔子登东山而小鲁。登泰山而小天下。"则东山去曲阜不远,且不甚高,但能见鲁境而已。若以龟蒙为东山,则不可能望见曲阜,尚得云小鲁哉。蒙峰海拔去泰岱不远,亦不称小鲁、小天下之比。据书本言地理者,往往得其似,而失其实,故补订之。

者是也。奄人恃险，车战之周师，不能克。围之逾二年，成王亲督诸侯之师合攻，然后克之。故诗不以灭殷平四国为艰，而但曰"我徂东山"也。"徂"，往也。《大禹谟》"有苗弗率，女徂征"。"慆慆"，毛云"言久也"。三家诗，或作"悠悠"，故魏文帝诗"岂如东山诗，悠悠多忧伤"。又《太平御览》引此诗"滔滔"。在水为滔，在心为慆，皆淹滞悠久之义。"我来自东"者，周人谓崤函以东之地为东，洛邑王畿诸国为小东，虎牢以外诸国为大东。王师自奄西归宗周，阻雨于崤函之间，故曰"来自东"也。来与徂为对词。"零雨其濛"者，零雨，《说文》"余雨也"。《玉篇》"徐雨也"。余当是徐字伪。崤函山地，受长江流域梅雨影响，夏秋多雨。成王五月至自奄，军行当后于王，故于夏末秋初遇崤函，值此雨。雨量虽不大，徐徐零落，沾润黄土，使军马难进，故军士愁叹忧思也。四章皆以此四语领起，则其苦雨日久可知。以下皆辑军士旧歌之言："我东曰归"，言当已克东山，俘奄君时，我辈军士喜在将回乡遂之家。"曰归"，喜跃语也。"我心西悲"，念西方故乡，思之而悲，是喜极之悲。犹杜甫诗"剑外忽传收蓟北，初闻涕泪满衣裳"之悲也。"制彼裳衣"，制与製古通。言先寄语家中，当为我另制衣裳。今后不再着此军士之服也。"勿士行枚"，毛云："士，事。枚，微也。"郑云："勿，犹无也。女制彼裳衣而来，谓兵服也。亦初无行陈衔枚之事，言前定也。"后世多用此说，殊昧诗义。夫军士衔枚，为止其语言，器声，惟夜袭时用之。今既事定息兵矣，何能更言衔枚。况字不同乎？胡承珙《后笺》曰："盖（毛）训枚为徽也。……徽、微，古字通。故《传》作微。"近人曾宇康引朱骏声《说文通训定声》曰："'毛训之微，读如徽'。以为即军徽，犹近世所谓号褂。"今按：诗语固当是谓今后将不再着军士之服耳。行，即行阵、行伍之义。枚，为标识之义，胡承珙、朱骏声言徽、微古通，以释毛诗之枚。是也。自乡遂军赋制兴，即有须发军服之制。说在《秦风·无衣》篇。是即所谓"行徽"也。曾说为"号褂"，不谬。

"蜎蜎者蠋"四句，亦为军士想念家乡景物旧歌之语。"蠋"，毛云"桑虫也"。朱云"桑虫似蚕者也"。今按：俗呼野蚕者，是也。四川各地种桑历久处多有之。形体全部与家蚕相同，但较短小。产卵于桑枝鳞芽间，桑叶发时孵化，即食其叶。随叶之发展，为四眠四脱，亦与家蚕同。结茧在丛草、石穴或桑枝间，较家蚕茧微小而硬，淡黄色，亦可缫丝。丝质强韧而多节。化蛾，交配、产卵，皆与家蚕无异。盖即家蚕之原种。自古原称为蜀。《韩非子》曰："蚕似蜀。"《淮南子》亦曰："蚕与蜀相似而爱憎异。"古蜀山氏之国，在汉为蚕陵县。蜀国之名，即为其地多原蚕。造字时已加虫于象形之下。后人再加虫旁。此诗之"蠋"，已是汉儒俗字矣。"娟娟"，毛云"蠋貌",朱云"动貌"。"烝",毛云"寘也"。朱云"发语声"。今按:"烝民"之烝,众盛貌也。"烝在桑野",谓野蚕众聚于桑林之野。念其妻养蚕劳苦,因忆旧时桑野景色。"敦彼独宿",朱云"敦,独处不移之貌"。诗盖因桑野蜎蜎之众蠋相聚,而念其妻独宿之敦厚。"亦在车下"云者,军赋,田一成出兵车一乘,故应征军士,皆宿寝于车下,以守护之。今军士梦想其妻之至,亦宿于车下也,俱是一军士之梦境旧歌,周公辑合之为一章。

次章,"果臝",毛云:"栝楼也。"朱云:"施,延也。(栝楼)蔓生,延施于宇下也。""伊威",毛云:"委黍也。"朱云:"鼠妇也。室不扫则有之。"今云"地虮"是也。"蠨蛸",毛云:"长踦也。"朱云:"小蜘蛛也。户无人出入,则结纲当之。""町畽",毛云:"鹿迹也。"朱云:"舍旁隙地也。无人焉,故鹿以为场也。"今按:町畽,谓宅外耕地。野鹿习来其间食苗,则家因男子远役岁久,田圃荒旷之状。"熠熠",毛云:"燐也。燐,萤火也。"朱云:"熠耀,明不定貌。宵行,虫名,如蚕,夜行,喉下有光如萤也。"今按:"熠熠宵行",谓萤与其幼虫及蛹皆夜间行动,闪烁发光,非有虫名宵行。萤光,多种虫类皆有之,惟萤为常见。其光昼亦有之,抑于阳光,人不可见,唯夜得见之,故云宵行也。"不可畏也",总上六句言之,皆可畏之事,缘俱是梦境,故曰不可畏也。"伊",指其妻子。由于怀想室家,而有此梦,故曰"伊可怀"。谓虽常致此噩梦,而怀想不能自已。情感深结如此。

三章,"鹳鸣于垤",毛云:"垤,蚁冢也。将阴雨则穴处先知之矣。鹳好水,长鸣而喜也。"朱云:"鹳,水鸟,似鹤者也。""妇叹于室",郑云:"行者于阴雨尤苦,妇念之则叹于室也。"今按:二语,亦军士述其思乡之梦境耳。行人道上阻雨,其家中之妇安得知而叹之。妇叹,自叹其独宿而已。"垤",亦非谓蚁穴之积土,当与"人莫踬于山而踬于垤"之垤同义。鹳为巨形之鸟,岂能立于蚁塚而鸣哉?"洒埽"二句,承"妇叹于室"之梦境,更为对其妇之梦语。如云:汝可洗埽屋宇,穹窒熏鼠,大事清洁,我已征役完结,计日当至也。

"有敦瓜苦",四句,是另一军士思归歌辞。截缀于此。亦述梦语也。盖有征人宅旁栗树与薪丛间隙比种瓠与苦瓜者,常年引蔓缘升,结果累累。既赴征役,三年乃归。而雨阻稽迟,入秋未至。遥想宅近现方瓜苦,烝然垂系于栗薪之间情状,而喜曰"自我不见,于今三年"矣。此本军士幽怨之谣,一经割缀,如此歌之,则反能激起军士期望之快感,乐观情绪油然而生矣。

卒章,侈言荣归新婚之乐,用以刺激士气,使愉快达于高度。《郑笺》:"仓庚仲春而鸣,嫁娶之候也。熠熠其羽,羽鲜明也。归士始行之时,新合婚礼。今还,故极序其情以乐之。"《毛传》："黄白曰皇。骊白曰驳。""之子于归"，谓嫁娶时。"皇驳其马"，言车马盛。"亲结其缡"，谓婚礼，嫁女之家，其母亲为之施衿结帨。"九十其仪"，夸言婚礼之郑重。九其仪，十其仪，言其仪之多也。亦皆假想之辞。"其新孔嘉"，犹言新人大好。"其旧如之何"，谓军士之未婚者，今日归去，及春必婚，其乐云云，良可快矣。军士之已婚者，今归，则如之何乎？不言其乐而乐可知。此全诗幽默谐笑之结语，在于同归愉乐之意。今俗语"久别当新婚"，盖即此诗含义。有说为荣归得意，弃旧妇而就新婚者，非诗意。

（四）破　斧

三章。章六句。七十二字。

（1）既破我斧，又缺我斨。周公东征，四国是皇。哀我人斯，亦孔之将。
（2）既破我斧，又缺我锜。周公东征，四国是吪。哀我人斯，亦孔之嘉。
（3）既破我斧，又缺我銶。周公东征，四国是遒。哀我人斯，亦孔之休。

此东征凯旋，劳军时所用乐歌也。盖成王命随军乐官所作，以颂周公，奖征士。

首章，《毛传》："隋銎曰斧。"又《七月传》："斨，方銎也。"銎谓斧口。隋，谓圆弧状。斧、斨皆钺类，为斩敌人首与罪囚之具。至于破缺，则所戮者多。颂战功，罪四国也。"四国"，毛云："管、蔡、商、奄也。"朱云："四方之国也。"当从朱说。"皇"，匡也（毛、朱同）。郑云："诛其君罪，正其民人而已。""哀我人斯"，军士自怜也。承上两我字言。旧皆训将为大。今按："孔"即大也。"将"，当训为助。《小雅》"将伯助予"，及古语"将顺其美"之将，皆训助。谓我人虽劳苦可哀，亦匡正四国之一大助也。

次章，《毛传》："凿属曰锜。"今按：《采蘋》"维锜及釜"，《左传》"筐筥锜釜之器"，皆谓炊具。军行必携炊具，阅时既久，斧破锜缺也。"吪"，毛云"化也"。"嘉"，善也。

卒章，"銶"，毛云"木属曰銶"。《管子》："一车必有一斤、一锯、一釭、一钻、一凿、一銶、一轲。"字既从金，必当为金属器物，非战具，即炊具。不能为木器之属。马瑞辰引《释文》云："韩诗曰銶，凿属。"则是武器之类。今不能详其状矣。"遒"，毛云："固也。"朱云，"敛而固之也。""休，美也。"（毛、朱同）

（五）伐 柯

二章。章四句。三十二字。
(1) 伐柯如何？匪斧不克。取妻如何？匪媒不得。
(2) 伐柯伐柯，其则不远。我觏之子，笾豆有践。

此诗寥寥三十二字，言斧、柯，言妻、媒，言笾豆三事而已。不露本事，旨义旷渺，说者不能捉摸，纷为臆测。卫宏《续序》与《毛传》抵牾。《郑笺》又与毛、卫异趋。《朱传》向多依于郑氏，此篇则崭然自出，毫不相谋。其他诸家，或依于毛，或依于卫，或郑、或朱，或亦别创新说，或竟委云"未详"，无能使人满意者。

兹细审诗语，盖复封蔡叔子胡为蔡侯时，周公所赠诗也。《尚书·蔡仲之命》云："惟周公位冢宰，正百工。群叔流言。乃致辟管叔于商，囚蔡叔于郭邻，以车七乘，降霍叔于庶人，三年不齿。蔡仲克庸只德，周公以为卿士。叔卒，乃命诸王邦之蔡。王若曰：'小子胡，惟尔率德政行，克慎厥猷，肆予命尔侯于东土。往即乃封。敬哉。尔尚盖前人之愆……以垂宪乃后。率乃祖文王之彝训，无若尔考之违王命……'云云。《书序》云："王命蔡仲践诸侯位"，"笾豆有践"之谓也。"无若尔考之违王命"，"其则不远"之谓也。三言"伐柯"，与王命之反复叮咛"无作聪明乱章"之义合。盖《蔡仲之命》与此诗篇实出周公一人之手。大抵蔡叔与管叔皆坚持奴隶制度，故至于拥武庚以叛周公。而其子胡，则赞成农奴生产制度，拥护文王、周公主张者，在三监未叛前，已为周公之家臣（孔安国《尚书·传》云："周公圻内诸侯，二卿治事。"）。殷乱既平，蔡叔囚死。其世子泊，同叛，诛。而仲胡、襄赞东征有功，故封之于王邦之蔡，以存蔡仲之祀。"王邦之蔡"，即所谓新蔡，非蔡叔旧国也。诰命所谓"旧章"者，谓自奴隶改良主义进入封建农奴制度，创制于文王，实施于武王，完成于周公之规章也。为时不言奴隶制度与农奴制度之区别，但曰"康济小民"。盖，古谓奴隶为"民"。周以来谓农奴亦为"民"。命曰："民心无常，惟惠之怀。"说明周能克殷之效验在此。则可知奴隶改良主义之更进一步，即封建农奴制矣。用诗与"蔡仲之命"对勘，非仅片言合已。

首章，"伐柯"，毛云："柯，斧柄也。"按，此言枝柯之堪作斧柄者。言取斧柄于树枝，乃须持有柄之斧以伐之。喻诸侯之建立，必须先有王家之制度。"取"，古娶字。娶妻必借于媒妁，喻得国必须有人保荐。道不同者，孰肯保荐之哉？斧，犹周之王权。柄，犹周之制度。周公自喻为媒，而以新蔡喻为仲胡之得妻也。

卒章，"其则不远"，谓取斧柄材，所需长短巨细之度，毋庸他求，但相其所执之斧柄为则。《中庸》引此诗语，释之云"执柯以伐柯"，尽其意蕴矣。喻诛管蔡而封仲胡，犹伐枝柯以为斧柄，其法则在于王政之尺度。故续之云"我觏之子，笾豆有践"。觏，遇见也。"之子"，指蔡仲。言我见汝能坚持王家制度，故推荐于王，使尔得践笾豆祭享之位也。

（六）九　罭

四章。一章四句。三章三句。五十六字。

（1）九罭之鱼，鳟鲂。我觏之子，衮衣绣裳。
（2）鸿飞遵渚，公归无所，于女信处。
（3）鸿飞遵陆，公归不复，于女信宿。
（4）是以有衮衣兮，无以我公归兮，无使我心悲兮。

周师入奄，放奄君于薄姑。徙伯禽之国于曲阜，以镇奄地。移以殷民六族①。故曰"因商、奄之民"。商奄之民，皆小奴隶主所领之奴隶也。周公悉解放之，使如

---

① 《左传》定公四年，子鱼（祝佗）曰："昔武王克商，成王定之；选建明德，以藩屏周。故周公相王室以尹天下，于周为睦；分鲁公（伯禽）以大路、大旂，夏后氏之璜，封父之繁弱（弓名），殷民六族：条氏、徐氏、萧氏、索氏、长勺氏、尾勺氏，使帅其宗氏，辑其分族，将其类丑，以法则周公。用即命于周。是使之职事于鲁，以昭周公之明德。分之土田倍敦，祝宗卜史。备物典册，官司彝器；因商奄之民，命以伯禽，而封于少皞之虚。"今按：祝佗所说，似伯禽初封即在曲阜者，盖在古书引用中语。不言徙封，以就省便耳。伯禽初封当在鲁山。《竹书纪年》武王十二年"命监殷"。十三年，"遂大封诸侯"。《史记·周本纪》："武王为殷初定，未集，乃使其弟管叔鲜、蔡叔度相禄父，治殷。……封诸侯。颁赐宗彝，作分殷之器物。武王追思先圣王，乃封神农之后于焦，黄帝之后于祝，帝尧之后于蓟，帝舜之后于陈，大禹之后于杞。于是封功臣谋士，而师尚父为首封，封于营丘，曰齐。封弟周公旦于曲阜，为鲁。封召公奭于燕。封弟叔鲜于管。弟叔度于蔡。余各以次受封。"《左传》昭公二十八年云："昔武王克商，光有天下。其兄弟之国者十有五人，姬姓之国者，四十人。"合三书观之，鲁国之封，在武王十四年，即克殷诛纣之次年。武王在位十七年，崩于克殷之后五年。其时曲阜尚为奄地，安可得用以封周公？则《史记》云"封弟周公旦于曲阜者"，亦就行文省便耳。灭奄在成王五年，去武王"大封诸侯"已逾九年。则鲁国初封之地在鲁山，不在曲阜可知矣。鲁山之所以称鲁，以此故也。其地距洛近，周公为同姓国之最尊、亲、贤而功尤大者，所封自当是近畿之地，安得初封便在东夷奄国之曲阜哉？惟其平奄后，须有有强藩徙镇之，乃徙得鲁于曲阜耳。史迁云克殷，"封诸侯，颁赐宗彝"，即祝佗"分鲁公以大路、大旂"，璜与繁弱之事。其事在武王十二年或十三年大封诸侯时。至于分殷民六族于鲁，七族于卫，及怀姓九宗于唐，则必当是诛武庚、绝殷祀之后。其最早不能过成王三年。因康叔封卫在诛武庚及管蔡后也。若唐国之封则尚当在成王八年之后。《竹书》：成王八年"灭唐"。十年乃"命唐叔虞为侯"。故唐国，豕韦之后。故先灭唐而后有唐叔之封。祝佗以卫唐与鲁并言之，则可知其因事类举，而非同时史事之叙述。因而亦可省鲁之初封于徙封。《史记》亦正如此。三年伐奄，杀戮者多，奄地多荒，故徙殷民六族以实之。所谓"因商奄之民"，谓殷之徙民与奄之旧民已归附者。其人与从武庚叛乱之熊盈等十七族顺逆不同。其徙入鲁者皆能爱戴周公，故有此诗也。

王畿乡遂农民，各得分有土地，自立家室，而供赋役于鲁君之农奴。故其人尽皆爱悦周公，欲其久居鲁国。既知其不可能留，故相与歌咏此诗以送周公。其诗与其他豳风格局不同，疑是殷民新徙于鲁者所作。随军乐官用豳之乐曲谱之也。诗与上篇《伐柯》同有"我觏之子"句，说诗旧多联并解为一事。细审，上篇文辞简甚，意极幽深，是在上位者训下之诗。此篇文多俚浅，絮絮于依恋之情，是下民恋慕其上之诗。虽同是周公东征时事，决非出于一人之手。"我觏之子"，益当时习用于第三人称之语。其他说为"周大夫刺朝廷不知周公"（《续序》）；"喻王迎周公"（《郑笺》）；"豳人美东人之化于周公"（魏源），并失之。

首章，"九罭"，毛云："緵罟，小鱼之网也。鳟鲂，大鱼也。"朱云："九囊之网也。"今按：九罭，谓单人所用之撒网，一网而九罭。罭者，网之界。织网者先为一网、九界，分界织目，逐层加线而增目，合为一圆锥形之大罩。乃反卷其脚，加坠铁（古以石）。渔人层理九罭于臂肩上，乃用力撒之，遂如大罩入水。罩下鱼皆入网。目细，阻不得出。渔人乃徐徐收网出水，取鱼。此种网仅可能得两三寸长之鱼类。长尺左右者皆易逸出。诗言"九罭之鱼，鳟鲂"，谓单人之网得大鱼。颂周公独力平四国也。"之子"，指伯禽徙封至鲁。"衮衣绣裳"，诸侯之命服也。诗人知为周公之子而爱敬之。其语殊俚，其意甚真挚。

次章，"鸿飞遵渚"，喻周公将去矣。"鸿"，今云白雁。一曰天鹅，大型水鸟，以鱼为食，平时游泳水中，今遵洲渚而飞，则将移徙他处之象也。"公"，谓周公，不如上章称"之子"，明上章所称者伯禽，此所称乃周公也。"公归无所"者，谓周公西归，途中不札行台（行营）以劳民，但信车马所至宿于民家。或因有所待，至于再宿。诗云"于女信处"，"女"犹汝，指所宿之家。再宿为信。盖作与居主人对语之词。意者，周公西归时，随所至抚慰沿途人民。人民亦挽留之。安抚告谕，前进濡迟。故诗语如此。

三章，重叠上章之言，以明去思之切。鸿飞既已离渚而陆，则决去矣。故曰"公归不复"。"信宿"犹信处也。

卒章，诀别伤感之词。"是以有衮衣"者，以与已古字通，言伯禽已封于此矣。"无以我公归"者，言封伯禽于此，故以我周公归。"无"，语辞。"无使我心悲兮"之无字同。犹言成王必用我公为冢宰，故从鲁公伯禽来镇于此，以替我公西归。势不能留，故使我等心悲也。《周诗》中多有用无为语辞之例，不独在此。

（七）狼　跋

二章。章四句。三十二字。

(1) 狼跋其胡，载疐其尾。公孙硕肤，赤舄几几。

(2) 狼疐其尾，载跋其胡。公孙硕肤，德音不瑕。

此诗以狼之窘状，与公孙之泰然对比，明是周公困于流言时，宗周人事有对立之两面；平乱后，周人讥笑其失败者而歌颂其成功者之诗。旧有说为美周公德容之诗者。夫颂人盛德而比之为狼，又极言其进退窘困之状，有是理乎？审诗语，盖周公平叛既归后，其从者讥刺向时附和流言诸贵族（《尚书》所言之"群弟"）之诗。

首章，"狼跋其胡"，《毛传》："跋，躐。疐，跲也。老狼有胡，进则躐其胡，退则跲其尾，进退有难，然而不失其猛。"若谓平叛为武猛，则猛兽多矣，何为喻为吃人之狼乎？"胡"字本义为项下悬肉。牛羊有之，犬马所无。狼虽老，不能有胡。谓胡为髯借字，指狼项下长髯，则可也。然老狼虽有髯，亦甚短，不至为狼足所能蹋。诗言跋胡疐尾之狼，谓垂首曳尾之狼也。垂其首，故能跋其胡。曳其尾，故疐其尾也。附和流言之贵族，曾猖狂一时。迨周公东征还，权势愈重。纵不治此辈，此辈固自内惭，忧危靡徙，有似惭逸之狼。诗之一再言此，讥笑之至矣。"疐"，《说文》引诗作踬。云"踬，跲也"。盖鲁诗旧训如此。毛云："公孙，成王也。周公之孙也。硕，大。肤，美也。"郑云："公，周公也。孙，读当如'公孙于齐'之孙。"陆云："孙，毛如字。郑音逊。"朱从郑说。今按："公子""公孙"，亦当时泛称贵族之语耳。周公为文王之子，亦为王季之孙。伯禽为周公之子，亦为文王之孙。此诗"赤舄几几"云者，盖兼指周公、鲁公言之。故统称之云"公孙"。"赤舄"者，毛云："人君之盛屦也。"朱云："冕服之舄也。"今按：即后世称之"朱履"，公、卿、大夫与王侯皆得着之。周世，或人君与公卿乃得用也。"几几"，毛云"绚貌"。朱云"安重貌"。今按：古人席地坐，耆贵者乃加几，供式凭、书缮与饮食之便。一室之中，无所谓桌椅，只几为最高并稳定。诗言周公大德从容，不为群小所撼动。今则群小报颜局促，而周公则赤舄安详于朝，鲁公亦赤舄安详于国。几几联称，具奕世安固之义。

卒章，"德音不瑕"，谓冢宰令教，天下奉行，称为"德音"。莫能指其瑕疵。自其本身言之，为无瑕。自国人言之，为"不瑕"。

诗颂周公之从容大度，丑诋群小，至出于讥笑，充满狷忿之气。固非周公自作，亦非劳动人民语言。大抵出于亲附周公之一部分贵族之作。

《豳风》小结

《豳风》七篇，八百五十五字，超过《周南》十一篇，或《召南》十四篇之字量。《七月》一篇，八章三百八十三字，即相当于"二南"平均八篇之字量。《东山》四章一百九十三字，亦近于"二南"四篇之字量。此两篇与《周南》之作，大略同时，又大都出于周公所纂辑。故其一章皆可视同《周南》之一篇。只"二南"为南乐诗歌，此二诗为豳乐诗歌不同耳。又因其为周公辑纂劳动人民之旧歌，故文字特多。若其劳动人民之原诗，文则应甚简短。

周初诗歌，文率简短，即如此七篇中，《伐柯》《狼跋》两篇，俱只三十二字，与其他周初诸侯诗字量相当。惟纂辑之诗字多耳。纂辑之诗，无论其为若干章，各章应必同一乐谱。《七月》八章同用一谱，故八章同为一篇。《东山》四篇同一乐谱，故为一篇。以此推之，其他周诗各篇，无论分章多少，各章亦必同一乐谱。

《豳风》七篇，除《七月》《东山》为周公旦改编劳动人民旧歌，《九罭》鲁国人民之诗外，全属周初贵族阶级之诗。除《七月》一篇外，皆属周公东征年代之作。其序次依于造作之先后，不问作者社会阶级之序。即如周公自作之诗，《伐柯》，亦列于《破斧》之后。此其与他十二国风诗排次之异也。

附：论"十三国风"次第（代《国风》总结）

商代的风乐，经历数百年的发展变化，成为若干支派。一般习惯，恒以乐派最先产生的地方名称作为乐派名称，正如我国元明的南曲，到清代发展成为昆、弋、徽、嵊、陂、黄各派，北方的梆子，发展成为秦、晋、蒲、豫、鲁、滦和渭南梆子、四川梆子一样，都是用地方名称作乐类名称的。周代乐官，蒐罗当时商风乐歌，分别为邶、鄘、卫、王、豳等十三支派，各为简册，以各产生地区地名名之，应无足怪。今传《毛诗》，于十三国风标题，只作"邶""鄘"至"豳"之字，应当如此理解。其大题作"国风"二字者，国字古义为小区域之称。战国以来，始用为"国家""国境"之义。《六经》文字，有邦，无国。邦国连称，始于《周礼》，秦汉间人所撰之书也。邦国互训，始于《说文》，后汉时人所撰之书也。大题"国风"二字，若出于孔子，则所指亦只是乐类产生地区之义。汉儒乃有说为列国封域者耳。《新诠》既已考订"国风"十三小题命名之由，兹更总述十三国风篇第排次诸异附以个人意见如下：

太师乐档，系分部类为简册。十三国风各自为册，故排次先后可以任意为之。大抵各国太师，各有其编次乐档之次第。依当时习惯，属性疏远者居前，亲近者居后（与今世著书重轻先后相反）。如周太师，则以南夷之乐前列，商风之乐次之，本身重视之雅乐，与颂乐在后；而大雅又在小雅之后。颂乐又在大雅之后。至于三颂先后，则周太师本不收鲁颂与商颂。纵使有之，亦只作为附录。且其排次先后亦未必即是周、鲁、商次第也。

邶、鄘、卫皆卫太师保存之诗乐，故卫居后。豳诗为孔子钞自周太师者。东周之太师，亦必以豳、王二风排在"国风"最后。其他郑、齐、晋、秦、陈、曹诸国太师乐档编次，固亦当各以本国之风居后。古人著述篇第之法如此。故乐档第次亦当如此。是故，风诗编次，孔子时代即无一定安排。齐、鲁、韩三家是如何安排，已无可考。毛诗篇第，按宋刻《毛诗定本》所载，为：

周南　关雎诂训传第一

召南　鹊巢诂训传第二

邶　　柏舟诂训传第三

鄘　　柏舟诂训传第四

卫　　淇奥诂训传第五

王　　黍离诂训传第六

郑　　缁衣诂训传第七

齐　　鸡鸣诂训传第八

魏　　葛屦诂训传第九

唐　　蟋蟀诂训传第十

秦　　车邻诂训传第十一

陈　　宛邱诂训传第十二

桧　　羔裘诂训传第十三

曹　　蜉蝣诂训传第十四

豳　　七月诂训传第十五

此种排列次序，具有何种理由，虽经专攻《毛诗》诸家多方推测，亦莫能得其意义。例如：孔颖达《疏》云："自卫以下十余国，编次先后，旧无明说。去圣人远，难得而知。欲以先后为次，则齐哀先于卫顷，郑武后于桧国；而卫在齐先，桧处郑后。是不由作诗之先后也（按：原意谓《齐·鸡鸣》诗作在《卫·淇奥》之先）。欲以国地为序，则郑小于齐，卫狭于晋，而齐后于郑，魏先于唐，是不由国之大小也。欲以采得为次，则《鸡鸣》之什远在《缁衣》之前，郑国之风必处桧诗之后；何当后作先采，先采后作乎。是不由采得先后也。"

《左传》襄公二十九年载："吴公子札来聘，见叔孙穆子。……请观于周乐。使工为之歌《周南》《召南》，曰：'美哉。始基之矣。犹未也。然勤而不怨矣。'为之歌《邶》《鄘》《卫》，曰：'美哉，渊乎。忧而不困者也。吾闻卫康叔、武公之德如是。是其《卫风》乎？'为之歌《王》，曰：'美哉。思而不惧，其周之东乎？'为之歌《郑》。曰：'美哉。其细已甚，民弗堪也。是其先亡乎？'为之歌《齐》，曰：'美哉。泱泱乎大风也哉。表东海者，其太公乎？国未可量也。'为之歌《豳》，曰：'美哉，荡乎。乐而不淫，其周公之东乎？'为之歌《秦》，曰：'此之谓夏声。夫能夏则大。大之至也，其周之旧乎？'为之歌《魏》，曰：'美哉。沨沨乎。大而婉，险而易，行以德辅，此则明主之也。'为之歌《唐》，曰：'思深哉。其有陶唐氏之遗民乎。不然，何忧之远也。非令德之后，谁能若是？'为之歌《陈》，曰：'国无主，其能久乎？'自《郐》以下无讥焉。"此下尚有"为之歌《小雅》……《大雅》……《颂》"及"见舞《象箾》《南籥》者，……舞《大武》者……舞《韶濩》者……舞《大夏》者……舞《韶箾》者……"皆有讥评，乃叹"观止"。

此文，国风次序，显与《毛诗》不同。后之说者，每以为是"孔子未删诗前，周太师乐歌之次第"（宋欧阳修、章俊卿等皆如此说）。然其文义可疑之点甚多：细分二雅与十三国风，而三颂不分。审其赞颂之语，是赞《周颂》。岂有鲁人尽献诸乐舞而乃不及《鲁颂》者乎？一也。季札，吴之公子，于中华之语言及诗乐应当有所扞格；而乃精于声乐至此，虽师旷之聪亦当逊之，理所难能。二也。通三百余篇尽歌之，加以历代乐舞，虽昼夜演奏，弥月不能竟。季札精力能堪之？叔孙穆子近于神话；更又能判断其国运长短，皆如秦人所目验，神乎其神，岂有此理？四也。《左传》多有后人窜乱之迹，此盖其一焉。然司马迁《史记·吴世家》已全载其文。故后人莫或敢于疑及之。

窃谓：史迁，治《鲁诗》者也。其书关于《诗》艺部分，恒用鲁诗家言。其说之谬，绝不可信者。如《孔子世家》之"四始"，与《宋微子世家》之箕子《麦秀歌》，并此季札观乐为三矣。此盖由史迁用鲁诗家说以拼凑《吴世家》。刘歆又用《史记》之文以窜乱《左传》。其事之决非史实，善能分析其文者自能识之，此不具论。兹所论者，由是得知其为《鲁诗》国风次第可也。

《鲁诗》以豳列于齐、秦之间者，盖以豳为鲁国之风。宋儒曾有《豳》为鲁风之说（忆在《困学纪闻》，一时无书查对）。明丰坊伪造鲁申培公诗说，亦以《豳·七月》篇入《雅》，而以余六篇合《鲁颂》为"鲁国之风"，列在《邶风》之前。近人尚每有以豳诗为鲁风者，其渊源盖在于此。魏晋时《鲁诗》已亡，郑玄以后诸儒未能见之。兹已无法取证，姑为之假说如此。

汉末，郑玄作《诗谱》，又于《毛诗》与《鲁诗》外，提出第三种国风次序编排。分全部诗篇为《周南·召南》，《邶鄘卫谱》《桧郑谱》《齐》《魏》《唐》《秦》《陈》《曹》《豳》及《王城》各为一谱。《小雅》《大雅》各为一谱，及颂谱。于是之十三国次为：邶、鄘、卫、桧、郑，齐、魏、唐、秦、陈、曹、豳、王。与《毛诗》相异处在：升桧在郑前，而退王于豳下。与《鲁诗》亦有不同。鲁诗家造为季札观乐之事以说诗，固犹谓国风十三为"乐类"。郑玄《诗谱》，则竟分国为谱。谓邶、鄘、卫皆卫国之诗，则合为一谱；桧灭于郑，亦合为一谱；全失诗乐之义矣。其于《王城》退至《豳风》之下，特为说明云："平王以乱故，徙居东都王城。于是王室之尊与诸侯无异。其诗不能复雅。故贬之，谓之王国之变风。"唐孔颖达作《诗谱正义》又为之说曰："《王》诗次在《郑》上，《谱》退《豳》下者，欲近《雅》《颂》，与《王》世相次故也。"此等解说，及今看来，全是可笑的。姑借以说明各家排次之异而已。

郑玄博通群经，而于《诗》，未治齐鲁两家，故其著作不受鲁诗影响。其人初治《韩诗》。后师马融，治《毛诗》。所撰《诗笺》，虽尊毛诗家说，亦间采用韩说，与《毛诗》立异。其撰《诗谱》亦然。疑其《谱》，与《笺》之国风，不同次第，即缘遵用《韩诗》编次之故。唯《韩诗》《王风》仍在《卫》下，玄自以意退之，非《韩诗》旧次，故特加说明。其他依《韩诗》旧次，如《桧》《郑》者，即毋庸解说故也。

孔颖达撰《诗正义》恪遵《毛序》与其传文。亦尊《郑笺》。唯于《诗谱》不尽遵。往往删节其文。又割《桧郑谱》为《桧》《郑》之两篇，分冠于《郑·缁衣》与《郑·羔裘》之前，以就《毛诗》编次（《邶鄘卫谱》则冠于《邶·柏舟》之前。他各谱皆与国相传，移其次第。

其后孔颖达奉敕撰《十三经注疏》，于《诗》全用《正义》之文。亦于适当部位分冠以十五诗谱。注疏本大行，《郑笺》亦与《毛传》专行。而《诗谱》单行本遂废。

宋欧阳修得《诗谱》残本于绛州民家。其文与孔氏《正义本》不同，但已残缺，乃取《正义本》补缀之，称曰《诗谱补亡》。其《后序》有曰："凡诗，雅、颂兼列商鲁。其正变之风，十四国（按，欧谓二南为一国）。而其次比，莫详其义。唯封国变风之先后不可以不知。周、召、王、豳，同出于周。邶、鄘并于卫。桧、魏无世家。其可考者：陈、齐、卫、晋、曹、郑、秦，此封国之先后也。豳、齐、卫、桧、陈、唐、秦、郑、魏、曹，此变风之先后也。周南、召南、邶、鄘、卫、王、郑、齐、豳、秦、魏、唐、陈、曹，此孔子未删诗以前，周太师乐歌之次第也。周、召、邶、鄘、卫、桧、郑、齐、魏、唐、秦、陈、曹、豳、王，此郑氏《诗谱》次第也，黜桧后陈，此今诗（按，指《毛诗诂训传》）次第也。"

欧阳氏《诗谱补亡》排列次序，为周、召、邶、鄘、卫、王、桧、郑、齐、魏、唐、秦、陈、曹、豳。又与《郑谱》及《正义》皆不同。清桐城马瑞辰甚称之。谓："其先后次第，非无意义。但不得以一例求之。盖于二南，邶、鄘、卫、王，可以见殷、周之盛衰焉。二南，周王业所起也。邶、鄘、卫，纣旧都也。王，东迁以后地也。首二南，见周之所以盛。次邶、鄘、卫，见殷之所以亡。次王，见周之所以始盛而终衰也。于桧、郑、齐、魏、唐、秦，可以觇春秋之国势焉。春秋之初，郑最称强。桧则灭于郑者也。故桧、郑为先。郑衰而齐桓创霸，故齐次之。齐衰而晋文继霸。魏，则灭于晋者也。故魏、唐次之。晋霸之后，秦穆继霸，故秦又次之。若夫陈、曹、豳，则又诗之废兴所关焉。陈灭于淫。曹灭于奢。而豳起于勤俭者也。以陈、曹居变风之末，见诗之所以息。以豳风居雅之先，见诗之所以兴。至豳之后于陈曹，则又有反本复古之思焉。大抵十五国之风，其先后皆以国论，不得以一诗之先后为定也。邶、鄘灭于卫，桧灭于郑，魏灭于唐，皆附于卫、郑、唐以见，又以见一国之废兴焉。不得以国之小大为定也。而采得之先后，载籍无徵，其不足以定次序，更无论矣。"

此等儒家抱其"十五国风"的谬见，和"十三国为变风"的谬见，与谓"孔子编定寓有褒贬"的谬见，以及其他若干封建儒术的观点来找寻国风序次的理由，莫能自圆其说，马氏此篇，要算最圆融的，但在今日看来，却是百孔千疮，不值一驳的。

此外，更有山阳王晏的《诗谱考正》，湘潭胡元仪的《毛诗谱》，和邵阳魏源的《诗古微》，都有各自定为合理安排的次序。魏源与王晏同认为国风次序为：邶、鄘、卫、桧、郑、齐、魏、唐、秦、陈、曹、豳、王。胡元仪则谓欧谱次序为王在郑前，豳在齐下，桧、曹相次。

兹将各家主张异同比例一表如次：

次第	1	2	3	4	5	6	7	8	9	10	11	12	13
《毛诗诂训传》	邶	鄘	卫	王	郑	齐	魏	唐	秦	陈	桧	曹	豳
《左传》季札观乐	邶	鄘	卫	王	郑	齐	豳	秦	魏	唐	陈	桧	曹
郑玄《诗谱》	邶	鄘	卫	桧	郑	齐	魏	唐	秦	陈	曹	豳	王
孔颖达《诗正义》	邶	鄘	卫	王	郑	齐	魏	唐	秦	陈	桧	曹	豳
欧阳修《诗谱补亡》	邶	鄘	卫	王	桧	郑	齐	魏	唐	秦	陈	曹	豳
丰坊伪《鲁诗说》	鲁	邶	鄘	卫	王	齐	魏	唐	曹	桧	郑	陈	秦
王晏《诗谱考正》	邶	鄘	卫	王	桧	郑	齐	魏	秦	陈	曹	豳	王
胡元仪《毛诗谱序》	邶	鄘	卫	王	桧	郑	齐	魏	唐	秦	陈	曹	豳
魏源《诗序集义》	邶	鄘	卫	王	郑	齐	魏	唐	秦	陈	曹	豳	王
《周诗新诠》	邶	鄘	卫	王	桧	郑	陈	曹	齐	魏	唐	豳	秦

《新诠》认为：

解答此问题，必先掌握一个概念，那就是：孔子删定诗三百篇，分类与排次都是依鲁太师原编的次序。任何一国的乐官，保存诗歌的编排方法，都是依据乐曲的分类，不是依照国别的。若依国境来分，则任何人也不能证实周代曾经有过邶、鄘两个国。更不能把"王"作为一个国。无论是周太师或鲁太师不能这样提作国名，更是齐、楚等异姓诸侯之国，也只能说它是周，或东周，断不会说成是"王国"。这个"王"字，乃是乐官们用来表示"王畿之风诗"的省称。西周王畿之风诗题作"豳"，东周王畿的风诗题作"王"，不仅是地域的区别，也正是时代的区别。同时也是乐曲种类的区别。郑玄补作"王城"二字，是可取的。说成"《雅》降为《风》"便错远了。《王城》诗的本曲就是《风》，不是《雅》。正如西周王畿的《豳风》也不是《雅》一样。秦国虽填在西周王畿内，风乐与《豳风》不同，亦就别称为《秦》了。无论是周太师或其他列国的乐官，在春秋年代，都是尊王的。无论他们是如何虚假，总不能跟随霸者口头上尊王。只有乐官们对于乐曲的分类，必须按实际需要分编保管，才便于用。豳就是豳，王就是王，卫就是卫，一切依乐类为称，没有什么褒贬、抑扬。孔子是绝对尊王的，他作《春秋》，鲁国的正月都要写作"王正月"，叙会同必先"王人"。独于《诗》，以《王》入《风》，叙在《邶》《鄘》《卫》下，并无尊讳之义。这一点，除了是依照太师旧称之外任何巧说也是不通的。

惟亦必须考虑到：太师既依乐曲分类标题，编册保管，十三国风各自成册，则各册排次之间是极易因取用归还之误而打乱原次的。也由于他的次序变动无损于乐诗的类别，所以汉初四家传诗，各有不同的次序，这是无碍于诗义的事。因而无人注意到他，也就可以听其各人自作安排了。

《新诠》初写时，也嫌得《毛诗》编排欠佳。准备订正。并曾于开写时决定改用依乐类编排的方法。只苦于古乐久亡，自汉儒传诗，已无能言之者。精于声乐如郑樵，亦只能识南、风、雅、颂之别，不能知十三国风之别，反复研索旧籍，惟《吕氏春秋》论古乐较备。其《音初篇》，载述东音、南音、西音、秦音、北音起源的传说。谓北音始于有娀氏之二女，与商族起源传说符合。因以为商风之始，演自商族，来自北方。邶风，其朔也。故言风诗者，必以邶居首位。鄘，邶之演变也。卫，又其变也。王，因东都王畿徙殷民多而演为商风之别支也。桧，本殷王役属之国降于周者，故又自演为桧风。郑虽灭桧而有其他，统治阶层自宗周来，故郑风又桧之变也。曹国本鄘风流行之地，叔振铎封国于此。地当东南北西商贾交会，故在周世亦更自为风乐，与鄘、卫有别。陈本南国故地，武王封其元女大姬夫妇于此，必当推行豳风之乐，而卒与南国巫风相杂糅，亦自别为支派，则南音相近之风乐也。齐为东音之正宗，故后世以"商齐"并称，商谓商风，邶、鄘、卫、王、桧、郑、曹皆属之，是北音之流变。齐，则东音也。

中夏核心之地，原在河曲盐池附近，唐、虞、夏数百年文化极盛之地，自有音乐，称为夏声。殷商统一后，称其地为"西河"。殷整甲居此，乃有西音之风，其说可信。魏风、唐风，当是其支流。豳风，又是受其影响之一支，在风乐为后起。在周诗则最先出者也。秦风演出最后，《音初篇》特著"秦音"于四方音声之外者，盖吕不韦为秦臣，欲大秦之声，以承夏声之正，为中心领导之乐类，故特著之。豳秦本为夏声与西音结合之风，以时间不同而异。周人重《豳》，秦人重《秦》，亦理之当然耳。

《新诠》初稿用此概论，而有不能自信者。单据《吕览》，乏于他证，则嫌于武断。故再稿仍依毛诗旧次。但存其意概于此，供他日考订焉。